넓게 생각하는 힘

유토리 일본어 능력시험

N3

언어지식

이장우 저

사람in
saram
in com

변화!

　변화는 누군가에게는 신선함으로 다가오지만, 누군가에게는 귀찮음으로 다가오기도 한다. 때로 갑작스러운 변화에 사람은 당황하기 쉽고 허둥대기 마련이다. 하지만 아무리 갑작스러운 변화라고 해도 미리 준비되어 있는 사람은 충분히 이 변화에 적응해 갈 수 있을 것이다.

　일본어 능력시험이 변했다. 물론, 능력시험위원회에서 2010년 시험이 있기 1년 전에 고지하였으므로 갑작스러운 변화는 아니라고 하는 분도 계실 것이다. 그러나, 기존의 일본어 능력시험의 유형을 알고 있는 분 중에서 적어도 2010년도의 상반기 시험을 치룬 분이라면, 갑작스러운 변화라고 말할 것이다. 구 시험보다 난이도는 쉬웠을지 모르나 어휘나 문법에서는 당황스럽게 하는 문제가 다소 있었다.

　2010년도 상반기 시험 대비용 교재가 많은 출판사에서 나왔다. 적어도 저자가 아는 한에서는 어휘나 문법 문제 유형을 정확하게 예측한 교재는 없었던 것 같다. 저자 역시 이 부류에 속해 시험이 끝난 후 저자의 카페나 블로그에 수강생이나 본인의 교재로 공부한 분들에게 깊이 있는 반성문을 썼다. 그리고 2010년 하반기 시험부터는 이러한 오류를 범하지 않겠다고 결심했다.

　2010년도의 상반기 시험은 현장에서의 강의나 교재 집필에 조금은 매너리즘에 빠질 것 같았던 저자에게 상당한 충격과 동시에 더욱 분발하도록 하는 계기와 전환점이 되었다. 저자 나름대로 최선을 다해서 교육현장에 종사해 왔다고 자부했지만, 아직도 많이 부족하다는 것을 알게 해 주었다.

　필자도 어느 정도 나이를 먹었기에 새로운 변화를 그다지 즐기는 편이 아니다. 다만, 아이돌 가수를 좋아하는 것은 나이답지 않지만……. 이번 시험을 계기로 필자도 많은 변화를 겪었다. 강사로서 겸손함을 배웠고, 저자로서 부족함도 배웠다. 그래서 이번 시험은 필자에게 새로운 인생의 길을 알게 해 준 셈이다. 강의나 교재 집필을 천직으로 생각하는 필자에게 새로운 활력소를 제공하고, 또 학습자분들에게 좋은 교재를 만들게끔 자극을 준 新일본어능력시험에 감사한다.^^

　앞으로 저자가 집필한 교재가 학습자분들에게 조금이나마 도움이 될 수 있도록 끊임없이 노력하겠다. 여러분에게 긍정적인 변화가 생기기를 항상 기도하며……

변화를 즐기는 저자 이장우

New 일본어능력시험 이렇게 달라졌다!

1 New '일본어능력시험'에 대해

세계 각지에서 일본어(日本語)를 배우는 학습자 수가 급속히 증가하고 있고 더욱이 해외에 있는 일본어 학습자가 그 어학력을 실제로 활용할 수 있는 기회가 점점 늘어나고 있다. 또한 습득한 일본어능력(日本語能力)을 객관적으로 측정하여 공식적으로 인정받는 제도를 요청하는 목소리가 일본어 학습자들 사이에 높아져 왔다. 국제교류기금(國際交流基金) 및 일본국제교육지원협회(日本國際敎育支援協會)는 이러한 요망에 부응하기 위하여 1984년부터 일본 국내 및 해외에서 일본어를 모국어로 하지 않는 사람을 대상으로 일본어능력을 측정하고 인정함을 목적으로 하는 일본어능력시험을 실시하고 있다. 다양화된 수험자와 수험목적의 변화에 발맞춰 2005년 '일본어능력시험 개선에 관한 검토회'를 설치하고 많은 전문가의 협력을 얻어 2010년 새로운 〈일본어능력시험〉을 실시하게 되었다.

응시주최: 일본국제교류기금, 일본국제교육지원협회

실시횟수: 매년 7월 첫 번째 일요일과 12월 첫 번째 일요일 2회 실시한다.

2 개정 포인트

(1) 과제 수행을 위한 언어 소통 능력을 측정한다.

일본어에 관한 지식과 함께 실제 운용 가능한 일본어 능력을 중시한다. 따라서 문자 · 어휘 · 문법 등의 언어지식과 그 언어지식을 이용한 소통상의 과제를 수행하는 능력을 측정한다.

※해답은 현행 시험과 마찬가지로 선택지에 의한 마크시트 방식으로 이루어진다. 또한 말하기, 쓰기 능력을 직접 측정하는 시험 과목은 없다.

(2) 레벨을 4단계에서 5단계로 늘렸다.

N1	구 시험 1급보다 다소 높은 레벨까지 측정한다. 합격선은 구 시험과 거의 같다.
N2	구 시험 2급과 거의 같은 레벨이다.
N3	구 시험 2급과 3급 사이에 해당하는 레벨이다. (신설)
N4	구 시험 3급과 거의 같은 레벨이다.
N5	구 시험 4급과 거의 같은 레벨이다.

(3) 득점을 상대평가 방식으로 변경하였다.

서로 다른 시기에 실시되는 시험에서는 출제되는 문제가 다르므로 아무리 신중하게 출제를 해도 매회 시험의 난이도가 다소 변동할 수밖에 없다. 따라서 새로운 시험에서는 '등화(等化)'라는 상대평가를 통해 시험 득점이 난이도의 영향을 받는 일이 없도록 형평성을 유지할 수 있게 한다.

(4) '일본어능력시험 Can-do 리스트' (가칭)를 제공한다.

각 레벨의 합격자가 일본어를 사용하여 실제로 어떠한 일이 가능하다고 생각하는지를 조사한 '일본어능력시험 Can-do 리스트'(가칭)를 제공하는데 현재 작성 중이다.

예) 듣기 - 학교나 직장 공공장소에서 안내방송을 듣고 대략의 내용을 이해할 수 있다.

3 인정 기준

레벨	인정 기준
N1	폭넓은 장면에서 사용되는 일본어를 이해할 수 있다. [읽기] · 폭넓은 화제에 대해 쓰인 신문 논설, 평론 등, 논리적으로 다소 복잡한 문장과 추상도 높은 문장 등을 읽고 문장 구성과 내용을 이해할 수 있다. · 다양한 화제 내용에 깊이 있는 글을 읽고 이야기 흐름과 상세한 의도를 이해할 수 있다. [듣기] · 폭넓은 장면에서 자연스러운 속도의 체계적 내용의 회화, 뉴스, 강의를 듣고 이야기 흐름과 등장인물의 관계, 내용의 논리구성 등을 상세하게 이해하고 요지를 파악할 수 있다.
N2	일상적인 장면에서 사용되는 일본어 이해와 더불어 보다 폭넓은 장면에서 사용되는 일본어를 어느 정도 이해할 수 있다. [읽기] · 폭넓은 화제에 대해 쓰인 신문이나 잡지 기사 · 해설, 평이한 평론 등, 논지가 명쾌한 문장을 읽고 문장 내용을 이해할 수 있다. · 일반적인 화제에 관한 글을 읽고 이야기 흐름과 표현의도를 이해할 수 있다. [듣기] · 일상적인 장면과 더불어 폭넓은 장면에서 자연스러운 속도의 체계적 내용의 회화, 뉴스를 듣고 이야기 흐름과 등장인물의 관계를 이해하고 요지를 파악할 수 있다.
N3	일상적인 장면에서 사용되는 일본어를 어느 정도 이해할 수 있다. [읽기] · 일상적인 화제에 대해 쓰인 구체적인 내용을 나타낸 문장을 읽고 이해할 수 있다. · 신문 기사 제목 등을 통해 정보의 개요를 파악할 수 있다. · 일상적인 장면에서 접하는 범위의 난이도가 다소 높은 문장은 유의 표현이 제시되면 요지를 이해할 수 있다. [듣기] · 일상적인 장면에서 다소 자연스러운 속도에 가까운 체계적 내용의 회화를 듣고 이야기의 구체적인 내용을 등장인물의 관계 등과 더불어 거의 이해할 수 있다.
N4	기본적인 일본어를 이해할 수 있다. [읽기] · 기본적인 어휘나 한자로 쓰인 일상생활 속에서도 가까운 화제에 대한 글을 읽고 이해할 수 있다. [듣기] · 일상적인 장면에서 조금 느린 속도의 회화라면 내용을 거의 이해할 수 있다.
N5	기본적인 일본어를 어느 정도 이해할 수 있다. [읽기] · 히라가나, 가타카나, 일상생활에서 사용되는 기본적인 한자로 쓰인 정형적인 어구, 문장, 글을 읽고 이해할 수 있다. [듣기] · 교실이나 주변 등 일상생활 속에서도 자주 접하는 장면에서 느리고 짧은 회화로부터 필요한 정보를 얻어낼 수 있다.

(1) 시험 결과의 표시

레벨	득점 구분	득점 범위
N1	언어지식(문자 · 어휘 · 문법)	0~60
	독해	0~60
	청해	0~60
	종합 득점	0~180
N2	언어지식(문자 · 어휘 · 문법)	0~60
	독해	0~60
	청해	0~60
	종합 득점	0~180
N3	언어지식(문자 · 어휘 · 문법)	0~60
	독해	0~60
	청해	0~60
	종합 득점	0~180
N4	언어지식(문자 · 어휘 · 문법) · 독해	0~120
	청해	0~60
	종합 득점	0~180
N5	언어지식(문자 · 어휘 · 문법) · 독해	0~120
	청해	0~60
	종합 득점	0~180

(2) 합격/불합격 판정

종합 득점과 각 득점 구분의 기준점, 이 두 가지로 합격/불합격 판정을 내린다. 기준점이란 각 득점 구분에서 '적어도 이 이상은 필요한' 득점을 말한다. 득점 구분의 득점이 하나라도 기준점에 달하지 못한 경우는 종합 득점이 아무리 높아도 불합격으로 처리된다. 각 득점 구분에 기준점을 설정한 것은 학습자의 일본어능력을 종합적으로 평가하기 위해서이다.

(3) 시험 결과의 통지

다음 예와 같이 ①'득점 구분별 득점'과 득점 구분별 득점을 합계한 ②'종합 득점', 앞으로의 일본어 학습을 위한 ③'참고 정보'를 통지한다. ③'참고 정보'는 합격/불합격 판정 대상이 아니다.

예: N3을 수험한 Y씨의 '합격/불합격 통지서'의 일부 (실제 서식은 변경될 수 있다.)

①득점 구분별 점수			②종합 득점
언어지식(문자 · 어휘 · 문법)	독해	청해	
50/60	**30**/60	**40**/60	**120**/180

③참고 정보※		A 매우 잘했음 (정답률 67% 이상)
문자 어휘	문법	B 잘했음 (정답률 34%이상 67% 미만)
A	C	C 그다지 잘하지 못했음 (정답률 34% 미만)

※ '언어지식(문자 · 어휘 · 문법)에 대한 참고 정보를 살펴 보면 '문자 · 어휘'는 A(정답률 67% 이상)이므로 '매우 잘했음', '문법'은 C로(정답률 34% 미만)으로 '그다지 잘하지 못했음'임을 알 수 있다.

5 N3 문제 유형 한눈에 보기

시험 과목 (시험 시간)			문제의 구성			
			문제 유형	변형 정도	문항 수	목표
언어 지식 (문자·어휘) (30분)	문자·어휘	1	한자 읽기	◇	8	한자로 쓰인 어휘의 읽는 법을 고르는 문제
		2	한자 표기	◇	6	히라가나로 쓰인 어휘를 한자로 표기하는 문제
		3	문맥 규정	○	11	문장의 문맥에 맞게 빈칸에 들어갈 가장 알맞은 어휘를 고르는 문제
		4	유의어(대체)	○	5	출제된 말이나 표현과 의미상 가까운 말이나 표현을 고르는 문제
		5	용법	○	5	제시된 어휘가 문장에서 가장 알맞게 쓰인 문장을 찾는 문제
언어 지식 (문법)·독해 (70분)	문법	1	문법 형식 판단	○	13	괄호 안에 들어갈 가장 알맞은 문법 기능어를 찾아 문장을 완성하는 문제
		2	문장 만들기	◆	5	보기 4개를 나열하여 문장을 완성하고 ★에 들어갈 표현을 찾는 문제
		3	문장의 문법(공란 메우기)	◆	5	장문의 지문에서 공란에 들어갈 어구를 보기에서 고르는 문제
	독해	4	내용 이해(단문)	○	4	생활, 일 등 여러 화제를 포함한 설명문이나 지시문을 읽고 내용을 이해했는가를 묻는 문제
		5	내용 이해(중문)	○	6	평론, 해설, 에세이 등을 읽고, 인과관계나 이유, 개요, 필자의 생각을 묻는 문제
		6	내용 이해(장문)	○	4	평론이나 시사성 있는 지문을 읽고, 저자가 의도하는 내용이나 주장, 의견 등을 파악하는 문제
		7	정보 검색	◆	2	광고, 팸플릿 등의 정보(600자 정도)를 읽고 필요한 정보 찾아내는 문제
청해 (40분)		1	과제 이해	◇	6	구체적인 과제 해결에 필요한 정보를 듣고 내용을 이해했는가를 묻는 문제
		2	포인트 이해	◇	6	내용을 듣고 포인트를 파악하는 문제
		3	개요 이해	◇	3	내용을 듣고 전체적인 화자의 의도나 주장 등을 이해하는가를 묻는 문제
		4	발화 표현	◆	4	그림을 보면서 상황 설명을 듣고 적절한 표현 고르는 문제
		5	즉시 응답	◆	9	질문 등의 짧은 발화를 듣고 적절한 응답을 선택할 수 있는가를 묻는 문제

◆ : 구 시험에서는 출제되지 않았던 새로운 문제 형식
◇ : 구 시험의 문제 형식을 유지하나 형식이 부분적으로 변경됨
○ : 구 시험에 출제된 문제 형식
※시험 시간은 변경될 수도 있다. 또한 '청해'는 시험 문제의 녹음 시간 길이에 따라 시험 시간이 다소 변경된다.

이 책은 2010년부터 새로 시행되는 NEW 일본어능력시험 N3를 완벽하게 준비할 수 있도록 출제경향을 철저히 분석하고 그에 대한 대책을 세밀하게 마련하였다.

전체 구성은 크게 2권으로 〈1 언어지식편〉 〈2 독해/청해편〉으로 나뉘는데 이 책은 그중의 1권인 〈언어지식편〉이다.

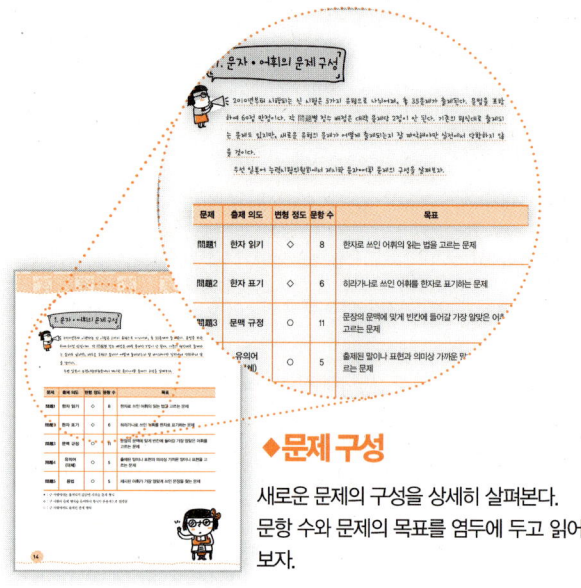

◆문제 구성

새로운 문제의 구성을 상세히 살펴본다. 문항 수와 문제의 목표를 염두에 두고 읽어보자.

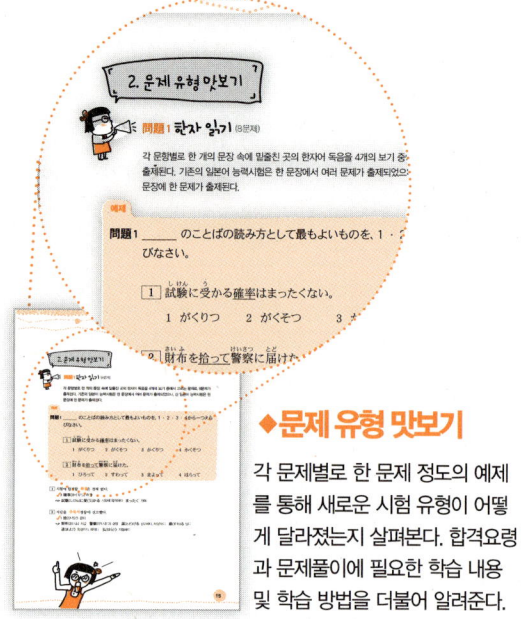

◆문제 유형 맛보기

각 문제별로 한 문제 정도의 예제를 통해 새로운 시험 유형이 어떻게 달라졌는지 살펴본다. 합격요령과 문제풀이에 필요한 학습 내용 및 학습 방법을 더불어 알려준다.

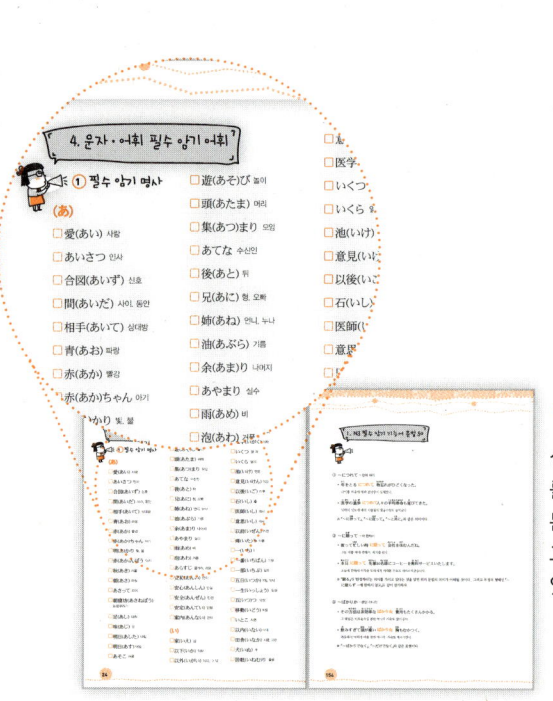

◆합격을 위한 필수 체크

실제 시험 유형의 문제를 풀기 전에 반드시 알아둘 학습거리를 담았다. 즉 〈필수 암기 한자나 어휘〉, 〈필수 암기 기능어 문법 50〉 등 꼭 필요한 내용만을 학습할 수 있도록 구성하였고 바로 실력을 확인해 볼 수 있는 확인문제를 같이 수록하였다.

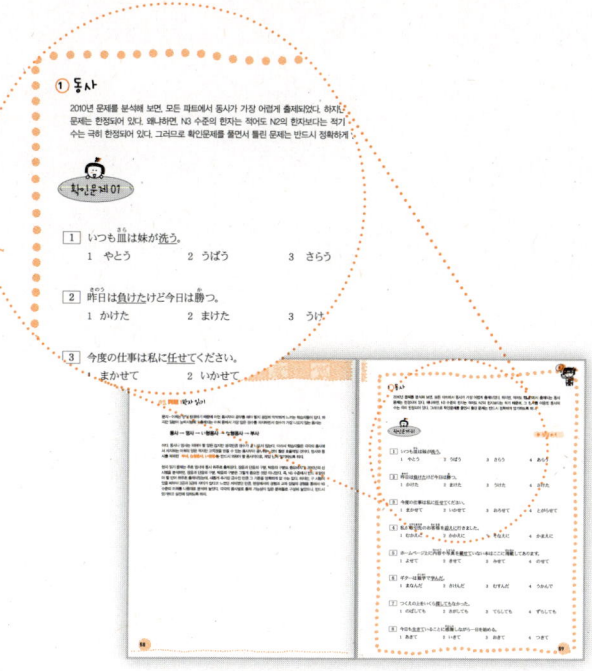

◆실전 대비 집중 훈련

연습문제를 집중적으로 풀면서 새로운 시험에 적응하고, 긴장하지 않고 문제를 풀 수 있도록 새로운 유형에 맞춰 확인 문제를 담았다.

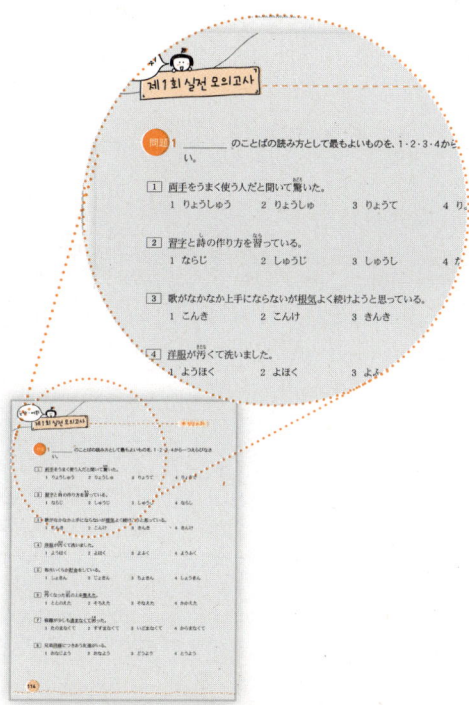

◆실전 모의고사 (총 5회분)

실제 시험과 가장 유사한 문제 형태로 시험 직전 대비용으로 마무리 점검을 할 수 있도록 문자어휘, 문법 각 5회의 문제를 수록하였다.

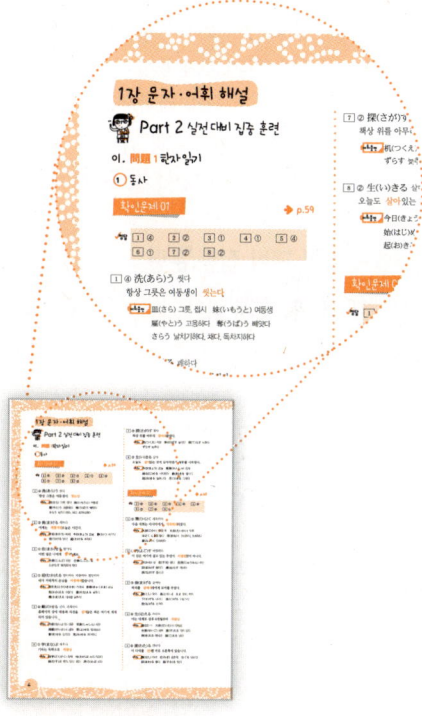

◆길잡이 해설서

문제에 대한 정답 및 해석으로 길잡이 역할을 하고 있다.

차례 Contents

2장 문법

N3

1장
문자 · 어휘

Part 1
분석 및 대책

1. 문자 · 어휘의 문제 구성

2. 문제 유형 맛보기

3. 문자 · 어휘 필수 암기 한자

4. 문자 · 어휘 필수 암기 어휘

1. 문자・어휘의 문제 구성

2010년부터 시행되는 신 시험은 5가지 유형으로 나뉘어져, 총 35문제가 출제된다. 문법을 포함하여 60점 만점이다. 각 問題별 점수 배점은 대략 문제당 2점이 안 된다. 기존의 형식대로 출제되는 문제도 있지만, 새로운 유형의 문제가 어떻게 출제되는지 잘 파악해야만 실전에서 당황하지 않을 것이다.

우선 일본어 능력시험위원회에서 제시한 문자・어휘 문제의 구성을 살펴보자.

문제	출제 의도	변형 정도	문항 수	목표
問題1	한자 읽기	◇	8	한자로 쓰인 어휘의 읽는 법을 고르는 문제
問題2	한자 표기	◇	6	히라가나로 쓰인 어휘를 한자로 표기하는 문제
問題3	문맥 규정	○	11	문장의 문맥에 맞게 빈칸에 들어갈 가장 알맞은 어휘를 고르는 문제
問題4	유의어 (대체)	○	5	출제된 말이나 표현과 의미상 가까운 말이나 표현을 고르는 문제
問題5	용법	○	5	제시된 어휘가 가장 알맞게 쓰인 문장을 찾는 문제

◆ : 구 시험에서는 출제되지 않았던 새로운 문제 형식

◇ : 구 시험의 문제 형식을 유지하나 형식이 부분적으로 변경됨

○ : 구 시험에서도 출제된 문제 형식

2. 문제 유형 맛보기

問題1 한자 읽기 (8문제)

각 문항별로 한 개의 문장 속에 밑줄친 곳의 한자어 독음을 4개의 보기 중에서 고르는 문제로, 8문제가 출제된다. 기존의 일본어 능력시험은 한 문장에서 여러 문제가 출제되었으나, 신 일본어 능력시험은 한 문장에 한 문제가 출제된다.

예제

問題1 _____ のことばの読み方として最もよいものを、1・2・3・4から一つえらびなさい。

1 試験に受かる<u>確率</u>はまったくない。

　　1　がくりつ　　　2　がくそつ　　　3　かくりつ　　　4　かくそつ

2 財布を<u>拾って</u>警察に届けた。

　　1　ひろって　　　2　すわって　　　3　まよって　　　4　はらって

1 시험에 합격할 **확률**은 전혀 없다.
　✓ 3 確率(かくりつ) 확률
　〰 試験(しけん)に受(う)かる 시험에 합격하다　まったく 전혀

2 지갑을 **주워서** 경찰에 신고했다.
　✓ 1 拾(ひろ)う 줍다
　〰 財布(さいふ) 지갑　警察(けいさつ) 경찰　届(とど)ける 신고하다, 배달하다　座(すわ)る 앉다
　　迷(まよ)う 망설이다, 헤매다　払(はら)う 지불하다

각 문항별로 한 개의 문장이 제시되고, 밑줄친 곳의 일본어에 해당하는 한자어를 4개의 보기 중에서 고르는 문제로, 6문제가 출제된다. 問題1과 마찬가지로 기존의 일본어 능력시험에서는 한 문장에서 여러 문제가 출제되었으나, 신 일본어 능력시험은 한 문장에서 한 단어의 한자를 찾는 문제가 출제된다.

예제

問題2 ＿＿＿＿ のことばを漢字で書くとき、最もよいものを、1・2・3・4から一つ えらびなさい。

1　大学では自動車の修理ぎじゅつを習っている。

　　1　技述　　　　2　技術　　　　3　枝述　　　　4　枝術

2　物をなげたら壊れるから気をつけなさい。

　　1　与げたら　　2　役げたら　　3　没げたら　　4　投げたら

1　대학에서는 자동차 수리 기술을 배우고 있다.

✓ 2 技術(ぎじゅつ) 기술

↝ 大学(だいがく) 대학　自動車(じどうしゃ) 자동차　修理(しゅうり) 수리　習(なら)う 배우다

2　물건을 던지면 부서지니 주의하세요.

✓ 4 投(な)げる 던지다

↝ 物(もの) 물건　壊(こわ)れる 부서지다　気(き)をつける 주의하다

問題3 문맥 규정(공란 메우기) (11문제)

한 문장에서 앞뒤 문맥을 고려하여 빈칸에 들어가기 알맞은 어휘를 4개의 보기 중에서 고르는 문제로, 11문제가 출제된다. 보기에 나와 있는 단어의 정확한 의미와 문장의 흐름을 파악해야 풀 수 있지만, 한자음 명사의 경우는 그 한자를 한국어로 읽을 수만 있으면 정답을 쉽게 찾을 수 있으므로, 기본적인 한자 읽기의 능력을 키우도록 하자.

예제

問題3 （　　　）に入れるのに最もよいものを、1・2・3・4から一つえらびなさい。

1 　私をだまして出かけた弟を映画館の前で（　　　）会った。

　　1　ぐっすり　　　2　すっきり　　　3　ぴったり　　　4　ばったり

2 　この図書館はだれでも自由に（　　　）できます。

　　1　費用　　　2　利用　　　3　応用　　　4　作用

---

1 나를 속이고 외출한 남동생을 영화관 앞에서 딱 만났다.

　✓ 4　ばったり　딱(만나다), 털썩(쓰러지다)

　↬　だます 속이다　出(で)かける 외출하다　弟(おとうと) 남동생　映画館(えいがかん) 영화관
　　ぐっすり 푹(자다)　すっきり 개운한 모습　ぴったり 딱(맞다)

2 이 도서관은 누구라도 자유롭게 이용할 수 있습니다.

　✓ 2　利用(りよう) 이용

　↬　図書館(としょかん) 도서관　だれ 누구　自由(じゆう) 자유　費用(ひよう) 비용
　　応用(おうよう) 응용　作用(さよう) 작용

問題4 유의어(대체) (5문제)

한 문장에서 밑줄친 부분의 어휘와 동일한 뜻을 가진 어휘를 4개의 보기 중에서 고르는 문제로, 5문제가 출제된다. 원래의 단어가 가진 의미 파악도 중요하지만 문장 속에서 사용되는 의미를 파악하는 것이 무엇보다 중요하므로, 반드시 문장에서의 의미를 파악하도록 하자.

예제

問題4 _____ 意味が最も近いものを、1・2・3・4から一つえらびなさい。

1 彼のような<u>純粋な</u>人は見たことがありません。

　　1 頭のいい　　　2 なまいきな　　　3 まじめな　　　4 めいわくな

2 7月になって<u>梅雨</u>が<u>明けた</u>。

　　1 おわった　　　2 はじまった　　　3 きまった　　　4 とれた

1 그와 같은 순수한 사람은 본 적이 없습니다.

✓ 3 まじめだ 성실하다, 순수하다

　↝ 純粋(じゅんすい)だ 순수하다　頭(あたま) 머리　なまいきだ 건방지다　めいわく 민폐

2 7월이 되어 장마가 끝났다.

✓ 1 おわる 끝나다

　↝ 明(あ)ける (어느 기간이) 끝나다　梅雨(つゆ・ばいう) 장마　はじまる 시작되다　きまる 정해지다

問題5 **용법** (5문제)

한 개의 어휘가 제시되고, 그 어휘를 가장 알맞게 사용한 예문을 4개의 보기 중에서 고르는 문제로, 5문제가 출제된다.

예제

問題5 つぎのことばの使い方として最もよいものを、一つえらびなさい。

1 チェック

1 問題はたくさんあったが、彼が全部チェックしてくれた。
2 教授の夏休みのチェックはあまりにも多すぎる。
3 部長は部下の問題点をチェックしてくれた。
4 みんなのチェックで、無事に終わりました。

2 はずれる

1 続く赤字のため会社ははずれてしまった。
2 列がはずれて先生に指摘された。
3 目の前でいきなりおばあちゃんがはずれた。
4 あのチームが優勝すると予想したがはずれた。

---

1 ✔ 3 **チェック** 체크

1 문제는 많이 있었지만, 그가 전부 해결해 주었다. ▶ 解決(かいけつ) 해결
2 교수님의 여름방학의 리포트는 너무 많다. ▶ リポート 리포트
3 부장님은 부하의 문제점을 체크해 주었다.
4 모두의 덕분으로, 무사히 끝났습니다. ▶ おかげで 덕분으로

↝ 問題(もんだい) 문제 全部(ぜんぶ) 전부 教授(きょうじゅ) 교수 夏休(なつやす)み 여름방학
部長(ぶちょう) 부장 部下(ぶか) 부하 問題点(もんだいてん) 문제점 無事(ぶじ) 무사
終(お)わる 끝나다

2 ✔ 4 **はずれる** 빗나가다

1 계속되는 적자 때문에 회사는 망해 버렸다. ▶ つぶれる 망하다
2 줄이 흐트러져서 선생님께 지적 받았다. ▶ くずれる 흐트러지다
3 눈앞에서 갑자기 할머니가 쓰러졌다. ▶ たおれる 쓰러지다
4 저 팀이 우승한다고 예상했지만 빗나갔다.

↝ 続(つづ)く 계속되다 赤字(あかじ) 적자 会社(かいしゃ) 회사 列(れつ) 열, 줄
指摘(してき) 지적 いきなり 갑자기 優勝(ゆうしょう) 우승 予想(よそう) 예상

가(家)　家(いえ・うち) 집

가(歌)　歌(うた) 노래

강(強)　強(つよ)い 강하다

개(開)　開(ひら)く 열다

거(去)　去年(きょねん) 작년

건(建)　建(た)てる 세우다

견(犬)　犬(いぬ) 개

경(京)　上京(じょうきょう) 상경

계(計)　計画(けいかく) 계획

계(界)　世界(せかい) 세계

고(考)　考(かんが)える 생각하다

고(古)　古(ふる)い 오래되다

공(空)　空港(くうこう) 공항

공(工)　工場(こうじょう) 공장

관(館)　旅館(りょかん) 여관

광(広)　広(ひろ)い 넓다

교(教)　教室(きょうしつ) 교실

구(究)　研究(けんきゅう) 연구

구(口)　口(くち) 입

귀(帰)　帰(かえ)る 돌아가다, 돌아오다

근(近)　近(ちか)い 가깝다

급(急)　急行(きゅうこう) 급행

기(起)　起(お)きる 일어나다

기(寄)　寄(よ)る 들르다

다(茶)　お茶(ちゃ) 차

다(多)　多(おお)い 많다

답(答)　答(こた)える 대답하다

당(堂)　食堂(しょくどう) 식당

대(代)　三代(さんだい) 3대

대(待)　待(ま)つ 기다리다

대(貸)　貸(か)す 빌리다

대(台)　台所(だいどころ) 부엌

도(道)　道(みち) 길

도(図)　地図(ちず) 지도

도(度)　もう一度(いちど) 한번 더

동(動)　動(うご)く 움직이다

동(冬)　冬(ふゆ) 겨울

동(同)　同(おな)じ 같음

락(楽)　楽(たの)しい 즐겁다

려(旅)　旅行(りょこう) 여행

력(力)　力(ちから) 힘

료(料)　料理(りょうり) 요리

리(理)　理解(りかい) 이해

립(立)　立(た)つ 서다

매(売)　売(う)る 팔다

매(妹)	妹(いもうと)	여동생
매(買)	買(か)う	사다
면(勉)	勉強(べんきょう)	공부
명(明)	明(あか)るい	밝다
목(目)	目(め)	눈
문(文)	文学(ぶんがく)	문학
문(問)	問題(もんだい)	문제
물(物)	動物(どうぶつ)	동물
미(味)	味(あじ)	맛
반(飯)	ご飯(はん)	밥
발(発)	出発(しゅっぱつ)	출발
방(方)	方向(ほうこう)	방향
별(別)	特別(とくべつ)	특별
병(病)	病院(びょういん)	병원
보(歩)	散歩(さんぽ)	산책
복(服)	服(ふく)	옷
불(不)	不満(ふまん)	불만
사(社)	会社(かいしゃ)	회사
사(事)	事務所(じむしょ)	사무소
사(思)	思(おも)う	생각하다
사(死)	死(し)ぬ	죽다
사(使)	使(つか)う	사용하다
사(私)	私(わたし)	나
사(仕)	仕事(しごと)	일

사(写)	写(うつ)す	베끼다
색(色)	色(いろ)	색
석(夕)	夕方(ゆうがた)	저녁
세(世)	世界(せかい)	세계
소(少)	少(すこ)し	조금
송(送)	送(おく)る	보내다
수(手)	手(て)	손
습(習)	習(なら)う	배우다
시(始)	始(はじ)める	시작하다
시(試)	試合(しあい)	시합
신(新)	新(あたら)しい	새롭다
실(室)	教室(きょうしつ)	교실
심(心)	心(こころ)	마음
악(悪)	悪(わる)い	나쁘다
안(安)	安(やす)い	싸다
야(野)	野球(やきゅう)	야구
양(洋)	洋服(ようふく)	양복, 옷
어(魚)	魚(さかな)	생선
언(言)	言葉(ことば)	말
업(業)	工業(こうぎょう)	공업
역(駅)	駅(えき)	역
연(研)	研修(けんしゅう)	연수
영(英)	英語(えいご)	영어
영(映)	映画(えいが)	영화

옥(屋)　屋上(おくじょう) 옥상

요(曜)　日曜日(にちようび) 일요일

용(用)　用意(ようい) 준비

우(牛)　牛(うし) 소

운(運)　運動(うんどう) 운동

원(員)　店員(てんいん) 점원

원(元)　元気(げんき) 건강

원(院)　入院(にゅういん) 입원

유(有)　有名(ゆうめい) 유명

육(肉)　肉(にく) 고기

은(銀)　銀行(ぎんこう) 은행

음(音)　音楽(おんがく) 음악

음(飲)　飲(の)む 마시다

의(意)　意味(いみ) 의미

의(医)　医者(いしゃ) 의사

이(以)　以上(いじょう) 이상

자(自)　自然(しぜん) 자연

자(姉)　姉(あね) 언니

자(者)　歯医者(はいしゃ) 치과의사

자(字)　文字(もじ) 글자

작(作)　作(つく)る 만들다

장(場)　場合(ばあい) 경우

적(赤)　赤(あか)い 빨갛다

전(田)　田舎(いなか) 시골

전(転)　運転(うんてん) 운전

절(切)　親切(しんせつ) 친절

점(店)　店(みせ) 가게

정(正)　正(ただ)しい 바르다

정(町)　町(まち) 마을

제(弟)　弟(おとうと) 남동생

제(題)　宿題(しゅくだい) 숙제

조(朝)　朝(あさ) 아침

조(鳥)　鳥(とり) 새

조(早)　早(はや)い 빠르다

족(足)　足(あし) 발

족(族)　家族(かぞく) 가족

종(終)　終(お)わる 끝나다

주(主)　主人(しゅじん) 남편

주(住)　住所(じゅうしょ) 주소

주(走)　走(はし)る 달리다

주(週)　毎週(まいしゅう) 매주

주(注)　注意(ちゅうい) 주의

주(昼)　昼(ひる) 낮

중(重)　重(おも)い 무겁다

지(知)　知(し)る 알다

지(地)　地球(ちきゅう) 지구

지(止)　止(と)める 멈추다

지(持)　持(も)つ 가지다

지(紙)　紙(かみ) 종이

진(真)　真(ま)ん中(なか) 한가운데

질(質)　質問(しつもん) 질문

집(集)　集(あつ)める 모으다

차(借)　借(か)りる 빌리다

착(着)　到着(とうちゃく) 도착

청(青)　青(あお)い 파랗다

체(体)　体(からだ) 몸

추(秋)　秋(あき) 가을

친(親)　親(した)しい 친하다

통(通)　通(とお)る 지나다

특(特)　特(とく)に 특히

품(品)　品物(しなもの) 물건

풍(風)　風(かぜ) 바람

하(夏)　夏(なつ) 여름

한(漢)　漢字(かんじ) 한자

해(海)　海(うみ) 바다

험(験)　受験(じゅけん) 수험

형(兄)　兄(あに) 형

화(花)　花(はな) 꽃

화(画)　漫画(まんが) 만화

회(会)　会社(かいしゃ) 회사

흑(黒)　黒(くろ)い 검다

① 필수 암기 명사

(あ)

- □ 愛(あい) 사랑
- □ あいさつ 인사
- □ 合図(あいず) 신호
- □ 間(あいだ) 사이, 동안
- □ 相手(あいて) 상대방
- □ 青(あお) 파랑
- □ 赤(あか) 빨강
- □ 赤(あか)ちゃん 아기
- □ 明(あ)かり 빛, 불
- □ 赤(あか)んぼう 아기
- □ 秋(あき) 가을
- □ 朝(あさ) 아침
- □ あさって 모레
- □ 朝寝坊(あさねぼう) 늦잠꾸러기
- □ 足(あし) 다리
- □ 味(あじ) 맛
- □ 明日(あした) 내일
- □ 明日(あす) 내일
- □ あそこ 저곳

- □ 遊(あそ)び 놀이
- □ 頭(あたま) 머리
- □ 集(あつ)まり 모임
- □ あてな 수신인
- □ 後(あと) 뒤
- □ 兄(あに) 형, 오빠
- □ 姉(あね) 언니, 누나
- □ 油(あぶら) 기름
- □ 余(あま)り 나머지
- □ あやまり 실수
- □ 雨(あめ) 비
- □ 泡(あわ) 거품
- □ あらすじ 줄거리, 개요
- □ 安易(あんい) 안이
- □ 安心(あんしん) 안심
- □ 安全(あんぜん) 안전
- □ 安定(あんてい) 안정
- □ 案内(あんない) 안내

(い)

- □ 家(いえ) 집
- □ 以下(いか) 이하
- □ 以外(いがい) 이외, 그 밖

- □ 意外(いがい) 의외
- □ 医学(いがく) 의학
- □ いくつ 몇 개
- □ いくら 얼마
- □ 池(いけ) 연못
- □ 意見(いけん) 의견
- □ 以後(いご) 이후
- □ 石(いし) 돌
- □ 医師(いし) 의사
- □ 意思(いし) 의사
- □ 以前(いぜん) 이전
- □ 痛(いた)み 아픔
- □ 一(いち) 1
- □ 一番(いちばん) 가장
- □ 一部(いちぶ) 일부
- □ 五日(いつか) 5일, 닷새
- □ 一生(いっしょう) 일생
- □ 五(いつ)つ 다섯
- □ 移動(いどう) 이동
- □ いとこ 사촌
- □ 以内(いない) 이내
- □ 田舎(いなか) 시골, 고향
- □ 犬(いぬ) 개
- □ 居眠(いねむ)り 졸음

☐ 命(いのち) 목숨

☐ 衣服(いふく) 의복

☐ 居間(いま) 거실

☐ 意味(いみ) 의미

☐ 妹(いもうと) 여동생

☐ 以来(いらい) 이래

☐ 入口(いりぐち) 입구

☐ 色(いろ) 색

☐ 岩(いわ) 바위

☐ 祝(いわ)い 축하

☐ 印刷(いんさつ) 인쇄

(う)

☐ 牛(うし) 소

☐ 後(うし)ろ 뒤

☐ うそ 거짓말

☐ 歌(うた) 노래

☐ 宇宙(うちゅう) 우주

☐ うどん 가락국수

☐ 馬(うま) 말

☐ ～生(う)まれ ～생

☐ 海(うみ) 바다

☐ 売場(うりば) 매장

☐ 上着(うわぎ) 겉옷, 윗도리

☐ 運転(うんてん) 운전

☐ 運動(うんどう) 운동

(え)

☐ 絵(え) 그림

☐ 映画(えいが) 영화

☐ 営業(えいぎょう) 영업

☐ 英語(えいご) 영어

☐ 駅(えき) 역

☐ 円(えん) 엔, 원

☐ 円周(えんしゅう) 원주

☐ 遠足(えんそく) 소풍

☐ 延長(えんちょう) 연장

☐ 鉛筆(えんぴつ) 연필

(お)

☐ 応援(おうえん) 응원

☐ 応接間(おうせつま) 응접실

☐ 往復(おうふく) 왕복

☐ 応用(おうよう) 응용

☐ 大家(おおや) 집주인

☐ お母(かあ)さん 어머니

☐ おかげ 덕분

☐ 奥(おく) 안쪽

☐ 億(おく) 억

☐ おくさん 남의 부인

☐ 屋上(おくじょう) 옥상

☐ お子(こ)さん 남의 자식

☐ おじいさん 할아버지

☐ おしゃれ 꾸밈, 세련됨, 멋쟁이

☐ おじょうさん 아가씨

☐ お出掛(でか)け 외출

☐ 音(おと) 소리

☐ お父(とう)さん 아버지

☐ 弟(おとうと) 남동생

☐ 男(おとこ) 남자

☐ 落(おと)し物(もの) 분실물

☐ おととい 그저께

☐ おととし 재작년

☐ 大人(おとな) 어른

☐ 踊(おど)り 춤

☐ お腹(なか) 배

☐ お兄(にい)さん 형, 오빠

☐ お姉(ねえ)さん 언니, 누나

☐ おばあさん 할머니

☐ お昼(ひる) 낮

☐ 思(おも)い出(で) 추억

☐ おもちゃ 장난감

☐ 表(おもて) 앞

☐ 親(おや) 부모

- [ ] 泳(およ)ぎ 수영
- [ ] 終(お)わり 끝
- [ ] 音(おん) 음
- [ ] 温泉(おんせん) 온천
- [ ] 温度(おんど) 온도
- [ ] 女(おんな) 여자

(か)

- [ ] 会員(かいいん) 회원
- [ ] 絵画(かいが) 회화
- [ ] 海外(かいがい) 해외
- [ ] 会議(かいぎ) 회의
- [ ] 解決(かいけつ) 해결
- [ ] 外国(がいこく) 외국
- [ ] 改札(かいさつ) 개찰
- [ ] 解散(かいさん) 해산
- [ ] 会社(かいしゃ) 회사
- [ ] 外出(がいしゅつ) 외출
- [ ] 会場(かいじょう) 회장
- [ ] 海水浴(かいすいよく) 해수욕
- [ ] 解説(かいせつ) 해설
- [ ] 改善(かいぜん) 개선
- [ ] 改造(かいぞう) 개조
- [ ] 階段(かいだん) 계단

- [ ] 会談(かいだん) 회담
- [ ] 会費(かいひ) 회비
- [ ] 買物(かいもの) 쇼핑
- [ ] 会話(かいわ) 회화
- [ ] 帰(かえ)り 귀가
- [ ] 顔(かお) 얼굴
- [ ] 香(かお)り 향기
- [ ] 価格(かかく) 가격
- [ ] 科学(かがく) 과학
- [ ] かぎ 열쇠
- [ ] 家具(かぐ) 가구
- [ ] 架空(かくう) 가공
- [ ] 学習(がくしゅう) 학습
- [ ] 学生(がくせい) 학생
- [ ] 拡大(かくだい) 확대
- [ ] 学年(がくねん) 학년
- [ ] 学問(がくもん) 학문
- [ ] 確率(かくりつ) 확률
- [ ] 飾(かざ)り 장식
- [ ] 火山(かざん) 화산
- [ ] 菓子(かし) 과자
- [ ] 火事(かじ) 화재
- [ ] 数(かず) 수
- [ ] 風(かぜ) 바람

- [ ] 風邪(かぜ) 감기
- [ ] 家族(かぞく) 가족
- [ ] 方(かた) 분
- [ ] 課税(かぜい) 과세
- [ ] 形(かたち) 형태
- [ ] 学校(がっこう) 학교
- [ ] 活動(かつどう) 활동
- [ ] 家庭(かてい) 가정
- [ ] 家内(かない) 아내
- [ ] 金(かね) 돈
- [ ] 可能(かのう) 가능
- [ ] 彼女(かのじょ) 그녀
- [ ] かばん 가방
- [ ] 壁(かべ) 벽
- [ ] 紙(かみ) 종이
- [ ] 髪(かみ) 머리카락
- [ ] 神様(かみさま) 신
- [ ] 雷(かみなり) 천둥, 벼락
- [ ] 髪(かみ)の毛(け) 머리카락
- [ ] 火曜(かよう) 화요(일)
- [ ] 彼(かれ) 그
- [ ] 彼(かれ)ら 그들
- [ ] 川・河(かわ) 강
- [ ] 皮・革(かわ) 가죽

- ☐ 側(がわ) 편, 측
- ☐ 代(か)わり 대신
- ☐ 考(かんが)え 생각
- ☐ 感覚(かんかく) 감각
- ☐ 関係(かんけい) 관계
- ☐ 歓迎(かんげい) 환영
- ☐ 観光(かんこう) 관광
- ☐ 観察(かんさつ) 관찰
- ☐ 感(かん)じ 느낌
- ☐ 漢字(かんじ) 한자
- ☐ 感謝(かんしゃ) 감사
- ☐ 患者(かんじゃ) 환자
- ☐ 関心(かんしん) 관심
- ☐ 感心(かんしん) 감동, 감탄
- ☐ 完成(かんせい) 완성
- ☐ 間接(かんせつ) 간접
- ☐ 簡単(かんたん) 간단
- ☐ 感動(かんどう) 감동
- ☐ 監督(かんとく) 감독
- ☐ 管理(かんり) 관리
- ☐ 関連(かんれん) 관련

(き)

- ☐ 木(き) 나무
- ☐ 黄色(きいろ) 노랑

- ☐ 気温(きおん) 기온
- ☐ 機会(きかい) 기회
- ☐ 機械(きかい) 기계
- ☐ 着替(きがえ) 옷을 갈아입음
- ☐ 期間(きかん) 기간
- ☐ 企業(きぎょう) 기업
- ☐ 危険(きけん) 위험
- ☐ 期限(きげん) 기한
- ☐ 記号(きごう) 기호
- ☐ 記事(きじ) 기사
- ☐ 汽車(きしゃ) 기차
- ☐ 記者(きしゃ) 기자
- ☐ 技術(ぎじゅつ) 기술
- ☐ 起床(きしょう) 기상
- ☐ 傷(きず) 상처
- ☐ 季節(きせつ) 계절
- ☐ 北(きた) 북쪽
- ☐ 期待(きたい) 기대
- ☐ 切手(きって) 우표
- ☐ 切符(きっぷ) 표
- ☐ 記入(きにゅう) 기입
- ☐ 昨日(きのう) 어제
- ☐ 気分(きぶん) 기분
- ☐ 希望(きぼう) 희망

- ☐ 基本(きほん) 기본
- ☐ 決(き)まり 결정
- ☐ 君(きみ) 너, 자네
- ☐ 気持(きも)ち 마음
- ☐ 着物(きもの) 기모노
- ☐ 客(きゃく) 손님
- ☐ 九(きゅう) 9
- ☐ 級(きゅう) 급
- ☐ 急行(きゅうこう) 급행
- ☐ 牛乳(ぎゅうにゅう) 우유
- ☐ 給料(きゅうりょう) 급료
- ☐ 今日(きょう) 오늘
- ☐ 教科書(きょうかしょ) 교과서
- ☐ 教師(きょうし) 교사
- ☐ 教室(きょうしつ) 교실
- ☐ 教授(きょうじゅ) 교수
- ☐ 兄弟(きょうだい) 형제
- ☐ 興味(きょうみ) 흥미
- ☐ 去年(きょねん) 작년
- ☐ 拒否(きょひ) 거부
- ☐ 霧(きり) 안개
- ☐ 記録(きろく) 기록
- ☐ 金(きん) 금

□ 銀行(ぎんこう) 은행

□ 禁止(きんし) 금지

□ 近所(きんじょ) 이웃

□ 緊張(きんちょう) 긴장

□ 金曜(きんよう) 금요(일)

(く)

□ 具合(ぐあい) 몸 상태

□ 空気(くうき) 공기

□ 空港(くうこう) 공항

□ 草(くさ) 풀

□ 薬(くすり) 약

□ くせ 버릇

□ 果物(くだもの) 과일

□ 口(くち) 입

□ くつ 구두

□ くつした 양말

□ 国(くに) 나라

□ 首(くび) 목

□ 区別(くべつ) 구별

□ 雲(くも) 구름

□ 曇(くも)り 흐림

□ 暮(く)らし 생활

□ 車(くるま) 차

□ 黒(くろ) 검정

□ 苦労(くろう) 고생

(け)

□ 計画(けいかく) 계획

□ 景気(けいき) 경기

□ 経験(けいけん) 경험

□ 経済(けいざい) 경제

□ 計算(けいさん) 계산

□ 刑事(けいじ) 형사

□ 契約(けいやく) 계약

□ 怪我(けが) 부상, 상처

□ 今朝(けさ) 오늘 아침

□ 景色(けしき) 경치

□ 血液(けつえき) 혈액

□ 血液型(けつえきがた) 혈액형

□ 結果(けっか) 결과

□ 結婚(けっこん) 결혼

□ 傑作(けっさく) 걸작

□ 決心(けっしん) 결심

□ 欠席(けっせき) 결석

□ 結末(けつまつ) 결말

□ 月末(げつまつ) 월말

□ 月曜(げつよう) 월요(일)

□ 結論(けつろん) 결론

□ 件(けん) 건

□ 原因(げんいん) 원인

□ けんか 싸움

□ 見解(けんかい) 견해

□ 元気(げんき) 건강함

□ 研究(けんきゅう) 연구

□ 健康(けんこう) 건강함

□ 現象(げんしょう) 현상

□ 建設(けんせつ) 건설

□ 限定(げんてい) 한정

□ 現場(げんば) 현장

□ 見物(けんぶつ) 구경

□ 権利(けんり) 권리

(こ)

□ 五(ご) 5

□ 恋(こい) 사랑

□ 恋人(こいびと) 애인

□ 公園(こうえん) 공원

□ 効果(こうか) 효과

□ 郊外(こうがい) 교외

□ 合格(ごうかく) 합격

□ 工業(こうぎょう) 공업

□ 光景(こうけい) 광경

□ 攻撃(こうげき) 공격

□ 貢献(こうけん) 공헌

□ 高校(こうこう) 고교

□ 交差点(こうさてん) 교차로

□ 工事(こうじ) 공사

□ 工場(こうじょう) 공장

□ 高速(こうそく) 고속

□ 紅茶(こうちゃ) 홍차

□ 交通(こうつう) 교통

□ 交通機関(こうつうきかん) 교통기관

□ 講堂(こうどう) 강당

□ 行動(こうどう) 행동

□ 高等学校(こうとうがっこう) 고등학교

□ 後輩(こうはい) 후배

□ 交番(こうばん) 파출소

□ 声(こえ) 목소리

□ 氷(こおり) 얼음

□ 国語(こくご) 국어

□ 国際(こくさい) 국제

□ 国民(こくみん) 국민

□ 午後(ごご) 오후

□ 九日(ここのか) 9일, 아흐레

□ 九(ここの)つ 아홉

□ 心(こころ) 마음

□ 午前(ごぜん) 오전

□ 答(こた)え 대답

□ 国家(こっか) 국가

□ こづかい 용돈

□ 国境(こっきょう) 국경

□ 今年(ことし) 올해

□ 言葉(ことば) 말

□ 子供(こども) 아이

□ ご飯(はん) 밥

□ ごみ 쓰레기

□ 米(こめ) 쌀

□ 頃(ころ) 무렵, 시절

□ 困難(こんなん) 곤란

(さ)

□ 最近(さいきん) 최근

□ 最後(さいご) 마지막

□ 最高(さいこう) 최고

□ 財産(ざいさん) 재산

□ 最初(さいしょ) 최초

□ 最新(さいしん) 최신

□ 最多(さいた) 최다

□ 最大(さいだい) 최대

□ 財布(さいふ) 지갑

□ 材料(ざいりょう) 재료

□ 坂(さか) 비탈길

□ 魚(さかな) 생선

□ さきおととい 그끄저께

□ 作成(さくせい) 작성

□ 作品(さくひん) 작품

□ 作文(さくぶん) 작문

□ 桜(さくら) 벚꽃

□ 酒(さけ) 술

□ さしつかえ 지장

□ 座席(ざせき) 좌석

□ 札(さつ) 지폐

□ 作家(さっか) 작가

□ 雑誌(ざっし) 잡지

□ さとう 설탕

□ 砂漠(さばく) 사막

□ 座布団(ざぶとん) 방석

□ 左右(さゆう) 좌우

□ 皿(さら) 접시

□ 再来月(さらいげつ) 다다음 달

□ 再来週(さらいしゅう) 다다음 주

□ 再来年(さらいねん) 내후년

□ 騒(さわ)ぎ 소동

□ 三(さん) 3

□ 参加(さんか) 참가
□ 三角(さんかく) 삼각
□ 産業(さんぎょう) 산업
□ 参考(さんこう) 참고
□ 算数(さんすう) 산수
□ 散歩(さんぽ) 산책

(し)
□ 四(し) 4
□ 字(じ) 글자
□ 試合(しあい) 시합
□ しあさって 글피
□ 幸(しあわ)せ 행복
□ 塩(しお) 소금
□ 司会(しかい) 사회
□ 四角(しかく) 사각
□ 時間(じかん) 시간
□ 時間割(じかんわ)り
　　시간표
□ 式(しき) 식
□ 時期(じき) 시기
□ 支給(しきゅう) 지급
□ 試験(しけん) 시험
□ 資源(しげん) 자원
□ 事件(じけん) 사건

□ 事故(じこ) 사고
□ 仕事(しごと) 일
□ 事実(じじつ) 사실
□ 辞書(じしょ) 사전
□ 事情(じじょう) 사정
□ 自信(じしん) 자신(감)
□ 自身(じしん) 자신, 자기
□ 地震(じしん) 지진
□ 下(した) 밑, 아래
□ 事態(じたい) 사태
□ 時代(じだい) 시대
□ 下着(したぎ) 속옷
□ 支度(したく) 준비
□ 自宅(じたく) 자택
□ 七(しち) 7
□ 実験(じっけん) 실험
□ 湿度(しつど) 습도
□ 失敗(しっぱい) 실패
□ しっぽ 꼬리
□ 失望(しつぼう) 실망
□ 質問(しつもん) 질문
□ 実力(じつりょく) 실력
□ 失礼(しつれい) 실례
□ 支店(してん) 지점

□ 辞典(じてん) 사전
□ 自転車(じてんしゃ)
　　자전거
□ 自動(じどう) 자동
□ 自動車(じどうしゃ)
　　자동차
□ 品(しな) 물건
□ 品物(しなもの) 물건
□ 支配(しはい) 지배
□ 支払(しはら)い 지불
□ 自分(じぶん) 자신
□ 死亡(しぼう) 사망
□ 資本(しほん) 자본
□ 島(しま) 섬
□ しまい 끝
□ 市民(しみん) 시민
□ 事務(じむ) 사무
□ 霜(しも) 서리
□ 社会(しゃかい) 사회
□ 写真(しゃしん) 사진
□ 借金(しゃっきん) 빚
□ 邪魔(じゃま) 방해
□ 週(しゅう) 주
□ 自由(じゆう) 자유
□ 十(じゅう) 10

☐ 周囲(しゅうい) 주위

☐ 週間(しゅうかん) 주간

☐ 習慣(しゅうかん) 습관

☐ 集合(しゅうごう) 집합

☐ 住所(じゅうしょ) 주소

☐ 就職(しゅうしょく) 취직

☐ 就任(しゅうにん) 취임

☐ 授業(じゅぎょう) 수업

☐ 受験(じゅけん) 수험

☐ 手術(しゅじゅつ) 수술

☐ 首相(しゅしょう) 수상

☐ 主人(しゅじん) 남편

☐ 手段(しゅだん) 수단

☐ 主張(しゅちょう) 주장

☐ 出勤(しゅっきん) 출근

☐ 出席(しゅっせき) 출석

☐ 出張(しゅっちょう) 출장

☐ 出発(しゅっぱつ) 출발

☐ 出版(しゅっぱん) 출판

☐ 主婦(しゅふ) 주부

☐ 趣味(しゅみ) 취미

☐ 寿命(じゅみょう) 수명

☐ 種類(しゅるい) 종류

☐ 瞬間(しゅんかん) 순간

☐ 順番(じゅんばん) 순번

☐ 準備(じゅんび) 준비

☐ 使用(しよう) 사용

☐ 紹介(しょうかい) 소개

☐ 小学生(しょうがくせい) 초등학생

☐ 正月(しょうがつ) 정월

☐ 小学校(しょうがっこう) 초등학교

☐ 上下(じょうげ) 상하

☐ 条件(じょうけん) 조건

☐ 小説(しょうせつ) 소설

☐ 招待(しょうたい) 초대

☐ 上達(じょうたつ) 숙달됨, 향상됨

☐ 商売(しょうばい) 장사

☐ 商品(しょうひん) 상품

☐ 情報(じょうほう) 정보

☐ 正面(しょうめん) 정면

☐ 将来(しょうらい) 장래

☐ 職業(しょくぎょう) 직업

☐ 食事(しょくじ) 식사

☐ 食堂(しょくどう) 식당

☐ 職場(しょくば) 직장

☐ 食品(しょくひん) 식품

☐ 植物(しょくぶつ) 식물

☐ 女子(じょし) 여자

☐ 初旬(しょじゅん) 초순

☐ 女性(じょせい) 여성

☐ 書類(しょるい) 서류, 문서

☐ 知(し)らせ 알림

☐ 知(し)り合(あ)い 지인

☐ 自立(じりつ) 자립

☐ 資料(しりょう) 자료

☐ 白(しろ) 흼, 흰색

☐ 進学(しんがく) 진학

☐ 新幹線(しんかんせん) 신칸센

☐ 信号(しんごう) 신호

☐ 人口(じんこう) 인구

☐ 人工(じんこう) 인공

☐ 診察(しんさつ) 진찰

☐ 神社(じんじゃ) 신사

☐ 新鮮(しんせん) 신선

☐ 進展(しんてん) 진전

☐ 心配(しんぱい) 걱정

☐ 人物(じんぶつ) 인물

☐ 新聞(しんぶん) 신문

☐ 信用(しんよう) 신용

(す)

- 図(ず) 그림
- 水泳(すいえい) 수영
- 水産(すいさん) 수산
- 水筒(すいとう) 물통
- 水道(すいどう) 수도
- 水分(すいぶん) 수분
- 水平(すいへい) 수평
- 水平線(すいへいせん) 수평선
- 水面(すいめん) 수면
- 水曜(すいよう) 수요(일)
- 数学(すうがく) 수학
- 数字(すうじ) 숫자
- 姿(すがた) 모습
- 図形(ずけい) 도형
- 住(す)まい 거주지
- すみ 구석
- 受話器(じゅわき) 수화기

(せ)

- 背(せ・せい) 키
- 性格(せいかく) 성격
- 正確(せいかく) 정확
- 生活(せいかつ) 생활

- 世紀(せいき) 세기
- 制限(せいげん) 제한
- 成功(せいこう) 성공
- 製作(せいさく) 제작
- 生産(せいさん) 생산
- 政治(せいじ) 정치
- 青少年(せいしょうねん) 청소년
- 正常(せいじょう) 정상
- 精神(せいしん) 정신
- 成績(せいせき) 성적
- 成長(せいちょう) 성장
- 生徒(せいと) 생도, 학생
- 正当(せいとう) 정당
- 青年(せいねん) 청년
- 製品(せいひん) 제품
- 生物(せいぶつ) 생물
- 成分(せいぶん) 성분
- 生命(せいめい) 생명
- 正門(せいもん) 정문
- 整理(せいり) 정리
- 世界(せかい) 세계
- 咳(せき) 기침
- 席(せき) 자리

- 責任(せきにん) 책임
- 石油(せきゆ) 석유
- 説明(せつめい) 설명
- 節約(せつやく) 절약
- 背中(せなか) 등
- 背広(せびろ) 정장
- 千(せん) 천
- 全員(ぜんいん) 전원
- 前後(ぜんご) 전후
- 専攻(せんこう) 전공
- 全国(ぜんこく) 전국
- 先日(せんじつ) 전날
- 選手(せんしゅ) 선수
- 先生(せんせい) 선생
- 先々月(せんせんげつ) 지지난달
- 先々週(せんせんしゅう) 지지난주
- 全体(ぜんたい) 전체
- 洗濯(せんたく) 세탁
- 先輩(せんぱい) 선배
- 専門(せんもん) 전문
- 全力(ぜんりょく) 전력

(そ)

- ☐ 騒音(そうおん) 소음
- ☐ 増加(ぞうか) 증가
- ☐ 掃除(そうじ) 청소
- ☐ 想像(そうぞう) 상상
- ☐ 相続(そうぞく) 상속
- ☐ 相談(そうだん) 상담
- ☐ 速度(そくど) 속도
- ☐ 卒業(そつぎょう) 졸업
- ☐ 造船(ぞうせん) 조선
- ☐ 袖(そで) 소매
- ☐ 外(そと) 밖
- ☐ そば 옆
- ☐ そば 메밀국수
- ☐ 祖父(そふ) 할아버지
- ☐ 祖母(そぼ) 할머니
- ☐ 空(そら) 하늘
- ☐ 尊敬(そんけい) 존경
- ☐ 存在(そんざい) 존재

(た)

- ☐ 体育(たいいく) 체육
- ☐ 退院(たいいん) 퇴원
- ☐ 体温(たいおん) 체온
- ☐ 大会(たいかい) 대회

- ☐ 大学(だいがく) 대학
- ☐ 大学院(だいがくいん) 대학원
- ☐ 代金(だいきん) 대금
- ☐ 体重(たいじゅう) 체중
- ☐ 大小(だいしょう) 대소
- ☐ 態度(たいど) 태도
- ☐ 大統領(だいとうりょう) 대통령
- ☐ 台所(だいどころ) 부엌
- ☐ 代表(だいひょう) 대표
- ☐ 台風(たいふう) 태풍
- ☐ 大部分(だいぶぶん) 대부분
- ☐ 太陽(たいよう) 태양
- ☐ 代理(だいり) 대리
- ☐ 宅(たく) 집, 댁
- ☐ 多少(たしょう) 다소
- ☐ ただ 무료
- ☐ 立場(たちば) 입장
- ☐ 畳(たたみ) 다다미
- ☐ 建物(たてもの) 건물
- ☐ 他人(たにん) 타인
- ☐ 楽(たの)しみ 낙, 즐거움
- ☐ たばこ 담배

- ☐ 玉(たま) 구슬
- ☐ 誰(だれ) 누구
- ☐ 段階(だんかい) 단계
- ☐ 短期(たんき) 단기
- ☐ 単語(たんご) 단어
- ☐ 男子(だんし) 남자
- ☐ 誕生(たんじょう) 탄생
- ☐ たんす 옷장
- ☐ 男性(だんせい) 남성
- ☐ 団体(だんたい) 단체
- ☐ 団地(だんち) 단지
- ☐ 担当(たんとう) 담당

(ち)

- ☐ 血(ち) 피
- ☐ 地下(ちか) 지하
- ☐ 違(ちが)い 차이
- ☐ 近(ちか)く 근처
- ☐ 地下水(ちかすい) 지하수
- ☐ 地下鉄(ちかてつ) 지하철
- ☐ 力(ちから) 힘
- ☐ 地球(ちきゅう) 지구
- ☐ 遅刻(ちこく) 지각
- ☐ 知識(ちしき) 지식
- ☐ 地図(ちず) 지도

- [ ] 父(ちち) 아버지
- [ ] 父親(ちちおや) 아버지
- [ ] 地方(ちほう) 지방
- [ ] 茶(ちゃ) 차
- [ ] 茶色(ちゃいろ) 갈색
- [ ] 注意(ちゅうい) 주의
- [ ] 中央(ちゅうおう) 중앙
- [ ] 中学校(ちゅうがっこう) 중학교
- [ ] 中間(ちゅうかん) 중간
- [ ] 中止(ちゅうし) 중지
- [ ] 駐車(ちゅうしゃ) 주차
- [ ] 注射(ちゅうしゃ) 주사
- [ ] 抽象(ちゅうしょう) 추상
- [ ] 昼食(ちゅうしょく) 중식, 점심
- [ ] 中心(ちゅうしん) 중심
- [ ] 中年(ちゅうねん) 중년
- [ ] 注目(ちゅうもく) 주목
- [ ] 注文(ちゅうもん) 주문
- [ ] 調理師(ちょうりし) 조리사, 요리사
- [ ] 調子(ちょうし) 컨디션, 상태
- [ ] 長女(ちょうじょ) 장녀

- [ ] 長男(ちょうなん) 장남
- [ ] 直接(ちょくせつ) 직접
- [ ] 直線(ちょくせん) 직선
- [ ] 直前(ちょくぜん) 직전
- [ ] 直角(ちょっかく) 직각
- [ ] 直径(ちょっけい) 직경

(つ)
- [ ] 一日(ついたち) 1일, 하루
- [ ] 通過(つうか) 통과
- [ ] 通学(つうがく) 통학
- [ ] 通勤(つうきん) 통근
- [ ] 通信(つうしん) 통신
- [ ] 通知(つうち) 통지
- [ ] 疲(つか)れ 피로
- [ ] 月(つき) 달
- [ ] 付(つ)き合(あ)い 교제
- [ ] 机(つくえ) 책상
- [ ] 都合(つごう) 사정, 형편
- [ ] 土(つち) 흙
- [ ] 続(つづ)き 계속, 연결
- [ ] 勤(つと)め 근무
- [ ] つもり 생각, 작정, ~한 셈
- [ ] 露(つゆ) 이슬

(て)
- [ ] 手(て) 손
- [ ] 出会(であ)い 만남
- [ ] 手洗(てあら)い 화장실
- [ ] 定期(ていき) 정기
- [ ] 定期券(ていきけん) 정기권
- [ ] 停車(ていしゃ) 정차
- [ ] 提出(ていしゅつ) 제출
- [ ] 出入(でい)り 출입
- [ ] 出入口(でいりぐち) 출입구
- [ ] 手紙(てがみ) 편지
- [ ] 出口(でぐち) 출구
- [ ] 手帳(てちょう) 수첩
- [ ] 鉄(てつ) 철
- [ ] 手伝(てつだ)い 도와줌, 심부름
- [ ] 手袋(てぶくろ) 장갑
- [ ] 手間(てま) 수고
- [ ] 出迎(でむか)え 환영, 마중
- [ ] 点(てん) 점
- [ ] 店員(てんいん) 점원
- [ ] 天気(てんき) 날씨
- [ ] 電気(でんき) 전기
- [ ] 典型(てんけい) 전형

□ 電車(でんしゃ) 전철
□ 点数(てんすう) 점수
□ 天然(てんねん) 천연
□ 電話(でんわ) 전화

(と)

□ 問(と)い合(あ)わせ 문의
□ 統一(といつ) 통일
□ 道具(どうぐ) 도구
□ 同時(どうじ) 동시
□ 到着(とうちゃく) 도착
□ 動物(どうぶつ) 동물
□ 東洋(とうよう) 동양
□ 道路(どうろ) 도로
□ 十(とお) 열
□ 十日(とおか) 10일, 열흘
□ 遠(とお)く 멀리
□ 通(とお)り 길
□ 都会(とかい) 도시
□ 時(とき) 때
□ 独学(どくがく) 독학
□ 特殊(とくしゅ) 특수
□ 読書(どくしょ) 독서
□ 時計(とけい) 시계
□ どこ 어디

□ 床屋(とこや) 이발소
□ 所(ところ) 장소
□ 登山(とざん) 등산
□ 年(とし) 해, 나이
□ 都市(とし) 도시
□ 都心(としん) 도심
□ 土地(とち) 토지, 땅
□ 途中(とちゅう) 도중
□ どちら 어느 쪽
□ 特急(とっきゅう) 특급
□ 隣(となり) 이웃
□ 友(とも)だち 친구
□ 土曜(どよう) 토요(일)
□ 取(と)り消(け)し 취소
□ 努力(どりょく) 노력
□ どれ 어느 것

(な)

□ 名(な) 이름
□ 内容(ないよう) 내용
□ 仲(なか) 사이
□ 仲間(なかま) 동료
□ 中身(なかみ) 내용물
□ ながめ 전망
□ 流(なが)れ 흐름

□ 無(な)し 없음
□ 夏(なつ) 여름
□ 納得(なっとく) 납득
□ 七(なな) 7
□ 七(なな)つ 일곱
□ 七日(なのか) 7일, 이레
□ 名前(なまえ) 이름
□ 涙(なみだ) 눈물

(に)

□ 二(に) 2
□ 匂(にお)い 냄새
□ 肉(にく) 고기
□ 西(にし) 서쪽
□ 日曜(にちよう) 일요(일)
□ 日記(にっき) 일기
□ 日本(にほん・にっぽん) 일본
□ 荷物(にもつ) 짐
□ 入院(にゅういん) 입원
□ 入学(にゅうがく) 입학
□ 入社(にゅうしゃ) 입사
□ 入場(にゅうじょう) 입장
□ 庭(にわ) 정원
□ 人気(にんき) 인기

□ 人形(にんぎょう) 인형

□ 人間(にんげん) 인간

□ 人情(にんじょう) 인정

(ね)

□ 願(ねが)い 부탁

□ 猫(ねこ) 고양이

□ 値段(ねだん) 가격

□ 熱(ねつ) 열

□ 熱心(ねっしん) 열심

□ 寝坊(ねぼう) 늦잠

□ 年間(ねんかん) 연간

□ 年中(ねんじゅう) 연중

(の)

□ 農家(のうか) 농가

□ 農村(のうそん) 농촌

□ 残(のこ)り 나머지

□ 喉(のど) 목구멍

(は)

□ 葉(は) 잎

□ 歯(は) 이

□ 場合(ばあい) 경우

□ 配達(はいたつ) 배달

□ 売店(ばいてん) 매점

□ ばか 바보

□ 葉書(はがき) 엽서

□ 拍手(はくしゅ) 박수

□ 博物館(はくぶつかん) 박물관

□ 箱(はこ) 상자

□ 橋(はし) 다리

□ 箸(はし) 젓가락

□ 始(はじ)まり 시작

□ 場所(ばしょ) 장소

□ 二十歳(はたち) 20세, 스무살

□ 八(はち) 8

□ 二十日(はつか) 20일

□ 発見(はっけん) 발견

□ 発達(はったつ) 발달

□ 発展(はってん) 발전

□ 発表(はっぴょう) 발표

□ 発明(はつめい) 발명

□ 鼻(はな) 코

□ 花(はな) 꽃

□ 話(はなし) 이야기

□ 話(はな)し合(あ)い 대화

□ 花火(はなび) 불꽃

□ 花見(はなみ) 꽃구경

□ 母(はは) 어머니

□ 母親(ははおや) 어머니

□ 歯磨(はみが)き 칫솔

□ 場面(ばめん) 장면

□ 林(はやし) 숲

□ 腹(はら) 배

□ 針(はり) 침, 바늘

□ 春(はる) 봄

□ 晴(は)れ 맑음

□ 半(はん) 반

□ 晩(ばん) 밤

□ 番組(ばんぐみ) 프로그램

□ 番号(ばんごう) 번호

□ 反省(はんせい) 반성

□ 反対(はんたい) 반대

□ 判断(はんだん) 판단

□ 販売(はんばい) 판매

□ 半分(はんぶん) 반

□ ~番目(ばんめ) ~번째

(ひ)

□ 日(ひ) 날

□ 火(ひ) 불

□ 東(ひがし) 동쪽

□ 光(ひかり) 빛

- 引(ひ)き出(だ)し 인출
- 飛行(ひこう) 비행
- 飛行場(ひこうじょう) 비행장
- 久(ひさ)しぶり 오래간만
- 左(ひだり) 왼쪽
- 引(ひ)っ越(こ)し 이사
- 必要(ひつよう) 필요
- 否定(ひてい) 부정
- 一(ひと)つ 하나
- 一人(ひとり) 1명, 혼자
- 秘密(ひみつ) 비밀
- ひも 끈
- 百(ひゃく) 백
- 費用(ひよう) 비용
- 病院(びょういん) 병원
- 病気(びょうき) 병
- 表現(ひょうげん) 표현
- 評判(ひょうばん) 평판
- 昼(ひる) 낮, 정오, 점심
- 昼寝(ひるね) 낮잠
- 昼間(ひるま) 주간, 낮
- 広(ひろ)さ 넓이
- 広場(ひろば) 광장

(ふ)

- 不安(ふあん) 불안
- 風景(ふうけい) 풍경
- 封筒(ふうとう) 봉투
- 夫婦(ふうふ) 부부
- 服(ふく) 옷
- 複雑(ふくざつ) 복잡
- 復習(ふくしゅう) 복습
- 袋(ふくろ) 봉투
- 無事(ぶじ) 무사
- 不足(ふそく) 부족
- ふた 뚜껑
- 二(ふた)つ 둘
- 二人(ふたり) 2명
- 普通(ふつう) 보통
- 不通(ふつう) 불통
- 二日(ふつか) 2일, 이틀
- 物価(ぶっか) 물가
- 布団(ふとん) 이불
- 船(ふね) 배
- 不満(ふまん) 불만
- 冬(ふゆ) 겨울
- 不利(ふり) 불리
- 風呂(ふろ) 목욕

- 文化(ぶんか) 문화
- 文学(ぶんがく) 문학
- 文章(ぶんしょう) 문장
- 分布(ぶんぷ) 분포
- 文法(ぶんぽう) 문법
- 分野(ぶんや) 분야
- 分類(ぶんるい) 분류

(へ)

- 平均(へいきん) 평균
- 平凡(へいぼん) 평범
- 部屋(へや) 방
- 辺(へん) 주변
- 変化(へんか) 변화
- 返却(へんきゃく) 반납
- 勉強(べんきょう) 공부
- 変更(へんこう) 변경
- 返事(へんじ) 답장, 답변
- 弁当(べんとう) 도시락

(ほ)

- 貿易(ぼうえき) 무역
- 方向(ほうこう) 방향
- 帽子(ぼうし) 모자
- 方針(ほうしん) 방침

□ 放送(ほうそう) 방송
□ 包帯(ほうたい) 붕대
□ 方法(ほうほう) 방법
□ 方面(ほうめん) 방면
□ 訪問(ほうもん) 방문
□ ぼく 나
□ 星(ほし) 별
□ 歩道(ほどう) 보도
□ 本(ほん) 책
□ 本人(ほんにん) 본인
□ 本物(ほんもの) 진짜

(ま)

□ 前(まえ) 앞
□ 枕(まくら) 베개
□ 孫(まご) 손자
□ 町(まち) 마을
□ 待合室(まちあいしつ) 대합실
□ 街角(まちかど) 길모퉁이
□ 祭(まつ)り 축제
□ 窓(まど) 창문
□ 窓口(まどぐち) 창구
□ 周(まわ)り 주위
□ 万(まん) 만

□ 漫画(まんが) 만화
□ 満足(まんぞく) 만족
□ 満点(まんてん) 만점
□ 真(ま)ん中(なか) 한가운데
□ 万年筆(まんねんひつ) 만년필

(み)

□ 身(み) 몸, 신체
□ 実(み) 열매
□ 見送(みおく)り 배웅
□ 見方(みかた) 견해
□ 味方(みかた) 아군, 자기편
□ 右(みぎ) 오른쪽
□ 水(みず) 물
□ 湖(みずうみ) 호수
□ 水着(みずぎ) 수영복
□ 店(みせ) 가게
□ みそ 된장
□ 道(みち) 길
□ 道順(みちじゅん) 가는 순서, 밟아야 할 순서, 코스
□ 三日(みっか) 3일, 사흘
□ 三(みっ)つ 셋
□ 緑(みどり) 초록

□ みな・みんな 여러분
□ 港(みなと) 항구
□ 南(みなみ) 남쪽
□ 見舞(みま)い 병문안
□ 耳(みみ) 귀
□ 土産(みやげ) 선물
□ 名字(みょうじ) 성
□ 未来(みらい) 미래

(む)

□ 六日(むいか) 6일, 엿새
□ 向(む)かい 맞은편
□ 迎(むか)え 환영, 마중
□ 昔(むかし) 옛날
□ 向(む)き 방향
□ 向(む)こう 맞은편
□ 虫(むし) 벌레
□ 無視(むし) 무시
□ 息子(むすこ) 아들
□ 娘(むすめ) 딸
□ 六(むっ)つ 여섯
□ 胸(むね) 가슴
□ 村(むら) 마을
□ 無理(むり) 무리

(め)

- □ 目(め) 눈
- □ 名作(めいさく) 명작
- □ 名産(めいさん) 명산(품)
- □ 名刺(めいし) 명함
- □ 名人(めいじん) 명인
- □ 命令(めいれい) 명령
- □ 眼鏡(めがね) 안경
- □ 飯(めし) 밥
- □ 面接(めんせつ) 면접

(も)

- □ 目的(もくてき) 목적
- □ 目標(もくひょう) 목표
- □ 木曜(もくよう) 목요(일)
- □ 餅(もち) 떡
- □ 物(もの) 물건
- □ 物語(ものがたり) 이야기
- □ 物事(ものごと) 사물, 만사
- □ 森(もり) 숲
- □ 門(もん) 문
- □ 問題(もんだい) 문제

(や)

- □ 八百屋(やおや) 야채가게

(や)

- □ 夜間(やかん) 야간
- □ 約束(やくそく) 약속
- □ 役割(やくわり) 역할
- □ 野菜(やさい) 야채
- □ 休(やす)み 쉼, 휴가
- □ 家賃(やちん) 집세
- □ 八(やっ)つ 여덟
- □ 屋根(やね) 지붕
- □ 山(やま) 산
- □ 山登(やまのぼ)り 등산

(ゆ)

- □ 遊園地(ゆうえんち) 유원지
- □ 夕方(ゆうがた) 저녁
- □ 友情(ゆうじょう) 우정
- □ 友人(ゆうじん) 친구
- □ 郵送(ゆうそう) 우송
- □ 夕立(ゆうだち) 소나기
- □ 郵便(ゆうびん) 우편
- □ 昨夜(ゆうべ) 어제 저녁
- □ 有利(ゆうり) 유리
- □ 雪(ゆき) 눈
- □ 輸出(ゆしゅつ) 수출
- □ 輸送(ゆそう) 수송
- □ 輸入(ゆにゅう) 수입

- □ 指(ゆび) 손가락
- □ 夢(ゆめ) 꿈

(よ)

- □ 用意(ようい) 준비
- □ 容易(ようい) 용이, 손쉬움
- □ 八日(ようか) 8일, 여드레
- □ 溶岩(ようがん) 용암
- □ 要求(ようきゅう) 요구
- □ 用事(ようじ) 볼일, 용무
- □ 用心(ようじん) 조심, 주의
- □ 曜日(ようび) 요일
- □ 洋服(ようふく) 양복, 옷
- □ 予防(よぼう) 예방
- □ 要領(ようりょう) 요령
- □ 横(よこ) 옆
- □ 汚(よご)れ 더러움
- □ 予算(よさん) 예산
- □ 予習(よしゅう) 예습
- □ 四日(よっか) 4일, 나흘
- □ 四(よっ)つ 넷
- □ 予定(よてい) 예정
- □ 夜中(よなか) 밤중
- □ 世(よ)の中(なか) 세상
- □ 予報(よほう) 예보

□ 読(よ)み 읽음, 읽기

□ 予約(よやく) 예약

□ 余裕(よゆう) 여유

□ 夜(よる) 저녁

□ 喜(よろこ)び 기쁨

□ 四(よん) 4

(り)

□ 利益(りえき) 이익

□ 理解(りかい) 이해

□ 離婚(りこん) 이혼

□ 理由(りゆう) 이유

□ 留学(りゅうがく) 유학

□ 流行(りゅうこう) 유행

□ 利用(りよう) 이용

□ 量(りょう) 양

□ 両替(りょうがえ) 환전, 잔돈으로 바꿈

□ 両側(りょうがわ) 양측

□ 料金(りょうきん) 요금

□ 料理(りょうり) 요리

□ 旅行(りょこう) 여행

(れ)

□ 例(れい) 예

□ 礼(れい) 예의

□ 冷蔵庫(れいぞうこ) 냉장고

□ 歴史(れきし) 역사

□ 列(れつ) 열, 줄

□ 練習(れんしゅう) 연습

□ 連続(れんぞく) 연속

□ 連絡(れんらく) 연락

(ろ)

□ 老人(ろうじん) 노인

□ 浪人(ろうにん) 재수

□ 六(ろく) 6

(わ)

□ 和英(わえい) 일영사전

□ 和解(わかい) 화해

□ 別(わか)れ 이별

□ わき 옆, 겨드랑이

□ 訳(わけ) 이유

□ 忘物(わすれもの) 분실물

□ 笑(わら)い 웃음

□ 割引(わりびき) 할인

□ 悪口(わるくち) 욕

② 필수 암기 동사

(あ)

□ 愛(あい)する 사랑하다

□ 会(あ)う 만나다

□ 合(あ)う 맞다, 일치하다

□ 上(あ)がる 오르다

□ 飽(あ)きる 질리다

□ あきれる 기가 막히다

□ 開(あ)く 열리다

□ 空(あ)く 비다

□ 開(あ)ける 열다, 개최하다

□ 明(あ)ける 끝나다

□ 上(あ)げる 올리다

□ あげる 주다, 드리다

□ あこがれる 동경하다, 좋아하다

□ 味(あじ)わう 맛보다

□ 預(あず)ける 맡기다, 보관시키다

□ 遊(あそ)ぶ 놀다

□ 与(あた)える 주다

□ 暖(あたた)まる (기온이) 따뜻해지다

□ 温(あたた)まる (인정이) 훈훈해지다

□ 暖(あたた)める 따뜻하게 하다

- ☐ 温(あたた)める 데우다
- ☐ 当(あ)たる 당첨되다, 해당되다
- ☐ あたる 임하다
- ☐ 扱(あつか)う 취급하다
- ☐ 集(あつ)まる 모이다
- ☐ 集(あつ)める 모으다
- ☐ 暴(あば)れる 날뛰다, 난폭하게 굴다
- ☐ 浴(あ)びる 덮어쓰다, 뒤집어쓰다
- ☐ 甘(あま)える 응석부리다, 상 대의 친절이나 호의에 감사히 여기다
- ☐ 余(あま)る 남다
- ☐ あむ 옷을 짜다
- ☐ 洗(あら)う 씻다
- ☐ 争(あらそ)う 경쟁하다
- ☐ 表(あらわ)す 표현하다
- ☐ 現(あらわ)す 모습을 드러내다
- ☐ 歩(ある)く 걷다
- ☐ 荒(あ)れる 황폐해지다
- ☐ 合(あ)わせる 맞추다
- ☐ 生(い)かす 살리다
- ☐ 生(い)きる 살다
- ☐ いじめる 괴롭히다
- ☐ 急(いそ)ぐ 서두르다

- ☐ 致(いた)す する(하다)의 겸양어
- ☐ いただく もらう(받다)의 겸양어
- ☐ 痛(いた)む 아파하다
- ☐ いらっしゃる 行(い)く・来(く)る・いる의 존경어
- ☐ 要(い)る 필요하다
- ☐ 入(い)れる 넣다
- ☐ 植(う)える 심다
- ☐ 受(う)ける 받다
- ☐ 動(うご)かす 옮기다
- ☐ 動(うご)く 움직이다
- ☐ 失(うしな)う 잃어버리다
- ☐ 歌(うた)う 노래하다
- ☐ 疑(うたが)う 의심하다
- ☐ 打(う)つ 치다
- ☐ 奪(うば)う 빼앗다
- ☐ 生(う)まれる 태어나다
- ☐ 裏切(うらぎ)る 배신하다
- ☐ 売(う)り切(き)れる 품절되다
- ☐ 売(う)る 팔다
- ☐ 売(う)れる 팔리다
- ☐ 描(えが)く 그리다

- ☐ 選(えら)ぶ 선택하다
- ☐ 得(え)る 얻다
- ☐ 追(お)う 뒤쫓다
- ☐ 終(お)える 끝내다
- ☐ 起(お)きる 일어나다
- ☐ 置(お)く 두다
- ☐ 送(おく)る 보내다
- ☐ 遅(おく)れる 늦다
- ☐ 起(お)こす 일으키다
- ☐ 行(おこな)う 행하다
- ☐ 起(お)こる 일어나다
- ☐ 怒(おこ)る 화내다
- ☐ 納(おさ)める 납부하다
- ☐ 教(おし)える 가르치다
- ☐ 押(お)す 밀다
- ☐ 押(お)し付(つ)ける 강요하다
- ☐ 教(おそ)わる 배우다
- ☐ 落(お)ち着(つ)く 안정되다, 차분하다
- ☐ 落(お)ちる 떨어지다
- ☐ おっしゃる 言(い)う의 존경어
- ☐ 落(おと)す 떨어뜨리다
- ☐ 踊(おど)る 춤추다

41

- ☐ 驚(おどろ)かす 놀라게 하다
- ☐ 驚(おどろ)く 놀라다
- ☐ 覚(おぼ)える 기억하다, 익히다
- ☐ 思(おも)う 생각하다
- ☐ 泳(およ)ぐ 헤엄치다
- ☐ 降(お)りる 내리다
- ☐ おる いる의 겸양어
- ☐ 折(お)る 접다, 구부리다
- ☐ 折(お)れる 접히다, 구부러지다
- ☐ 下(お)ろす 내려놓다
- ☐ 降(お)ろす (탈것에서) 내리다
- ☐ 終(お)わる 끝나다

(か)

- ☐ 買(か)う 사다
- ☐ 飼(か)う 기르다
- ☐ 返(かえ)す 돌려주다
- ☐ 変(か)える 바꾸다
- ☐ 帰(かえ)る 돌아가다, 돌아오다
- ☐ 代(か)える 대신하다
- ☐ 限(かぎ)る 한정하다
- ☐ 書(か)く 쓰다
- ☐ 隠(かく)れる 숨기다
- ☐ かこむ 둘러싸다

- ☐ 重(かさ)ねる 겹치다, 포개다
- ☐ 重(かさ)なる 겹쳐지다, 거듭되다
- ☐ 貸(か)す 빌려주다
- ☐ 数(かぞ)える 세다
- ☐ 勝(か)つ 이기다
- ☐ 構(かま)う 상관하다
- ☐ 通(かよ)う 다니다
- ☐ 借(か)りる 빌리다
- ☐ 代(か)わる 대신하다
- ☐ 変(か)わる 변하다
- ☐ 考(かんが)える 생각하다
- ☐ 感(かん)じる・感(かん)ずる 느끼다
- ☐ 関(かん)する 관계하다
- ☐ 頑張(がんば)る 열심히 하다
- ☐ 消(き)える 꺼지다
- ☐ 聞(き)く 듣다
- ☐ 聞(き)こえる 들리다
- ☐ 気(き)に入(い)る 마음에 들다
- ☐ 決(き)まる 정해지다
- ☐ 決(き)める 정하다
- ☐ 切(き)る 자르다
- ☐ 着(き)る 입다

- ☐ 切(き)れる 끊어지다
- ☐ 気(き)を付(つ)ける 주의하다
- ☐ くずす 큰돈을 헐다
- ☐ 下(くだ)さる 주시다
- ☐ くたびれる 녹초가 되다
- ☐ 曇(くも)る 흐리다
- ☐ 暮(く)らす 생활하다
- ☐ 比(くら)べる 비교하다
- ☐ 来(く)る 오다
- ☐ くれる (남이 나에게) 주다
- ☐ 暮(く)れる 해가 지다, 저물다
- ☐ 加(くわ)える 보태다, 더하다
- ☐ 消(け)す 끄다, 지우다
- ☐ 越(こ)える 넘다
- ☐ 凍(こお)る 얼다
- ☐ 越(こ)す 넘다, 넘기다
- ☐ 答(こた)える 대답하다
- ☐ 断(ことわ)る 거절하다
- ☐ 困(こま)る 곤란하다
- ☐ 込(こ)める 담다
- ☐ 殺(ころ)す 죽이다
- ☐ 壊(こわ)す 부수다
- ☐ 壊(こわ)れる 부서지다

(さ)

- 探(さが)す 찾다
- 下(さ)がる 내려가다
- 咲(さ)く 피다
- 探(さぐ)る 찾다, 탐색하다
- 叫(さけ)ぶ 외치다, 소리지르다
- 避(さ)ける 피하다
- 下(さ)げる 내리다
- 差(さ)し上(あ)げる 'あげる(주다)'의 겸양어
- さしつかえる 지장이 있다
- 指(さ)す 가리키다, 지적하다
- さす 우산을 쓰다
- 誘(さそ)う 권유하다, 불러내다
- 妨(さまた)げる 방해하다
- 冷(さ)める 식다
- 騒(さわ)ぐ 떠들다
- 触(さわ)る 만지다
- 去(さ)る 떠나다
- 叱(しか)る 꾸짖다
- 敷(し)く 깔다
- しずむ 가라앉다, 상심하다
- 死(し)ぬ 죽다
- 示(しめ)す 표시하다

- 支払(しはら)う 지불하다
- しばる 묶다
- 閉(し)まる 닫히다
- 示(しめ)す 나타내다
- 閉(し)める 닫다
- 知(し)らせる 알리다
- 調(しら)べる 조사하다, 살피다
- 知(し)る 알다
- 信(しん)じる・信(しん)ずる 믿다
- 吸(す)う (담배를) 피우다
- 過(す)ぎる (때가) 지나다, 경과하다
- 空(す)く 비다
- 救(すく)う 구하다
- 過(す)ごす 지내다, 보내다
- 優(すぐ)れる 뛰어나다
- 勧(すす)める 권유하다
- 進(すす)む 진행되다
- 捨(す)てる 버리다
- 住(す)む 살다
- 済(す)む 끝나다, 해결되다
- 澄(す)む 맑다
- 座(すわ)る 앉다
- 迫(せま)る 다가오다

- 攻(せ)める 공격하다
- 育(そだ)つ 자라다
- 育(そだ)てる 키우다
- そろえる 갖추다

(た)

- 対(たい)する 대하다
- 倒(たお)す 쓰러뜨리다
- 倒(たお)れる 쓰러지다
- 確(たし)かめる 확인하다
- 出(だ)す 꺼내다, 내놓다
- 助(たす)かる 살아나다, 목숨을 건지다
- 助(たす)ける 구하다, 살리다
- 訪(たず)ねる 방문하다
- たたむ 개다, 접다
- 立(た)つ 서다
- 経(た)つ (시간이) 흐르다
- 建(た)てる 세우다
- 例(たと)える 예를 들다
- 楽(たの)しむ 즐기다
- 頼(たの)む 부탁하다
- 食(た)べる 먹다
- たまる 쌓이다, 고이다
- 黙(だま)る 침묵하다

- ☐ 試(ため)す 시험하다
- ☐ 貯(た)める 모으다, 저축하다
- ☐ 違(ちが)う 다르다
- ☐ 散(ち)る (꽃이나 잎이) 지다
- ☐ 通(つう)じる・通(つう)ずる 통하다
- ☐ 使(つか)う 사용하다
- ☐ 疲(つか)れる 피곤하다
- ☐ 付(つ)き合(あ)う 사귀다
- ☐ 付(つ)く 붙다
- ☐ 着(つ)く 도착하다
- ☐ 就(つ)く 취직하다
- ☐ 作(つく)る 만들다
- ☐ 付(つ)ける 붙이다
- ☐ 伝(つた)える 전하다
- ☐ 伝(つた)わる 전해지다
- ☐ 続(つづ)く 계속되다
- ☐ 続(つづ)ける 계속하다
- ☐ 包(つつ)む 포장하다
- ☐ 勤(つと)める 근무하다
- ☐ 努(つと)める 노력하다
- ☐ つぶれる 부서지다, 파산하다
- ☐ 詰(つ)まる 꽉 차다
- ☐ 積(つ)む 쌓다, 싣다

- ☐ 連(つ)れる 동반하다
- ☐ 出掛(でか)ける 외출하다
- ☐ 出来(でき)る 할 수 있다
- ☐ 手伝(てつだ)う 거들다
- ☐ 照(て)らす 비추다
- ☐ 照(て)る 비치다
- ☐ 出(で)る 나가다
- ☐ 問(と)う 묻다
- ☐ 通(とお)す 통과시키다
- ☐ 解(と)く 문제를 풀다
- ☐ 解(と)ける 문제가 풀리다
- ☐ 溶(と)く 녹이다
- ☐ 溶(と)ける 녹다
- ☐ 閉(と)じる 닫히다, (눈이) 감기다
- ☐ 届(とど)く 배달되다, 신고되다
- ☐ 届(とど)ける 배달하다, 신고하다
- ☐ どなる 호통치다
- ☐ 飛(と)ぶ 날다, 뛰다
- ☐ 止(と)まる 멈추다, 멎다
- ☐ 泊(と)まる 묵다, 숙박하다
- ☐ 止(と)める 세우다, 정지시키다
- ☐ 留(と)める 고정시키다
- ☐ 泊(と)める 묵게 하다, 숙박시키다

- ☐ 捕(と)らえる 잡다, 포착하다
- ☐ 取(と)り替(か)える 바꾸다, 교환하다
- ☐ 撮(と)る 촬영하다

(な)

- ☐ 直(なお)す 고치다, 수선하다
- ☐ 治(なお)す 병을 고치다, 치료하다
- ☐ 流(なが)す 흘리다, 흐르게 하다
- ☐ 眺(なが)める 바라보다
- ☐ 流(なが)れる 흐르다
- ☐ 泣(な)く (사람이) 울다
- ☐ 鳴(な)く (새・벌레・짐승 등이) 울다
- ☐ 無(な)くなる 없어지다
- ☐ 亡(な)くなる 죽다, 돌아가시다
- ☐ 投(な)げる 던지다
- ☐ なさる する의 존경어
- ☐ 悩(なや)む 고민하다
- ☐ 習(なら)う 배우다
- ☐ 並(なら)ぶ 줄을 서다, 늘어서다
- ☐ 並(なら)べる 죽 늘어놓다
- ☐ なる 되다
- ☐ 鳴(な)る 울리다, 소리가 나다

□ 慣(な)れる　익숙해지다

□ 似合(にあ)う　어울리다, 걸맞다

□ 逃(に)げる　도망가다

□ 似(に)る　닮다

□ 煮(に)る　삶다

□ 抜(ぬ)く　빼다

□ 脱(ぬ)ぐ　벗다

□ 抜(ぬ)ける　빠지다

□ 盗(ぬす)む　훔치다

□ 塗(ぬ)る　칠하다

□ 願(ねが)う　원하다, 바라다

□ 眠(ねむ)る　잠들다, 자다

□ 残(のこ)す　남기다

□ 残(のこ)る　남다

□ 乗(の)せる　태우다

□ 載(の)せる　싣다, 게재하다

□ 伸(の)ばす　늘리다

□ 伸(の)びる　늘다

□ 上(のぼ)る　오르다, 올라가다

□ 飲(の)む　마시다

□ 入(はい)る　들어가다

□ 生(は)える　자라다

□ 計(はか)る　길이를 재다, 양을 달다

□ 図(はか)る　도모하다

□ はく　(하의를) 입다, (양말·신발을) 신다

□ 吐(は)く　토하다

□ 運(はこ)ぶ　운반하다

□ 挟(はさ)む　끼우다

□ 始(はじ)まる　시작되다

□ 始(はじ)める　시작하다

□ 走(はし)る　달리다

□ 外(はず)す　떼어내다, 풀다

□ 外(はず)れる　빗나가다, 어긋나다

□ 働(はたら)く　일하다

□ 話(はな)し合(あ)う　대화하다

□ 話(はな)し掛(か)ける　말을 걸다

□ 話(はな)す　이야기하다

□ 離(はな)れる　떨어지다

□ 省(はぶ)く　생략하다

□ 払(はら)う　지불하다

□ 晴(は)れる　맑다

□ 光(ひか)る　빛나다

□ 引(ひ)く　끌다, 당기다

□ 弾(ひ)く　연주하다

□ 開(ひら)く　개최하다, 열다

□ 拾(ひろ)う　줍다

□ 広(ひろ)がる　넓어지다, 퍼지다

□ 広(ひろ)げる　넓히다, 확장하다

□ 吹(ふ)く　(바람이) 불다

□ 拭(ふ)く　닦다, 훔치다

□ 太(ふと)る　살찌다

□ 踏(ふ)む　밟다

□ 増(ふ)やす　늘리다

□ 振(ふ)り向(む)く　뒤돌아보다

□ 降(ふ)る　(비·눈 등이) 내리다, 오다

□ 減(へ)らす　줄이다

□ 減(へ)る　줄다

□ へる　배가 고프다

□ ほめる　칭찬하다

□ ほれる　반하다

(ま)

□ 参(まい)る　行く·来る의 겸양어

□ 任(まか)せる　맡기다

□ 曲(ま)がる　돌다, 구부러지다

□ 巻(ま)く　감다

□ 負(ま)ける　패하다

□ 曲(ま)げる　구부리다

□ 待(ま)ち合(あ)わせる 만나기로 하다

□ 間違(まちが)う 틀리다

□ 間違(まちが)える 잘못하다, 착각하다

□ 待(ま)つ 기다리다

□ 学(まな)ぶ 배우다

□ 間(ま)に合(あ)う 시간이나 양에 맞다

□ 招(まね)く 초대하다, 초래하다

□ 守(まも)る 지키다

□ 迷(まよ)う 망설이다, 헤매다

□ 回(まわ)す 돌리다

□ 回(まわ)る 돌다

□ 見(み)える 보이다

□ 磨(みが)く 닦다, 연마하다

□ 見(み)せる 보여주다

□ 満(み)ちる 차다, 가득하다

□ 認(みと)める 인정하다

□ 実(みの)る 결실을 맺다

□ 見舞(みま)う 병문안하다

□ 見(み)る 보다

□ 向(む)かう 향하다

□ 迎(むか)える 맞이하다, 마중하다

□ 向(む)く 향하다, 얼굴을 돌리다

□ 向(む)ける 향하게 하다

□ 結(むす)ぶ 연결하다, 맺다

□ 召(め)し上(あ)がる 食べる·飲む의 존경어

□ 申(もう)し上(あ)げる 言う의 겸양어

□ 申(もう)し込(こ)む 신청하다

□ 申(もう)す 言う의 겸양어

□ 燃(も)える 불타다

□ 持(も)つ 들다, 가지다

□ 戻(もど)す 되돌리다

□ 基(もと)づく 근거로 하다

□ 求(もと)める 구하다, 요구하다

□ 戻(もど)る 되돌리다, 되돌아 오다

□ もらう 받다

(や)

□ 焼(や)く 굽다, 태우다

□ 焼(や)ける 구워지다, 타다

□ 休(やす)む 쉬다

□ やせる 야위다

□ 止(や)む 그치다, 멎다

□ 止(や)める 그만두다, 중지하다

□ 辞(や)める 그만두다, 시작하다

□ やる (내가 남에게) 주다

□ 許(ゆる)す 용서하다, 허락하다

□ 揺(ゆ)れる 흔들리다

□ 汚(よご)す 더럽히다

□ 汚(よご)れる 더러워지다

□ 読(よ)む 읽다

□ 喜(よろこ)ぶ 기뻐하다

(わ)

□ 分(わ)かる 이해하다, 알다

□ 別(わか)れる 헤어지다

□ 渡(わた)す 건네주다

□ 渡(わた)る 건너다

□ 詫(わ)びる 사과하다

□ 笑(わら)う 웃다

□ 割(わ)り込(こ)む 떨어지다, 끼어들다

□ 割(わ)る 나누다, 분할하다, 쪼개다

□ 割(わ)れる 쪼개지다, 갈라지다

③ 필수 암기 い형용사

☐ 青(あお)い 파랗다

☐ 青白(あおじろ)い
푸르스름하다

☐ 赤(あか)い 빨갛다

☐ 明(あか)るい 밝다

☐ 浅(あさ)い 얕다

☐ 暖(あたた)かい
(기온이) 따뜻하다

☐ 温(あたた)かい
(인정이) 훈훈하다

☐ 新(あたら)しい 새롭다

☐ 暑(あつ)い 덥다

☐ 厚(あつ)い 두껍다

☐ 熱(あつ)い 뜨겁다

☐ 危(あぶな)い 위험하다

☐ 甘(あま)い 달다, 안이하다

☐ ありがたい 고맙다

☐ 忙(いそが)しい 바쁘다

☐ 痛(いた)い 아프다

☐ 薄(うす)い 엷다

☐ 美(うつく)しい 아름답다

☐ うまい 맛있다, 잘한다

☐ うらやましい 부럽다

☐ うるさい 시끄럽다

☐ 嬉(うれ)しい 기쁘다

☐ 偉(えら)い 훌륭하다

☐ おいしい 맛있다

☐ おかしい 이상하다, 우습다

☐ 幼(おさな)い 어리다

☐ おしい 아깝다

☐ 遅(おそ)い 늦다

☐ 重(おも)い 무겁다

☐ おもしろい 재미있다

☐ 固(かた)い 딱딱하다

☐ 堅(かた)い 견실하다

☐ 賢(かしこ)い 현명하다

☐ 悲(かな)しい 슬프다

☐ 辛(から)い 맵다

☐ 軽(かる)い 가볍다

☐ かわいい 귀엽다

☐ かわいらしい 귀엽다, 사랑스럽다

☐ 汚(きた)ない 더럽다

☐ きつい 힘들다, 사이즈가 작다

☐ 厳(きび)しい 엄격하다, 엄하다

☐ くだらない 시시하다

☐ 詳(くわ)しい 상세하다

☐ 暗(くら)い 어둡다

☐ 苦(くる)しい 괴롭다

☐ 黒(くろ)い 검다

☐ 細(こま)かい 잘다, 세세하다

☐ 寂(さび)しい 외롭다, 쓸쓸하다

☐ 寒(さむ)い 춥다

☐ しおからい 짜다

☐ 親(した)しい 친하다

☐ 白(しろ)い 하얗다

☐ 少(すく)ない 적다

☐ すごい 굉장하다

☐ 涼(すず)しい 선선하다

☐ 素晴(すば)らしい
훌륭하다

☐ 狭(せま)い 좁다

☐ 高(たか)い 비싸다, 높다

☐ 正(ただ)しい 바르다

☐ 楽(たの)しい 즐겁다

☐ ちっちゃい 작다

☐ つまらない 시시하다

☐ 冷(つめ)たい 차다, 냉정하다

☐ 強(つよ)い 강하다

☐ 遠(とお)い 멀다

☐ 長(なが)い 길다

☐ なつかしい 그립다

- ☐ 苦(にが)い 맛이 쓰다, 괴롭다
- ☐ 眠(ねむ)い 졸리다
- ☐ 激(はげ)しい 격렬하다, 세차다
- ☐ 恥(は)ずかしい 부끄럽다
- ☐ 速(はや)い (동작·과정이) 빠르다
- ☐ 早(はや)い (시기·시각이) 빠르다
- ☐ 低(ひく)い 낮다
- ☐ ひどい 심하다
- ☐ ひとしい 똑같다
- ☐ 広(ひろ)い 넓다
- ☐ 深(ふか)い 깊다
- ☐ 太(ふと)い 굵다
- ☐ 細(ほそ)い 가늘다
- ☐ まぶしい 눈부시다
- ☐ 丸(まる)い 둥글다
- ☐ 短(みじか)い 짧다
- ☐ 蒸(む)し暑(あつ)い 무덥다
- ☐ 難(むずか)しい 어렵다
- ☐ めざましい (눈에 보이지 않는 것이) 눈부시다
- ☐ 珍(めずら)しい 신기(진귀)하다
- ☐ やかましい 시끄럽다, 떠들썩하다

- ☐ 欲(ほ)しい 원하다
- ☐ 易(やさ)しい 쉽다
- ☐ 優(やさ)しい 상냥하다
- ☐ よろしい 좋다
- ☐ 弱(よわ)い 약하다
- ☐ 若(わか)い 젊다
- ☐ 悪(わる)い 나쁘다

④ 필수 암기 な형용사

- ☐ 明(あき)らかだ 뚜렷하다, 명백하다
- ☐ 暖(あたた)かだ (기온이) 따뜻하다
- ☐ 温(あたた)かだ (인정이) 훈훈하다
- ☐ 当(あ)たり前(まえ)だ 당연하다
- ☐ 新(あら)ただ 새롭다
- ☐ 同(おな)じだ 똑같다
- ☐ 温暖(おんだん)だ 온난하다
- ☐ 快適(かいてき)だ 쾌적하다
- ☐ かわいそうだ 불쌍하다
- ☐ 簡単(かんたん)だ 간단하다
- ☐ 頑丈(がんじょう)だ 튼튼하다
- ☐ 嫌(きら)いだ 싫어하다
- ☐ 気楽(きらく)だ 편하다
- ☐ きれいだ 예쁘다, 깨끗하다
- ☐ 結構(けっこう)だ 훌륭하다, 충분하다
- ☐ 混雑(こんざつ)だ 혼잡하다
- ☐ 幸(さいわ)いだ 다행스럽다
- ☐ 盛(さか)んだ 활발하다, 번성하다

□ 様々(さまざま)だ
여러가지다, 다양하다

□ さわやかだ 상쾌하다, 산뜻하다

□ 残念(ざんねん)だ 유감이다

□ 静(しず)かだ 조용하다

□ 地味(じみ)だ 수수하다

□ 自由(じゆう)だ 자유롭다

□ 上手(じょうず)だ 능숙하다

□ 親切(しんせつ)だ 친절하다

□ 新鮮(しんせん)だ 신선하다

□ 慎重(しんちょう)だ 신중하다

□ 好(す)きだ 좋아하다

□ すこやかだ 건강하다, 건전하다

□ 素敵(すてき)だ 멋지다

□ そっくりだ 꼭 닮은 모양

□ 大事(だいじ)だ
중요하다, 소중하다

□ 退屈(たいくつ)だ
지루하다, 심심하다

□ 大変(たいへん)だ 힘들다

□ 平(たい)らだ 평평하다

□ 駄目(だめ)だ
도움이 안되다, 효과가 없다

□ 単純(たんじゅん)だ
단순하다

□ 丁寧(ていねい)だ
정중하다, 친절하다

□ 的確(てきかく)だ 정확하다

□ 適切(てきせつ)だ 적절하다

□ 適当(てきとう)だ 적당하다

□ 得意(とくい)だ 잘하다

□ 特別(とくべつ)だ 특별하다

□ 苦手(にがて)だ
잘 못하다, 서툴다

□ 賑(にぎ)やかだ
번화하다, 떠들썩하다

□ ひまだ 한가하다

□ 不思議(ふしぎ)だ
불가사의하다

□ 不自由(ふじゆう)だ
부자유스럽다

□ 不便(ふべん)だ 불편하다

□ 平和(へいわ)だ 평화롭다

□ 下手(へた)だ 서툴다

□ 変(へん)だ 이상하다

□ 便利(べんり)だ 편리하다

□ 朗(ほが)らかだ 명랑하다

□ 真面目(まじめ)だ 성실하다

□ 真(ま)っ赤(か)だ 새빨갛다

□ 真(ま)っ暗(くら)だ
아주 캄캄하다

□ みじめだ 비참하다

□ 迷惑(めいわく)だ 민폐다

□ 面倒(めんどう)だ 성가시다

□ やっかいだ 귀찮다, 성가시다

□ 有名(ゆうめい)だ 유명하다

□ 豊(ゆた)かだ 풍부하다

□ 楽(らく)だ 편하다

□ 利口(りこう)だ 영리하다

□ 立派(りっぱ)だ 훌륭하다

⑤ 필수 암기 가타카나어

- [ ] アイスクリーム 아이스크림
- [ ] アウト 아웃
- [ ] アクセサリー 액세서리
- [ ] アクセント 액센트
- [ ] アジア 아시아
- [ ] アパート 아파트
- [ ] アフリカ 아프리카
- [ ] アメリカ 미국
- [ ] アルバイト 아르바이트
- [ ] イコール 이퀄, 같음
- [ ] インク・インキ 잉크
- [ ] インタビュー 인터뷰
- [ ] ウイスキー 위스키
- [ ] エスカレーター 에스컬레이터
- [ ] エチケット 에티켓
- [ ] エネルギー 에너지
- [ ] エレベーター 엘리베이터
- [ ] エンジン 엔진
- [ ] オイル 오일
- [ ] オーダー 오더, 주문
- [ ] オートバイ 오토바이
- [ ] オーバー 오버, 초라함, 과장됨
- [ ] オフィス 오피스, 회사

- [ ] カード 카드
- [ ] ガス 가스
- [ ] カセット 카세트
- [ ] カタログ 카탈로그
- [ ] カット 컷
- [ ] ガム 껌
- [ ] カメラ 카메라
- [ ] カラー 컬러, 색깔
- [ ] ガラス 유리
- [ ] カレンダー 캘린더, 달력
- [ ] ギター 기타(악기)
- [ ] キャプテン 캡틴, 주장, 책임자
- [ ] キャンセル 캔슬, 취소
- [ ] キャンドル 캔들, 양초
- [ ] キログラム 킬로그램
- [ ] キロメートル 킬로미터
- [ ] クラシック 클래식
- [ ] グラス 글라스, 컵
- [ ] グラフ 그래프
- [ ] クラブ 클럽
- [ ] グラム 그램
- [ ] クリスマス 크리스마스
- [ ] クリーニング 클리닝, 세탁
- [ ] グループ 그룹

- [ ] ケーキ 케이크
- [ ] ケース 케이스, 경우
- [ ] ゲーム 게임
- [ ] コース 코스
- [ ] コード 코드
- [ ] コーチ 코치
- [ ] コーヒー 커피
- [ ] コンセント 콘센트
- [ ] コック 조리사, 요리사
- [ ] コップ 컵
- [ ] コピー 복사
- [ ] ゴム 고무
- [ ] コレクション 컬렉션, 수집, 발표회
- [ ] コンサート 콘서트
- [ ] サークル 서클
- [ ] サービス 서비스
- [ ] サラダ 샐러드
- [ ] サンドイッチ 샌드위치
- [ ] サンプル 샘플
- [ ] シーズン 시즌, 계절
- [ ] シャツ 셔츠
- [ ] シャッター 셔터
- [ ] ジャム 잼

- シャワー 샤워
- ジュース 주스
- シリーズ 시리즈
- スイッチ 스위치
- スーパー(マーケット) 슈퍼(마켓)
- スープ 수프
- スカート 스커트
- スカーフ 스카프
- スクリーン 스크린
- スマート 스마트, 세련됨
- ショップ 숍, 가게
- スキー 스키
- スクール 학교
- スケジュール 스케줄
- スケート 스케이트
- スター 별
- スタート 스타트, 출발
- ステージ 무대
- ステレオ 스테레오
- ストップ 스톱
- スピード 스피드
- スポーツ 스포츠
- セカンド 세컨드

- セット 세트
- ゼミ 세미나
- ゼロ 제로, 0
- セール 세일
- ソファー 소파
- タイプ 타입, 유형
- タイヤ 타이어
- タオル 타월
- タクシー 택시
- ダム 댐
- ダンス 댄스, 춤
- チップ 팁
- チーム 팀
- チェック 체크
- チェックアウト 체크아웃
- チャンス 찬스, 기회
- テキスト 교과서
- デート 데이트
- テーマ 테마
- テープ 테이프
- テーブル 테이블
- テスト 테스트
- テニス 테니스
- テニスコート 테니스 코트

- テレビ 텔레비전
- テント 텐트
- テンポ 템포
- ドア・ドアー 도어, 문
- トイレ 화장실
- ドライバー 운전사
- トラック 트럭
- ドラマ 드라마
- ドレス 드레스
- ナイロン 나일론
- ナンバー 넘버, 번호
- ニュース 뉴스
- ネクタイ 넥타이
- ノー 노, 아니오
- ノート 노트
- ノック 노크
- パーセント 퍼센트
- パソコン PC
- パーティー 파티
- バイオリン 바이올린
- バイバイ 안녕(작별인사)
- バス 버스
- バス 목욕, 욕실
- バッグ 가방

- [ ] ハンカチ 손수건
- [ ] バンド 밴드, 끈
- [ ] ハンドバッグ 핸드백
- [ ] ハンドル 핸들
- [ ] ピアノ 피아노
- [ ] ビール 맥주
- [ ] ピクニック 피크닉, 소풍
- [ ] ビタミン 비타민
- [ ] ビデオ 비디오
- [ ] ビニール 비닐
- [ ] ビル(ディング) 빌딩, 건물
- [ ] ピンク 핑크, 분홍
- [ ] フィルム 필름
- [ ] フォーク 포크
- [ ] プラスチック 플라스틱
- [ ] プラットホーム 플랫폼
- [ ] プラン 플랜, 계획
- [ ] プリント 프린트
- [ ] プレゼント 선물
- [ ] プロ 프로
- [ ] プログラム 프로그램
- [ ] ページ 페이지
- [ ] ベル 벨
- [ ] ベルト 벨트, 허리띠

- [ ] ペンキ 페인트
- [ ] ベンチ 벤치
- [ ] ボート 보트
- [ ] ボーナス 보너스
- [ ] ホーム 홈, 집
- [ ] ボール 볼, 공
- [ ] ボールペン 볼펜
- [ ] ポケット 주머니
- [ ] ポスト 우체통
- [ ] ボタン 버튼, 단추
- [ ] ホテル 호텔
- [ ] マイク 마이크
- [ ] マーケット 시장
- [ ] マスク 마스크
- [ ] マッチ 성냥
- [ ] マフラー 머플러
- [ ] ママ 어머니
- [ ] マンション 맨션
- [ ] ミス 실수
- [ ] メニュー 메뉴
- [ ] メモ 메모
- [ ] メンバー 멤버, 구성원
- [ ] ユニック 독특함
- [ ] ユーモア 유머

- [ ] ライター 라이터
- [ ] ラジオ 라디오
- [ ] ランチ 점심
- [ ] リサイクル 리사이클, 재활용
- [ ] レクリエーション 레크리에이션
- [ ] レコード 레코드
- [ ] レジ 계산(대)
- [ ] レシート 영수증
- [ ] レストラン 레스토랑
- [ ] レベル 레벨
- [ ] レポート・リポート 리포트, 과제
- [ ] レンズ 렌즈
- [ ] ロケット 로켓
- [ ] ワイシャツ 와이셔츠
- [ ] ワイン 와인, 포도주
- [ ] ワンピース 원피스

⑥ 필수 암기 부사 및 접속사

- ☐ あっさり 산뜻하게
- ☐ あまり 그다지, 별로
- ☐ あらゆる 모든
- ☐ あらためて 새삼스럽게, 다시
- ☐ ある 어떤, 어느
- ☐ いきいき 활발한 모양, 생기가 있는 모양
- ☐ いきなり 갑자기
- ☐ いずれ 어차피, 조만간
- ☐ いっそう 한층 더
- ☐ いつ 언제
- ☐ 一緒(いっしょ) 함께
- ☐ 一生懸命(いっしょうけんめい)に 열심히
- ☐ いつでも 언제라도
- ☐ いつの間(ま)にか 어느샌가
- ☐ いっぱい 가득
- ☐ 一般(いっぱん)に 일반적으로
- ☐ いつまでも 언제까지나
- ☐ いつも 늘, 항상
- ☐ 今(いま)にも 당장에라도
- ☐ いよいよ 드디어

- ☐ いわゆる 이른바
- ☐ いわば 말하자면, 이를테면
- ☐ いらいら 안절부절
- ☐ いろいろ 여러 가지
- ☐ うっかり 깜박
- ☐ うっとり 멍하니
- ☐ うろうろ 어슬렁어슬렁
- ☐ おおよそ 대체로, 거의
- ☐ おそらく 아마, 필시
- ☐ 思(おも)いきり 실컷
- ☐ おもに 주로
- ☐ およそ 대략, 약
- ☐ がっかり 실망하는 모습
- ☐ 必(かなら)ず 반드시(긍정문)
- ☐ 必(かなら)ずしも 반드시(부정문)
- ☐ かなり 꽤, 상당히
- ☐ 仮(かり)に 가령
- ☐ きっと 틀림없이, 아마도
- ☐ きっぱり 단호히
- ☐ 急(きゅう)に 갑자기
- ☐ ぎらぎら 번쩍번쩍
- ☐ ぐうぜん 우연히
- ☐ ぐっすり 푹 (자다)

- ☐ 結局(けっきょく) 결국
- ☐ けっして 결코
- ☐ けれど・けれども 하지만
- ☐ この間(あいだ) 지난번, 요전
- ☐ このごろ 요즈음, 최근
- ☐ 今後(こんご) 앞으로
- ☐ 今度(こんど) 이번, 다음 번
- ☐ 幸(さいわ)いに 다행스럽게도
- ☐ 先(さき)に 먼저, 이전에
- ☐ さすが 과연
- ☐ さっき 조금 전
- ☐ ざっと 대충
- ☐ さっぱり 기분이 개운한 모양, 담백한 모양
- ☐ さて 그런데
- ☐ しかし 그러나
- ☐ しかも 게다가
- ☐ 自然(しぜん)に 자연스럽게
- ☐ しだいに 점차로
- ☐ しっかり 행동이나 생각이 바른 모양
- ☐ じっと 가만히, 곰곰이
- ☐ 実(じつ)は 실은
- ☐ しばらく 잠시, 당분간

☐ しみじみ 절실히	☐ そのため 그 때문에	☐ たとえば 예를 들면
☐ すぐ(に) 바로, 즉시	☐ そのほか 그 외에	☐ 多分(たぶん) 아마
☐ 少(すく)なくとも 적어도	☐ そのまま 그대로	☐ たまたま 우연히, 가끔
☐ 少(すこ)し 조금, 약간	☐ それから 그리고 나서	☐ たまに 가끔
☐ 少(すこ)しも 조금도, 전혀(부정문)	☐ それぞれ 제각각	☐ だんだん 점점
☐ すっかり 완전히, 남김없이	☐ それで 그래서	☐ ちょうど 딱, 정각
☐ すっきり 개운한 모습	☐ それでは 그럼	☐ ちょっと 조금
☐ ずっと 훨씬, 쭉	☐ それでも 그래도	☐ 次(つぎ) 다음
☐ すでに 이미, 벌써	☐ それなのに 그런데도	☐ できるだけ 가능한 한
☐ すなわち 즉	☐ それなら 그렇다면	☐ ですから 때문에
☐ すべて 전부	☐ それに 게다가	☐ では 그럼
☐ すると 그러자	☐ そろそろ 슬슬	☐ でも 하지만
☐ せっかく 모처럼	☐ そんなに 그렇게	☐ どうして 왜
☐ 絶対(ぜったい)に 절대로	☐ 第一(だいいち) 우선, 첫째	☐ どうせ 어차피
☐ ぜひ 꼭, 반드시	☐ たいした 대단한	☐ どうぞ 아무쪼록
☐ ぜひとも 꼭, 반드시(ぜひ의 강조)	☐ 大体(だいたい) 대체로	☐ 時々(ときどき) 때때로
☐ 全然(ぜんぜん) 전혀(부정문)	☐ だいぶ 꽤, 상당히	☐ どきどき 두근두근
☐ 全部(ぜんぶ) 전부	☐ だが 하지만	☐ 特(とく)に 특히
☐ そこで 그래서	☐ だから 그래서	☐ ところで 그런데
☐ そして 그리고	☐ たくさん 많이	☐ とっくに 벌써, 이미
☐ そっくり 전부, 몽땅	☐ だけど 하지만	☐ とつぜん 갑자기
☐ ぞっと 움찔하는 모양	☐ たしか 아마	☐ とても 매우, 도저히
☐ そのころ 그 무렵	☐ ただ・たった 단지	☐ なかなか 매우, 좀처럼(부정문)
	☐ たとえ 가령, 비록	☐ なぜ 왜

ファイト

1교시

- [ ] なぜなら(ば) 왜냐하면
- [ ] なにも 유독
- [ ] にこにこ 싱글벙글
- [ ] のろのろ 느릿느릿
- [ ] はきはき 시원시원, 또렷또렷
- [ ] はじめ(に) 제일 먼저(순서)
- [ ] 初(はじ)めて 처음(경험)
- [ ] はっきり 확실히
- [ ] ばったり 딱 만나다, 털썩(쓰러지는 모양)
- [ ] ぴかぴか 번쩍번쩍
- [ ] ぴったり 딱(맞음)
- [ ] 一人一人(ひとりひとり) 각자
- [ ] 非常(ひじょう)に 매우
- [ ] ふたたび 재차
- [ ] ふだん 평소
- [ ] ぶつぶつ 중얼중얼
- [ ] ふわふわ 둥실둥실, 푹신푹신
- [ ] 別々(べつべつ) 따로따로
- [ ] べつに 특별히, 딱히
- [ ] 他(ほか) 그 외
- [ ] ほとんど 거의
- [ ] ほんと(う) 정말, 진짜
- [ ] ほぼ 거의

- [ ] まあまあ 그럭저럭
- [ ] 毎度(まいど) 매번
- [ ] まごまご 갈팡질팡
- [ ] ますます 점점 더
- [ ] まず 우선
- [ ] また 또
- [ ] まだ 아직
- [ ] または 또는
- [ ] めったに 좀처럼
- [ ] もう 이제, 벌써, 더
- [ ] もし(も) 만약
- [ ] もちろん 물론
- [ ] もっと 더욱 더
- [ ] もっとも 가장
- [ ] もともと 애당초
- [ ] 約(やく) 약
- [ ] やっと 겨우
- [ ] やはり・やっぱり 역시
- [ ] ゆっくり 천천히
- [ ] よく 잘, 자주
- [ ] よけいに 더욱
- [ ] より 보다

⑦ 필수 암기 감동사 및 감각어

- [ ] あのう 저
- [ ] あら 어머
- [ ] (どうも)ありがとう (매우) 고마워
- [ ] いいえ・いえ 아뇨, 아니
- [ ] いただきます 잘 먹겠습니다
- [ ] いってらっしゃい 다녀오세요
- [ ] いってまいります・いってきます 다녀오겠습니다
- [ ] え(っ) 뭐라고요?
- [ ] ええ 예
- [ ] ええと 저 말이죠
- [ ] おい 이것 봐!
- [ ] おお 놀라운데, 굉장한데
- [ ] おかえり(なさい) 다녀오셨습니까?
- [ ] おかげさまで 덕분에
- [ ] おげんきで 몸조심하세요
- [ ] おげんきですか 안녕하십니까?
- [ ] おさきに 먼저 실례하겠습니다
- [ ] おじゃまします 실례하겠습니다

55

- [ ] お世話(せわ)になりました 신세졌습니다
- [ ] お願(ねが)いします 부탁합니다
- [ ] おまちください 기다려 주세요
- [ ] おめでとう(ございます) 축하합니다
- [ ] おやすみ(なさい) 안녕히 주무세요
- [ ] ごくろうさま 수고하셨습니다
- [ ] ごちそうさま(でした) 잘 먹었습니다
- [ ] こちらこそ 이쪽이야말로
- [ ] ごめんください 아무도 안 계십니까?
- [ ] ごめんなさい 죄송합니다
- [ ] こんにちは 안녕하세요(점심인사)
- [ ] こんばんは 안녕하세요(저녁인사)
- [ ] さようなら・さよなら 안녕히 계십시오(가십시오)
- [ ] しつれいします(しました) 실례합니다(했습니다)
- [ ] じゃ・じゃあ 그럼
- [ ] すまない 미안해
- [ ] ただいま 다녀왔습니다

- [ ] どうぞよろしく 잘 부탁합니다
- [ ] はい 예
- [ ] はじめまして 처음 뵙겠습니다
- [ ] もしもし 여보세요
- [ ] よく、いらっしゃいました 잘 오셨습니다
- [ ] よし 좋아
- [ ] よろしく 잘 부탁합니다

Part 2
실전 대비 집중 훈련

01 問題 1 한자 읽기

문자・어휘는 양이 방대하기 때문에 어떤 품사부터 공부를 해야 할지 굉장히 막막하게 느끼는 학습자들이 많다. 하지만 일본어 능력시험에서 출제되는 어휘 중에서 가장 많은 점수를 차지하면서 점수가 가장 나오지 않는 품사는

동사 → 명사 → い형용사 → な형용사 → 부사

이다. 동사나 명사는 외워야 할 양은 많지만 생각만큼 점수가 잘 나오지 않는다. 따라서 학습자들은 각각의 품사에서 차지하는 어휘의 양은 적지만 고득점을 받을 수 있는 품사부터 공부하는 것이 훨씬 효율적일 것이다. 명사와 동사를 제외한 **부사, な형용사, い형용사**는 반드시 외워야 할 품사이므로, 제일 먼저 암기하도록 하자.

한자 읽기 문제는 주로 명사와 동사 위주로 출제된다. 장음과 단음의 구분, 탁음의 구분도 중요하지만, 2010년의 신 시험을 분석하면, 장음과 단음의 구분, 탁음의 구분은 그렇게 중요한 것은 아니었다. 즉, N3 수준에서 반드시 알아야 할 단어 위주로 출제되었는데, 새롭게 추가된 급수인 만큼 그 기준을 명확하게 알 수는 없다. 하지만, 구 시험이 있을 때부터 2급과 3급의 차이가 많다고 느꼈던 저자였던 만큼, 현장에서의 경험과 교재 집필의 경험을 통해서 N3 수준의 어휘를 나름대로 분석해 놓았다. 각각의 품사별로 출제 가능성이 많은 문제들로 구성해 놓았으니, 반드시 암기하고 실전에 임하도록 하자.

① 동사

2010년 문제를 분석해 보면, 모든 파트에서 동사가 가장 어렵게 출제되었다. 하지만, 적어도 問題1에서 출제되는 동사 문제는 한정되어 있다. 왜냐하면, N3 수준의 한자는 적어도 N2의 한자보다는 적기 때문에, 그 한자를 이용한 동사의 수는 극히 한정되어 있다. 그러므로 확인문제를 풀면서 틀린 문제는 반드시 정확하게 암기하도록 하자.

확인문제 01

→ 정답 p.4

1 いつも<u>皿</u>は妹が<u>洗う</u>。
　1　やとう　　　　2　うばう　　　　3　さらう　　　　4　あらう

2 昨日は<u>負けた</u>けど今日は<u>勝つ</u>。
　1　かけた　　　　2　まけた　　　　3　うけた　　　　4　さけた

3 今度の仕事は私に<u>任せて</u>ください。
　1　まかせて　　　2　いかせて　　　3　おろせて　　　4　とがらせて

4 私が取引先のお客様を<u>迎え</u>に行きました。
　1　むかえに　　　2　かかえに　　　3　そなえに　　　4　かまえに

5 ホームページ上に内容や写真を<u>載せて</u>いない本はここに掲載してあります。
　1　よせて　　　　2　きせて　　　　3　みせて　　　　4　のせて

6 ギターは独学で<u>学んだ</u>。
　1　まなんだ　　　2　さけんだ　　　3　むすんだ　　　4　うかんで

7 つくえの上をいくら<u>探して</u>もなかった。
　1　のばしても　　2　さがしても　　3　てらしても　　4　ずらしても

8 今日も<u>生きて</u>いることに感謝しながら一日を始める。
　1　あきて　　　　2　いきて　　　　3　おきて　　　　4　つきて

→ 정답 p.4

1　次回の大会はアジアで開くことになった。

　　1　ほどく　　　　　2　ひらく　　　　　3　まねく　　　　　4　みがく

2　この川はここに住んでいる住民が汚したのじゃない。

　　1　まわした　　　　2　ぬらした　　　　3　ながした　　　　4　よごした

3　腰を曲げて鳥にえさをやった。

　　1　さげて　　　　　2　にげて　　　　　3　まげて　　　　　4　なげて

4　歯は大体生後6ヶ月から生えてくる。

　　1　すえて　　　　　2　きえて　　　　　3　こえて　　　　　4　はえて

5　この橋を渡るとすぐ右にあります。

　　1　なぐる　　　　　2　まわる　　　　　3　すわる　　　　　4　わたる

6　この話を木村君に伝えてくれ。

　　1　かかえて　　　　2　つたえて　　　　3　ささえて　　　　4　おさえて

7　自由を求めて脱出する人が増えてきた。

　　1　すすめて　　　　2　ながめて　　　　3　ふくめて　　　　4　もとめて

8　豚肉は完全に焼いて食べたほうがいい。

　　1　おいて　　　　　2　すいて　　　　　3　やいて　　　　　4　といて

1 │ 友だちは自分の将来のため、彼を裏切った。
　　1　おもてぎった　　　　　　　　　2　うらぎった
　　3　うしろぎった　　　　　　　　　4　ひょうぎった

2 │ 明日正門の前に集まってください。
　　1　とまって　　　　2　あやまって　　　3　ふるまって　　　4　あつまって

3 │ もう正午を過ぎた。
　　1　すぎた　　　　2　かぎた　　　　3　こぎた　　　　4　ちぎた

4 │ もうこの会社にも慣れてきた。
　　1　それて　　　　2　くれて　　　　3　はれて　　　　4　なれて

5 │ 平均収入がついに20万円を割り込んでしまった。
　　1　すりこんで　　　2　わりこんで　　　3　ありこんで　　　4　かりこんで

6 │ リンクを去った選手たちの集まりがあった。
　　1　そった　　　　2　ちった　　　　3　とった　　　　4　さった

7 │ 田舎からリンゴが届いた。
　　1　くだいた　　　2　のぞいた　　　3　とどいた　　　4　まねいた

8 │ こんなもん、だれが作ったんですか。
　　1　とおった　　　2　つくった　　　3　まよった　　　4　さわった

→ 정답 p.5

1 この店は9時に閉める。
1 さめる　　　　　2 はめる　　　　　3 うめる　　　　　4 しめる

2 道端にきれいな花が咲いていた。
1 まいて　　　　　2 さいて　　　　　3 あいて　　　　　4 わいて

3 暑いので窓を開けてください。
1 あけて　　　　　2 つけて　　　　　3 とけて　　　　　4 ぬけて

4 感謝の気持ちに代えてプレゼントをお送りします。
1 ひえて　　　　　2 こえて　　　　　3 ほえて　　　　　4 かえて

5 会社を辞めて今はぶらぶらしています。
1 さめて　　　　　2 やめて　　　　　3 つめて　　　　　4 きめて

6 バスの数を数えています。
1 たとえて　　　　2 おさえて　　　　3 こころえて　　　4 かぞえて

7 学会では博士の学説を認めてくれなかった。
1 まとめて　　　　2 いじめて　　　　3 みとめて　　　　4 うすめて

8 右下のほうに下げたほうがいいよ。
1 さげた　　　　　2 しげた　　　　　3 あげた　　　　　4 こげた

➔ 정답 p.6

1　機会を捕らえて彼に話してみよう。

　1　あつらえて　　　　2　さらえて　　　　3　とらえて　　　　4　こしらえて

2　彼女はピアノでショパンの曲を弾いた。

　1　ないた　　　　　　2　かいた　　　　　3　ひいた　　　　　4　ぬいた

3　月が雲の陰に隠れた。

　1　はなれた　　　　　2　こわれた　　　　3　すぐれた　　　　4　かくれた

4　野菜を煮すぎて柔らかくなった。

　1　きすぎて　　　　　2　けすぎて　　　　3　にすぎて　　　　4　いすぎて

5　一人の女の人をめぐって4人の男の人が争った。

　1　たたかった　　　　2　まかなった　　　3　あらそった　　　4　とまどった

6　彼女は彼と別れて帰国した。

　1　わかれて　　　　　2　たおれて　　　　3　こわれて　　　　4　やぶれて

7　この道路は東京と大阪を結びます。

　1　あそびます　　　　2　ほろびます　　　3　むすびます　　　4　ころびます

8　ネットで性別など個人情報を問っても無意味です。

　1　かっても　　　　　2　すっても　　　　3　そっても　　　　4　とっても

② 명사

명사는 양이 굉장히 방대하다. 특히 한자어 명사의 경우 학습자들이 가장 어려워하는 장음과 단음의 구분, 탁음의 구분 등 외워야 할 것이 너무 많다. 그러나, 단언컨대 이런 종류의 문제는 기껏해야 한 두 문제이다. 따라서 이를 하나하나 다 외운다기보다는 단어의 음독이나 훈독을 어느 정도 이해한다는 개념으로 공부하면, 이 파트에 대한 부담을 다소 줄일 수 있을 것이다.

확인문제 01

→ 정답 p.6

1 この技術は大いに改善の余地がある。

　　1 かいぜん　　　　2 かいせん　　　　3 がいぜん　　　　4 がいせん

2 彼の作品は絵画的な美しさがのぞかれる。

　　1 かいか　　　　2 かいが　　　　3 えが　　　　4 えいが

3 学校の正門は昼間は開いている。

　　1 じょうもん　　　　2 せいもん　　　　3 しょうもん　　　　4 そうもん

4 彼女は莫大な資産を相続した。

　　1 しょうそく　　　　2 そうそく　　　　3 しょうぞく　　　　4 そうぞく

5 前進の合図に手を振った。

　　1 ごうと　　　　2 あいず　　　　3 あいと　　　　4 ごうず

6 泡のよく立ったビールがほしい。

　　1 はら　　　　2 あわ　　　　3 たま　　　　4 あせ

7 地震で家が上下に揺れるのを感じた。

　　1 じょうが　　　　2 じょうした　　　　3 じょうげ　　　　4 じょうか

8 お正月に田舎に帰るつもりです。

　　1 いなか　　　　2 たしゃ　　　　3 だんしゃ　　　　4 ふるさと

→ 정답 p.7

1 彼女の趣味は読書だそうです。

1 どくしょ   2 とくしょ   3 どくしょう   4 とっしょ

2 子供は瞬間的な気持ちによって左右される。

1 じゅんげん   2 しゅんかん   3 じゅんかん   4 しゅんげん

3 人のいないところで悪口を言ってはいけません。

1 あっこう   2 あっくち   3 わるぐち   4 わるくち

4 毎月の家賃はどのぐらいですか。

1 いえちん   2 いえだい   3 かちん   4 やちん

5 一般的に男性より女性の寿命のほうが長いです。

1 じゅみょう   2 じゅうみょう   3 じゅめい   4 じゅうめい

6 彼のおかげで会議が無事に終わった。

1 むじ   2 ぶじ   3 むし   4 ぶし

7 来週の金曜日までに支給してください。

1 しきょう   2 じきょう   3 しきゅう   4 じきゅう

8 単純な彼の考えにみんな驚いた。

1 たんしゅん   2 だんじゅん   3 たんじゅん   4 だんしゅん

→ 정답 p.7

1 　子供の日とあって、遊園地は人々でいっぱいでした。
　　　1　ゆうえんじ　　　　2　ゆうえんち　　　　3　ようえんじ　　　　4　ようえんち

2 　法案が国会を通過した。
　　　1　つうか　　　　　　2　つうが　　　　　　3　とうが　　　　　　4　とうか

3 　集合時間が10時から11時に延びた。
　　　1　しゅうこう　　　　2　あつめあい　　　　3　しっこう　　　　　4　しゅうごう

4 　この国の平均気温は10度です。
　　　1　ひょうきん　　　　2　へいきん　　　　　3　びょうきん　　　　4　べいきん

5 　この山は溶岩でできている。
　　　1　ようがん　　　　　2　ようかん　　　　　3　よういわ　　　　　4　ゆういわ

6 　民主国家には表現の自由がある。
　　　1　ひょうけん　　　　2　ひょうげん　　　　3　ひけん　　　　　　4　ひげん

7 　つくえの上がきれいに整理されていた。
　　　1　せいり　　　　　　2　ていり　　　　　　3　じょうり　　　　　4　たいり

8 　来月の15日に大統領の就任式が行われる。
　　　1　しゅういん　　　　2　じゅうにん　　　　3　しゅうにん　　　　4　じゅういん

→ 정답 p.8

1　この店は年中無休で営業をしている。
　　1　としなか　　　　2　ねんじゅう　　　　3　としじゅう　　　　4　としちゅう

2　昨日歌いすぎて喉が痛いです。
　　1　うで　　　　　　2　はら　　　　　　　3　かた　　　　　　　4　のど

3　彼女は世界あちこちの人形を集めるのが好きだそうだ。
　　1　じんけい　　　　2　じんぎょう　　　　3　にんけい　　　　　4　にんぎょう

4　日本の横浜は港の都市である。
　　1　みなと　　　　　2　むれ　　　　　　　3　やね　　　　　　　4　しま

5　今度の案に関しての評判はあまりよくなかった。
　　1　ひょうはん　　　2　ひょうばん　　　　3　へいはん　　　　　4　へいばん

6　血がたくさん出て包帯を巻いた。
　　1　ほうだい　　　　2　ほうたい　　　　　3　ぼうだい　　　　　4　ぼうたい

7　参加する人は何人ですか。
　　1　さんか　　　　　2　ざんか　　　　　　3　さんが　　　　　　4　ざんが

8　授業時間はちゃんと守ってください。
　　1　じゅぎょう　　　2　じゅうぎょう　　　3　しゅぎょう　　　　4　ずぎょう

→ 정답 p.8

1 あなたの<u>行動</u>は大人^{おとな}らしくない。
　　1　こうとう　　　　　　2　こうどう　　　　　　3　きょうとう　　　　　　4　きょうどう

2 1時間ぐらいは<u>余裕</u>を持って行きましょう。
　　1　ようゆう　　　　　　2　ようゆ　　　　　　　3　よゆ　　　　　　　　4　よゆう

3 最近は<u>離婚</u>率が高くなる一方^{いっぽう}だ。
　　1　りこん　　　　　　　2　いこん　　　　　　　3　はなれこん　　　　　　4　りごん

4 <u>出入口</u>がおかしくも2階にあった。
　　1　でいりぐち　　　　　2　たちいりぐち　　　　3　でいりくち　　　　　　4　たちいりくち

5 彼^{かれ}の<u>血液型</u>は何ですか。
　　1　けついきがた　　　　2　ちいきがた　　　　　3　けついきけい　　　　　4　けつえきがた

6 この会社は10年前からの<u>方針</u>を通^{とお}してきた。
　　1　ほうはり　　　　　　2　ほうしん　　　　　　3　かたはり　　　　　　4　かたしん

7 <u>歩道</u>の上に大人二人が立っていた。
　　1　ほどう　　　　　　　2　ほうどう　　　　　　3　ほど　　　　　　　　4　ほとう

8 彼女^{かのじょ}の<u>手帳</u>には友だちの名前がたくさん書いてあった。
　　1　しゅしょう　　　　　2　しょちょう　　　　　3　てしょう　　　　　　4　てちょう

③ い형용사/な형용사

형용사 중에서 시험 문제에 출제되는 어휘는 한정되어 있다. 따라서 2회 정도의 확인문제로도 충분히 대비가 가능할 것이다. 하지만 문맥규정(공란메우기)에서도 출제될 가능성이 크므로, 반드시 암기하도록 하자.

확인문제 01

정답 p.9

1 とても悲しい映画だったので涙(なみだ)があふれた。

1 かなしい　　2 うれしい　　3 きびしい　　4 こいしい

2 彼(かれ)の考(かんが)えが正しいと思うよ。

1 ただしい　　2 あさましい　　3 いやしい　　4 けわしい

3 お金がなくて苦しい毎日が続(つづ)いている。

1 ふさわしい　　2 くるしい　　3 のぞましい　　4 にがしい

4 親しい友だちだったけど今は連絡(れんらく)のとりようがない。

1 かなしい　　2 したしい　　3 さびしい　　4 むなしい

5 昨日の音楽会はとても楽しかった。

1 うれしかった　　2 ただしかった　　3 くわしかった　　4 たのしかった

6 オランダは陸地(りくち)が海より低い国だ。

1 あさい　　2 きつい　　3 ひくい　　4 だるい

7 青白い月の光(ひかり)が湖(みずうみ)を照(て)らしていた。

1 あおしろい　　2 あおじろい　　3 きよしろい　　4 きよじろい

8 部長は新入社員(しんにゅうしゃいん)に細かいところまで教えてあげた。

1 せまかい　　2 ほそかい　　3 ふかい　　4 こまかい

→ 정답 p.9

1 彼が犯人だということが明らかになった。

   1 あきらかに   2 あからかに   3 めいらかに   4 やわらかに

2 どうぞ気楽になさってください。

   1 きたのしに   2 きうれしに   3 きらくに   4 ぎらくに

3 世界の経済は新たな局面を迎えた。

   1 しんたな   2 にいたな   3 あたたな   4 あらたな

4 思ってもみなかった大変なことが起きた。

   1 だいじな   2 たいかわりな   3 たいへんな   4 たいかえりな

5 厳しい先生の指導のもとでみんな静かに勉強していた。

   1 じょうかに   2 しずかに   3 せいかに   4 ていかに

6 今度任せられたプロジェクトは簡単なことじゃない。

   1 がんだんな   2 かんだんな   3 かんたんな   4 がんたんな

7 犬は可愛そうに飼い主に捨てられた。

   1 かあいそうに   2 かこいそうに   3 かれんそうに   4 かわいそうに

8 朗らかな性格の彼女はいつも友だちで囲まれている。

   1 やわらかな   2 まろらかな   3 あきらかな   4 ほがらかな

02 問題2 한자 표기

한자 표기 문제는 주로 명사와 동사 위주로 출제된다. 2010년 문제를 보면 비슷한 한자를 구분하는 문제는 거의 없었으므로, 밑줄의 한자가 어떤 의미로 쓰였는가만 정확하게 알면 한자를 찾는데 큰 어려움은 없을 것이다. 그러나 기본적으로 한자는 많은 문장을 접하거나 많은 문제를 풀면서 익혀나가는 것이 제일 좋은 방법이다. 問題1의 한자 읽기에서도 명사와 동사 문제를 많이 다루었는데, 問題1과 問題2를 별도의 문제라고 생각하지 말고, 한자 공부를 겸해서 같이 공부해 두면 도움이 될 것이다.

① 동사

동사는 구 시험에서는 비슷한 한자를 구별하는 문제도 많이 출제되었지만, 2010년 신 시험에서는 이러한 유형은 출제 되지 않았다. 즉, 밑줄 친 어휘의 의미를 정확하게 알고 있으면 문제를 풀 수 있다는 것을 의미하며, 앞으로도 이러한 경향의 문제가 출제될 것으로 보이므로, 한자의 정확한 의미를 반드시 암기하도록 하자.

확인문제 01

→ 정답 p.10

1 私の町（まち）は山と山の間に<u>はさまれて</u>いる。
1 狭まれて 　　　 2 挟まれて 　　　 3 峡まれて 　　　 4 快まれて

2 学生たちが<u>あばれて</u>警官（けいかん）と衝突（しょうとつ）した。
1 乱れて 　　　 2 荒れて 　　　 3 爆れて 　　　 4 暴れて

3 子供たちが庭（にわ）で遊んでいるのを<u>ながめた</u>。
1 瞳めた 　　　 2 観めた 　　　 3 眺めた 　　　 4 跳めた

4 小説にはあった部分は映画では<u>はぶいて</u>あった。
1 消いて 　　　 2 削いて 　　　 3 略いて 　　　 4 省いて

5 彼（かれ）は語学（ごがく）では他（ほか）の人々より<u>すぐれて</u>いる。
1 勤れて 　　　 2 越れて 　　　 3 優れて 　　　 4 勝れて

6 前にいた彼女（かのじょ）がいきなり<u>きえて</u>しまった。
1 削えて 　　　 2 除えて 　　　 3 却えて 　　　 4 消えて

7 家族は寒さがきらいで厚手（あつで）のカーペットを<u>しいて</u>生活している。
1 引いて 　　　 2 掛いて 　　　 3 敷いて 　　　 4 数いて

8 手が<u>あいて</u>いる人は手伝ってください。
1 開いて 　　　 2 控いて 　　　 3 穴いて 　　　 4 空いて

1 田舎は都会より空気が<u>すん</u>でいる。

   1 情んで   2 澄んで   3 済んで   4 住んで

2 桜が<u>ちって</u>いてまるで雪が降っているようだ。

   1 枯って   2 発って   3 散って   4 産って

3 人間の髪の毛はコンパクトで中身が<u>つまって</u>いる。

   1 決まって   2 止まって   3 染まって   4 詰まって

4 学校と保護者、地域が一体となり、子供たちが健全に成長できるよう<u>つとめて</u>きました。

   1 勤めて   2 労めて   3 努めて   4 務めて

5 この国の気候はおだやかで乾燥し、年間310日以上太陽が<u>てり</u>ます。

   1 照ります   2 要ります   3 漏ります   4 取ります

6 先生の出版記念日に<u>まねいて</u>もらった。

   1 召いて   2 沼いて   3 招いて   4 紹いて

7 歩いていたら氷が<u>われて</u>、湖に落ちた。

   1 割れて   2 害れて   3 倒れて   4 崩れて

8 あの小説家はいつも実話に<u>もとづいて</u>小説を書く。

   1 基づいて   2 元づいて   3 礎づいて   4 模づいて

→ 정답 p.11

1 玄関が古くなったのでとりかえてほしい。

   1 取り帰えて　　　　　2 撮り替えて　　　　　3 取り潜えて　　　　　4 取り替えて

2 救急隊がみんなをすくってくれました。

   1 救って　　　　　　　2 向って　　　　　　　3 求って　　　　　　　4 拾って

3 油断している際に、犯人がにげてしまった。

   1 離げて　　　　　　　2 逃げて　　　　　　　3 放げて　　　　　　　4 別げて

4 彼は先生から叱られて自信をうしなってしまった。

   1 忘って　　　　　　　2 紛って　　　　　　　3 失って　　　　　　　4 無って

5 お金をスリにうばわれてしまった。

   1 奪われて　　　　　　2 迷われて　　　　　　3 狂われて　　　　　　4 救われて

6 子犬が昨日からずっとはいた。

   1 泣いた　　　　　　　2 吐いた　　　　　　　3 空いた　　　　　　　4 浮いた

7 野菜をビニールでつつんで持った。

   1 包んで　　　　　　　2 危んで　　　　　　　3 結んで　　　　　　　4 決んで

8 彼の行為は先生の怒りをまねいた。

   1 呼いた　　　　　　　2 催いた　　　　　　　3 招いた　　　　　　　4 超いた

1 彼は友人に無礼を<u>わびた</u>。
   1 許びた　　　　　2 失びた　　　　　3 謝びた　　　　　4 詫びた

2 列車が通ると家が<u>ゆれる</u>。
   1 動れる　　　　　2 揺れる　　　　　3 遥れる　　　　　4 謡れる

3 彼女は心を<u>こめて</u>夫の回復を祈った。
   1 閉めて　　　　　2 止めて　　　　　3 覚めて　　　　　4 込めて

4 父は<u>はたらき</u>すぎて体を壊した。
   1 抱き　　　　　　2 働き　　　　　　3 動き　　　　　　4 叩き

5 彼女は病院に看護婦として<u>つとめて</u>いる。
   1 痛めて　　　　　2 勤めて　　　　　3 収めて　　　　　4 固めて

6 外国市場の拡大を<u>はかって</u>いる。
   1 測って　　　　　2 計って　　　　　3 図って　　　　　4 量って

7 機械がうまく動くかどうか<u>ためして</u>みた。
   1 導して　　　　　2 例して　　　　　3 式して　　　　　4 試して

8 息子は教職に<u>つく</u>つもりだ。
   1 勤く　　　　　　2 蹴く　　　　　　3 就く　　　　　　4 務く

→ 정답 p.12

1　怪我をして指に包帯を<u>まいた</u>。

　1　拳いた　　　　　　2　券いた　　　　　　3　包いた　　　　　　4　巻いた

2　バイオリンの腕を<u>みがき</u>に留学した。

　1　術きに　　　　　　2　麻きに　　　　　　3　歴きに　　　　　　4　磨きに

3　駅で手荷物を<u>あずけた</u>。

　1　任けた　　　　　　2　預けた　　　　　　3　積けた　　　　　　4　貯けた

4　応募者の経歴を<u>さぐって</u>みよう。

　1　調って　　　　　　2　検って　　　　　　3　探って　　　　　　4　深って

5　私は池田教授にドイツ語を<u>おそわった</u>。

　1　教わって　　　　　2　学わって　　　　　3　習わって　　　　　4　授わって

6　彼は途中私を<u>さそって</u>車で海岸まで連れて行ってくれた。

　1　勧って　　　　　　2　透って　　　　　　3　誘って　　　　　　4　秀って

7　私の感謝の気持ちは言葉では<u>あらわせません</u>。

　1　著せません　　　　2　現せません　　　　3　濯せません　　　　4　表せません

8　年のせいか最近髪の毛がよく<u>ぬける</u>。

　1　投ける　　　　　　2　絡ける　　　　　　3　脱ける　　　　　　4　抜ける

② 명사

명사는 비슷한 한자를 구분하는 문제가 많이 출제되지만, 그 중 헷갈리기 쉬운 보기는 2개 정도에 불과하다. 비슷한 한자는 많이 있지만, 그 한자가 사용되는 N3 어휘는 한정되어 있음을 명심하자.

확인문제 01

→ 정답 p.13

1 <u>しゅしょう</u>主催の「さくらを見る会」が行われた。

  1 首象   2 首像   3 首相   4 首想

2 敵は総<u>こうげき</u>を開始した。

  1 攻徹   2 功撃   3 攻激   4 攻撃

3 ウェブ上でタイピング<u>れんしゅう</u>が無料でできます。

  1 練習   2 運習   3 連習   4 結習

4 ここは撮影<u>きんし</u>になっている。

  1 歴止   2 禁示   3 禁止   4 暦止

5 その本は全国どの書店でも<u>はんばい</u>されている。

  1 販買   2 販売   3 購売   4 反売

6 列車混雑のため一時<u>かいさつ</u>止めになった。

  1 改礼   2 改札   3 開礼   4 開札

7 風邪を引いたのか、父は一晩中ひどい<u>せき</u>をしていた。

  1 核   2 咳   3 劾   4 効

8 あまり寒いので手足の<u>かんかく</u>が無くなった。

  1 感覚   2 感賞   3 感角   4 感刻

→ 정답 p.13

1 新車の乗り心地はすごくかいてきだった。
  1 快敵　　　　　2 決適　　　　　3 快滴　　　　　4 快適

2 彼女のみょうじは杉本です。
  1 名学　　　　　2 名字　　　　　3 文字　　　　　4 命字

3 彼はその非難をはっきりひていした。
  1 否定　　　　　2 不定　　　　　3 否正　　　　　4 不正

4 本日の披露宴のしかいは私がつとめさせていただきます。
  1 士会　　　　　2 事会　　　　　3 司会　　　　　4 伺会

5 彼らは会議にていしゅつする書類を作成中だ。
  1 製出　　　　　2 提出　　　　　3 制出　　　　　4 第出

6 腕にはりで刺すような痛みを感じた。
  1 銭　　　　　　2 針　　　　　　3 鉱　　　　　　4 鉢

7 アメリカはうちゅうにロケットを発射した。
  1 遇宙　　　　　2 優宙　　　　　3 友宙　　　　　4 宇宙

8 この辞書の初版のいんさつ部数は1万冊であった。
  1 認刷　　　　　2 印刷　　　　　3 引刷　　　　　4 印冊

1　車の<u>そうおん</u>で眠れなかった。
　　1　験音　　　　　　2　触音　　　　　　3　騒音　　　　　　4　騒声

2　町は白い<u>きり</u>につつまれていた。
　　1　雪　　　　　　　2　露　　　　　　　3　霧　　　　　　　4　霜

3　封筒の<u>おもて</u>に住所と名前を書いた。
　　1　俵　　　　　　　2　裏　　　　　　　3　表　　　　　　　4　後

4　雨のため学校の<u>こうどう</u>で卒業式が行われた。
　　1　購堂　　　　　　2　構堂　　　　　　3　溝堂　　　　　　4　講堂

5　杉本はその女と<u>とくしゅ</u>な間柄にあった。
　　1　特授　　　　　　2　特株　　　　　　3　持殊　　　　　　4　特殊

6　彼は戦後の作家の<u>てんけい</u>だ。
　　1　典形　　　　　　2　典型　　　　　　3　典刑　　　　　　4　典衡

7　<u>さばく</u>にも植物はある。
　　1　沙漠　　　　　　2　砂漠　　　　　　3　砂莫　　　　　　4　沙幕

8　彼は近所の人たち皆から<u>そんけい</u>されている。
　　1　尊敬　　　　　　2　尊景　　　　　　3　尊警　　　　　　4　存敬

→ 정답 p.14

1　その製品はかぜいの対象になります。

1　過税　　　　　2　科税　　　　　3　課税　　　　　4　果税

2　世の中はだんだんみどりがなくなりつつある。

1　絹　　　　　　2　綿　　　　　　3　緑　　　　　　4　縁

3　きしょう時間はいつも朝6時です。

1　越床　　　　　2　起床　　　　　3　気床　　　　　4　企床

4　彼の人生における失敗は忍耐のなさにげんいんがあった。

1　原引　　　　　2　源因　　　　　3　原困　　　　　4　原因

5　音楽に関する限りこっきょうは急速に消滅してきている。

1　国競　　　　　2　国境　　　　　3　国経　　　　　4　国景

6　一生懸命努力して返したので現在はしゃっきんがありません。

1　借金　　　　　2　貸金　　　　　3　賃金　　　　　4　次金

7　しつどが低ければ暑さも我慢できる。

1　温度　　　　　2　習度　　　　　3　湿席　　　　　4　湿度

8　来月しょじゅんに入学式がある。

1　初瞬　　　　　2　初順　　　　　3　初純　　　　　4　初旬

→ 정답 p.15

1 彼は大学で歴史をせんこうしている。

1 専公　　　　2 専幼　　　　3 専攻　　　　4 専功

2 船を作る会社をぞうせん会社という。

1 造般　　　　2 造船　　　　3 造舶　　　　4 造欲

3 先生の説明はちゅうしょう的すぎる。

1 抽象　　　　2 抽像　　　　3 維象　　　　4 推像

4 今朝窓にしもがおりていた。

1 雪　　　　2 露　　　　3 霧　　　　4 霜

5 子供はじゅわきを耳にあてて話していた。

1 授話機　　　　2 受話器　　　　3 授話器　　　　4 受話機

6 彼はその質問にしんちょうに答えた。

1 慎重　　　　2 貴重　　　　3 真重　　　　4 信重

7 教授はずけいに関して詳しく説明した。

1 図衡　　　　2 図刑　　　　3 図形　　　　4 図型

8 この会社のせいひんは売れ行きがよい。

1 第品　　　　2 題品　　　　3 制品　　　　4 製品

03 問題3 문맥 규정(공란 메우기)

문자·어휘 중 가장 많은 점수를 차지하는 유형이다. 충분한 어휘력이 있으면 정답을 쉽게 찾을 수 있지만, 시험에는 수험자가 아는 어휘만 출제된다는 보장이 없으므로, 많은 확인문제를 통해서 스스로의 실력을 체크하면서 부족한 품사의 어휘를 암기하는 것이 가장 효율적일 것이다. 그리고 問題3 유형은 구 시험과 달리, 어휘의 정확한 뉘앙스를 알아야만 풀리는 문제는 극히 드물다. 즉, 얼마나 많은 어휘를 알고 있는가에 따라서 고득점을 받을 수 있다는 것이다. 학습량을 정확히 반영하는 문제이므로, 각각의 확인문제에 나와 있는 정답과 보기의 어휘들을 정확하게 암기하도록 하자.

① 한자음 명사(な형용사)

가장 많이 출제되는 문제다. 한자음 명사(な형용사)는 「歓迎(かんげい) 환영」「応援(おうえん) 응원」처럼 한자의 음을 일본어의 한자 읽기 법칙대로 읽는 것을 의미한다. 이런 유형의 문제는 한자 읽기 능력을 묻는 문제와 그 어휘의 문장에서의 정확한 쓰임을 묻는 것인데, 높은 수준의 문장은 출제되지 않으므로 한자 읽기 능력을 키우는 데 주력하면 좋은 결과를 얻을 수 있을 것이다.

확인문제 01

→ 정답 p.16

1 カードはアルファベット順^{じゅん}に（　　　）されていた。

  1 分布   2 分散   3 分類   4 分野

2 その集会^{しゅうかい}は警察^{けいさつ}によって（　　　）させられた。

  1 解放   2 解剖^{かいぼう}   3 解散   4 解決

3 人気歌手^{にんきかしゅ}の公演^{こうえん}があるため、コンサート（　　　）にすごい列^{れつ}が出来た。

  1 会場   2 会談   3 会合   4 会計

4 道路^{どうろ}が凍^{こお}っているので転^{ころ}ばないように（　　　）しなさい。

  1 用心   2 用事   3 用意   4 用途

5 現代美術^{げんだいびじゅつ}に関^{かん}する5回（　　　）の講義^{こうぎ}が大学で行われた。

  1 連絡   2 連続   3 連合   4 連想

6 先生の教育^{きょういく}（　　　）に沿^そうように努^{つと}めます。

  1 方面   2 方角   3 方針   4 方言

7 私はその点^{てん}では彼^{かれ}と（　　　）が一致^{いっち}した。

  1 見習   2 見物   3 見解   4 見当

8 彼^{かれ}の勤勉^{きんべん}ぶりに私はすっかり（　　　）した。

  1 感覚   2 感想   3 感心   4 感情

9 倉庫^{そうこ}を工場^{こうじょう}に（　　　）した。

  1 改正   2 改良   3 改造   4 改善

10 運動会^{うんどうかい}で弁当^{べんとう}を盗^{ぬす}まれる（　　　）が相次^{あいつ}いでいるらしい。

  1 事故   2 事件   3 事実   4 仕事

→ 정답 p.17

1　子供に手を出しすぎてしまうと、子供の（　　　　）を妨げてしまう。
    1　自立　　　　　　　2　自宅　　　　　　　3　自信　　　　　　　4　自治

2　不思議な自然（　　　　）は世界のどこでも起きる。
    1　現在　　　　　　　2　現時　　　　　　　3　現場　　　　　　　4　現象

3　火曜日までが（　　　　）の仕事がたくさんあって週末も休めない。
    1　無限　　　　　　　2　期限　　　　　　　3　限定　　　　　　　4　限界

4　私は長男と一緒に花火大会の（　　　　）をしました。
    1　見当　　　　　　　2　見解　　　　　　　3　見物　　　　　　　4　見所

5　何事も一番大切なことはいつでも（　　　　）、冷静で行動することです。
    1　重要　　　　　　　2　慎重　　　　　　　3　尊重　　　　　　　4　貴重

6　この水、山に入って行く人達が、（　　　　）に詰めて行くおいしい水なんです。
    1　水産　　　　　　　2　水筒　　　　　　　3　洪水　　　　　　　4　水泳

7　魚が（　　　　）10センチぐらいの容器の中で泳いでいた。
    1　直線　　　　　　　2　直接　　　　　　　3　直角　　　　　　　4　直径

8　彼は年内で歌手（　　　　）を止めると宣言した。
    1　活気　　　　　　　2　活動　　　　　　　3　生存　　　　　　　4　活性

9　明るい未来を（　　　　）しながら毎日を過ごしている。
    1　思想　　　　　　　2　感想　　　　　　　3　想像　　　　　　　4　空想

10　インドは物価が安く、（　　　　）な気候の国として知られている。
    1　温泉　　　　　　　2　温室　　　　　　　3　温暖　　　　　　　4　温帯

1 山田教授は医学の専門家だから（　　　　）なアドバイスをしてくれると思います。
　　1　美的　　　　　　　2　知的　　　　　　　3　的中　　　　　　　4　的確

2 これは飛行機などに使われている（　　　　）な材料です。
　　1　特定　　　　　　　2　特長　　　　　　　3　特殊　　　　　　　4　特徴

3 （　　　　）な毎日でも時間は流れていく。
　　1　平和　　　　　　　2　太平　　　　　　　3　平気　　　　　　　4　平凡

4 何事でも（　　　）をつかめば簡単にできる。
　　1　要領　　　　　　　2　要素　　　　　　　3　需要　　　　　　　4　必要

5 桜は日本全国に（　　　）している。
　　1　分類　　　　　　　2　分布　　　　　　　3　分析　　　　　　　4　分別

6 釣り（　　　）ながらもたまには一匹も釣れないときもある。
　　1　名文　　　　　　　2　芸人　　　　　　　3　名人　　　　　　　4　素人

7 たくさんの雪で、道路が（　　　　）となって物資の輸送が困難だった。
　　1　不満　　　　　　　2　不利　　　　　　　3　不通　　　　　　　4　不安

8 火の（　　　　）は冬に限られたものではない。
　　1　用心　　　　　　　2　肝心　　　　　　　3　信心　　　　　　　4　感心

9 皆さま、季節性インフルエンザの（　　　　）接種の予約はとりましたか。
　　1　予測　　　　　　　2　予報　　　　　　　3　予期　　　　　　　4　予防

10 今日も生きていることに（　　　）しながら一日を始める。
　　1　感動　　　　　　　2　感謝　　　　　　　3　感想　　　　　　　4　感心

1 ギターは（　　　）で学んだ。
1 独学　　　2 独身　　　3 孤独　　　4 独立

2 社長の前で（　　）して自分の意見も言えなかった。
1 緊張　　　2 出張　　　3 主張　　　4 拡張

3 彼は村における福祉の発展に少し（　　）した。
1 貢献　　　2 反映　　　3 影響　　　4 関連

4 取引先から何か（　　）があったのか。
1 通行　　　2 通知　　　3 通信　　　4 通用

5 彼の絵には自然を愛する心がよく（　　）されている。
1 表現　　　2 現実　　　3 現象　　　4 実現

6 来週からの試験の（　　）をたのまれた。
1 管理　　　2 生産　　　3 調節　　　4 監督

7 そんな（　　）な考え方ではこの世では生きられない。
1 安静　　　2 安定　　　3 安易　　　4 安価

8 この地方の（　　）はくだものです。
1 作物　　　2 名産　　　3 品物　　　4 作品

9 意外な方向へ事態が（　　）した。
1 進展　　　2 進歩　　　3 前進　　　4 昇進

10 アメリカの会社との取引を（　　）した。
1 不満　　　2 可否　　　3 否定　　　4 拒否

→ 정답 p.19

1 毎日学校に通ったおかげで、外国語がかなり（　　　）した。
  1 夢中   2 最中   3 上達   4 熱中

2 投稿原稿は（　　　）いたしません。
  1 割引   2 両替   3 返却   4 割当

3 私はいつも君の（　　　）だよ。
  1 同様   2 味方   3 中身   4 力士

4 資格を大学生に（　　　）して募集した。
  1 無限   2 限界   3 限定   4 見当

5 スケジュールが（　　　）されたので確認してください。
  1 変更   2 変身   3 変換   4 更新

6 彼の100メートルの（　　　）はあまりよくなかった。
  1 日記   2 記事   3 記念   4 記録

7 このかばんを本物かどうか（　　　）するのは専門家でも難しいそうだ。
  1 別途   2 区別   3 地方   4 地域

8 自分（　　　）のことを信じてやってください。
  1 自身   2 自信   3 自宅   4 自覚

9 （　　　）にたくさんの人が集まっているが、どうしてだろう。
  1 広告   2 場面   3 広場   4 場所

10 このあたりにはりっぱな（　　　）がたくさんある。
  1 書物   2 乗物   3 建物   4 飲物

② 동사

問題3 동사편에서는 보통 보기의 동사의 의미를 정확하게 알고 있는가를 묻는 문제가 출제된다. 따라서 동사에 대한 학습량이 적으면 정답을 찾기가 쉽지 않다. 실제 시험에서 보기의 동사는 한자로 출제되지 않는다. 그 이유는 한자를 어느 정도 아는 학습자라면 한자만 보고도 정답을 찾을 수 있기 때문이다. 그러나 동사 어휘를 공부할 때는 問題1과 問題2를 동시에 대비하도록 한자와 같이 암기해야 한다. 동사는 외우기도 부담스럽고, 암기를 해도 금방 잊어버리기 쉽지만, 끈기를 가지고 학습하도록 하자.

확인문제 01

→ 정답 p.20

1 私に（　　　）仕事は手にあまるものでした。
　　1 あたえられた　　　2 あまえられた　　　3 うけとられた　　　4 きざまれた

2 親の怒りがすこし（　　　）まで待ったほうがいい。
　　1 さめる　　　2 つめる　　　3 のべる　　　4 かたる

3 そのサイズのくつはもう（　　　）。
　　1 くみたてた　　　2 うりきれた　　　3 おいかけた　　　4 うらぎった

4 ラッシュアワーを（　　　）早く出た。
　　1 すくって　　　2 むすんで　　　3 つないで　　　4 さけて

5 荷物を持ち上げたとたん、背中に激しい痛みが（　　　）。
　　1 わたった　　　2 かけた　　　3 いたった　　　4 はしった

6 お風呂のお湯は毎日（　　　）ほうがいいですよ。
　　1 とりけした　　　2 とりかえた　　　3 とりあげた　　　4 とりいれた

7 個性を（　　　）仕事がしたい。
　　1 おかした　　　2 いかした　　　3 ました　　　4 はなした

8 （　　　）ばかりにいないで意見を言ってください。
　　1 とまって　　　2 たまって　　　3 しまって　　　4 だまって

9 彼女は初めての人たちと（　　　）のが苦手だった。
　　1 ふりむく　　　2 ふれる　　　3 つきあう　　　4 つっこむ

10 先生は体調を（　　　）入院してしまいました。
　　1 くだいて　　　2 たおして　　　3 くずして　　　4 こわして

→ 정답 p.20

1 彼女はいつも人の話に口を（　　　）くせがある。

   1　さす　　　　　　　2　かける　　　　　　　3　出す　　　　　　　4　つける

2 親切な方がたくさんいらっしゃるので、いろいろ（　　　）おります。

   1　かぞえて　　　　　2　つたえて　　　　　　3　あたえて　　　　　4　あまえて

3 彼はいつも確信に（　　　）生きている。

   1　うえて　　　　　　2　みちて　　　　　　　3　のびて　　　　　　4　とけて

4 B型の女性は企画力に（　　　）いると言われている。

   1　ゆれて　　　　　　2　あばれて　　　　　　3　すぐれて　　　　　4　なれて

5 この表はこの会社の15年間の業績が（　　　）あります。

   1　しめして　　　　　2　はずして　　　　　　3　たおして　　　　　4　ほして

6 住民税を（　　　）いないものが大臣をしていてもいいのだろうか。

   1　おそわって　　　　2　くわえて　　　　　　3　さめて　　　　　　4　おさめて

7 うちの父は口答えするとすぐ（　　　）。

   1　たたむ　　　　　　2　どなる　　　　　　　3　ほえる　　　　　　4　なでる

8 みんなかなりストレスが（　　　）いるようなので、すぐにでも生活改善をしてください。

   1　とまって　　　　　2　たまって　　　　　　3　だまって　　　　　4　しまって

9 日頃からゴミはあると思ってみてたが、拾う気で見ると、その量に（　　　）しまう。

   1　あじわって　　　　2　あこがれて　　　　　3　あきれて　　　　　4　あきらめて

10 うしろから呼ぶ声に思わず（　　　）。

   1　つっこんだ　　　　2　ふりむいた　　　　　3　つきあった　　　　4　ふれた

→ 정답 p.21

1 リンクを（　　　）選手たちの集まりがあった。

   1 そった　　　　　　2 ちった　　　　　　3 とった　　　　　　4 さった

2 田舎からリンゴが（　　　）。

   1 くだいた　　　　　2 のぞいた　　　　　3 とどいた　　　　　4 まねいた

3 訪問客の人数を（　　　）います。

   1 たとえて　　　　　2 おさえて　　　　　3 こころえて　　　　4 かぞえて

4 もうちょっと固く（　　　）ください。

   1 はらって　　　　　2 しばって　　　　　3 わらって　　　　　4 むかって

5 健康のため肉などは（　　　）ください。

   1 とけて　　　　　　2 やけて　　　　　　3 さけて　　　　　　4 かけて

6 彼の話が正しいかどうか実際に（　　　）みた。

   1 とかして　　　　　2 かくして　　　　　3 ためして　　　　　4 うつして

7 猫の赤ちゃんを拾い、ちょっと（　　　）。

   1 そだてました　　　2 たちました　　　　3 うちました　　　　4 はなちました

8 彼のおかげで私が行かずに（　　　）。

   1 つんだ　　　　　　2 ふんだ　　　　　　3 かんだ　　　　　　4 すんだ

9 部長はこの場を借りて心から（　　　）と話した。

   1 わびたい　　　　　2 ころびたい　　　　3 ならびたい　　　　4 まなびたい

10 守備はいいが、（　　　）のがちょっと遅い。

   1 うめる　　　　　　2 きめる　　　　　　3 せめる　　　　　　4 はめる

→ 정답 p.22

1　みんなでマフラーを（　　　）みましょう。
　　1　つかんで　　　　　2　やんで　　　　　3　あんで　　　　　4　このんで

2　なぜ世の中がこんなに（　　　）きたのか。
　　1　あれて　　　　　2　それて　　　　　3　たれて　　　　　4　もれて

3　今度だけはどうかお（　　　）ください。
　　1　たおし　　　　　2　とおし　　　　　3　ゆるし　　　　　4　ためし

4　ぜひあの二人の恋、（　　　）ほしいです。
　　1　かまって　　　　2　そろって　　　　3　みまって　　　　4　みのって

5　（　　　）、こちらの思ったとおりだ。
　　1　よわった　　　　2　こまった　　　　3　しまった　　　　4　しめた

6　クリスマスが（　　　）きたのでケーキの在庫も残りわずかだ。
　　1　ひろって　　　　2　せまって　　　　3　におって　　　　4　まよって

7　あの店は一流の品物を（　　　）いる。
　　1　そろえて　　　　2　そなえて　　　　3　たとえて　　　　4　たくわえて

8　3か所応募していたが全部（　　　）。
　　1　ことわられた　　2　わびられた　　　3　ほめられた　　　4　おこられた

9　睡眠を（　　　）ような騒音を出すな。
　　1　さまたげる　　　2　さしつかえる　　3　したがう　　　　4　さかのぼる

10　これほど多くの人が困っているのに（　　　）いられない。
　　1　とまっては　　　2　たまっては　　　3　しまっては　　　4　だまっては

91

➔ 정답 p.23

1 子供たちが庭で遊んでいるのを（　　　）。
　　1　のぞいた　　　　　2　くたびれた　　　　3　ながめた　　　　4　あきれた

2 子供はドアに（　　　）私を見ていた。
　　1　はなれて　　　　　2　ちぢれて　　　　　3　すぐれて　　　　4　かくれて

3 新鮮な空気が（　　　）。
　　1　くいたい　　　　　2　すいたい　　　　　3　かいたい　　　　4　よいたい

4 学生たちは授業料値上げ反対を（　　　）いる。
　　1　あそんで　　　　　2　まなんで　　　　　3　ころんで　　　　4　さけんで

5 さくらの花が地面に（　　　）いた。
　　1　さって　　　　　　2　ちって　　　　　　3　とって　　　　　4　かって

6 この千円札を100円玉に（　　　）ください。
　　1　くずして　　　　　2　やぶって　　　　　3　こわして　　　　4　つぶして

7 飲み過ぎると明日の仕事に（　　　）よ。
　　1　とりいれます　　　2　あてはめます　　　3　さしつかえます　　4　こしかけます

8 塩を水で（　　　）。
　　1　やいた　　　　　　2　といた　　　　　　3　まいた　　　　　4　かいた

9 月が湖の水面を（　　　）いる。
　　1　まもって　　　　　2　とおって　　　　　3　てらして　　　　4　さわって

10 木造の家は（　　　）やすい。
　　1　かえ　　　　　　　2　たえ　　　　　　　3　もえ　　　　　　4　うえ

③ 부사

부사는 양이 한정되어 있으나, 시험에는 자주 출제된다. 즉, 양에 비해 출제빈도가 높으므로 가장 먼저 암기해야 할 품사이다. 모의고사를 2회밖에 출제하지 않은 이유는 그 양이 한정되어 있기 때문이다. 그러나 정답의 보기만 외우지 말고, 오답의 보기도 같이 암기하도록 하자. 부사에서 적어도 두 문제 이상 출제된다는 것을 명심하도록 하자.

확인문제 01

→ 정답 p.23

1 何をいつまで（　　　）言ってるんだ。
   1 はきはき　　　　2 うろうろ　　　　3 ぶつぶつ　　　　4 にこにこ

2 ここからだと駅までは（　　　）50メーターです。
   1 もし　　　　　　2 どうせ　　　　　3 およそ　　　　　4 あくまで

3 （　　　）僕らは死ぬんだ。
   1 いっそう　　　　2 いずれ　　　　　3 思いきり　　　　4 ふたたび

4 （　　　）来たのに会えなくて残念だ。
   1 さすが　　　　　2 もしも　　　　　3 せっかく　　　　4 いきなり

5 詳しい事情は分かりませんが、（　　　）そういうことだと思いました。
   1 おそらく　　　　2 かえって　　　　3 あらためて　　　4 もっとも

6 駐車場があまり広いので、私の車を探すのに（　　　）してしまった。
   1 もともと　　　　2 まごまご　　　　3 ますます　　　　4 まあまあ

7 （　　　）と会社の秘密を言ってしまった。
   1 あっさり　　　　2 うっとり　　　　3 うっかり　　　　4 すっかり

8 学校の宿題は（　　　）終わったよ。
   1 なにも　　　　　2 とっくに　　　　3 あまりに　　　　4 おおよそ

9 あの二人は（　　　）の仲ではないらしい。
   1 なお　　　　　　2 しかも　　　　　3 ただ　　　　　　4 さて

10 彼女は教授の質問に（　　　）と答えた。
    1 まごまご　　　　2 はきはき　　　　3 ぴかぴか　　　　4 にこにこ

→ 정답 p.24

1 行く途中の高速道路で結構大きな事故が起きて（　　　）した。

1 ざっと　　　　　　2 じっと　　　　　　3 ずっと　　　　　　4 ぞっと

2 疲れ切った観光客は（　　　）とバスに戻った。

1 のろのろ　　　　　2 ふわふわ　　　　　3 いらいら　　　　　4 ぶつぶつ

3 物価が（　　　）二倍になった。

1 たった　　　　　　2 ほぼ　　　　　　　3 ようやく　　　　　4 よけいに

4 今までに見た映画の中で（　　　）好きなのはどれですか。

1 やたらに　　　　　2 おもに　　　　　　3 もっとも　　　　　4 すなわち

5 彼女の手紙には町の様子が（　　　）と描かれている。

1 いきいき　　　　　2 しみじみ　　　　　3 いらいら　　　　　4 どきどき

6 私が着いた時には彼らは（　　　）出発していた。

1 すでに　　　　　　2 めったに　　　　　3 じかに　　　　　　4 しだいに

7 海が太陽の光で（　　　）まぶしかった。

1 ぴかぴか　　　　　2 しばしば　　　　　3 ぼろぼろ　　　　　4 ぎらぎら

8 やりたくない訳を言えと言われてもそれ以外（　　　）理由はありません。

1 まさに　　　　　　2 べつに　　　　　　3 要するに　　　　　4 ついでに

9 母の病気は（　　　）悪くなるばかりだった。

1 ますます　　　　　2 もともと　　　　　3 まごまご　　　　　4 まあまあ

10 昨日のことなんて、（　　　）失敗じゃないから心配しないで。

1 すべての　　　　　2 ほんの　　　　　　3 おもな　　　　　　4 たいした

앞의 〈부사〉처럼 N3에서 출제되는 い형용사와 な형용사의 수도 한정되어 있는데, 실제 시험에서는 두 문제 정도 출제될 것으로 예상된다. 외워야 하는 양에 비해 출제 빈도가 높으니까, 반드시 그 의미와 한자를 정확하게 암기하도록 하자. 〈부사〉와 마찬가지로 확인문제는 2회로 구성하였는데, 정답뿐만 아니라 오답까지 같이 암기해 두자.

확인문제 01

→ 정답 p.25

1 　男女の政治的な権利は（　　　　）。
　　1　かしこい　　　　2　ひとしい　　　　3　まぶしい　　　　4　まずしい

2 　サッカーに関しては（　　　）頃から夢見てきました。
　　1　かたい　　　　2　こい　　　　3　おさない　　　　4　あらい

3 　塩は（　　　）のに、食べ物をあまくする働きもします。
　　1　しかくい　　　2　かわいらしい　　　3　たのしい　　　4　しおからい

4 　（　　　）ところで勝を逃した。
　　1　おしい　　　　2　いけない　　　　3　うすぐらい　　　　4　せまい

5 　孫たちが遊びに来て、家の中が急に（　　　）なった。
　　1　やかましく　　　2　めんどうくさく　　　3　うすぐらく　　　4　たまらなく

6 　病気のため、（　　　）ものは控えています。
　　1　くらい　　　　2　あまい　　　　3　わかい　　　　4　もろい

7 　さっき訪ねた方は（　　　）顔でした。
　　1　きよい　　　　2　ひくい　　　　3　あやうい　　　　4　まるい

8 　この団体は（　　　）人とお年寄がよく調和している。
　　1　わかい　　　　2　ながい　　　　3　くるしい　　　　4　くどい

9 　この肉はこの間食べたのより少し（　　　）。
　　1　かたい　　　　2　たやすい　　　　3　しぶい　　　　4　きつい

10 　韓国のラーメンが日本のより（　　　）と言われている。
　　1　きよい　　　　2　わかい　　　　3　からい　　　　4　つらい

→ 정답 p.25

1　彼はこの論文で自分の立場を（　　　　）した。

　　1　ぜいたくに　　　　2　あきらかに　　　　3　のんきに　　　　4　あらたに

2　女が家事をすることはまだ（　　　　）だと思われている。

　　1　なまいき　　　　2　あたりまえ　　　　3　おおまか　　　　4　ななめ

3　心（　　　　）人生を送るためには、「健康」「マネー」「生きがい」が必要です。

　　1　豊かな　　　　2　適度な　　　　3　地味な　　　　4　下品な

4　みんなが反対したので（　　　　）ことを進めた。

　　1　平気に　　　　2　強引に　　　　3　立派に　　　　4　素直に

5　友だちは事業に失敗して（　　　　）暮らしをしていた。

　　1　たいらな　　　　2　みじめな　　　　3　かってな　　　　4　じょうずな

6　親ならだれだって、わが子の（　　　　）な成長を願う。

　　1　にぎやか　　　　2　ほめらか　　　　3　さわやか　　　　4　すこやか

7　昨日の会議ではみんな（　　　　）に話し合った。

　　1　じゆう　　　　2　しんせつ　　　　3　とくべつ　　　　4　ふくざつ

8　店の店員が（　　　　）に説明してくれました。

　　1　てきとう　　　　2　だめ　　　　3　ていねい　　　　4　とくべつ

9　（　　　　）働いてももらえるお金は少なかった。

　　1　へんに　　　　2　むりに　　　　3　まじめに　　　　4　ふべんに

10　先輩には（　　　　）に話してください。都合があるので。

　　1　あきらか　　　　2　だいじ　　　　3　てきとう　　　　4　こんざつ

⑤ 가타카나어

「カタカナ」는 일본어로 읽을 수만 있으면 정답을 찾을 수 있다. 그러나 간혹 「カタカナ」를 읽을 수 있어도 정확하게 무슨 의미인지 모르는 경우도 있으므로, 본 교재에 나와 있는 「カタカナ」를 한번쯤은 읽어두는 게 좋을 것이다. 최소 두 문제 이상은 출제되며, 「カタカナ」를 틀렸을 경우는 합격에 치명적이라는 사실을 알아두자.

확인문제 01

→ 정답 p.26

1. 食事中黙っているのは（　　　　）に反する。
   1 スカーフ　　　　2 エチケット　　　　3 アクセサリー　　　　4 サイレン

2. ラジオのプラグを（　　　）に差し込んでください。
   1 ポスト　　　　2 プリント　　　　3 スイッチ　　　　4 コンセント

3. シェイクスピアについて（　　　）を書くのが夏休みの課題だ。
   1 プラン　　　　2 ゼミ　　　　3 レポート　　　　4 コード

4. 彼女は（　　　）活動も学科成績も優秀である。
   1 グループ　　　　2 テンポ　　　　3 スマート　　　　4 サークル

5. （　　　）オフだとこの旅館は宿泊料金が安くなる。
   1 シーズン　　　　2 エネルギー　　　　3 ベンチ　　　　4 スクール

6. タクシードライバーに（　　　）を1ドルやった。
   1 プリント　　　　2 コーチ　　　　3 チップ　　　　4 インタビュー

7. 日本（　　　）というのは野球のことです。
   1 グラフ　　　　2 プログラム　　　　3 シリーズ　　　　4 イコール

8. 生まれがアメリカだったので日本人ながらも日本語の（　　　）がちょっとおかしい。
   1 アクセント　　　　2 チャンス　　　　3 テキスト　　　　4 サンプル

9. 空港のロビーにすわっていたお客さん5人に日本に関する（　　　）をしました。
   1 プラットホーム　　　　2 インタビュー　　　　3 キャプテン　　　　4 レクリエーション

10. うちの会社の（　　　）は3.5ヶ月だ。
    1 プラスチック　　　　2 クラシック　　　　3 ボーナス　　　　4 コレクション

1 (　　　)に指名<ruby>指名<rt>しめい</rt></ruby>されて責任<ruby>責任<rt>せきにん</rt></ruby>が重くなった。
1 リサイクル　　　2 テーマ　　　3 チーム　　　4 キャプテン

2 店はすでに(　　　)を閉<ruby>閉<rt>し</rt></ruby>めていた。
1 ステージ　　　2 スケジュール　　　3 シャッター　　　4 エネルギー

3 消防車<ruby>消防車<rt>しょうぼうしゃ</rt></ruby>が(　　　)を鳴<ruby>鳴<rt>な</rt></ruby>らして走っている。
1 ビタミン　　　2 サイレン　　　3 ボーナス　　　4 アウト

4 (　　　)を右に回<ruby>回<rt>まわ</rt></ruby>せば開<ruby>開<rt>ひら</rt></ruby>きます。
1 オフィス　　　2 ナイロン　　　3 マーケット　　　4 ハンドル

5 写真<ruby>写真<rt>しゃしん</rt></ruby>をとったがカメラに(　　　)が入ってなかった。
1 フォーク　　　2 フィルム　　　3 ページ　　　4 ハンカチ

6 西洋人<ruby>西洋人<rt>せいようじん</rt></ruby>は毎日(　　　)を食べるそうです。
1 スカート　　　2 スクリーン　　　3 ステーキ　　　4 ストーブ

7 今年の(　　　)ももう2枚<ruby>枚<rt>まい</rt></ruby>しか残<ruby>残<rt>のこ</rt></ruby>ってないです。
1 マッチ　　　2 グラス　　　3 カレンダー　　　4 コート

8 妹はむねのほうに(　　　)をつけていました。
1 アクセサリー　　　2 レポート　　　3 レジ　　　4 パソコン

9 (　　　)をしめている方が先生です。
1 ネクタイ　　　2 タイプ　　　3 ステレオ　　　4 ケーキ

10 (　　　)の中には1円もなかった。
1 ボタン　　　2 ホテル　　　3 ポケット　　　4 ボール

⑥ 비한자음 명사(한자 미표기 명사)

비한자음 명사는 N3에서의 출제빈도는 아주 낮다. 그러나 N3 학습자 중, N3에만 머물 분들은 극히 드물 것이다. N2, 더 나아가 N1까지 도전할 터인데, N1, N2에서는 비한자음으로 구성된 독해나 청해가 상당히 많다. 따라서 N3에서 조금씩 외워두지 않으면, 더 위의 급수에서 낭패를 보기 쉽다. 암기하기가 다소 어렵고 힘들겠지만, 인내를 가지고 학습하도록 하자. 물론, 시험을 며칠 남겨 놓지 않았을 때는 이 파트를 과감히 무시하고 다른 품사를 외우는 것이 효율적일 것이다.

확인문제 01

→ 정답 p.28

1 交通事故にあって（　　　　）を流していた。
1 けが　　　　　　2 ち　　　　　　　3 のど　　　　　　4 ねつ

2 こんな（　　　　）は子どもによくないと思います。
1 はなみ　　　　　2 ばんぐみ　　　　3 おいわい　　　　4 おみまい

3 ズボンについた（　　　　）が全然落ちない。
1 ゆれ　　　　　　2 よごれ　　　　　3 よろこび　　　　4 より

4 雨が降ったら（　　　）は中止です。
1 しあい　　　　　2 どろ　　　　　　3 すな　　　　　　4 いし

5 他の（　　　　）がある方は手を上げてください。
1 いか　　　　　　2 いがい　　　　　3 いぜん　　　　　4 いけん

6 （　　　　）が起きてビルが揺れました。
1 じしん　　　　　2 かじ　　　　　　3 たいふう　　　　4 みずうみ

7 誕生日のパーティーに友だちを（　　　）しました。
1 しょうたい　　　2 しっぱい　　　　3 じゅんび　　　　4 しょうかい

8 友だちの家に行く（　　　　）、交通事故にあいました。
1 とっきゅう　　　2 とこや　　　　　3 とちゅう　　　　4 とおり

9 みんなといっしょにはなびの（　　　　）をしました。
1 ぼうえき　　　　2 こうどう　　　　3 ひかり　　　　　4 けんぶつ

10 ホテルの（　　　）はしましたか。
1 よしゅう　　　　2 よやく　　　　　3 よほう　　　　　4 よてい

→ 정답 p.28

1　この機械のおかげで大いに（　　　）がはぶけた。

　　1　くせ　　　　　　2　つみ　　　　　　3　てま　　　　　　4　ゆめ

2　延長でやっと勝ち、5年（　　　）2度目の優勝をした。

　　1　ごと　　　　　　2　なり　　　　　　3　まま　　　　　　4　ぶり

3　松井さんはアニメ界では（　　　）がひろいです。

　　1　顔　　　　　　　2　足　　　　　　　3　手　　　　　　　4　鼻

4　山頂からの海の（　　　）はすごくよかった。

　　1　のぞみ　　　　　2　かおり　　　　　3　ながめ　　　　　4　ひびき

5　子供には毎日100円の（　　　）をやる。

　　1　こづかい　　　　2　こづつみ　　　　3　かきとり　　　　4　かきとめ

6　彼は妻の（　　　）に立っていた。

　　1　すきま　　　　　2　さかい　　　　　3　はし　　　　　　4　わき

7　今（　　　）が離せないから、30分後に来てくれ。

　　1　気　　　　　　　2　足　　　　　　　3　腕　　　　　　　4　手

8　家族そろって（　　　）でテレビを見ていた。

　　1　いま　　　　　　2　のき　　　　　　3　やね　　　　　　4　そこ

9　封筒の（　　　）ははっきり書いてください。

　　1　あてな　　　　　2　おおや　　　　　3　やちん　　　　　4　みまい

10　最近、（　　　）に行かず、美容院で髪を切る男性が増えている。

　　1　やおや　　　　　2　とこや　　　　　3　てつや　　　　　4　しんや

04 問題 4 유의어(대체)

問題4의 유형은 〈단어의 원래 의미와 비슷한 어휘를 찾는 문제〉와 〈문장에서의 쓰임에 따른 비슷한 어휘를 찾는 문제〉의 두 가지 종류가 있다.

전자는 「だいぶ 매우」와 「非常(ひじょう)に 매우」라는 단어를 알면 정답을 쉽게 찾을 수 있지만, 후자는 문장에서 그 어휘가 정확하게 어떤 의미로 쓰였는지를 알아야만 정답을 찾을 수 있다.

그러므로 단순히 밑줄 친 어휘의 의미만으로 답을 찾으려 하지 말고, 반드시 문장을 정확하게 해석한 후에 문제를 풀도록 하자.

問題4에서 고득점을 얻는 비법은 기본적으로 어휘력을 갖추고 있어야 함은 물론이고, 많은 문제를 풀어보는 것밖에 없다.

확인문제에서는 품사별로 문제를 나누지 않았다. 그 이유는 다양한 문제가 출제될 것으로 예상되고, 문장에서의 어휘의 바른 쓰임을 묻는 문제가 많이 출제될 것으로 예상되기 때문이다.

→ 정답 p.29

1 学校の<u>ピクニック</u>で富士山へ行った。

 1 遠足   2 旅行   3 見学   4 会議

2 <u>あらゆる</u>角度から検討しています。

 1 部分的な   2 すべての   3 ほとんど   4 いつも

3 昨日は彼女と海岸を<u>ドライブ</u>した。

 1 散歩   2 探検   3 会合   4 運転

4 女の子たちはみんなその俳優に<u>あこがれて</u>いる。

 1 ほれて   2 満足して   3 たのんで   4 きまって

5 <u>いきなり</u>雨が降ってきて洋服がぬれてしまった。

 1 いつの間にか   2 かなり   3 いつか   4 とつぜん

6 <u>倒産した</u>百貨店の商品券はどうなりますか。

 1 開店した   2 セールした   3 つぶれた   4 できてない

7 田舎の空気はとても<u>すんでいた</u>。

 1 きたなかった   2 すずしかった   3 きれいだった   4 わるかった

8 子供たちがうるさくて<u>落ち着いて</u>本が読めない。

 1 安心して   2 ゆたかに   3 しずかに   4 とても

9 あの人は<u>利口だから</u>自分が傷付くようなことはしない。

 1 きびしいから   2 うるさいから   3 はげしいから   4 かしこいから

10 体にいいもの、<u>いわゆる</u>健康食品について調べた。

 1 いったん   2 かえって   3 いわば   4 さすが

1 この家は<u>バス</u>がついてない。
    1 トイレ   2 おふろ   3 居間_{いま}   4 応接間_{おうせつま}

2 <u>この間</u>の会合には出席しましたか。
    1 このごろ   2 今後   3 じかに   4 先日

3 この服はあらゆる<u>ケース</u>に着られる。
    1 場合   2 最中   3 夢中   4 仲間

4 彼_{かれ}が<u>やっかいな</u>仕事を持_もちこんできた。
    1 わがまま   2 みじめ   3 ゆたか   4 めんどう

5 この小説_{しょうせつ}には<u>かくう</u>の人物_{じんぶつ}が多い。
    1 実物   2 現代   3 古代   4 想像

6 彼_{かれ}のおしゃべりにすっかり<u>くたびれた</u>。
    1 つかれた   2 笑った   3 おちこんだ   4 がっかりした

7 このレストランの<u>コック</u>のうではすごい。
    1 従業員   2 社長   3 調理師   4 店長

8 12月になって寒さが<u>いっそう</u>厳しくなった。
    1 かえって   2 いずれ   3 さらに   4 きちんと

9 母のコートはもう<u>クリーニング</u>してある。
    1 洗濯   2 化粧   3 買い物   4 払い戻し

10 児童文学_{じどうぶんがく}の<u>傑作</u>_{けっさく}とも言えるものですね。
    1 作業   2 名作   3 作法   4 行儀_{ぎょうぎ}

→ 정답 p.30

1 この案に反対するわけは何ですか。

　1 理由　　　　　　　2 意味　　　　　　3 具合　　　　　　4 調子

2 あれはたしか一昨年のことでした。

　1 けっして　　　　　2 たいして　　　　3 たぶん　　　　　4 せめて

3 やってみればあんがいうまくいくものだ。

　1 ぜったい　　　　　2 かならず　　　　3 いずれ　　　　　4 いがい

4 その知らせを聞いて友達はしずんだ。

　1 よろこんだ　　　　2 いそいだ　　　　3 くらくなった　　4 おかしくなった

5 ちょっとした計算のミスをした。

　1 あやまり　　　　　2 いのり　　　　　3 のこり　　　　　4 さいわい

6 サッカー選手になりたいと、おさない頃から夢見てきました。

　1 おとなしい　　　　2 こい　　　　　　3 ちいさい　　　　4 あらい

7 彼は実にりっぱな人物だと私は思っている。

　1 ゆうめいな　　　　2 まじめな　　　　3 けちな　　　　　4 えらい

8 その本は先月出版されたばかりだ。

　1 のこられた　　　　2 だされた　　　　3 まかせられた　　4 のべられた

9 留学の時は私にとってにがい経験だった。

　1 かなしい　　　　　2 うるさい　　　　3 あらい　　　　　4 くるしい

10 あの会社はいま非常にあぶない状況にあります。

　1 さかんな　　　　　2 たのもしい　　　3 きけんな　　　　4 からい

→ 정답 p.31

1 私は朝起きると、<u>ふつう</u>コーヒーを飲みます。

1 一日中　　　　　2 ふだん　　　　　3 たくさん　　　　4 おいしい

2 今の会社は、物(もの)だけは<u>ゆたか</u>になった。

1 だめ　　　　　　2 ゆうめい　　　　3 べんり　　　　　4 ほうふ

3 このデザインをもう少し<u>かくだい</u>してください。

1 ちいさく　　　　2 かくじつ　　　　3 おおきく　　　　4 みごとに

4 <u>クラス</u>に約30人の生徒(せいと)がいました。

1 教室　　　　　　2 室内　　　　　　3 屋上　　　　　　4 りょう

5 借(か)りた本は来週までに<u>返却して</u>ください。

1 かえして　　　　2 かえて　　　　　3 とりかえて　　　4 もちこんで

6 この川には<u>きよい</u>水が流(なが)れている。

1 きたない　　　　2 おいしい　　　　3 きれいな　　　　4 うすい

7 一日中食べないでいたら、<u>ひどく</u>腹(はら)がへった。

1 ちょっと　　　　2 ちっとも　　　　3 ひじょうに　　　4 まったく

8 すずしい風が<u>はいって</u>きた。

1 ふいて　　　　　2 たずねて　　　　3 とおして　　　　4 いきて

9 駅の出口が分からなくて<u>うろうろした</u>よ。

1 あきた　　　　　2 まわした　　　　3 まよった　　　　4 なれた

10 あそこへは<u>けっして</u>二度と行かないつもりだ。

1 きゅうに　　　　2 ずいぶん　　　　3 はっきり　　　　4 これから

→ 정답 p.32

1 先週ここに<u>ひっこした</u>。
1 うごいた　　　　　2 うつした　　　　　3 かたづけた　　　　4 たのんだ

2 母に<u>しかられた</u>のは、テストがよくなかったからです。
1 おこられた　　　　2 やられた　　　　　3 ことわれた　　　　4 よった

3 彼はのどがかわいたらしく、ビールを一気に<u>飲みきった</u>。
1 飲み残した　　　　2 飲みかけた　　　　3 飲みかねた　　　　4 全部飲んだ

4 この問題を子どもが解くには<u>無理</u>だろう。
1 らく　　　　　　　2 けっこう　　　　　3 たいへん　　　　　4 おかしい

5 デパートの前で友だちに<u>たまたま</u>会った。
1 ときどき　　　　　2 いつも　　　　　　3 ぐうぜん　　　　　4 すぐに

6 明日の会に<u>行かなければならない</u>。
1 行くしかない　　　2 行ってもいい　　　3 行きようがない　　4 行くかもしれない

7 飛行機の予約を<u>キャンセル</u>したいんですが。
1 みあい　　　　　　2 けむり　　　　　　3 かえり　　　　　　4 とりけし

8 このくつは私にはちょっと<u>きつい</u>。
1 少したかい　　　　2 少しちいさい　　　3 少しおおきい　　　4 少しはきやすい

9 この店で<u>もっとも</u>高いのをください。
1 ちっとも　　　　　2 あまり　　　　　　3 いちばん　　　　　4 なかなか

10 <u>飲みかけ</u>のコーラがテーブルの上にあった。
1 飲む途中の　　　　2 全部飲んだ　　　　3 飲みたくない　　　4 飲みたい

05 問題 5 용법

問題5는 문자·어휘 파트에서 가장 어려운 파트가 아닌가 생각한다. 제시된 단어의 정확한 의미를 알아야 할 뿐만 아니라, 문장에서의 바른 쓰임도 알아야 하기 때문이다. 구 시험에서도 이런 유형이 출제되었는데, 그때는 단어의 뉘앙스를 묻는 문제도 출제되었다. 하지만 신 시험에서는 이러한 문제는 출제되지 않을 것으로 예상되며(능력시험 위원회에서 제시한 문제와 2010년 문제를 분석한 결과), 제시된 어휘의 정확한 의미만 알고 있으면 정답을 어렵지 않게 찾을 수 있을 것이다.

問題5 역시 問題4와 마찬가지로 품사별로 문제를 나누지 않았다. 그 이유는 다양한 문제가 출제될 것으로 예상되고, 문장에서의 그 어휘의 바른 쓰임을 묻는 문제가 많이 출제될 것으로 예상되기 때문이다.

1 おみあい

1 日本はたくさんの<u>おみあい</u>があります。

2 昨日、先輩の紹介で<u>おみあい</u>をした。

3 病気になった友だちの<u>おみあい</u>に行きました。

4 いろいろお世話になって<u>おみあい</u>をした。

2 アナウンサー

1 外国にいる友だちに<u>アナウンサー</u>した。

2 その<u>アナウンサー</u>を聞いてみんなおどろいた。

3 山田（やまだ）さんはニュースの<u>アナウンサー</u>だそうだ。

4 あしたから雨が降るという<u>アナウンサー</u>がありました。

3 べつに

1 外国のものだから<u>べつに</u>高いですね。

2 今日は昨日より<u>べつに</u>暑かったです。

3 <u>べつに</u>私もやってみたいです。

4 このことについては<u>べつに</u>知りたくありません。

4 実は

1 <u>実は</u>残念（ざんねん）なことが起きてしまった。

2 <u>実は</u>私、明日から出張なんです。

3 <u>実は</u>楽しい一日だった。

4 <u>実は</u>さまざまなものがございますね。

5 さっぱり

1 10年前と町は<u>さっぱり</u>変わっていてびっくりした。

2 早くこの仕事を仕上げて<u>さっぱり</u>した気分になりたい。

3 彼（かれ）は<u>さっぱり</u>した判断力（はんだんりょく）を見せてくれた。

4 彼が何を言っているのか<u>さっぱり</u>分からなかった。

→ 정답 p.33
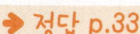

1 なにも

　1 ぼくはなにもいいから、気にしないでね。

　2 なにも私だけに言うんですか。

　3 この部屋はなにも寒い。

　4 無理かもしれないが、なにもやってみる。

2 めざましい

　1 彼女のめざましい衣装で目があけられない。

　2 夏の太陽はめざましい。

　3 彼があげためざましい業績にみんなびっくりした。

　4 あんなにめざましい舞台で歌うのが夢だった。

3 ばったり

　1 中学時代の友だちを本屋の前でばったり会った。

　2 進学をばったりあきらめた。

　3 山田さんの頼みをばったり断った。

　4 窓をばったり閉めないからすきまから風が入る。

4 区別

　1 これはどう見ても昨日のと区別がつかない。

　2 最近は女性を区別する会社がほとんどなくなった。

　3 人種区別は世界的な問題になった。

　4 当社は男女の区別なく扱っております。

5 かむ

　1 子どもの時、犬にかまれたことがあります。

　2 タバコをかんでいるひとが友だちです。

　3 虫にかまれたところに薬をぬった。

　4 一生懸命働いて東京に家をかまれた。

1 不満

1 彼は体重が多すぎる不満型だ。

2 先生の授業のやり方には不満がある。

3 そんな不満な条件ではやりたくない。

4 借金を返すには1万円不満している。

2 ひじょうに

1 仕事のことで今週からひじょうに忙しい。

2 先生のおっしゃることはひじょうに聞いてください。

3 あしたから試験なのでひじょうに勉強しました。

4 火事が起きたらひじょうに動いてください。

3 いまにも

1 彼女はいまにも泣き出しそうだった。

2 あなたの顔がいまにも忘れられないの。

3 いまにも昔の井戸が残っている家を見かけます。

4 彼女の名前はいまにも覚えている。

4 あらすじ

1 宿題のあらすじを分かる人は教えてください。

2 祖母が昔のあらすじをかたってくれた。

3 警察官はその事件のあらすじをのべた。

4 先生のあらすじはちょっと難しい。

5 うっかり

1 車がぶつかりそうになってうっかり目をつぶった。

2 うっかり彼女との約束を忘れてしまった。

3 映画を見て彼はうっかり叫び声をあげた。

4 自分はばかだったことが今うっかり分かった。

 → 정답 p.35

1 きびしい

1 みんな難しい試験に合格してきびしいです。

2 長いあいだ、外国にいるときびしくなります。

3 風がきびしくてみんなマフラーをしていました。

4 先生はきびしい顔をして私たちを見ていました。

2 よる

1 学生たちがいきなり私の家によって来ました。

2 ちょっと図書館によって行くから、お先にどうぞ。

3 知らないところがありますが、よってもいいですか。

4 席が奥にあるから全然よらないです。

3 どきどき

1 雨で木の葉がどきどきして見える。

2 胸がどきどきして手紙を開けることもできなかった。

3 彼はどきどきしてバスを待っていた。

4 変な男が公園をどきどきしている。

4 きがえ

1 この一万円札きがえお願いします。

2 雨に降られてきがえまでぬれてしまった。

3 新宿で山手線にきがえです。

4 モデルは急いできがえをすませた。

5 さしつかえ

1 彼は仕事のさしつかえだ。

2 けがはしたが仕事にさしつかえはない。

3 これは役に立たないどころかさしつかえだ。

4 あの子はいつも泣いていてさしつかえだ。

→ 정답 p.35

1 すみ

   1 部屋の<u>すみ</u>に大きいテーブルといすがありました。

   2 ポケットの<u>すみ</u>にはなにもなかったんです。

   3 かばんの<u>すみ</u>に財布とノートがあります。

   4 頭の<u>すみ</u>がとても複雑になりました。

2 できるだけ

   1 これぐらいは<u>できるだけ</u>みんな知っていますよ。

   2 そんなことは<u>できるだけ</u>しないほうがいいです。

   3 今日は朝から<u>できるだけ</u>暑いですね。

   4 <u>できるだけ</u>あなたが言ったとおりになりましたね。

3 おしゃれ

   1 山田さんは<u>おしゃれ</u>にその仕事を成功させた。

   2 子どもは<u>おしゃれ</u>な成績をあげた。

   3 パーティーは<u>おしゃれ</u>でおもしろかった。

   4 彼女は<u>おしゃれ</u>をして現れた。

4 きっと

   1 <u>きっと</u>彼は知っているに違いない。

   2 ご訪問の前に<u>きっと</u>お電話ください。

   3 また<u>きっと</u>日本に来たいと思います。

   4 <u>きっと</u>パーティーにいらしてね。

5 いつまでも

   1 この経験は<u>いつまでも</u>忘れることはない。

   2 私たちは<u>いつまでも</u>出発できるように支度している。

   3 <u>いつまでも</u>好きな時にいらっしゃい。

   4 彼女は<u>いつまでも</u>泣き出しそうな顔をしている。

Part 3
문자·어휘 실전 모의고사

問題1 _____ のことばの読み方として最もよいものを、1・2・3・4から一つえらびなさい。

1 両手をうまく使う人だと聞いて驚いた。
  1 りょうしゅう　　2 りょうしゅ　　3 りょうて　　4 りょうで

2 習字と詩の作り方を習っている。
  1 ならじ　　2 しゅうじ　　3 しゅうし　　4 ならし

3 歌がなかなか上手にならないが根気よく続けようと思っている。
  1 こんき　　2 こんけ　　3 きんき　　4 きんけ

4 洋服が汚くて洗いました。
  1 ようほく　　2 よほく　　3 よふく　　4 ようふく

5 毎月いくらか貯金をしている。
  1 しょきん　　2 じょきん　　3 ちょきん　　4 しょうきん

6 汚くなった机の上を整えた。
  1 ととのえた　　2 そろえた　　3 そなえた　　4 かかえた

7 宿題が少しも進まなくて困った。
  1 たのまなくて　　2 すすまなくて　　3 いどまなくて　　4 からまなくて

8 兄弟同様につきあう友達がいる。
  1 おなじよう　　2 おなよう　　3 どうよう　　4 とうよう

問題2 ＿＿＿のことばを漢字で書くとき、最もよいものを、1・2・3・4から一つえらびなさい。

9 お母さんの九州の<ruby>九州<rt>きゅうしゅう</rt></ruby>のじっかから、リンゴが送られてきた。
　　1 失家　　　　　2 室家　　　　　3 実家　　　　　4 質家

10 ぶあついいたを<ruby>空手<rt>からて</rt></ruby>で<ruby>割<rt>わ</rt></ruby>った。
　　1 板　　　　　　2 坂　　　　　　3 阪　　　　　　4 版

11 一<ruby>対<rt>たい</rt></ruby>一でしょうぶをした。
　　1 勝員　　　　　2 勝負　　　　　3 勝部　　　　　4 勝府

12 この本はひょうしがおもしろい。
　　1 俵紙　　　　　2 俵示　　　　　3 表紙　　　　　4 表示

13 犬が<ruby>倒<rt>たお</rt></ruby>れていたので近くの交番にとどけた。
　　1 届けた　　　　2 屆けた　　　　3 配けた　　　　4 伝けた

14 <ruby>日本酒<rt>にほんしゅ</rt></ruby>を飲んだが、少しあまく、少しにがかった。
　　1 若かった　　　2 酢かった　　　3 醋かった　　　4 苦かった

15 使い捨ての物を他に（　　　）した。
  1 利用　　　　　　2 利点　　　　　　3 利益　　　　　　4 有利

16 勉強に（　　　）なものをそろえるため、本屋に行った。
  1 主要　　　　　　2 要領　　　　　　3 秘密　　　　　　4 必要

17 大学に出す書類を（　　　）した。
  1 意識　　　　　　2 地味　　　　　　3 用意　　　　　　4 意味

18 この店の（　　　）はおいしくて安いと思う。
  1 理科　　　　　　2 料理　　　　　　3 店員　　　　　　4 店長

19 夏休みの過ごし方はまだ（　　　）だ。
  1 安心　　　　　　2 安定　　　　　　3 予定　　　　　　4 未定

20 カセットに彼女の歌を（　　　）した。
  1 音声　　　　　　2 音楽　　　　　　3 録音　　　　　　4 騒音

21 いつのまにか天気が変わり、雪が（　　　　）。
  1 ふりかえた　　　2 ふりはじめた　　3 ふりおわった　　4 ふりつづけた

22 親しい友人と（　　　）のがつらい。
  1 わかれる　　　　2 はずれる　　　　3 おくれる　　　　4 たおれる

23 ゴミのにおいがして（　　　）をつけた。

1　バンド　　　　　　2　ベルト　　　　　　3　マフラー　　　　4　マスク

24 みんなの前で愛（あい）していると言われたので（　　　）。

1　うらやましかった　　　　　　　　2　はずかしかった

3　めずらしかった　　　　　　　　　4　むしあつかった

25 30分も走って（　　　　）出発（しゅっぱつ）の時間に間に合った。

1　やっと　　　　　　2　ちょっと　　　　　3　ほんと　　　　　4　もっと

_____ に意味が最も近いものを、1・2・3・4から一つえらびなさい。

26 科学技術が急速に<u>進歩</u>してきた。

    1 方向   2 上達   3 向上   4 以上

27 彼にありがたいと言いたいが、<u>適切</u>な表現が見つからなかった。

    1 適当   2 指摘   3 適用   4 当番

28 サッカーの試合で日本がアメリカに<u>負けた</u>。

    1 かった   2 かけた   3 はらった   4 やぶれた

29 来週の<u>スケジュール</u>を見てから連絡します。

    1 ひま   2 いそがしさ   3 計画   4 実験

30 彼女の作った料理は<u>たいして</u>おいしいとは言えませんね。

    1 あまり   2 すごく   3 まさか   4 やがて

31 だいたい

1 日曜日はだいたい来てもいいですよ。

2 だいたい木が祖母の家に植えられていた。

3 今日の仕事はだいたい終わったからもう帰りましょう。

4 だいたい人が目の前に現れた。

32 しょうち

1 しょうち時間はいつものように6時です。

2 彼は一生懸命説明したがしょうちがいかなかった。

3 昨日の試合でやっとしょうちを手に入れました。

4 その条件ではあなたの提案をしょうちできません。

33 ずっと

1 先輩から怖い話を聞いてずっとした。

2 秘密を人に言ったらずっとした。

3 ずっと春になってあたたかくなりました。

4 ずっと前から見たかった映画があります。

34 おと

1 子供の泣きおとがうるさくてたまらない。

2 外から車のおとがしたので窓をしめた。

3 彼女のおとはやさしく聞こえた。

4 ねこの鳴きおとはたまにはこわく聞こえる。

35 わりびき

1 このレストランは安いわりびきにおいしい。

2 わりびきに多い人が大会に参加した。

3 テレビを10%ぐらいわりびきして買った。

4 今日はみんなでわりびきで勘定しましょう。

問題 1 _____ のことばの読み方として最もよいものを、1・2・3・4から一つえらびなさい。

1 言葉の意味を辞書で調べた。
　1 じしょ　　　2 じびき　　　　3 じてん　　　　4 してん

2 自動販売機で電池を買った。
　1 しどう　　　2 じどう　　　　3 じど　　　　　4 しど

3 ゲームセンターの開店を待った。
　1 へいてん　　2 かいてん　　　3 かいでん　　　4 へいでん

4 高速道路をスピードをあげて進んだ。
　1 どろう　　　2 とろう　　　　3 とうろ　　　　4 どうろ

5 お礼の真心をこめてプレゼントを送った。
　1 しんごころ　2 じんごころ　　3 まんごころ　　4 まごころ

6 いつも残業ばかりで体調を崩した。
　1 たおした　　2 くずした　　　3 こわした　　　4 つぶした

7 みんなに名刺を一つずつ配った。
　1 なおった　　2 はらった　　　3 くばった　　　4 とおった

8 病気の父を見たら悲しくて涙が出た。
　1 こいしくて　2 けわしくて　　3 かなしくて　　4 よろしくて

9　足し算の式を<u>こくばん</u>に書いた。

1　国板　　　　　2　黒板　　　　　3　濃板　　　　　4　告板

10　宿題を番号順に<u>せいり</u>した。

1　清理　　　　　2　正理　　　　　3　整理　　　　　4　定理

11　短い<u>ぶんしょう</u>を書けばもう宿題も終わりだ。

1　文章　　　　　2　文障　　　　　3　文長　　　　　4　文張

12　ぼくは<u>たいじゅう</u>が70キロで身長は170センチだ。

1　体重　　　　　2　体慎　　　　　3　体中　　　　　4　体仲

13　兄は大学院に<u>かよって</u>いる。

1　行って　　　　2　過って　　　　3　通って　　　　4　掛って

14　今は朝早く起きるのは<u>へいき</u>だ。

1　塀気　　　　　2　評気　　　　　3　表気　　　　　4　平気

問題3（　　　）に入れるのに最もよいものを、1・2・3・4から一つえらびなさい。

15 会社の（　　　）とスキーに行くことにした。
　　1 中問　　　　　　　2 夜間　　　　　　　3 仲間　　　　　　　4 中間

16 練習してもピアノの（　　　）が遅い。
　　1 上達　　　　　　　2 上手　　　　　　　3 達者　　　　　　　4 発達

17 （　　　）な生活に変化をつけた。
　　1 単語　　　　　　　2 単調　　　　　　　3 簡単　　　　　　　4 簡易

18 家を買うため（　　　）を2千万円下^おろした。
　　1 基金　　　　　　　2 募金　　　　　　　3 貯金　　　　　　　4 賞金

19 健康^{けんこう}のためいつも駅までは（　　　）で行く。
　　1 道路　　　　　　　2 生徒　　　　　　　3 初歩　　　　　　　4 徒歩

20 （　　　）の計画通^{けいかくどお}りすすんだ。
　　1 担当　　　　　　　2 近所　　　　　　　3 事務　　　　　　　4 当初

21 みんな意見をのべあって（　　　）。
　　1 くわえた　　　　　2 うりきれた　　　　3 たたかった　　　　4 もとめた

22 木の枝^{えだ}がぽっきり（　　　）。
　　1 きえた　　　　　　2 こえた　　　　　　3 くれた　　　　　　4 おれた

23 汗をかいて（　　　）で拭いた。

1 タイプ　　　　　2 タオル　　　　　3 ダンス　　　　　4 タイヤ

24 彼が犯人だということが（　　　）になった。

1 あたたか　　　　2 あきらか　　　　3 さわやか　　　　4 にぎやか

25 彼女は高校の時より（　　　）きれいになった。

1 すっかり　　　　2 すっきり　　　　3 はっきり　　　　4 やっぱり

問題4 ＿＿＿＿ に意味が最も近いものを、1・2・3・4から一つえらびなさい。

26 先生は来週の月曜日に工場<u>見物</u>に行こうと言った。
　　1 見本　　　　　2 観光　　　　　3 見学　　　　　4 勉強

27 この町に来るたびに、<u>異国</u>に来たような気がした。
　　1 母国　　　　　2 外国　　　　　3 農村　　　　　4 田舎

28 友だちに借りたラジオが<u>こわされた</u>。
　　1 役に立った　　2 だめになった　　3 なおされた　　4 気になった

29 <u>バス</u>がついてない部屋はちょっと不便です。
　　1 乗り物　　　　2 トイレ　　　　　3 居間　　　　　4 おふろ

30 <u>つねに</u>健康には気をつけなさい。
　　1 いつも　　　　2 いつから　　　　3 いつでも　　　4 いまにも

つぎのことばの使い方として最も適当なものを、1・2・3・4から一つえらびなさい。

31 あやまる

1 友だちの答えは<u>あやまって</u>います。

2 これとあれは全然<u>あやまる</u>。

3 先生にうそをついたのを<u>あやまりました</u>。

4 さめたスープをレンジで<u>あやまりました</u>。

32 えんりょ

1 <u>えんりょ</u>をかけてたいへんもうしわけございません。

2 忙しいのでその会はご<u>えんりょ</u>いたします。

3 あなたの子供の時の<u>えんりょ</u>は何でしたか。

4 熱が出て、ちょっと<u>えんりょ</u>ぎみです。

33 すっかり

1 10年前より町は<u>すっかり</u>変わりました。

2 彼女(かのじょ)の服装(ふくそう)はいつも<u>すっかり</u>している。

3 席がうしろだったので先生の声が<u>すっかり</u>聞こえなかった。

4 彼(かれ)は警察を見て<u>すっかり</u>逃げ出した。

34 べつに

1 先週から<u>べつに</u>寒い日が続(つづ)いています。

2 思ったより<u>べつに</u>高くなかったので買いました。

3 <u>べつに</u>あなただけに教えてあげます。

4 <u>べつに</u>やりたいことが何もないのが問題である。

35 ふえる

1 かみがだいぶ<u>ふえた</u>のできりました。

2 弟の身長(しんちょう)は10センチほど<u>ふえました</u>。

3 都市の人口(とし)は毎年<u>ふえて</u>いく。

4 このセーターは<u>ふえて</u>着(き)られない。

문자 · 어휘

제3회 실전 모의고사

➜ 정답 p.41

問題1 _____ のことばの読み方として最もよいものを、1・2・3・4から一つえらびなさい。

1 夜、お父さんと長い商店街を散歩した。
   1 そうでんがい　　　2 そうてんがい　　　3 しょうでんがい　　　4 しょうてんがい

2 台所の明かりが消えていた。
   1 だいどころ　　　2 たいどころ　　　3 だいところ　　　4 たいところ

3 ながめは息をのむほどすばらしかった。
   1 こきゅう　　　2 いき　　　3 あくび　　　4 げり

4 どうやら雪になりそうな様子だ。
   1 ようそう　　　2 ようす　　　3 ようし　　　4 ようじ

5 私はいつも弱いチームの味方をする。
   1 みほう　　　2 あじほう　　　3 みかた　　　4 あじかた

6 兄に助けてもらって山に登った。
   1 あがった　　　2 のぼった　　　3 けずった　　　4 かよった

7 やきものに使う土を練った。
   1 しまった　　　2 こった　　　3 ねった　　　4 しばった

8 時間が経ってパンが固くなった。
   1 えらく　　　2 つらく　　　3 からく　　　4 かたく

_____ のことばを漢字で書くとき、最もよいものを、1・2・3・4から一つえらびなさい。

[9] いのちほど大事なものはない。
　　1 体　　　　　　　2 生　　　　　　　3 命　　　　　　　4 寿

[10] カラオケ大会で歌うため、歌のれんしゅうをした。
　　1 連習　　　　　　2 錬習　　　　　　3 恋習　　　　　　4 練習

[11] 父からきゅうようの電話が入った。
　　1 急幼　　　　　　2 急様　　　　　　3 急用　　　　　　4 急要

[12] 船のほうこうを西から南に変えた。
　　1 方角　　　　　　2 方向　　　　　　3 方甲　　　　　　4 方効

[13] 捕まえた虫を森にはなした。
　　1 解した　　　　　2 放した　　　　　3 溶した　　　　　4 話した

[14] 引っ越したところは前の家よりせまかった。
　　1 細かった　　　　2 狭かった　　　　3 小かった　　　　4 挟かった

問題3 （　　　）に入れるのに最もよいものを、1・2・3・4から一つえらびなさい。

15 おとといから（　　　）の雨が降り続いている。

　　1 重大　　　　　2 過大　　　　　3 大量　　　　　4 大気

16 今日の夕食の（　　　）を買うためスーパーに行った。

　　1 材料　　　　　2 資料　　　　　3 教材　　　　　4 科目

17 先生は分かりやすく（　　　）をあげた。

　　1 失礼　　　　　2 実例　　　　　3 実技　　　　　4 実物

18 山田さんの言うことは（　　　）できる。

　　1 用心　　　　　2 肝心　　　　　3 信用　　　　　4 迷信

19 次の交差点で（　　　）してください。

　　1 特別　　　　　2 差別　　　　　3 右折　　　　　4 骨折

20 家の（　　　）をはかってみた。

　　1 面接　　　　　2 成績　　　　　3 山積　　　　　4 面積

21 雪が10センチほど（　　　）。

　　1 つつんだ　　　2 つもった　　　3 なやんだ　　　4 まなんだ

22 これからそちらに（　　　）。

　　1 みがきます　　2 まかせます　　3 もうしあげます　　4 まいります

23 今日の（　　　）は何を食べようかな。

1 メンバー　　　　2 ランチ　　　　3 フィルム　　　　4 ソファー

24 （　　　）置かないと倒^{たお}れてしまいますよ。

1 だいじに　　　　2 すてきに　　　　3 てきせつに　　　　4 たいらに

25 果物^{くだもの}が大好きだけど、（　　　）リンゴが好きだ。

1 それに　　　　2 とくに　　　　3 さいわいに　　　　4 さきに

問題4 ＿＿＿＿ に意味が最も近いものを、1・2・3・4から一つえらびなさい。

26 <u>教師</u>になるのが子供の時から夢でした。

　　1 生徒　　　　　　2 店長　　　　　　3 先生　　　　　　4 教会

27 外国へ留学に行った子供が<u>心配</u>だった。

　　1 不満　　　　　　2 不安　　　　　　3 不利　　　　　　4 不問

28 友だちは自動車の工場で<u>はたらいている</u>。

　　1 仕事している　　2 約束している　　3 貯金している　　4 事務している

29 会社の<u>仲間</u>とピクニックに行くことにした。

　　1 登山　　　　　　2 相談　　　　　　3 会談　　　　　　4 遠足

30 二人の考えは<u>ほぼ</u>同じですよ。

　　1 あんまり　　　　2 いっきに　　　　3 ほとんど　　　　4 ほんとうに

31 ひえる

1 ひえる風が吹いていたので外へ出なかった。

2 外がうるさかったので目がひえた。

3 私が食べはじめたときには料理はひえていた。

4 山田さんにはいつもひえたような感じをうける。

32 はっきり

1 今でも高校のときのことをはっきり覚えている。

2 昨日、デパートの前で先生をはっきり会った。

3 生徒たちは正解を聞いてはっきりした顔をした。

4 彼の話はうそだということがはっきりなった。

33 なく

1 この時計は1時間ごとになく。

2 いきなりサイレンがないたのでびっくりした。

3 その話を聞いて彼女は悲しくないた。

4 部屋の中から電話のベルがないた。

34 できるだけ

1 30分も走ってできるだけ着きました。

2 あなたに何かあったらできるだけ手伝います。

3 できるだけ山田さんは来るでしょう。

4 失敗したけど私のできるだけでした。

35 ばい

1 本屋で必要な本を3ばい買いました。

2 物価が10年前より2ばいもあがりました。

3 私は猫を1ばい飼っています。

4 フィルムをもう1ばい買うことにしました。

→ 정답 p.44

問題1 _____ のことばの読み方として最もよいものを、1・2・3・4から一つえらびなさい。

1 ピアノの<u>演奏</u>を聞くのが好きだ。
　　1　えんしゅ　　　　2　えんしゅう　　　3　えんそう　　　4　えんぞう

2 ソフトボールの<u>試合</u>が始まった。
　　1　しごう　　　　　2　しあい　　　　　3　せごう　　　　4　せあい

3 <ruby>船<rt>ふね</rt></ruby>は二つの島の<ruby>間<rt>とお</rt></ruby>を通っていった。
　　1　しま　　　　　　2　とり　　　　　　3　みさき　　　　4　みなと

4 <ruby>野球部<rt>や きゅう ぶ</rt></ruby>に<u>期待</u>の<ruby>選手<rt>せんしゅ</rt></ruby>が入ってきた。
　　1　きだい　　　　　2　きたい　　　　　3　ぎだい　　　　4　ぎたい

5 今度みんなで<u>旅行</u>に行きましょう。
　　1　りょこう　　　　2　りょうこう　　　3　りょこ　　　　4　りょうこ

6 犬がしっぽを<u>動かした</u>。
　　1　はたらかした　　2　いかした　　　　3　うごかした　　4　たたかした

7 <ruby>胸<rt>むね</rt></ruby>を<u>反らして</u>歩いた。
　　1　たらして　　　　2　そらして　　　　3　のらして　　　4　さからして

8 <ruby>百科事典<rt>ひゃっ か じ てん</rt></ruby>は<ruby>他<rt>ほか</rt></ruby>の<ruby>辞典<rt>じ てん</rt></ruby>より<u>厚い</u>。
　　1　のろい　　　　　2　けむい　　　　　3　きらい　　　　4　あつい

_____ のことばを漢字で書くとき、最もよいものを、1・2・3・4から一つえらびなさい。

---

9 かどの方に大きなスーパーがある。
    1 角   2 奥   3 央   4 端

10 しんがくのことで悩んでいる。
    1 進学   2 真学   3 辰学   4 診学

11 体は食べたものをしょうかしてくれる。
    1 削化   2 削火   3 消化   4 消火

12 水泳大会はしつないプールで行う。
    1 億室   2 室内   3 屋内   4 失内

13 なんとかトップグループにおいつくことができた。
    1 負いつく   2 付いつく   3 行いつく   4 追いつく

14 先生の奥さんはじみな方である。
    1 地未な   2 地味な   3 地末な   4 地美な

問題3 （　　　）に入れるのに最もよいものを、1・2・3・4から一つえらびなさい。

15 門の（　　　）に花が植えられている。
1 両側　　　　　　2 両親　　　　　　3 規則　　　　　　4 両手

16 （　　　）力が足りなくて人を募集した。
1 勤務　　　　　　2 労使　　　　　　3 労働　　　　　　4 移動

17 学校までは20分（　　　）で行ける。
1 以上　　　　　　2 異常　　　　　　3 案内　　　　　　4 以内

18 （　　　）を達成するため努力した。
1 目次　　　　　　2 目標　　　　　　3 標準　　　　　　4 基準

19 アルバイトで（　　　）をかせいだ。
1 学部　　　　　　2 大学　　　　　　3 学費　　　　　　4 学科

20 せんきょの投票（　　　）をくばった。
1 雑誌　　　　　　2 用紙　　　　　　3 紙面　　　　　　4 表紙

21 仲の悪い二人が言い（　　　）。
1 だした　　　　　2 おろした　　　　3 あらそった　　　4 つけた

22 信号をよく見て道を（　　　）ください。
1 わたって　　　　2 なれて　　　　　3 なげて　　　　　4 われて

23 安くて大きい（　　　）なのに住んでいる人はあまりいなかった。

　　1　ピクニック　　　　2　プレゼント　　　　3　レストラン　　　　4　マンション

24 店員の（　　　）説明に感動した。

　　1　てきとうな　　　　2　ていねいな　　　　3　ふしぎな　　　　4　ふじゆうな

25 （　　　）雪が降り出していた。

　　1　いつでも　　　　2　いまにも　　　　3　いっぱんに　　　　4　いつのまにか

問題4 _____ に意味が最も近いものを、1・2・3・4から一つえらびなさい。

26 車のエンジンの<u>都合</u>がおかしい。
    1 故障   2 障害   3 将来   4 具合

27 彼が何をするか全然<u>関心</u>がない。
    1 興味   2 味方   3 心配   4 遠慮

28 事故の知らせを聞いて現場へ<u>とん</u>でいった。
    1 みて   2 まわって   3 はしって   4 かりて

29 この歌の<u>テンポ</u>は子供にはちょうどいい。
    1 題目   2 速さ   3 歌詞   4 内容

30 <u>とつぜん</u>、死んだと思った友だちが現れてびっくりした。
    1 いきなり   2 いつか   3 いがいに   4 いっしゅんに

31 ストーブ

  1 毎朝<u>ストーブ</u>を食べるのにあきてしまった。

  2 <u>ストーブ</u>の中にアイスクリームが入っている。

  3 寒かったので<u>ストーブ</u>をつけました。

  4 横断歩道の前では<u>ストーブ</u>してから出発してください。

32 ぜひ

  1 この本は私が<u>ぜひ</u>読みたいと思ったものです。

  2 こんな天気なら明日も<u>ぜひ</u>雨が降るでしょう。

  3 親のいないあの子は<u>ぜひ</u>寂しいでしょうね。

  4 息子がいつかは<u>ぜひ</u>帰ってくると信じていた。

33 しばらく

  1 <u>しばらく</u>は試験のため、勉強することにした。

  2 <u>しばらく</u>の間、先生のお宅へ訪ねたことがあります。

  3 お金はもう<u>しばらく</u>あれば充分だと思います。

  4 山本先輩に会わなかったのは<u>しばらく</u>でした。

34 たのしみ

  1 彼女はつきあって<u>たのしみ</u>の人です。

  2 子どもの頃の<u>たのしみ</u>の思い出を大事にしたい。

  3 私は勉強からは何の<u>たのしみ</u>も得られなかった。

  4 夕べのパーティーはたいへん<u>たのしみ</u>だった。

35 あつめる

  1 先生の話を聞くため、人々が講堂に<u>あつめ</u>てきました。

  2 ストレスが<u>あつめ</u>たら命も危なくなりますよ。

  3 給料から毎月2万円ずつお金を<u>あつめ</u>ています。

  4 兄は庭のゴミを<u>あつめ</u>てもやしました。

 問題1 _____ のことばの読み方として最もよいものを、1・2・3・4から一つえらびなさい。

① 本を買うために<u>目次</u>をみた。
　　1　もくし　　　　　2　もくじ　　　　　3　ぼくし　　　　　4　ぼくじ

② <u>主人公</u>の女の子がかわいい。
　　1　しゅじんこう　　2　しゅにんこう　　3　しゅうじんこう　　4　しゅうにんこう

③ 父は<u>日本酒</u>をよく飲む。
　　1　にほんしゅ　　　2　にほんじゅ　　　3　にほんしゅう　　　4　にほんざけ

④ 掃除<u>当番</u>を決めた。
　　1　とうはん　　　　2　とばん　　　　　3　とうばん　　　　　4　とばん

⑤ 学校に八時に<u>集合</u>しなさい。
　　1　しゅうあい　　　2　しゅうごう　　　3　しゅあい　　　　　4　しゅごう

⑥ 私について学校で悪いうわさが<u>流れ</u>ていた。
　　1　こわれて　　　　2　たれて　　　　　3　ながれて　　　　　4　たおれて

⑦ 借りた本を<u>返し</u>にいった。
　　1　ずらしに　　　　2　ばらしに　　　　3　まかしに　　　　　4　かえしに

⑧ 私は水泳はどうも<u>苦手</u>です。
　　1　くしゅ　　　　　2　にがて　　　　　3　にがしゅ　　　　　4　くて

＿＿＿＿＿ のことばを漢字で書くとき、最もよいものを、1・2・3・4から一つえらびなさい。

---

9 家から駅までの間に急な<u>さか</u>がある。

    1 池   2 毛   3 丘   4 坂

10 <u>うんどう</u>のため、毎日会社まで歩いて行く。

    1 運動   2 運働   3 連動   4 連働

11 <u>こうふく</u>を呼ぶ人形（にんぎょう）が売られていた。

    1 辛副   2 辛福   3 幸福   4 幸副

12 海の<u>なみ</u>の音が聞こえた。

    1 皮   2 波   3 河   4 泳

13 弟を<u>むかえ</u>に空港（くうこう）まで行った。

    1 歓えに   2 送えに   3 迎えに   4 贈えに

14 彼女（かのじょ）のお母さんは<u>じょうひん</u>な洋服（ようふく）を着ていた。

    1 上品な   2 常品な   3 場品な   4 状品な

問題3 （　　　）に入れるのに最もよいものを、1・2・3・4から一つえらびなさい。

15 全員が（　　　）して敵とたたかった。
　　1 結果　　　　　　2 決心　　　　　　3 結末　　　　　　4 結束

16 雨の中でも練習を（　　　）した。
　　1 続行　　　　　　2 走行　　　　　　3 行進　　　　　　4 移動

17 切符は（　　　）で買ってください。
　　1 自己　　　　　　2 自信　　　　　　3 各自　　　　　　4 自然

18 すみません。（　　　）を頼んでもいいですか。
　　1 宣伝　　　　　　2 過言　　　　　　3 伝言　　　　　　4 予言

19 （　　　）でカレーライスを食べた。
　　1 夕べ　　　　　　2 昼寝　　　　　　3 食事　　　　　　4 食堂

20 三学期の成績は（　　　）だった。
　　1 最低　　　　　　2 最後　　　　　　3 最中　　　　　　4 最近

21 大事な試合で（　　　）しまった。
　　1 まねいて　　　　2 やぶれて　　　　3 やけて　　　　　4 よごれて

22 本を読んで知識を（　　　）。
　　1 いった　　　　　2 うった　　　　　3 さった　　　　　4 えた

23 いちごは（　　　）に包んであった。

1 ビニール　　　　　2 ハンドル　　　　　3 レベル　　　　　4 ホテル

24 杉本先生の授業は（　　　）で眠い。

1 りっぱ　　　　　2 へいわ　　　　　3 たいくつ　　　　　4 むだ

25 彼は自分も行きたいと何回も言ったから（　　　）来ますよ。

1 ぜひ　　　　　2 きゅうに　　　　　3 とつぜん　　　　　4 かならず

＿＿＿＿＿ に意味が最も近いものを、1・2・3・4から一つえらびなさい。

26 ぼくはいつも遅刻する欠点を直すために、今日から9時に寝ることにした。

    1　欠席　　　　　　2　短気　　　　　　3　短所　　　　　　4　長所

27 車を買うお金を父が援助してくれた。

    1　助手　　　　　　2　支援　　　　　　3　支持　　　　　　4　応援

28 あの兄弟はよく似ている。

    1　ぴったりだ　　　2　すっきりだ　　　3　そっくりだ　　　4　すっかりだ

29 テキストを忘れてきて先生に叱られた。

    1　かばん　　　　　2　宿題　　　　　　3　課題　　　　　　4　教科書

30 彼は頭がいい。それに努力もする。

    1　それで　　　　　2　しかし　　　　　3　だから　　　　　4　しかも

31 ずいぶん

1 先月はずいぶんなものをいただき、ありがとうございました。

2 もうこれ以上は無理です。ずいぶんです。

3 手伝ってくれる人は一人いればずいぶんです。

4 毎日薬を飲んだのでずいぶん体調^{たいちょう}がよくなった。

32 いきなり

1 じゃまになるものをいきなりかたづけた。

2 最近忙しくなっていきなりする時間もない。

3 この中でいきなり好きなものは何ですか。

4 いきなり怒り出したものでおどろきました。

33 そろそろ

1 そろそろ聞きたくないから何も言うな。

2 部屋の中から兄の声がそろそろ聞こえた。

3 もう時間だからそろそろでかけましょうか。

4 こんな話を聞いたらそろそろがまんできない。

34 安易

1 そんな安易な考えではだめですよ。

2 部長のやり方は安易感がないから心配です。

3 私が責任^{せきにん}を持ちますから安易してください。

4 いろいろ悩^{なや}んだが、先生のおかげで心が安易した。

35 ひじょうに

1 みんな国へ帰ったのでひじょうになった。

2 ぼくは彼女の笑顔^{えがお}がひじょうに好きだ。

3 借^かりたお金はひじょうに返してください。

4 彼^{かれ}の反応^{はんのう}からみると明日ひじょうに来るでしょう。

2장
문법

Part 1
분석 및 대책

1. 문법의 문제 구성

N3 '문법'은 총 23문제가 출제되며 '문자·어휘'와 합쳐서 60점 만점으로, '독해'는 별도로 점수를 계산한다.

문법은 총 3가지 유형으로 구성되는데, 기존의 문제와 같은 형식의 〈問題1 문법 형식 판단(13문제)〉은 문법적인 요소만 암기하고 있으면 풀 수 있는 문제는 극히 한정되어 있고, 문장의 흐름을 이해해야 풀 수 있는 문형문법과, 어휘의 정확한 쓰임을 알아야 풀 수 있는 어휘문법으로 구성되어 있다. 따라서 기존의 방식처럼 무작정 문법만 암기한다고 절대 실전에서 좋은 점수를 받을 수 없다는 것을 명심해야 한다.

그리고 問題2 〈문장 만들기(5문제, 신유형)〉는 새롭게 추가된 유형으로서 문장의 어순 배치를 묻는 문제이다. 문장의 어순 배치는 작문능력과 문법의 의미 파악 실력을 둘다 갖추고 있어야만 정답을 찾을 수 있으므로 까다로울 것이다.

問題3 〈독해문장에서의 공란 메우기(5문제, 신유형)〉는 문법적인 요소를 함유하고 있지만, 군데군데 빈칸이 있으므로 문장의 전체적인 흐름을 파악하지 못하면 정답을 찾기가 쉽지 않다. 그러나 본 교재에서 다루고 있는 문형 문법과 어휘 문법의 개념을 정확하게 이해하면서 공부하면 실전에서도 어렵지 않게 풀 수 있을 것이다.

문제	출제 의도	변형 정도	문항 수	목표
問題1	문법 형식 판단	○	13	괄호 안에 들어갈 가장 알맞은 문법 기능어를 찾아 문장을 완성하는 문제
問題2	문장 만들기	◆	5	보기 4개를 나열하여 문장을 완성하고 ★에 들어갈 표현을 찾는 문제
問題3	공란 메우기 (문장의 문법)	◆	5	장문의 지문에서 공란에 들어갈 어구를 보기에서 고르는 문제

◆ : 구 시험에서는 출제되지 않았던 새로운 문제 형식

◇ : 구 시험의 문제 형식을 유지하나 형식이 부분적으로 변경됨

○ : 구 시험에서도 출제된 문제 형식

2. 문제 유형 맛보기

問題1 문법 형식 판단 (13문제)

N3 문법 수준은 막연히 구 시험의 2급과 3급의 중간 정도라는 정보로 일정한 틀의 문법유형을 만들어서 학습자에게 이것만 알면 문법을 정복할 수 있다고 딱 잘라 말하기는 힘들다. 하지만, 현장에서 강의를 하면서 항상 기존의 2급과 3급의 가교 역할을 하는 문법이 필요하다는 것을 많이 느꼈고, 기존의 2급 문법 중 이 정도는 3급에서도 알아야 하지 않을까 하는 기능어들도 많이 있었다. 그리고 2010년 치러진 신 시험을 분석해 본 결과, 반드시 기능어를 알아야 풀리는 문법도 있고, 문형을 알아야 풀리는 문제도 있었다. 따라서 본 교재에서는 반드시 습득해야 할 기능어 문법 50개와 문형이나 어휘를 알아야 풀리는 문법을 50개로 정리하였으니, 반드시 암기하도록 하자.

그리고 N3에서 수동과 사역, 사역수동, 존경표현은 반드시 알아야 할 기본 문법이므로, 그 용법에 대해서도 정확히 짚어두고 가도록 하자.

예제

問題1 つぎの文の　（　　　　）　に入れるのに最もよいものを、１・２・３・４から一つ えらびなさい。

1 日本へ行く（　　　　）違った印象を受ける。

　　1　うちに　　　　2　だけに　　　　3　たびに　　　　4　ところに

2 一人で英語の本が読める（　　　　）英語のおもしろさが分かってきた。

　　1　ことができるまで　　　　　　2　ことができてから
　　3　ようになるまで　　　　　　　4　ようになってから

1 일본에 갈 때마다 다른 인상을 받는다.
　✓ 3　동사 기본형 + たびに　~할 때마다
　↝　違(ちが)う 다르다　印象(いんしょう) 인상　受(う)ける 받다

2 혼자서 영어책을 읽을 수 있게 되고 나서 영어의 재미를 알 수 있었다.
　✓ 4　~ようになる　~하게 되다 / ~てから　~하고 나서
　↝　英語(えいご) 영어　本(ほん) 책　読(よ)む 읽다　分(わ)かる 알다

問題 2 문장 만들기 (5문제)

2010년부터 새롭게 출제된 유형으로, 문장의 의미가 통하도록 문장을 바르게 조합하는 능력을 묻는 문제이다. 단어의 정확한 의미와 문법의 바른 쓰임, 작문능력이 없으면 문제를 풀기가 어려울 수 있으나, 구 2급 출제기준 문법의 의미를 정확하게 파악하고 주어와 서술어의 관계, 그리고 그 문법을 중심으로 전후의 문장을 조합해 가면 정답을 쉽게 찾을 수 있을 것이다. 보기의 조사가 문장의 어느 부분에 접속되는지를 먼저 파악하면서 풀도록 하자.

예제

問題2 つぎの文の ___★___ に入る最もよいものを、1・2・3・4から一つえらびなさい。

① 子どもを ＿＿＿ ＿＿＿ ＿★＿ ＿＿＿つづけた。

    1 母は   2 探すため   3 回り   4 デパートの中を

② 生徒「先生、父が ＿＿＿ ＿＿＿ ＿★＿ ＿＿＿いただきます。」
    先生「それはいけませね。」

    1 休ませて   2 一週間くらい 3 あったので   4 交通事故に

① 아이를 찾기 위해, 어머니는 백화점 안을 계속 돌아다녔다.
   ✓ 4 子どもを 探すため 母は デパートの中を 回りつづけた。
   ↝ 子(こ)ども 아이 探(さが)す 찾다 ～ため ～위해서 母(はは) 어머니 中(なか) 안 回(まわ)る 돌다
   동사 ます형 +つづける 계속 ～하다

② 학생 "선생님, 아버지가 교통사고를 당해서 일주일 정도 쉬었으면 합니다."
   선생님 "그거 안 됐군요."
   ✓ 2 先生、父が 交通事故に あったので 一週間くらい 休ませて いただきます。
   ↝ 父(ちち) 아버지 交通事故(こうつうじこ) 교통사고 あう 안 좋은 경우를 당하다 休(やす)む 쉬다
   동사 사역형 + ～ていただく ～하겠다(겸양 표현)

問題3 공란 메우기(문장의 문법) (5문제)

2010년부터 새롭게 출제된 유형으로, 독해 지문에 공란이 5개가 나온다.
각각의 공란에 들어가는 내용은 능력시험 위원회의 기준과 기출문제에 의하면,

1. 접속사
2. 조사
3. 문법적인 요소
4. 문장의 흐름에 맞는 문장이나 문형
5. 문장의 흐름에 맞는 서술어

이다.
구 시험과 비슷한 유형으로, 장문독해에서 공란에 들어갈 알맞은 어휘나 접속사, 문장 등을 찾는 것인데, 신 시험에서는 문장의 흐름을 읽는 요소가 좀 더 가미되어 있다. 단순히 문법의 기능적인 의미를 묻는 것은 드물고, 문장의 흐름을 파악해야만 정답을 찾을 수 있으므로, 문장 전체를 바라보는 능력을 길러야 할 것이다.

예제

問題3 下の文を読んで、 1 から 5 の中に入る最もよいものを、1・2・3・4から一つえらびなさい。

　私の家の近くに大学があります。とても大きいので学生もたくさんいます。大学は大きいのに駅からここまで来る道はたいへん 1 。また、あちこちに車がたくさん止めてあります。さいしょは大学につとめる先生のだと思いましたが、ほとんどはこの大学にかよっている学生のでした。学生が車を持っているのは 2 ということを言うのではありません。私が言いたいのは駅から大学まで歩いて５分ぐらいなのにみんな車を持ってくるということです。この大学には車を止める場所が少ないそうです。 3 、車を持ってくるより、自分はちょっと不便でも、電車を利用したほうがいいじゃないでしょうか。 4-a 、車をおく場所があれば 4-b 、止めるところもないのに、持ってくるのはちょっと…。
　せまい道に止めるからほかの人はとても不便です。少し歩いたほうが体にもいいし、また、みんなにも 5 。
　みなさん、大学生なら大学生らしく、人のこともよく考えてください。

$\boxed{1}$ 1　すくないです　　　2　ひろいです　　　3　よかったです　　　4　せまいです

$\boxed{2}$ 1　あまりよくない　　　　　　　　2　かまわない
　　　3　いいことだ　　　　　　　　　　4　個人の自由だ

$\boxed{3}$ 1　それなのに　　　2　そのうえ　　　3　それなら　　　4　ですから

$\boxed{4}$ 1　a　もちろん　　／　b　何とも言いませんが
　　　2　a　そして　　　／　b　いいから
　　　3　a　たとえば　　／　b　いいのに
　　　4　a　ところが　　／　b　よかったが

$\boxed{5}$ 1　迷惑じゃないでしょうか　　　　　2　いいじゃないでしょうか
　　　3　愛されるじゃないでしょうか　　　4　お世話になるじゃないでしょうか

✓ ① 4　② 1　③ 3　④ 1　⑤ 2

　　우리 집 근처에 대학이 있습니다. 매우 커서 학생도 많이 있습니다. 대학은 큰데 역에서 여기까지 오는 길은 매우 ① 좁습니다. 또, 여기저기에 차가 많이 세워져 있습니다. 처음에는 대학에서 근무하는 선생님의 차라고 생각했습니다만, 대부분은 이 대학에 다니고 있는 학생들의 것이었습니다. 학생이 차를 가지고 있는 것은 ② 그다지 좋지 않다는 것을 말하는 것은 아닙니다. 내가 말하고 싶은 것은 역에서 대학까지 걸어서 5분 정도인데 모두 차를 가지고 온다는 것입니다. 이 대학에는 차를 세울 장소가 적다고 합니다. ③ 그렇다면, 차를 가지고 오는 것보다, 자신은 조금 불편해도, 전철을 이용하는 편이 좋지 않을까요? ④-a 물론, 차를 둘 장소가 있으면 ④-b 뭐라고도 하지 않겠습니다만, 세울 장소도 없는데 가지고 오는 것은 좀….

　　좁은 길에 세우기 때문에 다른 사람은 매우 불편합니다. 조금 걷는 편이 몸에도 좋고, 또, 여러분에게도 ⑤ 괜찮지 않습니까?

　　여러분, 대학생이면 대학생답게 다른 사람에 관한 것도 잘 생각해 주세요.

➰ 家(いえ) 집　近(ちか)く 근처　大学(だいがく) 대학　大(おお)きい 크다　学生(がくせい) 학생　たくさん 많이
　　駅(えき) 역　行(い)く 가다　道(みち) 길　たいへん 매우　せまい 좁다　あちこち 여기저기　車(くるま) 차
　　止(と)める 세우다　さいしょ 처음　つとめる 근무하다　先生(せんせい) 선생님　ほとんど 대부분
　　かよう 다니다　持(も)つ 들다, 가지다　あまり 그다지, 별로　歩(ある)く 걷다　場所(ばしょ) 장소
　　少(すく)ない 적다　自分(じぶん) 자신　不便(ふべん)だ 불편하다　電車(でんしゃ) 전철　利用(りよう) 이용
　　もちろん 물론　おくところ 장소 *(※ おく 두다, ところ 장소)*　何(なん)とも 뭐라고도　ほか 다른　体(からだ) 몸
　　大学生(だいがくせい) 대학생　～らしい ～답다　考(かんが)える 생각하다

Part 2
합격을 위한 문법 훈련

1. N3 필수 암기 기능어 문법 50

2. 문형 문법 및 어휘 문법

3. 수동형

4. 사역형

5. 사역수동형

6. 존경·겸양 표현

1. N3 필수 암기 기능어 문법 50

① ～につれて ～함에 따라

• 年をとるにつれて、物忘れがひどくなった。

　나이를 먹음에 따라 건망증이 심해졌다.

• 医学の進歩につれて人々の平均寿命も延びてきた。

　의학의 진보에 따라 사람들의 평균수명도 늘어났다.

☆「～に伴って」,「～に従って」,「～と共に」와 같은 의미이다.

② ～に限って ～에 한해서

• 彼って忙しい時に限って、会社を休むんだね。

　그는 바쁠 때에 한해서, 회사를 쉰다.

• 本日に限って、先着50名様にコーヒーを無料サービスいたします。

　오늘에 한해서 선착순 50명에게 커피를 무료로 서비스하겠습니다.

☆「限る」가 '한정하다'는 의미를 가지고 있다는 것을 알면 위의 문법의 의미가 이해될 것이다. 그리고 부정의 형태인 「～に限らず ～에 한하지 않고」도 같이 암기하자.

③ ～ばかりか ～뿐만 아니라

• その方法は非効率なばかりか、費用もたくさんかかる。

　그 방법은 비효율적일 뿐만 아니라 비용도 많이 든다.

• 飲みすぎて頭が痛いばかりか、胸もむかつく。

　과음해서 머리가 아플 뿐만 아니라, 가슴도 메슥거린다.

☆「～ばかりでなく」,「～だけでなく」와 같은 표현이다.

④ ~だけ ~한 만큼

- もちろんほしいことはほしいんですが、それを買うだけのお金がないんですよ。

  물론 갖고 싶기는 하지만, 그것을 살만큼의 돈이 없습니다.

- 買う買わないは別として、一見するだけの価値はある。

  사고 안 사고는 별도로 하고, 한 번 볼만큼의 가치는 있다.

- ☆ 「~だけ」는 「~だけあって」, 「~だけに」라고도 한다.

⑤ ~を問わず(に) ~을 불문하고

- ことの大小を問わず必ず私に報告してくれ。

  일의 대소를 불문하고 반드시 나에게 보고해 줘.

- ジャンルを問わずに音楽の評価を行っているサイトを教えて下さい。

  장르를 불문하고 음악의 평가를 하고 있는 사이트를 가르쳐 주세요.

- ☆ 「問う」가 '질문하다, 묻다'의 의미이므로, 그의 부정문인 「問わず」는 '불문하다'의 의미가 된다.

⑥ ~の割りに ~에 비해

- この有料サイトは値段の割りにはつまらないと思う。

  이 유료사이트는 가격에 비해서는 시시하다고 생각한다.

- 売上げの割りには利益が少ないですね。

  매상에 비해서는 이익이 적군요.

- ☆ 「割りに」는 부사로서 '비교적'이라는 의미도 있는데, 같은 표현으로 「割りと」가 있다.

⑦ ~ように ~하도록

- 部長、ただ今社長から、至急来るようにとのお電話がございました。

  부장님, 지금 사장님으로부터 즉시 오라는 전화가 있었습니다.

- 神様、どうか息子が試験に合格できるように。

  신이시여, 아무쪼록 아들이 시험에 합격할 수 있도록.

- ☆ 「~ようになる ~하게 되다」, 「~ようにする ~하도록 하다」도 같이 암기하자.

⑧ ～あまり ～한 나머지

- 試験の結果を気にするあまり、眠れなくなってしまった。

  시험 결과에 신경을 쓴 나머지, 잠을 못 자고 말았다.

- 寒さのあまり、何度か夜中に目を覚ました。

  추운 나머지, 몇 번이나 밤중에 잠을 깼다.

  ☆ い형용사는「い형용사의 명사형 + の + あまり」의 형태로 접속한다.

⑨ ～に答えて ～에 부응해서

- 政府の呼びかけに答えて、みんな訓練に参加した。

  정부의 호소에 부응해서 모두 훈련에 참가했다.

- 企業はいつも消費者の要求に答えて製品を作るべきだ。

  기업은 항상 소비자의 요구에 부응해서 제품을 만들어야 한다.

  ☆「～に応じて」와 같은 의미이다.

⑩ ～ことだ ～하는 편이 좋다, ～해야 한다

- すぐに人に頼らず、まず自分の力でやってみることだ。

  바로 다른 사람에게 의지하지 않고, 우선 스스로의 힘으로 하는 것이 중요하다.

- 疲れたときは、何も考えずにゆっくり休むことだ。

  피곤할 때는 아무것도 생각하지 않고 푹 쉬는 것이 좋다.

  ☆「～ものだ」는 '과거 회상(～하곤 했었지)', '희망(～たいものだ～ほしいものだ)', '마땅히 ～해야 한다', '일반적인 일, 놀라거나 감탄했을 경우'에 사용한다.

⑪ ～に対して ～에 대해서 ／ ～に対する ～에 대한

- 今までの経過報告に対して、ご質問のある方はどうぞ。

  지금까지의 경과보고에 대해서 질문 있으신 분은 하세요.

- この店では、特にお客に対する言葉づかいや態度に注意をはらっている。

  이 가게에서는 특히 손님에 대한 말투와 태도에 주의를 기울이고 있다.

  ☆「～に対して」는 '〈대상〉을 향해'라는 뉘앙스지만,「～について」는 '～와 관련된'의 뉘앙스가 있다.

⑫ ～はもちろん ～은 물론

・社長はもちろん、役員一同が反対だ。

사장님은 물론, 임원 전원이 반대다.

・この製品は今や国内はもちろん国外でも大きな注目を浴びている。

이 제품은 지금은 국내는 물론이고 국외에서도 큰 주목을 받고 있다.

☆ 같은 표현으로「～はもとより」가 있다.

⑬ ～ほど ～정도, 만큼

・主婦のアイディアをとりいれた新製品は、おもしろいほどよく売れた。

주부의 아이디어를 도입한 신제품은, 재미있을 정도로 잘 팔렸다.

・最近目が回るほど忙しい。

요즘 눈이 (핑핑) 돌 정도로 바쁘다.

☆ '～할수록'이라는 의미도 있는데, 예를 들면「若い人ほど上達が早い : 젊은 사람일수록 빨리 능숙해진다」이다.

⑭ ～に基づいて ～을 근거로

・トーム先生は教科書に基づいて英語を教える。

톰 선생님은 교과서를 근거로 해서 영어를 가르친다.

・このプログラムは工学部のカリキュラムに基づいて作られたものである。

이 프로그램은 공학부의 커리큘럼을 근거로 해서 만들어진 것이다.

☆「～を基にして」,「～を基に」와 같은 표현이다.

⑮ ～をはじめ ～을 비롯해서

・山本さんが難しい試験に合格した。ご両親をはじめ、先生がたも喜んでいらっしゃる。

야마모토 씨가 어려운 시험에 합격했다. 양친을 비롯하여, 선생님들도 기뻐하고 계신다.

・子供たちに人気があるスポーツは、サッカーをはじめとするグループの球技です。

아이들에게 인기가 있는 스포츠는 축구를 비롯한 그룹 구기종목입니다.

☆「～てはじめて ～해서 비로소」와 비교해서 철자를 주의하며 외우도록 하자.

⑯ 동사 기본형 + たびに ~할 때마다

- 彼は試合を重ねる**たびに**腕が上がっていく。

  그는 시합을 거듭할 때마다 솜씨가 늘어간다.

- この写真を眺める**たびに**、昔のことが思い出される。

  이 사진을 바라볼 때마다 옛날 일이 떠오른다.

⑰ ~もかまわず ~도 상관없이

- 汗が目に入るの**もかまわず**、彼は一生懸命戦った。

  땀이 눈에 들어오는 것도 상관없이, 그는 열심히 싸웠다.

- 赤信号**もかまわず**道を横断する人がまだけっこういる。

  빨간 신호에도 상관없이 길을 횡단하는 사람이 아직 상당히 있다.

  ☆ 「かまわず」는 「かまう 상관하다」의 부정형이다.

⑱ ~あげく／あげくに ~한 끝에(나쁜 일이 거듭된 끝에 어떠한 결과가 되었다)

- 長々と取り調べられた**あげく**、彼が犯人だということが明らかになった。

  오랫동안 조사된 끝에, 그가 범인이라는 것이 밝혀졌다.

- 行方不明になった息子を苦労した**あげく**、やっと見つけた。

  행방불명이 된 아들을 고생한 끝에, 겨우 찾았다.

  ☆ 동사에 접속할 때는 '과거형'에 붙는다.

⑲ ~一方で ~하는 한편으로 ／~一方だ ~하기만 한다

- 交通事故は全然収まりがつかない。それどころか増える**一方だ**。

  교통사고는 전혀 진정될 기미가 보이지 않는다. 그것뿐인가 늘기만 한다.

- 高齢化が進行している**一方で**、出産率は低くなっていく。

  고령화가 진행되고 있는 한편으로, 출산율은 낮아져 간다.

  ☆ 「一方で」는 '한편으로'라는 부사적인 의미도 있다.

⑳　~上^{うえ}に　~한 데다가

• この服^{ふく}は安^{やす}い上^{うえ}に、品質^{ひんしつ}もなかなかいい。

　이 옷은 싼 데다가, 품질도 상당히 좋다.

• この国^{くに}は環境^{かんきょう}が悪^{わる}い上^{うえ}に、川^{かわ}の汚染^{おせん}もひどい。

　이 나라는 환경이 나쁜 데다가, 강의 오염도 심하다.

☆ 「~上で ~하고 나서, ~하는 데 있어서」,「~上は ~이상에는」도 같이 암기하자.

㉑　~からには ~이상에는

• マラソン大会^{たいかい}に出場^{しゅつじょう}するからには、よく練習^{れんしゅう}をして42.195km^{はし}を走りぬきたい。

　마라톤 대회에 출전하는 이상에는, 연습을 잘해서 42.195㎞를 끝까지 달리고 싶다.

• 約束^{やくそく}したからには必^{かなら}ず守^{まも}ってください。

　약속한 이상에는 반드시 지켜 주세요.

☆ 「~上^{うえ}は」와 같은 의미이다.

㉒　~うちに ~동안에 ／ ~ないうちに ~하기 전에

• 日本^{にほん}にいるうちに、一度京都^{いちどきょうと}を訪^{たず}ねたいと思^{おも}っている。

　일본에 있는 동안에 한 번 교토를 방문하고 싶다고 생각하고 있다.

• 雨^{あめ}が降^ふらないうちに、家^{いえ}に帰^{かえ}ったほうがいい。

　비가 내리기 전에, 집에 돌아가는 편이 좋다.

☆ 「~ないうちに」는 '~않는 동안에'라는 의미도 있다.

㉓　…から ~にかけて …부터 ~에 걸쳐(시작과 끝 시점이 나온다)

• おとといから今日^{きょう}にかけてずっと雨^{あめ}が降^ふり続^{つづ}いている。

　그저께부터 오늘에 걸쳐 쭉 계속해서 비가 내리고 있다.

• 六月^{ろくがつ}から七月^{しちがつ}にかけて、日本^{にほん}は梅雨^{ばいう}のシーズンである。

　6월부터 7월에 걸쳐 일본은 장마시즌이다.

☆ 「~にわたって ~에 걸쳐」는 '기간이나 횟수'와 연결되므로, 위의 문법과 구분하도록 하자.

㉔ 〜代わりに 〜대신에

- 山田先生の授業は、試験を受ける代わりにレポートを出してもよいことになっている。

  야마다 선생님의 수업은, 시험을 치는 대신에 리포트를 내도 되는 것으로 되어 있다.

- この仕事は君のほうが適任だ。僕の代わりに君がやってくれないだろうか。

  이 일은 네가 적임자다. 내 대신에 해 주지 않을래?

- ☆ 「〜に代わって」와 같은 의미이다.

㉕ 〜くせに 〜주제에, 〜이면서

- あの子はあまり食べられないくせにごちそうをたくさん皿にとりたがる。

  저 아이는 그다지 먹지도 못하는 주제에 요리를 그릇에 잔뜩 담고 싶어한다.

- 弱いくせに、口ばかりが達者なやつだ。

  약한 주제에 입만 달변인 녀석이다.

- ☆ 주로 비난이나 꾸지람을 할 때 많이 사용하는 표현이다.

㉖ …さえ 〜ば …만 〜(하)면

- 新聞に名前さえ出なければ、問題は起こらないだろう。

  신문에 이름만 나지 않는다면, 문제는 생기지 않겠지.

- 自分さえよければ、他人はどうなってもいいということか。

  자신만 좋으면, 다른 사람은 어떻게 되어도 좋다는 것인가?

- ☆ 「さえ」는 단독으로 사용하면 「〜조차」라는 의미를 가진다.

㉗ 동사 과거형 + 〜とたん(に) 〜하자마자

- 暑くなったとたん、アイスクリームの売れ行きがよくなった。

  더워지자마자 아이스크림의 매상이 좋아졌다.

- 彼女は私の顔を見たとたん、泣き出した。

  그녀는 내 얼굴을 보자마자 울기 시작했다.

- ☆ 「동사 현재형 + 同時に」와 같은 의미이다.

㉘ ～ついでに ～하는 김에

• 出張で大阪に行ったついでに友だちの家に寄ってみた。

出張で大阪に行った = しゅっちょう / おおさか / い / とも / いえ / よ

출장으로 오사카에 간 김에 친구의 집에 들러봤다.

• 買い物に出かけたついでに、友だちの家に寄ってきた。

買い物に出かけた = か / もの / で / とも / いえ / よ

쇼핑하러 간 김에, 친구 집을 들러서 왔다.

☆「東京へ来るついでがありましたら : 도쿄에 오실 일이 있다면」이라는 표현도 알아두자.

東京へ来る = とうきょう / く

㉙ ～て以来 ～한 이래

以来 = いらい

• 卒業して以来、先生にお目にかかっていません。

卒業して = そつぎょう / せんせい / め

졸업한 이래 선생님을 만난 적이 없습니다.

• 心臓の病気をして以来、禁煙している。

心臓の病気 = しんぞう / びょうき / きんえん

심장병을 앓은 이래, 금연하고 있다.

☆「～た以来」라고 하지 않도록 주의하자.

㉚ ～て(で)たまらない ～해서 참을 수 없다

• 彼ぐらいの人物がなぜこんなことで自殺したのか思うと、残念でたまらない。

人物 = じんぶつ / 自殺 = じさつ / 残念 = ざんねん

그 정도의 인물이 왜 이런 일로 자살했는가 생각하자, 유감스러워 견딜 수 없다.

• うちの母親は私の顔を見ると、いつも「勉強、勉強」とうるさくてたまらない。

母親 = ははおや / 顔 = かお / 見 = み / 勉強 = べんきょう

우리 어머니는 내 얼굴을 보면 언제나 '공부, 공부'라고 해서 시끄러워서 견딜 수 없다.

☆「～てしょうがない」,「～てしかた(が)ない」와 같은 표현이다.

㉛ ～通り ～대로

通り = とお

• 君の考え通りにやればいいんだよ。

君の考え = きみ / かんが

자네 생각대로 하면 된다.

• 予想した通りの結果だった。

予想した = よそう / 結果 = けっか

예상했던 대로의 결과이다.

☆「동사 과거형＋とおり(に)」,「명사＋どおり(に)」로 접속이 된다.

㉜ 〜に(も)かかわらず 〜에(도) 상관없이

• 天候にかかわらず、あすの午後2時から試合を行います。

날씨에 상관없이, 내일 오후 2시부터 시합을 하겠습니다.

• うちの会社は年齢・性別・学歴にかかわらず、有能な人材は使う。

우리 회사는 연령, 성별, 학력에 상관없이, 유능한 인재는 사용한다.

☆「かかわる 관련되다, 상관되다」에서 파생되었다.

㉝ 〜に応じて 〜에 부응하여, 〜에 따라

• 社員の能力や業績に応じて給料を支払う。

사원의 능력이나 업적에 따라, 급료를 지불한다.

• みなさんの要求に応じて、休日にも店を開くことにしました。

여러분의 요구에 부응해서 휴일에도 가게를 열기로 했습니다.

☆「〜に答えて」와 같은 의미이다.

㉞ 〜に比べて 〜에 비교하여

• 子供の頃に比べて、確かに生活は豊かになった。

어릴 때와 비교해서 확실히 생활은 풍족해졌다.

• 人生は喜びに比べて、苦しみの方が多いのかもしれない。

인생은 기쁨에 비교해서, 괴로운 쪽이 많을 지도 모른다.

☆「比べる 비교하다」에서 파생되었다. 「〜と比べて」도 같은 의미이다.

㉟ 〜にすぎない 〜에 불과하다

• 山田さんは会社をやめた理由を病気のためだと言っているが、それはたんなる口実にすぎない。

야마다 씨는 회사를 그만 둔 이유를 병 때문이라고 말하고 있지만, 그것은 단순한 구실에 불과하다.

• その話は単なるうわさにすぎない。

그 이야기는 단순한 소문에 불과하다.

☆「すぎる」가 '지나다'라는 의미이므로, 「すぎない」를 직역하면 「〜にすぎない」는 '〜에 지나지 않는다'는 의미가 된다.

㊱ ～に違いない ～임에 틀림 없다

• いくら見てもその人は友だちの弟に違いない。

아무리 봐도 그 사람은 친구의 동생임이 틀림 없다.

• 笑顔だったところをみると、すべてうまくいったに違いない。

웃었던 것을 보면, 모두 잘 되었음에 틀림 없다.

☆ 「～に決まっている」、「～にほかならない」와 같은 의미이다.

㊲ ～ほどではない ～만큼(정도)는 아니다

• 今日も寒いですが、昨日ほどではありません。

오늘도 춥습니다만, 어제만큼은 아닙니다.

• 彼も日本語が上手ですが、李さんほどではありません。

그도 일본어를 잘 하지만, 이 씨만큼은 아닙니다.

☆ 「～ほど」는 '～정도, ～만큼, ～수록'의 의미를 가지고 있다.

㊳ ～にする ～으로 하다, ～으로 만들다

• りんごをジャムにしました。

사과를 잼으로 만들었습니다.

• あそこのホテルは人でいっぱいだから、こちらのホテルにしましょう。

저쪽 호텔은 사람으로 북적거리니, 이쪽 호텔로 합시다.

☆ 음식점에서 주문을 할 때, 「～にします ～으로 하겠습니다」를 알고 있으면 이 문법은 이해하기 쉬울 것이다.

㊴ 명사 + ～のために ～을(를) 위해서

• 健康のためにたばこを止めました。

건강을 위해서 담배를 끊었습니다.

• 私のために、友だちが代わりにやってくれました。

나를 위해, 친구가 대신 해 주었습니다.

☆ 동사나 형용사에 접속할 때는 「종지형 + ために」이다.

⑩ ～ようになる ～하게 되다

• 病気が治ってやっと動けるようになりました。

　병이 나아서 겨우 움직일 수 있게 되었습니다.

• 全然読めなかった英語の本が読めるようになりました。

　전혀 읽을 수 없었던 영어 책을 읽을 수 있게 되었습니다.

☆ 가능동사에 접속할 때는 '～할 수 있게 되다'라는 의미가 되는 것에 주의하자.

⑪ 가정형 「と」 당연한 결과나 사실

• そこを右に曲がると大きい橋が見えます。

　그곳을 오른쪽으로 돌면 큰 다리가 보입니다.

• 冬になると寒くなります。

　겨울이 되면 추워집니다.

☆ 가정형 「と」는 습관적인 일에도 사용할 수 있는데, 예를 들면, 「朝起きると歯を磨きます : 아침에 일어나면 이를 닦습니다」이다.

⑫ ～ないように ～하지 않도록

• 彼から聞いた話は言わないようにしてください。

　그에게 들은 이야기는 말하지 않도록 해 주세요.

• この手紙を出さないようにしてください。

　이 편지를 부치지 않도록 해 주세요.

☆ 긍정문에서의 「～ように」를 알고 있으면, 부정문에서의 용법도 저절로 알 수 있다.

⑬ 동사 ます형 + ～出す 갑자기 ～하다

• 友だちの話を聞いてみんな笑い出した。

　친구의 이야기를 듣고 모두 웃음을 터뜨렸습니다.

• お父さんの死の知らせを聞いた彼女は急に泣き出した。

　아버지의 죽음에 대한 소식을 들은 그녀는 갑자기 울음을 터뜨렸다.

☆ 「동사 ます형 + はじめる」는 '천천히 뭔가를 하기 시작하다'라는 의미이다.

㊹ **동사 ます형 + すぎる** 지나치게 ~하다

- 昨日寝_{きのう ね}すぎて今日_{きょう}は全然_{ぜんぜん ね}寝られないです。

  어제 너무 자서 오늘은 전혀 잘 수 없습니다.

- お酒_{さけ}を飲_のみすぎて、気持_{きも わる}ちが悪くなった。

  과음해서 컨디션이 나빠졌다.

☆ い형용사 어간, な형용사 어간에 접속한다.

㊺ **동사 과거형 + ～まま** ~한 채로

- 子供_{こども}はくつをはいたまま海_{うみ あそ}で遊んでいた。

  아이는 신발을 신은 채로 바다에서 놀고 있었다.

- 弟_{おとうと}は眼鏡_{め がね}をかけたまま寝_ねています。

  남동생은 안경을 쓴 채로 자고 있습니다.

☆「ありのまま＝あるがまま 있는 그대로」,「そのまま 그대로」도 함께 암기하자.

㊻ **～はずがない** ~리가 없다

- そんなことを彼_{かれ}がするはずがないです。

  그런 일을 그가 할 리가 없습니다.

- 彼_{かれ}はお金_{かね}がないので、高_{たか}い車_{くるま}を買_かうはずがない。

  그는 돈이 없기 때문에 비싼 차를 살 리가 없다.

☆ 긍정문「～はずだ」는 '틀림없이 ~이다'라는 의미다.

㊼ **현재 진행형 + ～ところだ** ~하는 중이다, ~하기 직전이다

- あなたに電話_{でん わ}をかけようとしているところです。

  당신에게 전화를 걸려는 중입니다.

- 僕_{ぼく}は、まだやっているところですが、木田君_{き だくん お}は終わったそうです。

  나는 아직 하고 있는 중입니다만, 기다 군은 끝났다고 합니다.

☆「동사 과거형 + ところ」는「막 ~하다」라는 의미이다.

㊽ ～と …と どちらが ~와(과) …중에서 어느 쪽이

- リンゴとすいかとどちらが好きですか。

  사과와 수박 중 어느 쪽을 좋아합니까?

- 牛肉と豚肉とどちらが高いですか。

  소고기와 돼지고기 중에서 어느 쪽이 비쌉니까?

☆「～と …でどちらが」로 표현하지 않도록 주의하자.

㊾ ～ほど …ない ~만큼 …하지 않다

- 日本は中国ほど人口が多くありません。

  일본은 중국만큼 인구가 많지 않습니다.

- ヘリコプターは飛行機ほど速くないです。

  헬리콥터는 비행기만큼 빠르지 않습니다.

☆「ほど」대신에「ぐらい」를 사용하면 틀린 표현이 된다.

㊿ ～かもしれない ~일지도 모른다

- 先生の隣に座っている方は先生の奥さんかもしれない。

  선생님 옆에 앉아 있는 분은 선생님 부인일지도 모른다.

- もしかして、彼が先生に言ったかもしれません。

  어쩌면 그가 선생님에게 말했을지도 모른다.

☆「동사 현재형 + かもしれない」는「동사 ます형 + かねない」와 같은 표현이다.

1　この試験は、年齢（　　　）、誰でも受けられる。
　1　を通して　　　　　2　にかけて　　　　　3　を問わず　　　　4　といわず

2　当店は顧客（　　　）メールマガジンを発行しています。
　1　にさいして　　　　2　にたいして　　　　3　において　　　　4　にして

3　日本では、大学の入学試験は、普通2月から3月（　　　）行われる。
　1　に比べて　　　　　2　に関して　　　　　3　に際して　　　　4　にかけて

4　この大学に（　　　）以来、外国の学生は一度も会ってない。
　1　入る　　　　　　　2　入った　　　　　　3　入り　　　　　　4　入って

5　料理の勉強を始めたといっても、まだ3か月（　　　）。
　1　にわたる　　　　　2　に先立つ　　　　　3　にすぎない　　　4　にかぎらない

6　東京の夏も暑いですが、福岡（　　　）ではありません。
　1　ほど　　　　　　　2　ほう　　　　　　　3　ぐらい　　　　　4　より

7　先生は成績に（　　　）クラス分けをした。
　1　わたって　　　　　2　おうじて　　　　　3　さいして　　　　4　さきだって

8　みんなお金がなかったから私が（　　　）ようになりました。
　1　はらう　　　　　　2　はらった　　　　　3　はらわない　　　4　はらえる

9　彼は何も知らない（　　　）なんでも知っているような事を言う。
　1　までに　　　　　　2　にかぎって　　　　3　うえで　　　　　4　くせに

10　父は、普通ならとっくに引退している年齢だが、年をとっている（　　　）元気だ。
　1　からには　　　　　2　ほどには　　　　　3　わりには　　　　4　うえには

→ 정답 p.49

1 さすが学生時代にやっていた（　　　）今でもテニスが上手だ。

   1　からには　　　　　　2　にしては　　　　　　3　だけあって　　　　4　きっかけで

2 まんがの種類が増えている。子どものためのもの（　　　）大人が読むための歴史や経済のまんがもよく見かける。

   1　をとわず　　　　　　2　はもちろん　　　　　3　もかまわず　　　　4　にさきだって

3 僕が日本語を教えてあげる（　　　）君が中国語を教えてくれないか。

   1　ためで　　　　　　　2　ところで　　　　　　3　ばかりで　　　　　4　かわりに

4 そこを右に（　　　）大きい橋が見えます。

   1　曲がらなければ　　　2　曲がれるなら　　　　3　曲がると　　　　　4　曲がるなら

5 今年は天候にめぐまれたおかげか、昨年に（　　　）米が豊作だ。

   1　よって　　　　　　　2　くらべて　　　　　　3　とって　　　　　　4　あたって

6 だれもが読める（　　　）簡単な文章で書いた。

   1　ように　　　　　　　2　ことに　　　　　　　3　ほどに　　　　　　4　ぐらいに

7 先生の隣に座っている方は先生の（　　　）かもしれない。

   1　おくさんな　　　　　2　おくさんの　　　　　3　おくさんだ　　　　4　おくさん

8 まじめなあの人のことだから、時間どおりに来る（　　　）。

   1　と思えない　　　　　2　に過ぎない　　　　　3　と言えない　　　　4　に違いない

9 両親が元気な（　　　）、新しい家でも建ててあげようと思うのだが…。

   1　うちに　　　　　　　2　ところに　　　　　　3　なかに　　　　　　4　あとに

10 交番がたくさんある（　　　）に、どろぼうが少ないのです。

   1　から　　　　　　　　2　ため　　　　　　　　3　そう　　　　　　　4　よう

→ 정답 p.50

1 A「水泳がお上手ですね。」　　B「いいえ、（　　）。」

　1 それほどでもありません　　　　　　2 大丈夫です

　3 そのようにおもいます　　　　　　　4 そこまでは無理です

2 天気（　　）よければ、よい旅行になるでしょう。

　1 さえ　　　　　　2 すら　　　　　　3 しか　　　　　　4 ばかり

3 日本に来たばかりの頃は、見るもの聞くものすべてが珍しくて（　　）。

　1 なんでもなかった　　　　　　　　2 ちがいなかった

　3 ほかならなかった　　　　　　　　4 たまらなかった

4 A「お飲み物は何になさいますか。」　B「はい、私は（　　）。」

　1 コーヒーでします　　　　　　　　2 コーヒーにおります

　3 コーヒーでございます　　　　　　4 コーヒーにします

5 友だちとのお金の取引はお金（　　）友人まで失いかねない。

　1 だけか　　　　2 ばかりか　　　　3 ことか　　　　4 どころか

6 困っているときあの人に助けてもらって、涙が出る（　　）ありがたかった。

　1 あまり　　　　2 ため　　　　　　3 ほど　　　　　4 とき

7 家出した息子のことを心配する（　　）、親は倒れてしまった。

　1 とたんに　　　2 たびに　　　　　3 おそれ　　　　4 あまり

8 娘の結婚相手は、私が思った（　　）の人だったので安心した。

　1 よう　　　　　2 べき　　　　　　3 とおり　　　　4 はず

9 新しい服を汚れない（　　）に気をつけている。

　1 ところ　　　　2 こと　　　　　　3 よう　　　　　4 もの

10 いったん仕事を引き受けた（　　）、途中でやめることはできない。

　1 わけには　　　2 からには　　　　3 ことには　　　4 わりには

→ 정답 p.51

1 私は自分で決めたスケジュールに（　　）行動します。
　1　もとづいて　　　　2　もとにして　　　　3　ためにして　　　　4　ためであって

2 地震にあったときは状況に（　　）正しい行動をとり、被害をできるだけ少なくしよう。
　1　おうじて　　　　　2　かまえて　　　　　3　そって　　　　　　4　したがって

3 今年の忘年会は社長（　　）、全員参加した。
　1　をきっかけに　　　2　をもとに　　　　　3　からして　　　　　4　をはじめ

4 友だちの話を聞いてみんな（　　）だした。
　1　笑った　　　　　　2　笑え　　　　　　　3　笑い　　　　　　　4　笑う

5 君は結婚してから、会う（　　）美しくなるねえ。
　1　たびに　　　　　　2　ほかに　　　　　　3　ところに　　　　　4　ばかりに

6 野球（　　）サッカー（　　）どちらがやりたいですか。
　1　や／や　　　　　　2　が／が　　　　　　3　と／と　　　　　　4　も／も

7 座った（　　）、いすが壊れた。
　1　すえに　　　　　　2　あげく　　　　　　3　とたんに　　　　　4　とおりに

8 この手続きは、面倒な（　　）時間もかかるので、皆がいやがっている。
　1　ものの　　　　　　2　うえに　　　　　　3　うちに　　　　　　4　ほどの

9 駐車場などにその土地を使用するのであれば、短期間に（　　）土地を貸すことに問題
はない。
　1　かぎって　　　　　2　とって　　　　　　3　あたって　　　　　4　　かけて

10 昨日（　　）今日は全然寝られないです。
　1　おきすぎて　　　　2　おそすぎて　　　　3　ねすぎて　　　　　4　はやすぎて

→ 정답 p.51

1 　心が美しくなるに（　　）体も若くなる。
1　おうじて　　　　　2　あがって　　　　　3　つれて　　　　　4　とって

2 　父は去年会社を（　　）ままずっと遊んでいます。
1　やめる　　　　　　2　やめた　　　　　　3　やめ　　　　　　4　やめろう

3 　注目している周りの目（　　）、彼はプロらしくポーズをとった。
1　からいえば　　　　2　からして　　　　　3　だけあって　　　4　もかまわず

4 　あの家庭は夫が遊び好きな（　　）、妻はしっかり者だ。
1　はずで　　　　　　2　以内で　　　　　　3　以降で　　　　　4　一方で

5 　（　　）社長のお耳に入れたいことがございます。
1　いっぽうに　　　　2　うちに　　　　　　3　ついでに　　　　4　とたんに

6 　そんなこと彼がする（　　）がないです。
1　ところ　　　　　　2　ばかり　　　　　　3　もの　　　　　　4　はず

7 　あれだけ注意した（　　）、また同じミスをおかしている。
1　にこたえて　　　　2　にくらべて　　　　3　に反して　　　　4　にもかかわらず

8 　風邪を引いたら薬を飲んでぐっすり寝る（　　）。
1　ことだ　　　　　　2　ことか　　　　　　3　ものだ　　　　　4　ものか

9 　これから生徒に（　　）ところです。
1　会った　　　　　　2　会って　　　　　　3　会っている　　　4　会う

10 　夜遅くまで酒を飲んだ（　　）、会社に遅刻してしまった。
1　とたん　　　　　　2　あげく　　　　　　3　うえに　　　　　4　にもかかわらず

2. 문형 문법 및 어휘 문법

① ～って = というのは ① ～(이)라는 것은 / ② ～은(는), ～이(가) / ③ ～(라)고 / ④ ～라고 (하더라) / ⑤ ～라고?(의문)

- 男女間の友情ってありえますか。

  남녀간의 우정이라는 것은 있을 수 있습니까?

- 愛してるってのは、他人を深く知っていないとできないでしょう。

  사랑한다는 것은 남을 깊게 알지 못하면 불가능한 것이겠죠?

- あなたって人生の目的がお金だとばかり考えているよね。

  당신은 인생의 목적이 돈이라고만 생각하고 있군.

- 来週から英語のテストだって。

  다음 주부터 영어 테스트라고 해.

- 彼女はこの問題と関係ないんだって思ってた。

  그녀는 이 문제와 관계없다고 생각했었다.

- 何？ 彼が社長だって？

  뭐? 그가 사장이라고?

☆「～って」는 일본어 회화에서 매우 중요한 표현이므로, 시험과 관계없이 반드시 암기해야 한다. 그리고 문맥에 따라서 해석법이 달라지므로 주의하도록 하자.

② 동사 과거형 + ～ばかりだ／동사 과거형 + ～ところだ 막 ～하다

- 6月に結婚したばかりです。

  6월에 결혼했습니다.(결혼한 지 얼마 되지 않았습니다)

- 今駅に着いたところです。

  지금 역에 막 도착했습니다.

☆「동사 과거형 + ばかり」는 구체적인 시기나 시점과도 같이 사용할 수 있지만, 「동사 과거형 + ところ」는 구체적인 시기나 시점과는 사용할 수 없다.

③ ～わけだ／～はずだ／～べきだ

- よく似ているわけだよ。なんとあの二人は双子だそうだ。

  많이 닮은 것이야. 놀랍게도 저 두 사람은 쌍둥이라고 해.

- 人間は生きていくかぎり、ストレスはあるはずだ。

  인간은 살아가는 한, 틀림없이 스트레스는 있을 것이다.

- いいにつけ悪いにつけ、もう決定したことは行うべきだ。

  좋든 나쁘든 이미 결정한 일은 해야 한다.

- ☆ ～わけだ ~(한) 셈이다, ~(한) 것이다 ↔ ～わけではない ~(한) 셈은 아니다, ~(한) 것은 아니다

  ～はずだ 틀림없이 ~이다 ↔ ～はずがない ~(할) 리가 없다

  ～べきだ ~해야 한다 ↔ ～べきではない ~해서는 안 된다

④ ～間／～間に ~사이에

- 夜の間ずっと風が吹いていた。

  밤 사이에 계속 바람이 불고 있었다.

- できないと思っていたことが、知らない間にできるようになった。

  할 수 없다고 생각했던 것이, 모르는 사이에 가능하게 되었다.

- ☆ 「～間」는 '특정 기간'을 나타내고, 「～間に」는 '어떤 특정한 바로 그 시점'을 나타낸다.

⑤ こと／もの 일 / 것

- 山田さんがやったことはみんな納得しなかった。

  야마다 씨가 한 일은 모두 납득하지 않았다.

- そういうものはどこにでもあるんだよ。

  그러한 것은 어디에라도 있는 것이다.

- ☆ N3 수준에서 「こと」와 「もの」의 고급 수준의 차이를 묻는 문제는 출제되지 않을 것이다. 「こと」는 '행동과 행위'를 나타내고, 「もの」는 '사물이나 물건'을 나타내는 것이라는 정도만 알아두면 된다.

⑥ ～である／～でない ～인 / ～이 아닌

- 何^{なん}でもできる山^{やま}田^ださんであるにしても無^む理^りです。

  뭐든지 할 수 있는 야마다 씨라고 해도 무리입니다.

- このプロジェクトは彼^{かれ}でなければできません。

  이 프로젝트는 그가 아니면 불가능합니다.

☆ 「だ」의 문장체는 「である」, 「ではない」의 문장체는 「でない」인데, 조금 응용을 하여 「先生^{せんせい}であるかといえば 선생님 인가 라고 하면」, 「先生でないといけないといえば 선생님이 아니면 안 되는가 하면」 등으로 쓸 수 있다.

⑦ ～を ～에서(출발지)

- その角^{かど}を右^{みぎ}へ曲^まがると、銀^{ぎん}行^{こう}があります。

  그 모퉁이에서 오른쪽으로 돌면, 은행이 있습니다.

- 駅^{えき}を出^でて左^{ひだり}に行^いってください。

  역에서 나와서 왼쪽으로 가 주세요.

☆ 「を」 대신에 「で」를 사용하면 틀린 표현이 된다.

⑧ ～ばかり ～뿐, ～만

- うちの子^こは勉^{べん}強^{きょう}しないで、ゲームばかりしています。

  우리 아이는 공부하지 않고, 게임만 하고 있습니다.

- 先^{せん}生^{せい}は知^しらないことばかり説^{せつ}明^{めい}する。

  선생님은 모르는 것만 설명한다.

☆ 「だけ」는 '한정'을 나타내는 말인데, 예를 들면 「今^{きょう}日だけは許^{ゆる}してやる : 오늘만은 용서해 주겠다(오늘 외에는 안 된다)」이다.

⑨ ～とか ～とかが ~라든가 ~라든가가

• 壁に絵とか時計とかがかけてあります。

벽에 그림이라든가 시계라든가가 걸려 있습니다.

• デパートで服とかくつとかが、セールしていました。

백화점에서 옷이라든가 신발이라든가가 세일하고 있었습니다.

☆ 「とか」는 모든 품사에 접속이 가능하지만, 「や」는 명사 외에는 접속이 불가능하다. 즉, 「行くとか行かないとか 간다든가 가지 않는다든가」는 가능하지만, 「行くや行かないや」는 불가능하다.

⑩ 동사 종지형 + ～か ~할지, ~할까

• いつ飛行機に乗るか教えてください。

언제 비행기를 탈지 가르쳐 주세요.

• 授業は何時に終わるか知っていますか。

수업은 언제 끝나는지 알고 있습니까?

☆ 불특정한 것을 나타낼 때 사용하는 조사이다.

⑪ ～も ~씩(이나)

• こんなものが1万円もしますか。

이런 것이 만 엔이나 합니까?

• 友だちを2時間も待ちました。

친구를 두 시간이나 기다렸습니다.

☆ 그 외에 「～もあれば ~만 있으면」도 알아두도록 하자. 예를 들면, 「一日もあればできるのに : 하루만 있으면 가능할 텐데」이다.

⑫ ～て(で)から ~하고 나서

• ご飯を食べてから、お風呂に入ります。

밥을 먹고 나서 목욕을 하겠습니다.

• 彼と別れてから留学に行った。

그와 헤어지고 나서 유학 갔다.

☆ 「～たから」는 '~했기 때문에'라는 의미이다.

⑬ 명사・な형용사 + ～なのに／동사・い형용사 + ～のに ～임에도 불구하고

• 来週から試験なのに旅行に行くんですか。

다음 주부터 시험인데 여행 가는 것입니까?

• 先生も来たらよかったのに。

선생님도 오셨으면 좋았을 텐데

☆ 「동사 기본형 + のに」는 '～하는 데'라는 의미도 있는데, 예를 들면, 「このかばんは持って歩くのに便利です 이 가방은 들고 다니는 데 편리합니다」이다.

⑭ いくら ～ても(でも) 아무리 ～해도

• いくら食べてもお腹がいっぱいになりません。

아무리 먹어도 배가 부르지 않습니다.

• いくら注意しても静かになりません。

아무리 주의해도 조용해지지 않습니다.

☆ 「いくら何でも 아무리 그렇더라도」도 알아두자.

⑮ ～てくださいませんか ～해 주시지 않겠습니까?

• その本を貸してくださいませんか。

그 책을 빌려 주시지 않겠습니까?

• この漢字の読み方を教えてくださいませんか。

이 한자의 읽는 방법을 가르쳐 주시지 않겠습니까?

☆ 「～ていただけませんか」와 같은 의미이다.

⑯ 동사 부정형 + ～ないでください ～하지 말아 주세요

• 寒いから窓を開けないでください。

추우니까 창문을 열지 말아 주세요.

• この列車は特急ですので乗らないでください。

이 열차는 특급이니까 타지 말아 주세요.

☆ 「～なくてください」라고 하면 틀린 표현이 된다.

ⓗ 동사 의지형 + 〜と思う 〜하려고 생각하다

• これから犬と散歩に行こうと思います。

지금 개와 산책 가려고 생각합니다.

• 冬休みには水泳を習おうと思っています。

겨울 방학에는 수영을 배우려고 생각하고 있습니다.

☆ 「동사 기본형 +と思う」는 '제3자'에 대한 표현이다.
　A 山田さんはいつ日本へ帰りますか。 야마다 씨는 언제 일본에 돌아갑니까?
　B1 来月帰ると思います。 다음 달 돌아간다고 생각합니다.(야마다 씨에 대해서 B라는 사람이 본인의 생각을 언급함)
　B2 来月帰ろうと思います。 다음 달 돌아가려고 합니다.(B라는 사람이 야마다이다.)

ⓘ 동사 ます형 + 〜に 〜하러

• 私が空港まで迎えに行きます。

내가 공항까지 마중 가겠습니다.

• 今夜お酒を飲みに行きましょう。

오늘 밤 술을 마시러 갑시다.

☆ 「동작성 명사 + 〜に」도 같은 의미인데, 예를 들면, 「週末、野球に行こうか : 주말에 야구하러 갈까?」이다.

ⓙ どんな 〜でも 어떤 〜라도

• どんな人でもこの問題は無理でしょう。

어떤 사람이라도 이 문제는 무리겠죠.

• 何でも知っている彼はどんな質問でも答えられるそうだ。

무엇이든지 알고 있는 그는 어떤 질문이라도 대답할 수 있다고 한다.

☆ 「どんなに 〜ても(でも) 아무리 〜해도」와 구분하도록 하자.

⑳ ～ないで ～하지 않고

• 歯を磨かないで寝る子が多いらしいです。

이를 닦지 않고 자는 아이가 많은 것 같습니다.

• 遊ばないで勉強しなさい。

놀지 말고 공부해.

☆「～ないで」는 '금지나 열거'를 나타내는데, 「～なくて」는 '원인이나 연결'을 나타낸다. 예를 들면, 「朝早く起きなくて遅刻した : 아침에 일찍 일어나지 않아서 지각했다」이다.

㉑ あるのかについて 있는 것인가에 대해서

• 人生においてどのくらいのお金の必要があるのかについて一人で考えてみた。

인생에서 어느 정도의 돈이 필요가 있는 것인가에 대해서 혼자서 생각해 보았다.

• 血液型と性格には関わりがあるのかについて詳しく調べた。

혈액형과 성격에는 관계가 있는 것인가에 대해서 상세하게 조사했다.

☆「あるのか 있는 것인가」+「～について ～에 대해서」의 합성어이다.

㉒ 동사 기본형 + ～ようになる ～하게 되다

• 日本に来て、すしが食べられるようになった。

일본에 와서 초밥을 먹을 수 있게 되었다.

• 彼のおかげで毎日肉を食べるようになった。

그의 덕분으로 매일 고기를 먹게 되었다.

☆「가능동사 + ～ようになる ～할 수 있게 되다」와 「동사 기본형 + ～ようになる ～하게 되다」를 구분하자.

㉓ ～ようになってからは ～하게 되고 나서부터는

• この会社で働くようになってからは生活は楽になった。

이 회사에서 일을 하게 되고 나서부터는 생활은 편해졌다.

• コンピューターを使えるようになってからは、毎日誰かにメールを送っている。

컴퓨터를 사용할 수 있게 되고 나서부터는, 매일 누군가에게 메일을 보내고 있다.

☆「～ようになる ～하게 되다」와 「～てからは ～하고 나서부터는」의 합성어이다.

㉔ い형용사 어간 ＋ 〜く ＋ 동사 ＋ 〜ためには 〜하게 하기 위해서는

• 魚をおいしく作るためには、においを無くすことが大事です。

생선을 맛있게 만들기 위해서는 냄새를 없애는 것이 중요합니다.

• 人間関係を温かくするためには聞き上手になることです。

인간관계를 따뜻하게 하기 위해서는 듣는 것을 잘해야 합니다.

☆「い형용사 어간 ＋ 〜く(부사화)」와 「동사 기본형 ＋ 〜ためには 〜하기 위해서는」의 합성어이다.

㉕ い형용사 어간 ＋ 〜そうに見える 〜한 듯이 보이다

• 歩きながら何かを食べているのを見ると本当においしそうに見える。

걸으면서 무언가를 먹고 있는 것을 보면 정말로 맛있게 보인다.

• 寒そうに見えたので、手ぶくろをやった。

추운 듯이 보였기 때문에 장갑을 주었다.

☆「い형용사 어간 ＋ 〜そうに 〜한 듯이」와 「見える 보이다」의 합성어이다.

㉖ 〜たかというと 〜했는가 하면

• なぜ会社を辞めたかというと、社長のやり方が気に入らなかったからです。

왜 회사를 그만두었는가 하면, 사장의 하는 방법이 마음에 들지 않았기 때문입니다.

• 昨日は何をしたかというと、ずっと図書館で勉強しました。

어제는 무엇을 했는가 하면, 계속 도서관에서 공부했습니다.

☆「동사 과거형 ＋ 〜か 〜했는가」와 「〜というと 〜라고 하면」의 합성어이다.

㉗ 〜なくてもいいような 〜하지 않아도 되는 듯한

• 友だちの話は信じなくてもいいような気がした。

친구의 이야기는 믿지 않아도 좋은 듯한 느낌이 들었다.

• 大事なことだけど、あなたには言わなくてもいいような感じだ。

중요한 일이지만, 당신에게는 말하지 않아도 되는 듯한 느낌이다.

☆「〜なくてもいい 〜하지 않아도 좋다」와 「〜ような 〜듯한」의 합성어이다.

㉘ 〜にすぎないといっても 〜에 지나지 않는다고 해도

• 彼の話がただのうそにすぎないといっても何か不思議な気がした。

  그의 이야기가 단지 거짓말에 지나지 않는다고 해도 뭔가 불가사의한 느낌이 들었다.

• ただ性格が合わないにすぎないといっても、こう泣いてしまっては困る。

  단지 성격이 맞지 않음에 지나지 않는다고 해도, 이렇게 울어버려서는 곤란하다.

☆「〜にすぎない 〜에 지나지 않는다」와「〜といっても 〜라고 해도」의 합성어이다.

㉙ 〜ができるようになってから 〜을 할 수 있게 되고 나서

• 日本語が出来るようになってから日本の映画を週に一回は見ることになった。

  일본어를 할 수 있게 되고 나서 일본 영화를 주에 한 번은 보게 되었다.

• 仕事ができるようになってから、会社に行くのが楽しくなった。

  일을 할 수 있게 되고 나서 회사에 가는 것이 즐거워졌다.

☆「〜ができるようになる 〜을 할 수 있게 되다」와「〜てから 〜하고 나서」의 합성어이다.

㉚ 가능동사의 ます형 + 〜そうもない 〜할 수 있을 것 같지도 않다

• 今年は忙しくて花見には行けそうもない。

  올해는 바빠서 꽃놀이하러 갈 수 있을 것 같지도 않다.

• 大統領になりたいなんて、とても実現できそうもない夢だ。

  대통령이 되고 싶다니, 도저히 실현될 수 있을 것 같지도 않는 꿈이다.

☆「동사 ます형 + 〜そうもない(そうにない) 〜할 것 같지도 않다」도 알아두자.

㉛ …ば 〜ほど …(하)면 〜수록

• 日本語は、勉強すればするほど難しくなるような気がする。

  일본어는, 공부하면 공부할수록 어려워지는 느낌이 든다.

• 安ければ安いほど買う人が多くなるでしょう。

  싸면 쌀수록 사는 사람이 많아지겠죠?

㉜ なくなってしまうだろう 없어져 버릴 것이다

• 会社でいじめが長くなると働く意欲もなくなってしまうだろう。

　회사에서 집단 괴롭힘이 길어지면, 일할 의욕이 없어져 버릴 것이다.

• 石油は少しずつ使っていかないと50年でなくなってしまうだろう。

　석유는 조금씩 사용해 가지 않으면 50년으로 없어져 버릴 것이다.

☆「なくなる 없어지다」와「〜てしまうだろう 〜해 버릴 것이다」의 합성어이다.

㉝ 〜であるとしても 〜라고 해도

• 日本語の先生であるとしても知らない漢字はあるだろう。

　일본어 선생님이라고 해도 모르는 한자는 있을 것이다.

• たとえそれが真実であるとしても誰も信じないだろう。

　비록 그것이 진실이라고 해도 아무도 믿지 않을 것이다.

☆「〜である 〜다」와「〜としても 〜라고 해도」의 합성어이다.

㉞ 〜なくてもいいのですが 〜없어도(않아도) 좋습니다만

• 手紙はしなくてもいいのですが、電話だけはかけてください。

　편지는 하지 않아도 좋습니다만, 전화만은 걸어 주세요.

• 今週まではしなくてもいいのですが、来週までは終わらせてください。

　이번 주까지는 하지 않아도 좋습니다만, 다음주까지는 끝내 주세요.

☆「〜なくても 〜없어도(않아도)」와「いいのですが 좋습니다만」의 합성어이다.

㉟ 〜かどうかによって 〜인가 어떤가에 따라

• 彼の言うことが真実であるかどうかによって、みんな意見が分かれるでしょう。

　그가 한 말이 진실인가 어떤가에 따라, 모두의 의견이 나뉘어지겠죠.

• 英語ができるかどうかによって給料も違うようだ。

　영어를 할 수 있는가 어떤가에 따라 급료도 달라지는 것 같다.

☆「〜かどうか 〜인지 아닌지(어떤지)」와「〜によって 〜에 따라」의 합성어이다.

㊱ 동사 기본형 + 〜な 강한 금지의 명령

• これは会社の秘密だから他の人には言うな。

　이것은 회사의 비밀이니까 다른 사람에게는 말하지 마!

• 台風が上がって来るそうだから海には行くな。

　태풍이 올라온다고 하니까 바다에는 가지 마!

　☆「言うな 말하지 마」「するな 하지 마」「見るな 보지 마」가 출제될 가능성이 크다.

㊲ …なさそうな〜でも …않는(없는) 듯한 〜라도

• あまり野球に興味なさそうな人でも一度見てしまうと好きになるでしょう。

　별로 야구에 흥미가 없는 듯한 사람이라도 한번 봐 버리면 좋아하게 될 것입니다.

• これから可能性がなさそうなことでも一生懸命やればいい結果が出るだろう。

　앞으로 가능성이 없는 듯한 일이라도 열심히 하면 좋은 결과가 나올 것이다.

　☆「〜なさそうな 〜않는(없는) 듯한」과「〜でも 〜라도」의 합성어이다.

㊳ 〜て(で)ばかりいる 〜하기만 하다

• 明日試験なのに子供は遊んでばかりいる。

　내일 시험인데 아이는 놀고만 있다.

• 彼女に何があったのか、一日中泣いてばかりいる。

　그녀에게 무슨 일이 있었는지, 하루 종일 울고만 있다.

　☆「〜たばかりいる」,「〜てばかりする」라고 하면 틀린 표현이다.

㊴ 〜ておいたことであっても 〜해 둔 것이라고 해도

• みんなのためと思って、やっておいたことであっても全然力にならないこともある。

　모두를 위해서 라고 생각하여, 해 둔 것이라고 해도 전혀 힘이 되지 않는 경우도 있다.

• 試験のため勉強しておいたことであっても、試験に出ない場合がたくさんある。

　시험을 위해 공부해 둔 것이라고 해도 시험에 나오지 않는 경우가 많이 있다.

　☆「〜ておいたこと 〜해 둔 일(것)」과「〜であっても 〜라고 해도」의 합성어이다.

㊵ 〜できるようにさせたい 〜할 수 있도록 만들고(시키고) 싶다

• 一人で旅行が_{ひとり}_{りょこう}できるようにさせたい。

혼자서 여행을 할 수 있도록 만들고 싶다.

• 人生のさまざまな問題を自分で解決できるようにさせたい。

인생의 다양한 문제를 스스로 해결할 수 있도록 만들고 싶다.

☆ 「사역표현」은 '〜하게 만들다'로 해석하면 거의 모든 문장을 해석할 수 있다.

㊶ 〜でないといけないのかというと 〜이(가) 아니면 안 되는가 라고 하면

• 目標が「ベスト4」でないといけないのかというと、そうでもない。

목표가 4강이 아니면 안 되는가 라고 하면 그렇지도 않다.

• なぜ彼でないといけないのかというと、彼はこの分野で10年間の経験があるからです。

왜 그가 아니면 안 되는가 라고 하면, 그는 이 분야에서 10년간의 경험이 있기 때문입니다.

☆ 「〜でないと 〜이(가) 아니면」와 「〜いけないのか 〜안 되는가」와 「〜というと 〜라고 하면」의 합성어이다.

㊷ 동사 기본형 + ことができるまで 〜할 수 있을 때까지

• 一人ですべてのことが解決することができるまで応援します。

혼자서 모든 것을 해결할 수 있을 때까지 응원하겠습니다.

• 仕事をすることができるまで手伝います。

일을 할 수 있을 때까지 돕겠습니다.

☆ 「동사 기본형 + ことができる 〜할 수가 있다」와 「〜まで 〜까지」의 합성어이다.

㊸ あるのかによって 있는 것인가에 따라

• 社長の意志がどこにあるのかによって仕事の方向が決められる。

사장님의 의지가 어디에 있는 것인가에 따라 일의 방향이 정해진다.

• 相手の提案に利益があるのかによって受け入れられないこともある。

상대방의 제안에 이익이 있는 것인가에 따라 받아들여지지 않는 경우도 있다.

☆ 「あるのか 있는 것인가」와 「〜によって 〜에 따라」의 합성어이다.

㊹ **あるのかどうかについて** 있는 것인가 어떤가에 대해서

- この薬に効果が**あるのかどうかについて**みんなで議論した。

  이 약에 효과가 있는 것인가 어떤가에 대해서 다같이 토론했다.

- 料金を支払う必要が**あるのかどうかについて**教えてください。

  요금을 지불할 필요가 있는 것인가 어떤가에 대해서 가르쳐 주세요.

  ☆「あるの 있는 것」과「~かどうか ~지 아닌지, ~가 어떤지」와「~について ~에 대해서」의 합성어이다.

㊺ **い형용사 어간 + ~くなりすぎて** 지나치게(너무) ~하게 되어서

- 彼と別れてからさびし**くなりすぎて**我慢できなかった。

  그와 헤어지고 나서 너무 외로워져서 참을 수 없었다.

- この服は小さ**くなりすぎて**着られない。

  이 옷은 지나치게 작아져서 입을 수 없다.

  ☆「い형용사 어간 + ~くなる ~하게 되다」와「동사 ます형 + ~すぎる 지나치게(너무) ~하다」의 합성어이다.

㊻ **~させないでください** ~시키지 않게 해 주세요

- 子供には勉強ばかり**させないでください**。

  아이에게는 공부만 시키지 말아 주세요.

- びっくり**させないでください**。心臓が弱いから。

  놀라게 하지 말아 주세요. 심장이 약하니까.

  ☆「させる 시키다, ~하게 만들다」와「~ないでください ~하지 말아 주세요」의 합성어이다.

㊼ **~なくてもいいようだが** ~하지 않아도(없어도) 좋을 것 같지만

- 彼がい**なくてもいいようだが**、でもいたほうが安心できる。

  그가 없어도 좋을 것 같지만, 하지만 있는 편이 안심할 수 있다.

- 宿題をし**なくてもいいようだが**、後でしかられるかもしれないよ。

  숙제를 하지 않아도 좋을 것 같지만, 나중에 혼날지도 모른다.

  ☆「~なくてもいい ~하지 않아도(없어도) 좋다」와「~ようだが ~인 것 같지만」의 합성어이다.

㊽ **가능동사의 가정형 + いいようだが** ~할 수 있으면 좋을 것 같지만(좋으련만)

• <ruby>任<rt>まか</rt></ruby>せられた<ruby>仕事<rt>しごと</rt></ruby>ができれば**いいようだが**、<ruby>私<rt>わたし</rt></ruby>にはそのような<ruby>力<rt>ちから</rt></ruby>はありません。

   맡겨진 일을 할 수 있으면 좋으련만 , 나에게는 그러한 힘은 없습니다.

• セールスマンとして<ruby>お酒<rt>さけ</rt></ruby>が<ruby>飲<rt>の</rt></ruby>めれば**いいようだが**、<ruby>全然<rt>ぜんぜん</rt></ruby><ruby>飲<rt>の</rt></ruby>めない。

   세일즈맨으로서 술을 마실 수 있으면 좋으련만, 전혀 못 마신다.

☆「동사의 가정형 + いいようだが ~하면 좋으련만」과 구분하도록 하자.

㊾ **가능동사 + ～ようになるまで** ~할 수 있도록 될 때까지

• <ruby>英語<rt>えいご</rt></ruby>ができる**ようになるまで**<ruby>頑張<rt>がんば</rt></ruby>るしかない。

   영어를 할 수 있도록 될 때까지 열심히 할 수밖에 없다.

• <ruby>水泳<rt>すいえい</rt></ruby>ができる**ようになるまで**<ruby>毎日<rt>まいにち</rt></ruby>２<ruby>時間<rt>じかん</rt></ruby>ずつ<ruby>練習<rt>れんしゅう</rt></ruby>した。

   수영을 할 수 있도록 될 때까지 매일 두 시간씩 연습했다.

☆「가능동사:할 수 있다」와「～ようになる ~하도록 되다」와「～まで ~까지」의 합성어이다.

㊿ **동사 ます형 ～ようによっては** ~하는 방법에 따라서는

• コンピューターは<ruby>使<rt>つか</rt></ruby>い**ようによっては**<ruby>速<rt>はや</rt></ruby>くなることも<ruby>遅<rt>おそ</rt></ruby>くなることもある。

   컴퓨터는 사용방법에 따라서는 빨라질 수도 늦어질 수도 있다.

• やり**ようによっては**、みんなが<ruby>喜<rt>よろこ</rt></ruby>ぶ<ruby>解決策<rt>かいけつさく</rt></ruby>があるはずです。

   하는 방법에 따라서는 모두가 기뻐하는 해결책이 있을 것입니다.

☆「동사 ます형 +～よう ~하는 방법」과「～によっては ~에 따라서는」의 합성어이다.

→ 정답 p.52

1 彼氏（　　　）人からのご飯の誘いをどうするか迷っています。

    1　である　　　　　　2　でない　　　　　　3　にある　　　　　　4　にない

2 自分の性格とか考え方とか（　　　）嫌いで辛いです。

    1　に　　　　　　　　2　を　　　　　　　　3　で　　　　　　　　4　が

3 英語の先生（　　　）英語の発音がおかしい。

    1　ので　　　　　　　2　のに　　　　　　　3　なので　　　　　　4　なのに

4 A「山田さん、いつ出発するつもりですか。」

  B「もうすぐ（　　　）と思っています。」

    1　出る　　　　　　　2　出た　　　　　　　3　出ます　　　　　　4　出よう

5 今は忙しくて、手紙の返事が（　　　）。

    1　書けそうでもありません　　　　　　　　2　書きそうでもありません

    3　書けそうもありません　　　　　　　　　4　書きそうもありません

6 この山は登れば（　　　）ほど、険しくなる。

    1　登って　　　　　　2　登る　　　　　　　3　登り　　　　　　　4　登った

7 私は仕事も満足にできず（　　　）。

    1　寝てばかりいる　　　　　　　　　　　　2　寝たばかりいる

    3　寝てだけいる　　　　　　　　　　　　　4　寝ただけいる

8 親は子供を何でも自分で（　　　）ものだ。

    1　できるようにされたい　　　　　　　　　2　できることにされたい

    3　できるようにさせたい　　　　　　　　　4　できることにさせたい

9 髪の毛をドライヤーなどで乾燥（　　　）。

    1　させられなくてください　　　　　　　　2　させなくてください

    3　させられないでください　　　　　　　　4　させないでください

10 事故の原因が何で（　　　）警察は調査した。

    1　あるのかどうかについて　　　　　　　　2　あるのかどうかによって

    3　あるのかについて　　　　　　　　　　　4　あるのかによって

1 おもしろくさえあれば（　　）本でも結構です。

  1 どんな　　　　　　2 どんなに　　　　　3 いくら　　　　　4 いくつ

2 日本へ来て3年に（　　）やっと日本に慣れてきた。

  1 なってので　　　　2 なったので　　　　3 なってから　　　4 なったから

3 彼に何を言った（　　）覚えていない。

  1 んだい　　　　　　2 のに　　　　　　　3 か　　　　　　　4 のと

4 彼がやった（　　）すべて私が責任を持ちます。

  1 もので　　　　　　2 ことで　　　　　　3 ものは　　　　　4 ことは

5 大変な失敗でも考え（　　）プラスになることもある。

  1 ようについては　　　　　　　　　2 ようによっては

  3 ふうについては　　　　　　　　　4 ふうによっては

6 まだ彼の提案に効果が（　　）、はっきり分かりません。

  1 あるのかどうかについて　　　　　2 あったらについて

  3 あるのかどうかによって　　　　　4 あったらによって

7 一年間練習したから、ピアノが（　　）。

  1 ひくようにした　　　　　　　　　2 ひくようになった

  3 ひけるようにした　　　　　　　　4 ひけるようになった

8 彼にどんな能力が（　　）給料も違ってくる。

  1 あるにすぎないによって　　　　　2 あるのかによって

  3 あるにすぎないについて　　　　　4 あるのかについて

9 コンピューターが（　　）、いろんなゲームを楽しんでいる。

  1 するそうになったから　　　　　　2 できるそうになったから

  3 するようになってから　　　　　　4 できるようになってから

10 一人でやって（　　）、がんばります。

  1 いけるようになるといって　　　　2 いけるようになったといって

  3 いけるようになるまで　　　　　　4 いけるようになったまで

→ 정답 p.53

1 山田さんは今日も休む（　　）言ってましたよ。

1 って 　　　　　 2 のも 　　　　　 3 んだ 　　　　　 4 もの

2 電車（　　）降りてバスに乗り換えてください。

1 を 　　　　　 2 で 　　　　　 3 に 　　　　　 4 まで

3 彼に（　　）欠点があっても、私は彼が好きだ。

1 それほど 　　　　　 2 いくら 　　　　　 3 そろそろ 　　　　　 4 ようやく

4 昨日のことは他の人には（　　）ください。

1 言いすぎて 　　　　　 2 言わなくて 　　　　　 3 言わないで 　　　　　 4 言わずに

5 クラス会に（　　）、今はとても忙しくて無理です。

1 行ければいいようだが 　　　　　　　　　　 2 行ければいいとはいえないが

3 行ってはいいとはいえないが 　　　　　　　 4 行ってはいいようだが

6 いきなり（　　）外に出られない。

1 寒くなりすぎないし 　　　　　　　　　　 2 寒くなりすぎて

3 寒くなったにすぎないし 　　　　　　　　 4 寒くなったにかぎって

7 ただの交通事故（　　）もうちょっと詳しく調べる必要があった。

1 にすぎないといっても 　　　　　　　　 2 にすぎないといっては

3 ですぎないといっても 　　　　　　　　 4 ですぎないといっては

8 集まりに（　　）、みんな参加するからね。

1 行かなくてもよくなるが 　　　　　　　 2 行ってもよくなるが

3 行かなくてもいいようだが 　　　　　　 4 行ってもいいようだが

9 子供は言葉が理解できる（　　）いろいろ質問してきた。

1 ようになってからは 　　　　　　　　　 2 ようにしてからは

3 ようになったまでは 　　　　　　　　　 4 ようにしたまでは

10 英語の新聞を（　　）教えるつもりです。

1 読めることができるまで 　　　　　　　 2 読むことができるまで

3 読めることができたか 　　　　　　　　 4 読むことができたか

1 すみません。写真を撮って（　　　）。
   1 くださいませんか　　　　　　　　　2 さしあげませんか
   3 やりませんか　　　　　　　　　　　4 ちょうだいませんか

2 A「日本ラーメンが食べたいですね。」 B「では、明日（　　　）行きませんか。」
   1 食べるには　　　　　2 食べに　　　　　3 食べるに　　　　　4 食べように

3 日本にいる（　　　）、いろんな経験ができてとてもうれしかった。
   1 あいだと　　　　　2 あいだに　　　　　3 あいだ　　　　　4 あいだで

4 彼は昨日遅くまでお酒を飲んだから、今日は眠い（　　　）だ。
   1 ところ　　　　　2 ので　　　　　3 はず　　　　　4 から

5 なぜ英語を習得（　　　）、就職できないからです。
   1 してはいけないか　　　　　　　　　2 しないといけないか
   3 してはいけないかというと　　　　　4 しないといけないかというと

6 体をやわらかく（　　　）毎日の運動が大事です。
   1 するからには　　　　　　　　　　　2 するためには
   3 したからには　　　　　　　　　　　4 したためには

7 教えてもらって（　　　）、メモしておかないと忘れることもある。
   1 あったことであっても　　　　　　　2 おいたことであっても
   3 あったことであっては　　　　　　　4 おいたことであっては

8 人に言ってもまったく（　　　）彼は平気に言う。
   1 信じてもらえるようなことでも　　　2 信じてあげなさそうなことでも
   3 信じてもらえなさそうなことでも　　4 信じてあげようなことでも

9 大事なお客さんがいる（　　　）。
   1 から騒ぐな　　　2 のか騒ぐな　　　3 から騒ぎなさい　　　4 のか騒ぎなさい

10 このテキストには（　　　）ことがたくさんあった。
   1 知らなくてはいいような　　　　　　2 知らなくてもいいような
   3 知らなくてはいいそうな　　　　　　4 知らなくてもいいそうな

→ 정답 p.54

1 相手にしてくれる（　　　）でいいよ。
　1　ところ　　　　　　　2　はず　　　　　　　3　だけ　　　　　　　4　ばかり

2 友だちと喫茶店で1時間（　　　）話しつづけた。
　1　も　　　　　　　　　2　でも　　　　　　　3　にも　　　　　　　4　のも

3 先輩は2時間前に帰った（　　　）です。
　1　だけ　　　　　　　　2　ばかり　　　　　　3　べき　　　　　　　4　ところ

4 テレビを（　　　）早く寝なさい。
　1　見ても　　　　　　　2　見たくて　　　　　3　見ないで　　　　　4　見なくて

5 結婚するとどうしてロマンスが（　　　）か。
　1　なさそうだろう　　　　　　　　　　　　　2　なくなってしまうんだろう
　3　ないようだろう　　　　　　　　　　　　　4　ないらしいだろう

6 この問題は簡単（　　　）、実際に解いてみたら難しかった。
　1　そうに見えたけど　　　　　　　　　　　2　そうに見えたから
　3　ように見えたけど　　　　　　　　　　　4　ように見えたから

7 この問題が（　　　）合格が決まる。
　1　解くようによって　　　　　　　　　　　2　解けるようによって
　3　解くかどうかによって　　　　　　　　　4　解けるかどうかによって

8 すみません。いちいち説明（　　　）。
　1　しそうにいいのですが　　　　　　　　　2　しそうにないのですが
　3　しなくてもないのですが　　　　　　　　4　しなくてもいいのですが

9 なぜ彼女と結婚（　　　）、彼女が金持ちだったからだと彼は平気に言った。
　1　しそうであれば　　　　　　　　　　　　2　したのであれば
　3　しそうというと　　　　　　　　　　　　4　したかというと

10 子供（　　　）大人の言うことはだいたい分かるでしょう。
　1　であるとしても　　　　　　　　　　　　2　にあるとしても
　3　であるとしては　　　　　　　　　　　　4　にあるとしては

3. 수동형

① 수동형으로 만드는 법

(1) 1그룹동사(5단 동사)

부정형＋れる

예) 飲_のむ → 飲_のまれる   行_いく → 行_いかれる

(2) 2그룹동사(상·하1단 동사)

부정형＋られる

예) 食_たべる → 食_たべられる   見_みる → 見_みられる

(3) 3그룹동사(불규칙 동사)

する → される   来_くる → 来_こられる

② 수동형의 문장구조

(1) 피해자(は、が) + 가해자(に) + ○を + 수동(타동사)

예) 私_{わたし}は泥棒_{どろぼう}にラジオを盗_{ぬす}まれた。 나는 도둑에게 라디오를 도둑맞았다.

(2) 피해자(は、が) + 가해자(に) + 수동(자동사)

예) 山田_{やまだ}さんは母_{はは}に行_いかれた。

야마다 씨는 어머니에게 가짐을 당했다. → 어머니가 가라고 해서 억지로 갔다.

☆ 이때 주어에 들어가는 '피해자'라고 하는 것은 정신적, 물리적, 신체적, 피동적 등으로 피해를 당하는 당사자를 말하며, '가해자'라고 하는 것은 정신적, 물리적, 신체적, 피동적 등으로 피해를 주는 자를 말한다. '피해자'와 '가해자'라는 개념을 폭력적인 의미로 해석하면 커다란 오류가 생기므로 주의하기 바란다. 즉, 어머니가 나를 불렀을 경우, 내(피해자)가 어머니(가해자)로부터 불리어졌으므로 나는 피해자가 되고 어머니는 가해자가 된다.

→ 私_{わたし}は母_{はは}に呼_よばれた。 나는 어머니에게 불리어졌다.

그리고 주어, 즉 피해자가 '나'일 경우에는 주어를 생략해서 말해도 된다.

③ 수동형의 여러 가지 용법

(1) 피해의식

내가 혹은 남이 제3자에게 실질적인 피해를 입었을 때 사용한다. 여기서 주의해야 할 것은 주어는 항상 사람이 되어야 하고, 경우에 따라서는 생략이 가능하다. 예문을 보도록 하자.

① 私は友だちにラジオを壊された。

　　나는 친구에게 라디오를 부서짐을 당했다. → 친구가 내 라디오를 부쉈다.

이 문장에서는 엄연히 가해자인 친구가 나의 라디오를 부쉈기에 피해를 당한 내가 주어가 되어 수동으로 표현한 것이다. 그러나 여기서,

①-1 ラジオは友だちに壊された。 　라디오는 친구에게 부서짐을 당했다.

라고 하면 해석은 완벽하게 된다. 그러나 위에서 설명했듯이 주어는 생물이 되어야 하기에(라디오는 무생물) ①-1의 예문은 틀린 것이다.

② 山田さんは先生に叱られた。 　야마다 씨는 선생님에게 꾸중 들었다.

이 문장에서도 가해자인 선생님이 야마다 씨를 꾸짖었기 때문에 피해를 당한 야마다 씨가 주어가 되어 수동으로 표현한 것이다.

③ 仲間が機械に手を挟まれた。 　동료가 기계에 손을 끼였다.

피해자인 동료가 기계에 손이 끼였으므로 수동으로 표현하는 것이 바람직하다.

④ 妹は姉に言われた。 　여동생은 언니에게 혼났다.

아주 많이 쓰는 표현인데, 누구에게 안 좋은 말을 들었을 때 사용하는 문장이다. 즉, 수동의 피해에 관한 문장이 되는 것이다.

※ 각 예문의 문장 구조

① 友だちが　私の　ラジオを　壊した。

　　私は　友だちに　ラジオを　壊された。

② 先生は　山田さんを　叱った。

　　山田さんは　先生に　叱られた。

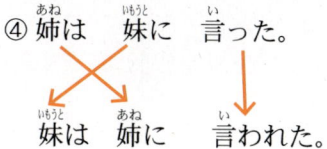

③ 機械が　仲間の　手を　挟んだ。

仲間が　機械に　手を　挟まれた。

④ 姉は　妹に　言った。

妹は　姉に　言われた。

그 외의 참고 예문을 보고 수동의 피해용법에 대해서 공부해 보자.

예) 私は母に日記を読まれた。 어머니가 나의 일기를 읽었다.

今朝、電車で足を踏まれた。 오늘 아침에 전철에서 발을 밟혔다.

すりに財布をすられた。 소매치기에게 지갑을 소매치기 당했다.

先輩にお酒を飲まれた。 선배가 나에게 술을 먹였다.

弟に1万円取られた。 남동생에게 만 엔 빼앗겼다.

(2) 연민의 정

어떠한 사실을 보고 '슬프다', '불쌍하다', '가엾다', '안타깝다'라는 느낌을 받으면 수동으로 표현하여 그 기분을 나타낸다. 이 표현에서도 역시 주어는 생물이다.

① 吉田さんの猫は犬に殺された。

요시다 씨의 고양이는 개에게 죽임을 당했다. → 개가 요시다 씨 집의 고양이를 죽였다.

위의 문장은 화자가 평소에 요시다 씨의 고양이를 귀여워했다는 것을 알 수 있다. 즉, 요시다 씨의 고양이가 죽어서 '슬프다, 불쌍하다'라는 감정을 느껴 수동으로 표현한 것이다. 그러나 만약 요시다 씨의 고양이에 대해 아무런 감정이 없다면,

①-1 犬は吉田さんの猫を殺した。 개는 요시다 씨 집의 고양이를 죽였다.

라고 그냥 사실을 묘사하면 된다.

② 去年、父に死なれた。 작년에 아버지가 돌아가셨다.

여기서 殺される는 죽임을 당하는 것, 즉 살해당하는 것이고 死なれる는 다른 사람의 죽음을 겪는 것, 즉 상을 당하는 것을 말한다. 그래서 아버지의 죽음에 대한 애도의 마음을 가지고 있으므로 수동으로 표현한 것이다. 위의 예문은 다음과 같이 바꾸어 사용해도 무방하다.

②-1 去年、父は亡くなった。 작년에 아버지는 돌아가셨다.

오히려 일본에서는 ②-1처럼 표현하는 경우가 많고, ②처럼 표현하는 것은 실질적으로 문법상에만 존재하는 문장에 지나지 않는다고 볼 수 있다. 심지어는,

②-2 去年、父は死んだ。 작년에 아버지는 죽었다.

라고 무례하기 짝이 없는 표현을 쓰기도 하는데, 현대 일본어의 특징 중 하나인 경어체가 무너지는 현상으로 볼 수 있다. 그러나, 우리는 ②-2로 표현하는 경우도 있다는 정도만 알아두고 바르고 공손한 일본어인 ②-1의 표현을 사용하는 것이 바람직하다고 본다. 공손한 말을 하는데 누가 뭐라고 할 것인가?

※ 각 예문의 문장 구조

① 犬は　　吉田さんの猫を　殺した。

　　　吉田さんの猫は　犬に　殺された。

② 去年、　父は　死んだ。

　　去年、　父に　死なれた。

그 외의 참고 예문을 보자.

예) 金魚は猫に食べられた。 고양이가 금붕어를 먹었다.

　　オウムが猫にやられた。 앵무새가 고양이에게 당했다.

주어가 사람이 아니므로 수동 표현의 (2)연민의 정에 해당한다.

(3) 조화

어떤 행위를 하는 사람(사물)이 있고 그 행위를 받는 사람이 있을 때, 즉 상호간의 조화에 의해 문장이 이루어질 때 수동표현을 사용한다.

① 私は先生に誉められた。 나는 선생님에게 칭찬 받았다.

칭찬하는 선생님과 칭찬을 받는 내가 있으므로 수동표현을 사용하였다.

② 兄は母に呼ばれた。 형은 어머니에게 불리어졌다. → 어머니가 형을 불렀다.

형을 부르는 어머니, 그 부름을 받는 형이 있다.

③ 私は友だちに招待された。 나는 친구에게 초대 받았다.

초대하는 친구가 있고, 초대를 받는 내가 있다.

④ 私は友だちに頼まれた。 나는 친구에게 부탁 받았다.

이 문장 역시 부탁하는 친구, 부탁 받는 내가 있다.

여기서 혹시,

私は先生に叱られた。 나는 선생님에게 혼났다.

라는 문장에서 꾸짖는 선생님, 꾸지람 받는 내가 있으니 (3)조화 용법이 아닌가 질문할 수 있는데, 이 문장은 조화용법 이전에 (1)피해의식 용법에 해당된다.

※ 각 예문의 문장 구조

① 先生は　私を　　誉めた。

　私は　　先生に　誉められた。

② 母は　兄を　呼んだ。

　兄は　母に　呼ばれた。

③ 友だちは　私を　　招待した。

　私は　　友だちに　招待された。

④ 友だちは　私に　　頼んだ。

　私は　　友だちに　頼まれた。

그 외의 참고 예문을 보자.

예) 私は先生に質問された。 나는 선생님에게 질문 받았다.

　　私は野茂さんに誘われた。 노모 씨가 나를 꾀었다.

　　友だちは先生に本を読まれた。 선생님이 친구에게 책을 읽게 했다.

　　彼女は恋人に誕生日のパーティーに招かれた。 그녀는 애인에게 생일파티에 초대 받았다.

195

(4) 숨겨진 주어

이것은 수동표현에서 유일하게 문장구조의 형식에 어긋난 표현이다. 일본에서는 수동용법Ⅱ라고 하여 별도의 문법으로 구성하는데, 본책은 수동용법 (4)숨겨진 주어로 다루겠다. 이 용법은 주어가 무생물이고 항상 '~해지다'로 해석된다. 이 표현은 어떤 현상이 일어나는 것이 주어 스스로의 힘에 의해서 이루어지는 것이 아니라 다른 물리적인 힘, 즉 사람의 힘에 의해서 이루어진다. 결국, 문장상에서 주어는 무생물이지만, 그 내면에 숨어 있는 주어는 사람이라고 할 수 있다. 따라서 문장에서의 주어는 스스로 무언가를 할 수 있는 여력이 없다.

① このビルは去年建てられた。 이 빌딩은 작년에 세워졌다.

주어가 무생물이고 '~해지다'라고 해석된다. 그리고 주어「ビル」는 저절로 세워지는 것이 아니라 인력으로 세워지는 것을 알 수 있다.

② この工場で自動車が生産される。 이 공장에서 자동차가 생산된다.

이 문장도 자동차가 스스로 생산되는 것은 아니다.

③ お酒は米から造られる。 술은 쌀로 만들어진다.

술이 저절로, 즉 스스로의 힘으로 만들어지지 않는다는 것을 알 수 있다.

④ テレビは朝6時から放送される。 텔레비전은 아침 6시부터 방송된다.

텔레비전도 사람의 손에 의해 켜지고, 방송이 된다.

이처럼 위의 문장들은 결국 사람의 손(힘)에 의해 뭔가가 이루어지므로「~によって(~에 따라)」라는 표현과 같이 사용하면 이해가 빠를 것이다.

그 외의 참고 예문을 보자.

예) 石油は船で運ばれる。 석유는 배로 운반된다.

ゴムはインドから輸入される。 고무는 인도에서 수입된다.

この機械はアメリカへ輸出される。 이 기계는 미국에 수출된다.

みかんは機械で分けられる。 귤은 기계로 분류된다.

1 バスの中で知らない人（　　）足を踏まれた。
1 を　　　　　　　2 は　　　　　　　3 に　　　　　　　4 が

2 彼女の親に結婚を反対（　　）困っています。
1 して　　　　　　2 しても　　　　　3 されて　　　　　4 されても

3 この机は木（　　）作られます。
1 を　　　　　　　2 で　　　　　　　3 に　　　　　　　4 が

4 今日も学校に遅れて先生に（　　）しまいました。
1 注意して　　　　2 注意されて　　　3 注意になって　　4 注意させて

5 先生（　　）ほめられてとても嬉しかったです。
1 で　　　　　　　2 が　　　　　　　3 に　　　　　　　4 を

6 友だちに仕事を（　　）、遅く帰りました。
1 頼まれて　　　　2 頼んで　　　　　3 頼ませて　　　　4 頼みで

7 けさ早く（　　）ので、とても眠いです。
1 起こしました　　　　　　　　　　2 起こらせました
3 起こされました　　　　　　　　　4 起きようとした

8 昨日電車の中で財布（　　）とられました。
1 が　　　　　　　2 を　　　　　　　3 に　　　　　　　4 で

9 せんぱいにお金を（　　）こまっています。
1 頼んで　　　　　2 頼ませて　　　　3 頼まれた　　　　4 頼まれて

10 病院で看護婦に足を（　　）。
1 されました　　　2 ふられました　　3 ふまれました　　4 しかられました

4. 사역형

① 사역형으로 만드는 법

(1) 1그룹동사(5단 동사)

부정형 + せる

예) 飲む → 飲ませる   行く → 行かせる

(2) 2그룹동사(상·하1단 동사)

부정형 + させる

예) 食べる → 食べさせる   忘れる → 忘れさせる

(3) 3그룹동사(불규칙 동사)

する → させる

来る → 来させる

② 사역형의 문장 구조

(1) 시키는 자(は、が) + 시킴을 받는 자(に) + ○を + 사역(타동사)

예) 私は弟にかばんを持たせた。 나는 남동생에게 가방을 들게 했다.

(2) 시키는 자(は、が) + 시킴을 받는 자(を) + 사역(자동사)

예) 先生は山田さんを行かせた。 선생님은 야마다 씨를 가게 했다.

(3) 원인제공자(は、が) + 원인제공을 받는 자(を) + 사역(자동사)

예) 兄は弟を泣かせた。 형은 남동생을 울게 했다.

☆ 이때 '시키는 자'라고 하는 것은 상대방에게 어떤 행동, 역할, 임무 등을 하게 하는 사람을 말하며, 그러한 역할을 담당하는 사람이 '시킴을 받는 자'인 것이다. 그리고 원인 제공자인 형은 남동생을 울게 한 장본인, 즉 형이 남동생에게 울라고 시킨 것이 아니고 형이 남동생을 울게 한 원인을 제공(때렸다)했다는 의미이다.

③ 사역형의 여러 가지 용법

(1) 역할·임무 제공

A라는 사람이 B라는 사람에게 어떤 행위를 시킬 때 사용하는 용법으로, 가장 일반적인 사역 표현이라 할 수 있다.

① 先生は学生に勉強させました。 선생님은 학생에게 공부를 시켰습니다.

→ 공부를 시킨 사람이 선생님이기에 사역 표현을 사용했다.

② 母は子供を公園で遊ばせました。 어머니는 아이를 공원에서 놀게 했습니다.

→ 아이를 공원에서 놀게 한 사람이 어머니, 즉 공원에서 노는 행위를 시켰기에 사역 표현이 성립된 것이다.

③ 先輩は後輩に本を読ませました。 선배는 후배에게 책을 읽게 했습니다.

→ 책을 읽는 행위를 시킨 사람이 선배이기에 사역 표현을 쓴 것이다.

☆ 여기에서 역할, 임무 제공이라는 것은 어떤 대단한 행위가 아닌 보통의 일반적인 행위라는 것에 유념하기 바란다.

※ 각 예문의 문장 구조

① • 先生は学生に「勉強しなさい」と言いました。 선생님은 학생에게 '공부해라'라고 했습니다.
　 • それで学生は勉強しました。 그래서, 학생은 공부를 했습니다.
　 → 先生は学生に勉強させました。 선생님은 학생에게 공부를 시켰습니다.

② • 母は子供に「公園で遊びなさい」と言いました。 어머니는 아이에게 '공원에서 놀아라'라고 했습니다.
　 • それで子供は公園で遊びました。 그래서, 아이는 공원에서 놀았습니다.
　 → 母は子供を公園で遊ばせました。 어머니는 아이를 공원에서 놀게 했습니다.

③ • 先輩は後輩に「本を読みなさい」と言いました。 선배는 후배에게 '책을 읽어라'라고 했습니다.
　 • それで後輩は本を読みました。 그래서 후배는 책을 읽었습니다.
　 → 先輩は後輩に本を読ませました。 선배는 후배에게 책을 읽게 했습니다.

(2) 원인 제공

A라는 사람이 직접적으로 B라는 사람에게 어떠한 행위를 요구하진 않았지만, A라는 사람의 행동과 말에 의해 B라는 사람의 행위가 이루어질 때 사용하는 표현이다. 이때 B라는 사람의 행위는 감정의 변화, 이를테면 놀람, 기쁨, 슬픔 등을 나타낸다.

① 兄は弟の頭をたたいて泣かせました。 형이 남동생의 머리를 때려 울게 했습니다.

② 先生が怖い話をして学生たちを怖がらせました。
   선생님이 무서운 이야기를 해서 학생들을 무섭게 했습니다.

③ 李先生が学校をやめて学生たちを悲しませました。
   이 선생님이 학교를 그만두어 학생들을 슬프게 했습니다.

예문 중 ①은 형이 동생에게 '울어'라고 명령하지는 않았지만 형이 동생의 머리를 때린 행위, 즉 울게 한 원인을 제공하였기에 사역 표현을 사용했다. ②에서는 선생님의 무서운 이야기가 학생들을 무섭게 한 원인이다. 그리고 ③ 역시 이 선생님이 학교를 그만둔 것이 원인이 되어 학생들이 슬퍼하는 것이다.

※ 각 예문의 문장 구조

① • 兄は弟の頭をたたきました。 형은 남동생의 머리를 때렸습니다.
   • それで、弟は泣きました。 그래서 남동생은 울었습니다.
   → 兄は弟の頭をたたいて泣かせました。 형은 남동생의 머리를 때려 울게 했습니다.

② • 先生が怖い話をしました。 선생님이 무서운 이야기를 했습니다.
   • それで、学生は怖がりました。 그래서 학생들은 무서워했습니다.
   → 先生が怖い話をして学生たちを怖がらせました。
     선생님이 무서운 이야기를 해서 학생들을 무섭게 했습니다.

③ • 李先生が学校をやめました。 이 선생님이 학교를 그만두습니다.
   • それで、学生たちは悲しみました。 그래서 학생들은 슬퍼했습니다.
   → 李先生が学校をやめて学生たちを悲しませました。
     이 선생님이 학교를 그만두어 학생들을 슬프게 했습니다.

(3) 자체 사역(적극적 행위)

이것은 동사가 사역을 만드는 법으로 바꾸는 것이 아니고 스스로 자체 사역동사를 가지고 있는 경우로, 어떤 면에서는 자·타동사 용법과 동일하다고 할 수 있다. 이러한 동사들은 꽤 많이 있지만, 흔히 쓰이는 동사와 그 용례를 설명해 보겠다.

① 飛ぶ → 飛ばす

→ 子供は紙飛行機を飛ばしました。 아이는 종이비행기를 날렸습니다.

아이가 직접 종이비행기를 잡고 하늘로 날린 것이다.

② 起きる → 起こす

→ 母は子供を起こしました。　어머니는 아이를 깨웠습니다.

어머니가 아이를 깨우기 위해 몸을 흔든다든가 소리를 질러서 깨우게 한 것이다. 물론 어머니가 아이에게 '일어나세요'라고 말로 하는 경우도 있지만, 보통의 일본인들의 감각은 어머니의 적극적인 행위를 생각한다.

③ 寝る → 寝かす

→ 母は赤ちゃんを寝かしました。 어머니는 아기를 재웠습니다.

④ 乗る → 乗せる

→ 兄は弟をバスに乗せました。 형은 남동생을 버스에 태웠습니다.

⑤ 降りる → 降ろす

→ 父は子供を電車から降ろしました。 아버지는 아이를 전철에서 내리게 했습니다.

⑥ 逃げる → 逃す

→ きこりはたぬきを逃しました。 나무꾼은 너구리를 놓아 주었습니다.

⑦ 見る → 見せる

→ 昨日、買ったかばんを見せました。 어제 산 가방을 보였습니다.

그런데 여기서 일본어 학습자들은 의문을 가질 것이다. 그러면 「飛ぶ」의 사역형인 「飛ばせる」나 「起きる」의 사역형 「起きさせる」라는 표현은 없는 것인가? 물론 이런 표현들도 있다. 아래의 예문에서 살펴보자.

* 父は子供を電車から降りさせました。 아버지는 아이를 전철에서 내리게 했습니다.

자체 사역은 적극적 행위가 수반되는 것에 반해, 위의 문장은 적극적 행위가 수반되지 않는다. 즉, 아버지가 아이에게 전철에서 내리라고 지시해서 아이가 전철에서 내린 것이다.

* 母は赤ちゃんを寝させました。 어머니는 아기를 자게 했습니다.

이 표현도 어머니가 아기를 안고 재운 것이 아니라, 어머니가 아이에게 자라고 지시하여 아이가 자러 방에 들어간 것이다.

위의 표현들은 보통의 일본인들은 잘 사용하지 않는다. 현대 일본어에서는 자체 사역동사가 위의 내용까지 같이 나타내기 때문이다.

한편, 食べる의 사역 표현 食べさせる는 자체 사역이 아님에도 불구하고 적극적인 행위성을 띠고 있다.

→ お母さんは赤ちゃんにご飯を食べさせています。 어머니는 아기에게 밥을 떠먹이고 있습니다.

위의 예문과 같이 어머니가 어린이에게 '밥을 먹어라'고 시켜서 아이가 먹는 경우도 있지만, 갓난아기라면 어머니가 떠먹여 주어야 먹을 수 있는 것이다.

(4) 이중 사역

(3)의 자체 사역동사의 사역으로서, 원래의 사역행위와 적극적 행위가 합쳐진 것이다. 예문을 통해서 알아보자.

* 父は兄に弟をバスに乗せさせました。 아버지는 형에게 남동생을 버스에 태우게 했습니다.

자체 사역동사의 적극적 행위와 원래의 사역이 결부된 것이다. 아버지가 형에게 남동생을 버스에 태우게 시키는 사역과, 형이 남동생을 버스에 태우는 자체 사역이 들어간 것이기 때문에, 이중 사역이 되는 것이다.

* 母は姉に妹を起こさせました。 어머니는 언니에게 여동생을 깨우게 했습니다.

어머니가 언니에게 여동생을 깨우도록 시키는 사역과, 언니가 여동생을 흔들어 깨우는 자체 사역이 들어가서, 이중 사역이 된 것이다.

1　疲れて何もしたくないのに母は私に部屋の掃除を（　　　）。
　　1　させました　　　　　　　　　　　2　させてあげました
　　3　させてもらいました　　　　　　　4　されました

2　それについては私（　　）説明させてください。
　　1　に　　　　　　2　は　　　　　　3　を　　　　　　4　が

3　子どもにはいい音楽をたくさん（　　）ほうがいいですよ。
　　1　聞いた　　　　2　聞かれた　　　　3　聞かせた　　　　4　聞こえた

4　私はできませんので、友だち（　　）やらせてみましょう。
　　1　に　　　　　　2　を　　　　　　3　が　　　　　　4　で

5　お母さんは風邪をひいた子どもを病院に（　　）。
　　1　行かれました　　2　行かせました　　3　行きました　　4　行きます

6　今日の会議の準備は私に（　　）ください。
　　1　やらせて　　　　2　やって　　　　3　やらせられて　　4　やられて

7　先生は生徒に教室を掃除（　　）。
　　1　した　　　　　　2　できた　　　　3　なさった　　　　4　させた

8　親に事故がありましたから、明日は（　　）ください。
　　1　休ませて　　　　2　休みさせて　　　3　休むさせて　　　4　休めさせて

9　その荷物は私（　　）持たせてください。
　　1　を　　　　　　2　に　　　　　　3　で　　　　　　4　が

10　先生はおもしろい話をして生徒（　　）笑わせました。
　　1　に　　　　　　2　を　　　　　　3　が　　　　　　4　と

5. 사역수동형

① 사역수동형으로 만드는 법

(1) 1그룹동사(5단 동사)

부정형 + される・せられる

예) 飲む → 飲まされる／飲ませられる 行く → 行かされる／行かせられる

(2) 2그룹동사(상·하1단 동사)

부정형 + させられる

예) 食べる → 食べさせられる 忘れる → 忘れさせられる

(3) 3그룹동사(불규칙 동사)

する → させられる

来る → 来させられる

② 사역수동형의 문장구조

(1) 피해자(は、が) + 가해자(に) + ○を + 사역수동(타동사)

예) 私は先輩にお酒を飲まされた。 나는 선배가 술을 마시라고 해서 억지로 마셨다.

(2) 피해자(は、が) + 가해자(に) + 사역수동(자동사)

예) 山田さんは母に行かされた。 야마다 씨는 어머니에게 가짐을 당했다. → 어머니가 가라고 해서 억지로 갔다.

☆ 이때 주어에 들어가는 '피해자'라고 하는 것은 정신적, 물리적, 신체적, 피동적 등으로 피해를 당하는 당사자를 말하며, '가해자'라고 하는 것은 정신적, 물리적, 신체적, 피동적 등으로 피해를 주는 자를 말한다. '피해자'와 '가해자'라는 개념을 폭력적인 의미로 해석하면 커다란 오류가 생기므로 주의하기 바란다.

③ 사역수동이 쓰이는 용법

(1) 수동Ⅰ(피해의식) + 사역Ⅰ(역할임무제공)

내가 혹은 남이 제3자에게 시킴을 당했는데(사역Ⅰ), 그 일을 하기 싫을 때(수동Ⅰ) 사용하는 표현이다. 그럼 수동과 어떤 차이가 있는가 하는 것인데, 원래의 수동형은 피해라는 문장만 있고 시킴을 당하는 개념은 없다.

私は泥棒に盗まれた。〈수동형〉 나는 도둑에게 도둑맞았다.

위의 문장에서 시키는 자는 찾아 볼 수 없다.

私は先輩にお酒を飲まされた。〈사역수동〉 선배가 술을 마시라고 해서 억지로 마셨다.

그러나 위의 문장은 마시기 싫은 술을 선배가 마시라고 해서 억지로 마셨으므로 사역수동의 표현이 적합한 것이다.

다른 예문을 보자.

① 妹は姉に行かされた。 여동생은 언니가 가라고 해서 억지로 갔다.

위 문장의 구조를 보자.

- 姉は妹に「行きなさい」と言った。 언니는 여동생에게 '가라'라고 했다.
- だけど妹は行きたがらない。 하지만, 여동생은 가기 싫어한다.
- → 妹は姉に行かされた。 여동생은 언니가 가라고 해서 억지로 갔다.

② 子供は母に勉強させられた。 어머니가 아이를 억지로 공부시켰다.
- 母が子供に「勉強しなさい」と言った。 어머니가 아이에게 '공부해라'라고 말했다.
- だけど子供は勉強したがらない。 하지만, 아이는 공부하고 싶어하지 않는다.
- → 子供は母に勉強させられた。 어머니가 아이를 억지로 공부시켰다.

(2) 수동Ⅰ(피해의식) + 사역Ⅱ(원인제공)

내가 혹은 남이 제3자에게 원인제공을 받아(사역Ⅱ), 피해를 입었을 때(수동Ⅰ) 사용하는 표현이다.

私は彼女に1時間も待たされた。 그녀가 나를 1시간이나 기다리게 했다.

나를 1시간이나 기다리게 한 원인제공을 그녀가 하였고(사역Ⅱ), 내가 피해를 입었으므로(수동Ⅰ) 사역수동을 사용한 것이다.

(3) 수동Ⅲ(조화) + 사역Ⅱ(원인제공)

私はあの映画を見てすごく感心させられました。 나는 저 영화를 보고 엄청나게 감동 받았다.

위의 문장은 감동을 주는 영화와 그 감동을 받는 내가 있고(수동Ⅲ), 감동을 하게 한 원인을 제공(사역Ⅱ)했으므로 사역수동을 사용한 것이다.

(4) 수동Ⅰ(피해의식) + 사역Ⅲ(자체 사역 – 적극적 행위)

私は母に起された。 어머니가 억지로 깨워서 일어났다.

일어나기 싫은(수동Ⅰ) 나를 억지로 깨웠기 때문에(사역Ⅲ) 사역 수동을 사용한 것이다.

1　僕は彼女（　　　）1時間も待たされた。

　　1　に　　　　　　　　2　で　　　　　　　　3　を　　　　　　　　4　が

2　私は飲みたくなかったが、部長に酒を（　　　）。

　　1　飲まされた　　　　2　飲んだ　　　　　　3　飲ませた　　　　4　飲もうとした

3　補習で、夏休みなのに学校に（　　　）。

　　1　来た　　　　　　　2　来ようとした　　　3　来させた　　　　4　来させられた

4　子供のとき、きらいな野菜（　　　）食べさせられた。

　　1　に　　　　　　　　2　を　　　　　　　　3　が　　　　　　　　4　で

5　みんなの前で（　　　）困った。

　　1　歌って　　　　　　2　歌いをして　　　　3　歌わされて　　　4　歌わせて

6　毎日宿題を（　　　）、遊ぶ時間がない。

　　1　させて　　　　　　2　したが　　　　　　3　するが　　　　　　4　させられて

7　先輩は後輩（　　　）お金を払わされました。

　　1　を　　　　　　　　2　が　　　　　　　　3　に　　　　　　　　4　から

8　子供たちは両親に自分の荷物を（　　　）。

　　1　持ちなさい　　　　2　持たせられた　　　3　持たれた　　　　4　持った

9　学生は授業中、先生にテープを（　　　）本を（　　　）します。

　　1　聞かせたり／読ませたり　　　　　　　2　聞こうと／読もうと

　　3　聞かされたり／読ませられたり　　　　4　聞いたり／読んだり

10　この国の冬の景色には（　　　）ものがある。

　　1　おどろかせる　　2　おどろかされる　　3　おどろいた　　　4　おどろこうとした

6. 존경·겸양 표현

① 존경 표현

(1) お + 동사 ます형 + になる

예) お帰りになる。 돌아가시다.

お着きになる。 도착하시다.

お食べになる。 드시다.

お飲みになる。 드시다. (음료수류)

お待ちになる。 기다리시다.

(2) お + 동사 ます형 + ください

예) お待ちください。 기다려 주세요.

お飲みください。 드세요.

お止めください。 그만 두세요.

お帰りください。 돌아가세요.

お座りください。 앉으세요.

(3) お + 동사 ます형 + です

예) お待ちです。 기다리십니다.

お出掛けです。 외출하십니다.

お帰りですか。 돌아가십니까?

お止めですか。 그만두십니까?

お着きですか。 도착하십니까?

(4) 가능동사 + ～られる

예) 先生が言われました。 선생님이 말씀하셨습니다.

こちらを見られている方が社長です。 이쪽을 보고 계시는 분이 사장님입니다.

部長はもう帰られました。 부장님은 벌써 돌아가셨습니다.

先生、明日来られますか。 선생님, 내일 오실 수 있으십니까?

この本は教授が書かれたものです。 이 책은 교수님이 쓰신 것입니다.

② 경양 표현

(1) お＋동사 ます형＋する(いたす)

예) お待ちします。 기다리겠습니다.

　　お願いします。 부탁합니다.

　　お帰りします。 돌아가겠습니다.

　　お止めします。 그만두겠습니다.

　　お持ちします。 들겠습니다.

(2) 동사의 사역형＋〜ていただく(〜하겠습니다)

예) 休ませていただきます。 쉬겠습니다.

　　終わらせていただきます。 끝내겠습니다.

　　閉めさせていただきます。 닫겠습니다.

　　やらせていただきます。 하겠습니다.

　　読ませていただきます。 읽겠습니다.

③ 존경과 경양을 구분하는 방법

☆ 시험에 잘 나오는 것은 문장에서 존경표현을 써야 하는가, 아니면 경양표현을 써야 하는 것인가 이다. 일본어 학습자들이 가장 어려워하는 부분 중의 하나이고 헷갈리기 쉬운 부분이지만, 아래의 내용만 주의하면 문제 없을 것이다.

행위자가 누구인가를 파악한다. 즉, 나(私) 혹은 나와 관련이 있는 사람(자기 가족과 직장 상사 및 동료)을 다른 사람에게 표현할 때는 항상 경양표현을 사용해야 한다. 구체적인 예를 들어 보자.

① そのかばんはわたしがお持ちします。 그 가방은 제가 들겠습니다.

→ 가방을 드는 행위자는 나 자신이므로 경양표현을 쓴다.

② 先生はもうお帰りになりました。 선생님은 벌써 돌아가셨습니다.

→ 행위자가 선생님이므로 존경표현을 쓴다.

③ 山田さん、そこでお待ちください。 야마다 씨, 그곳에서 기다려 주세요.

→ 행위자가 다른 사람이므로 존경표현을 쓴다.

④ お客　山田ぶちょう、いらっしゃいますか。 야마다 부장님, 계십니까?
　　吉田　山田はただいま、おりませんが。 야마다 부장님은 지금 안 계십니다만.

→ 손님의 입장에서는 야마다 부장은 남이므로 존경표현을 사용한 것이고, 요시다는 직장상사를 다른 사람에게 표현
　하는 것이므로 겸양표현을 사용한 것이다.

⑤ すみませんが、窓を閉めさせていただきます。 죄송하지만, 창문을 닫겠습니다.

→ 창문을 닫는 사람이 본인이므로 겸양표현을 사용한 것이다.

⑥ あの本、もう読まれましたか。 저 책, 벌써 다 읽었습니까?

→ 수동형은 존경의 의미를 가지고 있으며, 다른 사람의 행위를 묻는 것이므로 존경표현을 쓴다.

⑦ これはぶちょうにお借りした本です。 이것은 부장님께 빌린 책입니다.

→ 빌린 사람이 나이므로 행위자는 나다. 그래서 겸양표현을 쓴 것이다.

⑧ 先生のおにもつはわたしがお持ちします。 선생님 짐은 제가 들겠습니다.

→ 행위자가 나이므로 겸양표현을 썼다.

⑨ 社長がおっしゃるのはよく分かりません。 사장님이 하시는 말씀은 잘 모르겠습니다.

→ 화자는 다른 사람에게 자기 쪽 사람(사장님)을 표현한 것이 아니고, 자기가 상사(사장님)의 말을 잘 모르겠다고
　하는 것이다. 즉, 말한 것은 사장님이므로 존경표현을 쓴 것이다.

⑩ あべさんは5時ごろお着きになると思います。 아베 씨는 5시경에 도착하십니다.

→ 도착하는 사람은 남이다. 그래서 존경표현을 사용한 것이다.

⑪ これがわたしがお話しした車です。 이것이 제가 말씀드린 차입니다.

→ 말한 당사자는 나이므로 나의 행위다. 그래서 겸양표현을 쓴 것이다.

⑫ 来週までにお返しください。 다음 주까지 돌려주세요.

→ 돌려주는 사람은 남, 즉 남의 행위이므로 존경표현을 쓴 것이다.

⑬ どうぞ、お入りください。 들어오십시오.

→ 들어오는 사람은 손님, 즉 남의 행위이므로 존경표현을 쓴 것이다.

그 외에 동사가 원래부터 가지고 있는 존경어와 겸양어는 다음과 같다. 이것은 반드시 외워야 하는 것이므로, 평소
부터 꾸준히 봐주는 것이 좋다.

④ 존경어 / 겸양어

보통체 \ 종류	존경어	겸양어
会う 만나다		お目にかかる
言う 말하다	おっしゃる	申す・申し上げる
いる 있다	いらっしゃる	おる
する 하다	なさる	致す
やる 주다		上げる・差し上げる
もらう 받다		いただく・ちょうだいする
くれる 주다	下さる	
行く 가다	いらっしゃる おいでになる おこしになる	参る
来る 오다	いらっしゃる おいでになる おこしになる お見えになる	参る
食べる 먹다 飲む 마시다	召し上がる あがる	いただく
見る 보다	ご覧になる	拝見する
聞く 듣다		うけたまわる
聞く 묻다・尋ねる 묻다 訪ねる 방문하다		伺う
見せる 내보이다		ご覧にいれる・お目にかける
思う 생각하다		存じる
着る 입다	お召しになる	
分かる 알다		かしこまる・承知する

1 午後6時までに（　　）ください。

　　1 ご連絡　　　　　　2 ご連絡して　　　　3 連絡に　　　　　4 連絡

2 A「じゃ、3時ごろおうかがいします。」

　　B「（　　）。」

　　1 お待ちになります　　　　　　　　　2 お待ちします

　　3 お待たせしました　　　　　　　　　4 お待ちしています

3 私が駅まで車でお（　　）します。

　　1 送って　　　　　　2 送るに　　　　　　3 送り　　　　　　4 送りに

4 先生はいつお（　　）なりますか。

　　1 帰り　　　　　　　2 帰りに　　　　　　3 帰るに　　　　　4 帰って

5 昨日、ここにいらっしゃった方を（　　）か。

　　1 ごぞんじします　　　　　　　　　　2 ごぞんじございます

　　3 ごぞんじです　　　　　　　　　　　4 ごぞんじなさいます

6 山田さん、夏休みにどこかへ（　　）。

　　1 おでかけになりますか　　　　　　　2 おでかけにしますか

　　3 おでかけなりますか　　　　　　　　4 おでかけにですか

7 A「すみません。夜、約束があるので今（　　）。」

　　B「うん、いいよ。おつかれさま。」

　　1 帰らせていただきたいんですが

　　2 帰らせてさしあげたいんですが

　　3 帰られていただきたいんですが

　　4 帰られてさしあげたいんですが

8　山田「木田さん、今日のことをサチコさんに伝えてくださいませんか。」
　　木田「分かりました。　あとで（　　　）。」

　　1　お伝えになります　　　　　　　2　お伝えします

　　3　伝えております　　　　　　　　4　伝われます

9　先生は私にいろいろなことを（　　　）。

　　1　お話ししました　　　　　　　　2　いらっしゃいました

　　3　お話しいたしました　　　　　　4　おっしゃいました

10　先生、あした時間が（　　　）。

　　1　おありますか　　　　　　　　　2　いらっしゃいますか

　　3　ございますか　　　　　　　　　4　おっしゃいますか

Part 3

問題2 문장 만들기 대비

- 단계별 훈련

01 공란이 3개인 문제
02 공란이 4개인 문제

⑴ 공란이 3개인 문제

실전 문제에서는 공란이 4개가 나오지만, 이 문제를 처음 접할 경우는 어려울 수 있으므로, 우선 공란이 3개인 문제를 충분히 연습하고 나서 공란이 4개인 문제로 넘어가도록 하자.
여기서 문제 유형은 단문과 대화문으로 구성하였다. 단문과 대화문의 연습을 충분히 해 두어 문장의 흐름과 문장의 연결에 대해 이해하도록 하자.

일본어에서 기본적인 문장의 구조를 간단히 살펴 보면 아래와 같다. 다음 내용을 유념하고 문제를 풀어보자.

① 주어 + 조사 + 서술어
　예) 私は行く
　　　夜は寒い

② 명사 + の + 명사
　な형용사 + な + 명사
　い형용사 + 명사
　동사 + 명사

N3 수준에서는 기본적인 문법을 바탕으로 문장의 연결을 생각하면 어렵지 않게 문제를 풀 수 있을 것이다.

→ 정답 p.58

1 山田さんが ＿＿＿ ＿★＿ ＿＿＿ 先生に注意された。
1 遅れて 　　　　 2 に 　　　　　 3 授業

2 彼に ＿＿＿ ＿★＿ ＿＿＿ わかりません。
1 か 　　　　　 2 言った 　　　　 3 何を

3 先輩に教えて ＿＿＿ ＿★＿ ＿＿＿ なれました。
1 仕事に 　　　　 2 やっと会社の 　　 3 もらって

4 宿題は ＿＿＿ ＿★＿ ＿＿＿ 書いてください。
1 ではなく 　　　 2 ボールペン 　　 3 鉛筆で

5 本を ＿＿＿ ＿★＿ ＿＿＿ きた。
1 いて 　　　　 2 目が疲れて 　　 3 読んでばかり

6 銀行の ＿＿＿ ＿★＿ ＿＿＿ どれですか。
1 前を 　　　　 2 バスは 　　　　 3 通る

7 父に ＿＿＿ ＿★＿ ＿＿＿ しまいました。
1 ぬすまれて 　　 2 ぼうしを 　　 3 もらった

8 あしたの ＿＿＿ ＿★＿ ＿＿＿ でしょう。
1 テストは 　　　 2 たぶん 　　　 3 難しい

9 今日 ＿＿＿ ＿★＿ ＿＿＿ 言わないでください。
1 話は 　　　　 2 だれにも 　　 3 聞いた

10 ここでは、＿＿＿ ＿★＿ ＿＿＿ されています。
1 禁止 　　　　 2 たばこを 　　 3 吸うことは

→ 정답 p.58

1 親の _____ ★ _____ 聞きなさい。

  1 ことは   2 ちゃんと   3 言う

2 この本は _____ ★ _____ 読んでみてください。

  1 一度   2 おもしろいので   3 とても

3 駅前にある _____ ★ _____ 親切です。

  1 レストランは   2 店員も   3 きれいだし

4 昨日 _____ ★ _____ つづいている。

  1 降り   2 ずっと雨が   3 から

5 私も _____ ★ _____ と思いました。

  1 あったら   2 いいな   3 あんなカメラが

6 昨日の〔きのう〕 _____ ★ _____ はずですよ。

  1 来る   2 話では   3 張本先輩も〔はりもとせんぱい〕

7 今日は _____ ★ _____ ありません。

  1 よりあまり   2 暑く   3 昨日

8 道が _____ ★ _____ 乗った。

  1 地下鉄に   2 ために   3 こんだ

9 ここから _____ ★ _____ 近いですか。

  1 どちらが   2 と   3 東京と大阪〔とうきょう おおさか〕

10 その話は今、 _____ ★ _____ なんです。

  1 ところ   2 伝えた〔つた〕   3 彼に〔かれ〕

→ 정답 p.59

1 ゆうべは 5時間 ＿＿＿ ★ ＿＿＿ いました。

   1 待って   2 も   3 彼女（かのじょ）を

2 僕が ＿＿＿ ★ ＿＿＿ 返してください。

   1 お金は   2 来週までに   3 貸した

3 その漢字は ＿＿＿ ★ ＿＿＿ よく間違えます。

   1 でも   2 日本語の先生   3 難（むずか）しくて

4 彼（かれ）は ＿＿＿ ★ ＿＿＿ 学生です。

   1 中国   2 からの   3 去年

5 お金は ＿＿＿ ★ ＿＿＿ なくて買えなかった。

   1 時間が   2 のに   3 あった

6 半分は ＿＿＿ ★ ＿＿＿ 食べてね。

   1 だけ   2 妹のだから   3 半分

7 山本（やまもと）さん、木村（きむら）さんに ＿＿＿ ★ ＿＿＿ 言ってください。

   1 午前中に   2 来るように   3 あした

8 テレビを見ながら ＿＿＿ ★ ＿＿＿ くせです。

   1 息子（むすこ）の   2 のが   3 ごはんを食べる

9 私は ＿＿＿ ★ ＿＿＿ コーヒーを飲みます。

   1 行くまえに   2 会社に   3 毎朝

10 冬休みは ＿＿＿ ★ ＿＿＿ と思っています。

   1 友だちと   2 習おう   3 水泳を

1 今週は ＿＿＿＿ ＿★＿ ＿＿＿＿ ひきやすい。

　1 かぜを　　　　　　　2 寒いから　　　　　　3 先週より

2 子どもにはちゃんと ＿＿＿＿ ＿★＿ ＿＿＿＿ 。

　1 マナーを　　　　　　2 習わせて　　　　　　3 ください

3 宿題のために、＿＿＿＿ ＿★＿ ＿＿＿＿ 書かなければなりません。

　1 感想文を
　　かんそうぶん　　　　2 読んでから　　　　　3 この本を

4 ここで騒ぐな。みんな ＿＿＿＿ ＿★＿ ＿＿＿＿ しろ。
　　　　さわ

　1 から　　　　　　　　2 静かに　　　　　　　3 勉強している

5 私も ＿＿＿＿ ＿★＿ ＿＿＿＿ つもりです。

　1 行く　　　　　　　　2 あつまりに　　　　　3 明日の

6 午後 ＿＿＿＿ ＿★＿ ＿＿＿＿ 始まっていません。

　1 会議は　　　　　　　2 まだ　　　　　　　　3 からの

7 どうして ＿＿＿＿ ＿★＿ ＿＿＿＿ までしなかったの。

　1 しめきり　　　　　　2 レポート　　　　　　3 を

8 図書館の ＿＿＿＿ ＿★＿ ＿＿＿＿ きれいだった。

　1 思ったより　　　　　2 とても　　　　　　　3 中は

9 山田さんは友だちが ＿＿＿＿ ＿★＿ ＿＿＿＿ なかったです。

　1 若くも　　　　　　　2 ことより　　　　　　3 言った

10 友だちは ＿＿＿＿ ＿★＿ ＿＿＿＿ ない。

　1 来るはずが　　　　　2 あしたの旅行に　　　3 病気なので

→ 정답 p.60

1 財布と ＿＿＿ ★ ＿＿＿ あります。

   1 おいて   2 帽子は   3 テーブルの上に

2 窓の ＿＿＿ ★ ＿＿＿ 開けてみた。

   1 外で   2 して   3 変な音が

3 彼は ＿＿＿ ★ ＿＿＿ 飲みます。

   1 何でも   2 なら   3 お酒

4 この薬を ＿＿＿ ★ ＿＿＿ 要ります。

   1 飲む   2 のに   3 お湯が

5 来週会議は ＿＿＿ ★ ＿＿＿ なったんです。

   1 みんなで   2 ことに   3 する

6 さっきご飯を食べた ＿＿＿ ★ ＿＿＿ すいた。

   1 お腹が   2 また   3 のに

7 今日の ＿＿＿ ★ ＿＿＿ 忘れちゃいけない。

   1 集まりに   2 書類を   3 使う

8 むすこもあの映画を ＿＿＿ ★ ＿＿＿ そうです。

   1 見られない   2 未成年者は   3 見たがっているが

9 新幹線に乗った ＿＿＿ ★ ＿＿＿ そうです。

   1 すごい   2 スピードが   3 ことはないが

10 本だな ＿＿＿ ★ ＿＿＿ いっぱい入っています。

   1 いろいろな   2 に   3 本が

② 대화문

→ 정답 p.61

1 山田「木田さん、その仕事はいつごろ終わりそうですか。」
　　木田「そうですね。 ＿＿＿ ＿★＿ ＿＿＿ 終わると思います。」

　　1 あしたには　　　　2 分かりませんが　　3 はっきりは

2 A「どうしましょうか。」
　　B「担当者の ＿＿＿ ＿★＿ ＿＿＿ どうですか。」

　　1 みたら　　　　　　2 うかがって　　　　3 部長に

3 本田「もしもし、いつもお世話になっております。山田さんお願いします。」
　　吉本「あ、申し訳ございませんが、山田は ＿＿＿ ＿★＿ ＿＿＿ おります。」

　　1 席を　　　　　　　2 はずして　　　　　3 ただいま

4 イチロウ「その時計いいですね。」

　　サチコ　「ええ、姉が ＿＿＿ ＿★＿ ＿＿＿ のです。」

　　1 誕生日に　　　　　2 買って　　　　　　3 くれた

5 A「おまたせしました。」

　　B「いいえ、 ＿＿＿ ＿★＿ ＿＿＿ です。」

　　1 私も　　　　　　　2 ところ　　　　　　3 今来た

222

1　A「前から ＿＿＿＿ ＿★＿ ＿＿＿＿ そうですね。おめでとうございます。」

　　B「おかげさまで。」

　　1　決^きまった　　　　　2　お仕事が　　　　　3　念願^{ねんがん}の

2　A「部長^{ぶちょう}、 ちょっと ＿＿＿＿ ＿★＿ ＿＿＿＿ 帰ってもよろしいでしょうか。」

　　B「そう？ おだいじに。」

　　1　かぜをひいた　　　　2　先に　　　　　　3　ので

3　A「いい天気ですね。」

　　B「ええ。 ＿＿＿＿ ＿★＿ ＿＿＿＿ 遊びたいですね。」

　　1　こんな　　　　　　　2　日は　　　　　　3　公園で

4　A「テレビを買いたいんですが、 どこがいいですか。」

　　B「テレビを ＿＿＿＿ ＿★＿ ＿＿＿＿ いいですよ。」

　　1　秋葉原^{あきはばら}のほうが　　2　安くて　　　　　3　買うなら

5　A「サチコさん、この仕事は ＿＿＿＿ ＿★＿ ＿＿＿＿ そうですか。」

　　B「これですか。もうすぐ終わります。」

　　1　終わり　　　　　　　2　ごろ　　　　　　3　いつ

1 A 「山田さんはいついらっしゃいますか。」

B 「さっき、電話がありましたが、＿＿＿ ＿★＿ ＿＿＿ になりますよ。」

1 もう　　　　　　　　2 おいで　　　　　　　3 そろそろ

2 A 「もしもし、山田ともうしますが、 営業部の岡本さんはいらっしゃいますか。」

B 「はい、＿＿＿ ＿★＿ ＿＿＿ お待ちください。」

1 かわりますので　　　2 少々　　　　　　　　3 お電話

3 杉本「また ＿＿＿ ＿★＿ ＿＿＿ 行きましょう。」

野口「ええ、ぜひ。」

1 今度　　　　　　　　2 見に　　　　　　　　3 コンサートを

4 山田「田中さん、＿＿＿ ＿★＿ ＿＿＿ たいへんでしたね。」

田中「ええ。でも、先輩が車で送ってくれたんです。」

1 いくつも　　　　　　2 あって　　　　　　　3 かばんが

5 高橋「困ったな。かさを持ってないのに。 雨が降り出しそうですよ。」

宇野「ほんとうですね。 ＿＿＿ ＿★＿ ＿＿＿ 貸しましょうか。」

1 でしたら　　　　　　2 私のかさを　　　　　3 あれ

 확인문제 04

→ 정답 p.62

1 山田「こんばん、お酒を飲みに行きませんか。」

田中「時間もないし、＿＿＿ ★ ＿＿＿。」

1 また今度　　　　2 ないので　　　　3 お金も

2 山田「すみません。頭が ＿＿＿ ★ ＿＿＿ いただきます。」

田中「そうですか。　おだいじに。」

1 痛いので　　　　2 帰らせて　　　　3 先に

3 野茂「西原さん、申し訳ございませんが、＿＿＿ ★ ＿＿＿ とってもらえませんか。」

西原「わかりました。」

1 そこに　　　　2 新聞を　　　　3 ある

4 お父さん「ただいま。今日は本当に ＿＿＿ ★ ＿＿＿ 疲れたよ。」

お母さん「おかえりなさい。先におふろに入る?」

1 多くて　　　　2 が　　　　3 仕事

5 A「お息子さんが浪人の ＿＿＿ ★ ＿＿＿ そうですね。　おめでとうございます。」

B「おかげさまで。」

1 合格した　　　　2 大学に　　　　3 末に

225

→ 정답 p.63

1 李   「日本へ留学に行きたいんですが、どこがいいですか。」

　　田中「日本 ＿＿＿ ＿★＿ ＿＿＿ と思いますが。」

　　1 やっぱり　　　　　　2 東京だ　　　　　　3 といえば

2 A「先週の土曜日にどこかへ行きましたか。」

　　B「いいえ、友だちが ＿＿＿ ＿★＿ ＿＿＿ 行きませんでした。」

　　1 どこへも　　　　　　2 来たので　　　　　3 家に

3 A「英語の ＿＿＿ ＿★＿ ＿＿＿ 知っていますか。」

　　B「さっき部長が持っていきましたよ。」

　　1 辞書を　　　　　　　2 使ったか　　　　　3 だれが

4 A「何か飲んで行きませんか。」

　　B「そうですね。はげしい ＿＿＿ ＿★＿ ＿＿＿ ね。」

　　1 かわきますから　　　2 のどが　　　　　　3 運動すると

5 A「お母さん、私のカメラ、どこにあるの?」

　　B「あそこの ＿＿＿ ＿★＿ ＿＿＿ あるよ。」

　　1 上に　　　　　　　　2 おいて　　　　　　3 つくえの

226

02 공란이 4개인 문제

공란이 3개인 문제에서 충분한 연습을 하였으므로, 이제는 실전에 들어가서 공란이 4개인 문제를 연습해 보자.
문제를 풀 때는 다음의 4가지 원칙을 참고로 하자.

1. 우선 문제의 어휘나 문장을 아는 대로 한글로 적어 두자.
2. 「주어 + 서술어」, 「목적격 + 서술어」의 패턴으로 문장을 만들자.
3. 마지막 줄에 들어가는 것을 찾자.
4. 기본적인 문법 구성으로 조합해 보자.(예를 들어, 명사 + の + 명사 등)

이 원칙을 기억해 두면 어떤 문제가 출제되더라도 쉽게 정답을 찾을 수 있을 것이다. 모르는 단어가 나오더라도 단
어 하나에만 집착하지 말고 문장의 흐름으로 어느 위치에 들어갈지를 생각하면, 문제를 푸는 스킬을 향상시킬 수
있다.

① 단문

→ 정답 p.63

1 今日の ＿＿＿ ＿＿＿ ＿★＿ ＿＿＿ 行きたいですね。

　　1 晴^はれた　　　　　2 どこかへ　　　　3 日は　　　　　4 ような

2 山田^{やまだ}さんはいつも ＿＿＿ ＿＿＿ ＿★＿ ＿＿＿ 読んでいます。

　　1 難し　　　　　　　2 借りて　　　　　3 本を　　　　　4 そうな

3 りんごの ＿＿＿ ＿＿＿ ＿★＿ ＿＿＿ 値段に変わりない。

　　1 ことになったが　　2 値段が　　　　　3 まだ　　　　　4 下がる

4 子どもたちが ＿＿＿ ＿＿＿ ＿★＿ ＿＿＿ 見えます。

　　1 のが　　　　　　　2 遊んでいる　　　3 楽しく　　　　4 公園で

5 人口が ＿＿＿ ＿＿＿ ＿★＿ ＿＿＿ 起きました。

　　1 社会に　　　　　　2 増^ふえて　　　　3 いろいろな　　4 問題が

6 先生は ＿＿＿ ＿＿＿ ＿★＿ ＿＿＿ 住んでいます。

　　1 から　　　　　　　2 会社　　　　　　3 ところに　　　4 遠くの

7 部長^{ぶちょう}、ロビーで1時間 ＿＿＿ ＿＿＿ ＿★＿ ＿＿＿ です。

　　1 お待ち　　　　　　2 お客さまが　　　3 前　　　　　　4 から

8 当時^{とうじ}、僕^{ぼく}は ＿＿＿ ＿＿＿ ＿★＿ ＿＿＿ いろいろ悩^{なや}んだりした。

　　1 か　　　　　　　　2 について　　　　3 将来^{しょうらい}　　　4 何をする

9 これくらいのことで ＿＿＿ ＿＿＿ ＿★＿ ＿＿＿ やらなかったほうがよかった。

　　1 なら　　　　　　　2 から　　　　　　3 最初　　　　　4 あきらめる

10 駐車する ＿＿＿ ＿＿＿ ＿★＿ ＿＿＿ この辺を回っている。

　　1 何回も　　　　　　2 ために　　　　　3 探^{さが}す　　　　4 ところを

→ 정답 p.64

1 いくら探しても＿＿＿ ＿＿＿ ＿★＿ ＿＿＿ ありませんでした。

 1 ペンは   2 なくした   3 にも   4 どこ

2 山田さんが ＿＿＿ ＿＿＿ ＿★＿ ＿＿＿ はずですよ。

 1 来る   2 から   3 あんなに   4 行きたがっていた

3 このあいだ ＿＿＿ ＿＿＿ ＿★＿ ＿＿＿ どうしても思い出せない。

 1 名前が   2 見た   3 あの映画の   4 一緒に

4 隣の ＿＿＿ ＿＿＿ ＿★＿ ＿＿＿ 聞こえます。

 1 友だちが   2 部屋で   3 のが   4 ギターをひいている

5 昨日から ＿＿＿ ＿＿＿ ＿★＿ ＿＿＿ 進んでみんなよろこんだ。

 1 やった   2 よく   3 思ったより   4 仕事が

6 森の ＿＿＿ ＿＿＿ ＿★＿ ＿＿＿ きれいだ。

 1 空気が   2 すずしいし   3 風が   4 中は

7 こんなに ＿＿＿ ＿＿＿ ＿★＿ ＿＿＿ しなくてはならない。

 1 以上は   2 いいものを   3 あいさつを   4 もらった

8 若いときの ＿＿＿ ＿＿＿ ＿★＿ ＿＿＿ という言葉がある。

 1 苦労は   2 買って   3 やれ   4 でも

9 世の中には ＿＿＿ ＿＿＿ ＿★＿ ＿＿＿ またどんなことが起きるか心配だ。

 1 あちこちで   2 起きたり   3 するから   4 不思議なことが

10 秋になると ＿＿＿ ＿＿＿ ＿★＿ ＿＿＿ いつの間にか楽しみになった。

 1 集めて   2 のが   3 燃やす   4 落ち葉を

→ 정답 p.65

1　お父さんは ＿＿＿ ＿＿＿ ★ ＿＿＿ ないです。

1　休む　　　　　　2　時間も　　　　　　3　ばかりで　　　　　4　働いて

2　ここに住所を ＿＿＿ ＿＿＿ ★ ＿＿＿ ください。

1　出して　　　　　2　書いて　　　　　　3　までに　　　　　　4　来週

3　山田さんに電話を ＿＿＿ ＿＿＿ ★ ＿＿＿ 電話がきました。

1　から　　　　　　2　山田さん　　　　　3　したとき　　　　　4　かけようと

4　この教室の ＿＿＿ ＿＿＿ ★ ＿＿＿ 使ってもかまいません。

1　ものは　　　　　2　何を　　　　　　　3　ものだから　　　　4　みなさんの

5　お母さん、＿＿＿ ＿＿＿ ★ ＿＿＿ いい?

1　友だちの家　　　2　まで　　　　　　　3　行ってきて　　　　4　ちょっと

6　友だちの悲しい ＿＿＿ ＿＿＿ ★ ＿＿＿ 急に泣きだした。

1　私の　　　　　　2　いもうとが　　　　3　聞いて　　　　　　4　話を

7　彼 ＿＿＿ ＿＿＿ ★ ＿＿＿ にしています。

1　しない　　　　　2　こと　　　　　　　3　とは　　　　　　　4　仕事を

8　それ ＿＿＿ ＿＿＿ ★ ＿＿＿ ふたたびあやまったほうがいいよ。

1　ほう　　　　　　2　については　　　　3　から　　　　　　　4　あなたの

9　外国へ ＿＿＿ ＿＿＿ ★ ＿＿＿ ならない。

1　ために　　　　　2　心配で　　　　　　3　休学したが　　　　4　留学に行く

10　10年ぶりに ＿＿＿ ＿＿＿ ★ ＿＿＿ 見違えた。

1　変わっていて　　2　すっかり　　　　　3　会った　　　　　　4　高校の同級生が

→ 정답 p.65

1　みなさんに ＿＿＿ ＿＿＿ ★ ＿＿＿ 言ってください。

　　1　では　　　　　　　2　騒がない　　　　　3　ように　　　　　4　教室の中

2　あとで、＿＿＿ ＿＿＿ ★ ＿＿＿ これを渡してください。

　　1　という人が　　　　2　山田さん　　　　　3　その人に　　　　4　来ますから

3　その ＿＿＿ ＿＿＿ ★ ＿＿＿ 行くと、駅があります。

　　1　へ　　　　　　　　2　を　　　　　　　　3　左　　　　　　　4　大きい道

4　とても ＿＿＿ ＿＿＿ ★ ＿＿＿ できますよ。

　　1　で　　　　　　　　2　1分　　　　　　　3　簡単な問題　　　4　だから

5　この小説 ＿＿＿ ＿＿＿ ★ ＿＿＿ 都合はいいですか。

　　1　について　　　　　2　ありますが　　　　3　相談したい　　　4　ことが

6　まじめな ＿＿＿ ＿＿＿ ★ ＿＿＿ 来ます。

　　1　きっと　　　　　　2　ことだから　　　　3　山田さん　　　　4　の

7　私は ＿＿＿ ＿＿＿ ★ ＿＿＿ 図書館へ行きます。

　　1　1回　　　　　　　2　に　　　　　　　　3　1か月　　　　　4　は

8　彼に ＿＿＿ ＿＿＿ ★ ＿＿＿ 立たなかった。

　　1　もらったが　　　　2　相談に　　　　　　3　役に　　　　　　4　のって

9　可能な ＿＿＿ ＿＿＿ ★ ＿＿＿ 結果を待つだけだ。

　　1　すべて　　　　　　2　ことは　　　　　　3　やったから　　　4　後は

10　今まで ＿＿＿ ＿＿＿ ★ ＿＿＿ した。

　　1　資料を　　　　　　2　本に　　　　　　　3　まとめて　　　　4　集めた

→ 정답 p.66

1　図書館で ＿＿＿＿ ＿＿＿＿ ＿★＿ ＿＿＿＿ のに。

　1　よかった　　　　　2　借りないで　　　　3　使えば　　　　　4　私のを

2　来週 ＿＿＿＿ ＿＿＿＿ ＿★＿ ＿＿＿＿ らしいですよ。

　1　入ってくる　　　　2　輸入した　　　　　3　から　　　　　　4　ものが

3　暗い ＿＿＿＿ ＿＿＿＿ ＿★＿ ＿＿＿＿ あります。

　1　ことが　　　　　　2　部屋で　　　　　　3　勉強を続けた　　4　一人で

4　天気予報 ＿＿＿＿ ＿＿＿＿ ＿★＿ ＿＿＿＿ そうです。

　1　降る　　　　　　　2　雪が　　　　　　　3　あしたは　　　　4　によると

5　普通、＿＿＿＿ ＿＿＿＿ ＿★＿ ＿＿＿＿ しまう。

　1　周りの人　　　　　2　くらべられて　　　3　兄弟は　　　　　4　に

6　公園の ＿＿＿＿ ＿＿＿＿ ＿★＿ ＿＿＿＿ 並んでいました。

　1　学生が　　　　　　2　たくさんの　　　　3　前に　　　　　　4　入口の

7　試合 ＿＿＿＿ ＿＿＿＿ ＿★＿ ＿＿＿＿ ものだったと言われた。

　1　には　　　　　　　2　すばらしい　　　　3　みんな　　　　　4　負けたが

8　自分には ＿＿＿＿ ＿＿＿＿ ＿★＿ ＿＿＿＿ 数多くあります。

　1　他人には　　　　　2　常識だが　　　　　3　ことは　　　　　4　そうでない

9　そんな ＿＿＿＿ ＿＿＿＿ ＿★＿ ＿＿＿＿ 考えてやったほうがいい。

　1　生むので　　　　　2　誤解を　　　　　　3　ちゃんと　　　　4　ことをしたら

10　自分の ＿＿＿＿ ＿＿＿＿ ＿★＿ ＿＿＿＿ 君しかいない。

　1　行動が　　　　　　2　いつも　　　　　　3　と思うのは　　　4　正しい

→ 정답 p.67

1　A 「いつも ＿＿＿ ＿＿＿ ＿★＿ ＿＿＿ 申し訳ございません。」

　　B 「いいえ、そんなことありません。」

　　1　たいへん　　　　　2　迷惑　　　　　　　3　おかけしまして　　4　ばかり

2　山田 「田中さん、すみませんが、 ＿＿＿ ＿＿＿ ＿★＿ ＿＿＿ くださいませんか。」

　　田中 「はい。 あとでお渡しします。」

　　1　このかさを　　　　2　に　　　　　　　　3　お渡し　　　　　　4　野茂先生

3　A 「もう ＿＿＿ ＿＿＿ ＿★＿ ＿＿＿ このへんで失礼します。」

　　B 「まだ、 いいじゃありませか。」

　　1　時間　　　　　　　2　こんな　　　　　　3　今日は　　　　　　4　ですので

4　A 「この計画には反対なんですか。」

　　B 「反対 ＿＿＿ ＿＿＿ ＿★＿ ＿＿＿ 考えてみたいんです。」

　　1　ではないんですが　2　わけ　　　　　　　3　もうすこし　　　　4　という

5　A 「よく外国旅行に行かれるのですか。」

　　B 「とんでもないですよ。外国旅行 ＿＿＿ ＿＿＿ ＿★＿ ＿＿＿ 行ったことがありません。」

　　1　さえ　　　　　　　2　に　　　　　　　　3　どころか　　　　　4　大阪

→ 정답 p.67

1 A 「このへんに郵便局(ゆうびんきょく)はありますか。」
   B 「ここを ＿＿＿＿ ＿＿＿＿ ★ ＿＿＿＿ あります。」
   1 手前のほうに   2 まっすぐ行くと
   3 そこの   4 橋(はし)がありますが

2 A 「すみません。待ちましたか。」
   B 「いいえ、わたしも ＿＿＿＿ ＿＿＿＿ ★ ＿＿＿＿ です。」
   1 ところ   2 来た   3 なん   4 今

3 A 「今度、みんな ＿＿＿＿ ＿＿＿＿ ★ ＿＿＿＿ 、一緒にどうですか。」
   B 「ええ、ぜひ。」
   1 で   2 久しぶりに   3 旅行に   4 行きますが

4 A 「今度の日曜日、ドライブでも行きませんか。」
   B 「すみません。 仕事が ＿＿＿＿ ＿＿＿＿ ★ ＿＿＿＿ ではないんです。」
   1 どころ   2 あるので   3 ドライブ   4 たくさん

5 A 「これからの若者はどうあるべきだと思いますか。」
   B 「私の ＿＿＿＿ ＿＿＿＿ ★ ＿＿＿＿ べきだと思います。」
   1 もっと自分の   2 意見を   3 はっきり言う   4 意見では

➜ 정답 p.68

1 山田「田中さん、＿＿＿ ＿＿＿ ＿★＿ ＿＿＿ きちんとしてください。」
　　田中「はい、かしこまりました。」

　　1 社長も　　　　　　　　　　　　　2 準備を

　　3 いらっしゃるので　　　　　　　　4 午後の会議に

2 山田「毎日、運動をしますか。」
　　田中「ええ、＿＿＿ ＿＿＿ ＿★＿ ＿＿＿ やっています。」

　　1 欠かさず　　　　　　　　　　　　2 一日も

　　3 どんなに　　　　　　　　　　　　4 いそがしくても

3 A「どうぞ、ごらんください。」
　　B「うわー、これが全部 ＿＿＿ ＿＿＿ ＿★＿ ＿＿＿ ですか。」

　　1 一人で　　　　　　　　　　　　　2 作った

　　3 子供　　　　　　　　　　　　　　4 もの

4 A「まだ終わらないのですか。」
　　B「この問題は ＿＿＿ ＿＿＿ ＿★＿ ＿＿＿ と思いますよ。」

　　1 私には　　　　　　　　　　　　　2 高校生の

　　3 無理だ　　　　　　　　　　　　　4 絶対

5 A「この前の ＿＿＿ ＿＿＿ ＿★＿ ＿＿＿ しまったんですよ。」
　　B「じゃ、今度はしかられないようにがんばらなくてはいけませんね。」

　　1 先生に　　　　　　　　　　　　　2 悪かったので

　　3 注意されて　　　　　　　　　　　4 テストの点が

→ 정답 p.68

1　A「先生は今どちらですか。」

　　B「さっき ＿＿＿ ＿＿＿ ＿★＿ ＿＿＿ よく分かりません。」

　　1　今は　　　　　　　　　　　　　　2　教室に

　　3　までは　　　　　　　　　　　　　4　いらっしゃったが

2　先生「田中君、今日はどうして遅れたの。」

　　田中「すみません。昨夜 ＿＿＿ ＿＿＿ ＿★＿ ＿＿＿ つい寝坊して…。」

　　1　番組が　　　　2　おもしろい　　　3　それを見たら　　　4　あって

3　山田「田中さん、＿＿＿ ＿＿＿ ＿★＿ ＿＿＿ 使わせてくださいませんか。」

　　田中「はい、いいですよ。お使いください。」

　　1　この辞書を　　　2　あるので　　　3　単語が　　　4　分からない

4　A「あの、もう少し安くなりませんか。」

　　B「どのくらいの値段だったらいいんですか。」

　　A「それは ＿＿＿ ＿＿＿ ＿★＿ ＿＿＿ 決まってるでしょう。」

　　1　ほど　　　　　2　安い　　　　　3　いいに　　　　4　安ければ

5　A「山田部長は午後2時の会議に間に合うでしょうか。」

　　B「朝の10時に ＿＿＿ ＿＿＿ ＿★＿ ＿＿＿ はずですよ。」

　　1　間にあう　　　　　　　　　　　　2　着くと

　　3　言っていたから　　　　　　　　　4　成田に

확인문제 05

→ 정답 p.69

1 先生「どうしておそくなったんですか。」

　学生「すみません。 約束の ＿＿＿ ＿＿＿ ＿★＿ ＿＿＿ やったので…。」

　1　4時だ　　　　　　2　他のことを　　　　3　と思って　　　　4　時間が

2 学生「先生、辞書を見てもいいですか。」

　先生「ええ、かまいませんが、＿＿＿ ＿＿＿ ＿★＿ ＿＿＿ 禁止_{きんし}です。」

　1　テキストは　　　　2　持_もち込_こみ　　　　3　他人の　　　　4　ノートや

3 A「タバコをすってもいいですか。」

　B「ここではすっては ＿＿＿ ＿＿＿ ＿★＿ ＿＿＿ かまいません。」

　1　なら　　　　　　　2　いけませんが　　　3　部屋　　　　　4　隣の

4 A「毎日お洗濯_{せんたく}が大変ですね。」

　B「大丈夫ですよ。料理 ＿＿＿ ＿＿＿ ＿★＿ ＿＿＿ ですよ。」

　1　に比べたら　　　　2　たいした　　　　3　ない　　　　　4　こと

5 A「この店は ＿＿＿ ＿＿＿ ＿★＿ ＿＿＿ 保_{たも}っていますね。」

　B「そうですね。前と味が全然変わらないですよ。」

　1　高い人気を　　　　2　以来　　　　　　3　オープンして　　　4　数年前に

Part 4

問題3 공란 메우기

(문장의 문법) 대비 - 단계별 훈련

01 짧은 문장 공란 메우기 2문제

02 짧은 문장 공란 메우기 3문제

03 실전 대비 문제

01 짧은 문장 공란 메우기 2문제

이 유형에 대비할 때, 긴 문장의 공란 메우기를 먼저 하게 되면 문제가 상당히 어렵게 느껴질 수 있다. 두려움을 없애기 위해 우선 짧은 문장을 다양한 형태의 문제로 연습하도록 하자. 어차피 긴 문장이라는 것은 짧은 문장을 연결해 놓은 것에 불과하므로, 짧은 문장으로 다양한 문제를 많이 풀다 보면 실제 시험시 긴 문장 문제도 두려움 없이 풀 수 있을 것이다.

문제를 풀 때는 반드시 전체적인 흐름을 파악하고 나서, 정답이라고 생각되는 보기를 문장에 대입하여 해석하자. 정답이라고 생각했던 보기를 문장에 대입한 후 해석하면 어색하게 되는 경우도 많기 때문이다.

1 ケンジは昨日友だちとサッカーをしたいと思いましたが、一日中雨が降っていました。（　1　）、家にいて本を読みました。来週は（　2　）絶対サッカーをやろうと思っているようです。

(1)　1　ところが　　　2　そして　　　　3　たとえ　　　　　　4　だから

(2)　1　いろいろ考えて　　　　　　　　2　いくら考えても
　　　3　どんなことがあっても　　　　　4　雨だからといって

2 山田さんにはサチコとヨシコの二人の姉妹がいます。サチコは中学校の英語の先生で、アメリカに（　1　）。彼女はよくお父さんに手紙を書いて、自分の生徒の（　2　）伝えています。一方、ヨシコはまだ大学生なので、サークルを楽しんでいるようです。

(1)　1　住んでいます　　　　　　　　　2　住みました
　　　3　住むでしょう　　　　　　　　　4　住むかもしれません

(2)　1　ように　　　2　ために　　　　3　ことについて　　　4　おかげで

3 この前の夏に野口さんは家族と一緒に別府の温泉へ行きました。そこに三泊四日滞在しました。野口さんにとって（　1　）の家族旅行で、家族はとても楽しみました。野口さんは（　2　）1年に1回はこのような機会を作ろうと思いました。

(1)　1　たくさん　　　2　はじめて　　　3　すべて　　　　　4　はじめ

(2)　1　おそくても　　　　　　　　　　2　あいかわらず
　　　3　すくなくとも　　　　　　　　　4　つぎに

4 　私のおじさんは小さな犬を飼っています。犬の名前はドッグで、人と遊ぶのが好きです。毎日夕方にドッグを公園に散歩に連れて行きます。（　1-a　）、この時間に（　1-b　）、ドッグももう分かっているようにおじさんに吠えたりしっぽを振ったりします。（　2　）ドックですね。

(1)　1 a いつも ／ b なると　　　　　2 a しかし ／ b なるが

　　　3 a だから ／ b なるから　　　　4 a たとえ ／ b なっても

(2)　1 ばかな　　　　2 かわいそうな　　　3 あたたかい　　　4 かわいい

5 　昨日、ぼくは4時に学校から帰ってきました。テレビを見て、それから夕食前に宿題をしました。夕食後、もうちょっとテレビを（　1　）思いましたが、明日から英語のテストがあるのに気づきました。それで12時まで勉強したので、今日学校に遅刻してしまいました。（　2　）、試験を受けることもできませんでした。

(1)　1 見ると　　　　2 見たと　　　　3 見ようと　　　　4 見にくいと

(2)　1 おかげで　　　2 しかし　　　　3 まもなく　　　　4 いつの間にか

6 　学校のバンドが土曜日にコンサートを行います。チケットは400円です。コンサートは体育館で行われます。午後1時に始まり、3時に終わります。（　1　）高校の時にバンドをやったことがありますので、今度のコンサートがとても（　2　）です。

(1)　1 友だちも　　　2 ぼくも　　　　3 ある　　　　　4 現在の

(2)　1 楽しみ　　　　2 楽　　　　　　3 楽しかった　　　4 楽しさ

7 アユミはとても優しいので私は彼女のことが好きです。私たちは同じ学校に通っています。アユミはたくさんのスポーツが得意で、私たちはよく放課後に一緒にバスケットボールをします。（　1　）日、アユミに私の心を伝えたら彼女は笑うだけでした。でも、その笑いの意味が（　2　）よく分かりません。

(1)　1　ある　　　　　2　急な　　　　　　3　あまりの　　　　4　いつかの

(2)　1　何でも　　　　2　何で　　　　　　3　何か　　　　　　4　何といって

8 ぼくは自分の新しい本を見つけられません。家にはないし、学校にもありません。お母さんに聞いてみても分からないと言うんです。それはおばあちゃんからの誕生日プレゼントだし、前からほしかった本だったので、（　1　）見つけたいのです。もしかしたら弟が持って（　2　）帰ってきたら聞いてみるつもりです。

(1)　1　どうしても　　2　どうして　　　　3　どうか　　　　　4　どうぞ

(2)　1　いったにちがいないから　　　　2　いこうとしたから
　　　3　いきそうだったから　　　　　　4　いったかもしれないから

9 ケンジは学校でサッカーチームに入っています。来月に大きな試合があるので、（　1　）練習をしています。彼は新しいサッカーシューズが必要なので、（　2　）日曜日に買いに行くつもりです。この間、父からもらったおこづかいで買おうと思っています。

(1)　1　ふつう　　　　2　べつに　　　　　3　毎日のように　　4　すべての

(2)　1　今回の　　　　2　すぎた　　　　　3　はじまる　　　　4　今度の

10　ケンジは明日理科のテストがあるので、一生懸命勉強しなくてはなりません。この間の試験でも点数がよくなかったので先生にしかれらたこともあります。今晩は夕食後に4時間勉強して12時に寝るつもりです。でも、試験の（　1　）こう思いながらも寝る時間はいつも10時です。（　2　）この時間をちゃんと守るつもりです。

(1)　1　ところに　　　2　ばかりに　　　　3　たびに　　　　　　4　あまりに

(2)　1　今日でも　　　2　今日こそは　　　3　今日でありながら　4　今日だから

11　友だちのイチローが今日放課後に私の家に来ます。雨が降っているので、庭で遊ぶことはできません。（　1　）、私の部屋でコンピューターゲームをするつもりです。イチローは勉強はよくできませんが、ゲームはとても上手で、クラスでも（　2　）。

(1)　1　ところが　　　2　それで　　　　　3　そして　　　　　　4　ところで

(2)　1　上手です　　　　　　　　　　　　2　上手があります
　　　3　人気です　　　　　　　　　　　　4　人気でした

12　ケンジは夏休みに家族と一緒にハワイへ遊びに行くつもりです。（　1-a　）旅行用のバッグを（　1-b　）、土曜日にお母さんと買いに行きます。小さいバッグはたくさん持っていますが、旅行に行ったことがないので、（　2　）バッグがないのです。

(1)　1　a　なぜなら　／　b　持っていないので
　　　2　a　そして　　／　b　持っているので
　　　3　a　でも　　　／　b　持っていないので
　　　4　a　たとえ　　／　b　持っていても

(2)　1　大きい　　　　2　高い　　　　　　3　小さい　　　　　　4　はでな

13 　11月15日15時30分から、新宿駅のすぐ隣にあるいずみの森会館で、「シルクロード講座」を開きます。ここは5年前に日本シルクロード文化センターの設立記念パーティを（　1　）です。皆さまのご参加をお待ちしております。（　2　）事務所の方にお電話ください。

(1)　1　とったもの　　　　　　　　2　やったもの
　　　3　したこと　　　　　　　　4　行ったところ

(2)　1　くわしくは　　2　うけつけは　　3　参加は　　　　　　4　行事は

14 　今から私がお伝えする事は、高校時代に英語の成績が悪かった人や英語に対して苦手意識を持つ人（　1　）、そのような事は一切おかまいなしに、（　2　）おどろくほど簡単に英語を習得できる方法です。これは私の10年間の経験から得たものですからよく聞いてください。

(1)　1　ではなくても　　　　　　2　でありながら
　　　3　であったとしても　　　　4　ではないし

(2)　1　いつでも　　2　短期間で　　　3　いつか　　　　　4　ゆっくり

15 　エリコさんの一番好きなスポーツはテニスです。彼女はふだん週末に友だちとテニスをします。（　1-a　）先週末は天気が（　1-b　）、映画を見に行きました。友だちにはまだ一度も勝ったことがないので今度は（　2　）勝ちたいと思っています。

(1)　1　a たとえ　　／　b よくても
　　　2　a だから　　／　b よかったので
　　　3　a でも　　　／　b よくなかったので
　　　4　a そして　　／　b よかったので

(2)　1　ぜひ　　　　　2　きっと　　　　3　たぶん　　　　　4　やっと

16 　日曜日の朝、ケンジとトオルは野球の練習をしました。午後二人は昼食（　1　）、あたらしくできたすし屋へ行きました。ケンジはあまりすしが好きじゃないですが、ここのすしはとてもおいしくて、今度の金曜日にまたそこへ行きたいと思っています。でも、値段がちょっと高いのが（　2　）。

(1) 　1　が　　　　　　　2　を　　　　　　　　3　に　　　　　　　　4　から

(2) 　1　気にしています　　　　　　　2　気をつけます
　　　3　気楽です　　　　　　　　　　4　気になっています

17 　サチコは県営のプールの近くに住んでいて、そこへよく泳ぎに行きます。天気予報（　1　）、明日は晴れなので、クラスの友だちと一緒に海へ行くつもりです。海ではまだ泳いだことはないですが、プールで十分練習したので自信は持っています。それで今、（　2　）しています。

(1) 　1　にとって　　　2　によると　　　　3　からすると　　　4　には

(2) 　1　いらいら　　　2　ふらふら　　　　3　ぴかぴか　　　　4　わくわく

18 　ぼくはスポーツは得意ではありませんが、姉は得意です。姉は学校でバレーボール部に入っていて、毎日練習しています。姉はバレーボールは体にもいいし、友だち関係も（　1　）言って一生懸命です。バレーボールと友だち関係にどんな（　2　）があるのが私には分かりません。

(1) 　1　無視できるのでと　　　　　　　2　ならないからと
　　　3　よくすることができると　　　　4　気にしなくてもいいと

(2) 　1　つながり　　　2　であい　　　　3　れんらく　　　　4　もと

19　ケンジは高校生です。自転車を持っていないので、ふだんは歩いて学校へ行きます。雨が降っているときは、お母さんが車で学校まで（　1　）。友だちはみんな自転車を持っていますが、ケンジはほしいと思ったこともないです。子供の時、自転車にひかれたことがあるから、自転車を（　2　）。

(1)　1　送ってあげます　　　　　　　　　2　送ってもらいます
　　　3　送っておきます　　　　　　　　　4　送ってくれます

(2)　1　怖いです　　　　　　　　　　　　2　買っています
　　　3　買いたがります　　　　　　　　　4　怖がっています

20　今日は歴史、数学、英語と3つのテストがありました。数学と英語はいつも自信があったので（　1　）問題はなかったのですが、やっぱり歴史です。私はおかしくも、昔の人のことについてはまったく興味がないのです。今が大事で、過去のことは過去だと思っているからです。こんな私が（　2　）。

(1)　1　とても　　　　　2　特に　　　　　3　やっと　　　　　4　いつでも

(2)　1　満足でしょうか　　　　　　　　　2　いいでしょうか
　　　3　変でしょうか　　　　　　　　　　4　納得しましょうか

21　ぼくは自分の家が好きです。新しくありませんが、とても大きいし、ぼくの学校の近くにあります。すてきな庭もついていて、そこにはたくさんの木もあります。春になると、花が咲くし、秋にはもみじも（　1　）。お父さんはよく庭の手入れをしますが、そこでお父さんの（　2　）をするのが好きです。

(1)　1　楽しめます　　2　うれしいです　　　3　ゆたかです　　　4　植えます

(2)　1　面倒　　　　　2　手　　　　　　　3　仕事　　　　　　4　手伝い

22 　この前の週末に、お父さんがコンピューターを買ってくれました。今日、友だちのケンジにEメールを書きました。その後、お兄さんとぼくはコンピューターゲームをしました。お母さんは勉強のためにお父さんが買ってくれたんだから、あまりゲーム（　1　）と言われていますが、ぼくとお兄さんはお母さんの話を（　2　）。

(1)　1　だけでいいよ　　　　　　　　2　は適当にしてよ
　　　3　ではかまわないよ　　　　　　4　ばかりするなよ

(2)　1　聞こうともしなかったのです　　2　よく聞こうと思いました
　　　3　よく聞きました　　　　　　　4　聞くかどうか迷いました

23 　ぼくの家の近くにあるスーパーにはたくさんの種類のパンがあります。ぼくが好きなのはフランスパンです。パスタを食べるときには（　1-a　）それを（　1-b　）。子供のときからおやつにパンをたくさん食べたせいなのか、今もご飯は食べなくてもパンは（　2　）食べています。

(1)　1　a　いつも　／　b　食べません　　2　a　いつも　／　b　食べます
　　　3　a　また　　／　b　買いません　　4　a　どうも　／　b　買うだろう

(2)　1　なんといっても　　　　　　　2　いつまでも
　　　3　みんなと一緒に　　　　　　　4　一日も欠かさずに

24 　ヨシコは美術が好きです。よく花の絵を描きます。動物を描くこともすきです。（　1　）、家で飼っている犬や猫の絵が何枚も壁にかけてあります。明日はお母さんと一緒に上野動物園に行きます。ヨシコはそこでゾウとキリンを描くつもりです。ヨシコは大学に行っても（　2　）を美術にしたいと思っています。

(1)　1　そして　　　　2　間もなく　　　　3　それで　　　　4　ところが

(2)　1　趣味　　　　　2　特技　　　　　3　学問　　　　　4　専門

25 　やっぱり午後も雨でした。バレエの発表会プログラム用の、個人写真を撮りに行って来ました。行きはバス、帰りはちょうどいいバスがなかったので、歩きました。去年もおととしもあんまりいい顔写真でなかったから、（　1　）、と思って、家で笑顔の練習をしました。でもやっぱり本番でも（　2　）表情でした。

(1)　1　今年こそ　　　　　　　　　　　2　今年までは

　　　3　今年とは　　　　　　　　　　　4　今年からといって

(2)　1　やわらかい　　2　いい　　　　　3　かわいい　　　　　4　かたい

26 　ハワイまでは飛行機で7～8時間なので、子どもたちにとっては負担かなと心配していた。けれども、行きは夜便なので乗ったらすぐにグッスリ、帰りは昼前に出て、昼食を食べたあとは昼寝でグッスリだった。少しずつ、飛行機にも（　1　）という感じである。

　　今回は、私自身が行く前に熱を出した。その熱はハワイについてから3日目に下がった。何だかんだといいながらもしっかり買い物もしたし、心配していた子どもたちはずっと元気で過ごせたので、（　2　）。子どもたちは年々成長し、旅行もどんどん楽しくなってきたように思う。

(1)　1　乗ろうとしたかな　　　　　　　2　満足したかな

　　　3　降りようかな　　　　　　　　　4　慣れてきたかな

(2)　1　遊べた　　　　2　たいへんだった　　3　何よりだった　　　4　心配した

27 　今日、仕事に行く前にお茶を買おうと店に行ったのですが、お会計のときに財布を忘れたことに（　1　）、店員さんにあやまって足早にお店を出ました。そんなわけで朝、豆乳ココアを飲んでから、帰宅するまでの約12時間、私は絶水したわけなのです。水の（　2　）を感じた一日となりました。

(1)　1　気づき　　　　2　分かって　　　　3　言われて　　　　4　気にして

(2)　1　不足　　　　　2　ようす　　　　　3　行動　　　　　　4　ありがたさ

28 いぬの散歩をしていると、いろんな人に出会う。犬に触ってニコニコする（　1　）、何か犬と楽しくダンスを踊ってしまう人もいる。でも可愛いおばあさんもいれば、犬に渡したのか（　2　）くれたのかはよくわかんないのだけど、バナナをくれるイラン人の子どももいる。でもみんなのんびりしていて心温まります。

(1)　1　人がいて　　　　2　人のうえに　　　　3　人もいれば　　　　4　人であるし

(2)　1　私が　　　　　2　私に　　　　　　　3　子どもが　　　　　4　子どもに

29 日本は外国からいろいろなものを輸入してそれを（　1　）品物に作って、外国へ輸出します。外国からのものは遠いところからふねで日本へ運ばれます。日本が外国に輸出したものの中でいちばん多いのは自動車です。世界のどこに行っても日本製のものが（　2　）。だから、日本で作られたものはいろいろなところで使われています。

(1)　1　いい　　　　　2　安い　　　　　　　3　高い　　　　　　　4　新しい

(2)　1　見ます　　　　2　見えます　　　　　3　見られます　　　　4　見せます

30 山田さんの家族は5人です。山田さんは2年前に家を買って、東京の近くに住んでいます。家から会社までは遠くて電車で通っています。会社までは1時間半かかりますから、毎日（　1　）起きなければなりません。電車は行きも帰りもいつも（　2　）。朝も夕方も電車に乗るのは本当にたいへんです。

(1)　1　いつも　　　　2　のように　　　　　3　時間に　　　　　　4　朝早く

(2)　1　すいています　　　　　　　　　　　2　高いです
　　　3　こんでいます　　　　　　　　　　　4　乗り換えます

02 짧은 문장 공란 메우기 3문제

〈짧은 문장 공란 메우기 2문제〉에서는 주로 접속사와 서술어에 대한 것을 공부하였다. 〈짧은 문장 공란 메우기 3문제〉에서는 접속사와 서술어, 그리고 문장의 중간에 들어가는 어휘나 문장에 대한 문제이다. 따라서 문장이나 문맥의 정확한 흐름을 파악하지 못하거나 정확한 해석을 못 하면 정답을 찾기가 어려울 것이다. 시간이 조금 걸리더라도 천천히 문장을 해석하면서, 정확한 답을 고르는 연습을 해 보도록 하자.

확인문제

→ 정답 p.74

1 　夕ご飯を食べた後、私は、お母さんと散歩をした。いつも弟の世話で忙しいお母さんだけど、この時（　1　）二人きりで歩いた。たった30分間の散歩だったけど、いろいろなことを話すことができた。学校であった楽しかったこと、友達とけんかしたこと、テレビのドラマのことなど…。（　2-a　）話じゃない（　2-b　）、家に着くころには、心がおだやかになったような（　3　）。

(1)　1　にもかかわらず　　　　　　　2　ばかりは
　　　3　なら　　　　　　　　　　　　4　だと

(2)　1　a たいした　／ b のに　　　　2　a いろんな　／ b ので
　　　3　a たぶん　　／ b だろうと　　4　a だいじな　／ b ので

(3)　1　気にならなかった　　　　　　2　気がしなかった
　　　3　気になった　　　　　　　　　4　気がした

2 　私は子どものときから医者になりたかったんです。（　1-a　）、お金がなくて病院に来られない（　1-b　）。それで、一生懸命勉強しましたが、大学に落ちてしまいました。もう一年勉強して、医学の試験を受けましたが、また落ちてしまったのです。それで、今は看護婦の仕事をしています。（　2　）ではないですが、私は病気にかかった人々のため、毎日一生懸命仕事をしています。今は病院で働くことになったのがとても（　3　）。

(1)　1　a なぜなら　／ b 人のためです　　2　a だから　／ b のです
　　　3　a ところが　／ b ことはないです　4　a それで　／ b かもしれないです

(2)　1　特別　　　　　2　普通　　　　　3　医者　　　　　　4　看護婦

(3)　1　くやしいです　　　　　　　　2　うれしいです
　　　3　かなしいです　　　　　　　　4　きびしいです

252

3　　友だちは外国のお金を集めるのが趣味です。それで、いつもデパートや店に行って、お金でお金を買うのです。（　1　）、変なことをするんだなと思いましたが、それも趣味のひとつだからと思ったら理解するようになりました。子どものときからずっとやったらしく、今はいろいろな国のお金を（　2　）ようです。趣味は（　3　）楽しいことだし、何かのために熱心にするのはなかなかいいですね。

(1)　1　きっと　　　　2　ぜひ　　　　　　3　はじめは　　　　4　まもなく

(2)　1　買っている　　2　持っている　　　3　作っている　　　4　集めている

(3)　1　自分に　　　　2　人に見せる　　　3　家族に　　　　　4　将来に

4　　私の会社は外国と貿易をしています。機械を輸入して、それで（　1　）ものを作って、また輸出するのです。はじめは、うちの会社は技術がなくてとてもたいへんでした。（　2　）、今は本を見て勉強したり、外国に行って習ったりして、会社の人みんなが専門家になりました。貿易をはじめるときは輸出より輸入がずっと多かったんですが、今は輸出が輸入より（　3　）。みんなが一生懸命努力したからだと思います。今日は会社からボーナスも出ます。会社もよくなり、私の生活もよくなって、すごくうれしいです。

(1)　1　高い　　　　2　自国の　　　　　3　他国の　　　　　4　新しい

(2)　1　たとえば　　2　そして　　　　　3　しかし　　　　　4　いつも

(3)　1　減りました　　　　　　　　　　2　倍になりました
　　　3　ほとんど同じです　　　　　　　4　減りそうです

5　　昨日、彼女と一緒に映画を見に行きました。彼女は怖いのがきらいなので、おもしろいのを見ました。先週、友だちが見てとてもおもしろいと言ったので。でも、（　1　）しました。おもしろいところは一つもなかったんです。しかし、彼女は映画を見ながら何度も笑いました。私は全然おもしろくないのに。人の（　2　）は違いますね。私（　3　）おもしろいものはほかの人にはおもしろくない…。人間がみんな同じ心を持つというわけじゃないですね。

(1)　1　どきどき　　　2　がっかり　　　　3　ぎらぎら　　　　4　はきはき

(2)　1　心　　　　　　2　映画　　　　　　3　笑い　　　　　　4　泣き声

(3)　1　によって　　　2　として　　　　　3　のために　　　　4　にとって

6　　私は月曜日から金曜日まで大学の近くにある喫茶店でアルバイトをしています。親から毎月お金をもらっていますが、充分ではありません。また、私は大学に通っている弟と妹が一人ずついますので、親はすごく（　1　）。（　2　）私たち兄弟は全部アルバイトをしているんです。弟は先週からスーパーで、妹は大学の先生の仕事を手伝っています。でも、親にはいつもありがたいと思っています。（　3　）、アルバイトも勉強もがんばって行くつもりです。

(1)　1　よろこんでいます　　　　　　2　いそがしいです
　　　3　たいへんです　　　　　　　　4　迷惑です

(2)　1　すると　　　　　　　　　　　2　それで
　　　3　そろそろ　　　　　　　　　　4　いつまでも

(3)　1　これからも　　　　　　　　　2　あとで
　　　3　あいにく　　　　　　　　　　4　とにかく

7　昨日は雨がたくさん降りました。友だちと一緒にテニスをするつもりでしたが、（　1　）。私と友だちは高校のときからテニスをしました。大会にも出たことがあります。週に2回はかならずテニスをしましたが、昨日は（　2　）できませんでした。テニスは体のためにもいいし、健康にもなります。これからは家族ともするつもりです。みなさんも、自分の（　3　）、何かの運動をしてみたらいかがですか。

(1)　1　負けてしまいました　　　　　　2　できなくなりました
　　　3　楽しかったんです　　　　　　　4　とてもよかったんです

(2)　1　残念ながら　　　　　　　　　　2　いつものように
　　　3　今日と違って　　　　　　　　　4　さいわいにも

(3)　1　計画のために　　　　　　　　　2　就職のために
　　　3　人生のために　　　　　　　　　4　健康のために

8　この町に住んでいる人はほとんど年をとった人です。この町は人口も少ないです。それは若い人は（　1　）東京とかの都会に行って仕事をするからです。それで、町にたいへんなことが起きたら（　2　）ばかりが仕事をするのです。最近はこれが国の（　3　）。田舎では働く人の手がたりなくてたいへんです。田舎に行って仕事はしなくても、たまに田舎にいる親に電話でもしてみたらどうですか。

(1)　1　ほんとうに　　　　　　　　　　2　時間があったら
　　　3　ほとんど　　　　　　　　　　　4　あまり

(2)　1　子ども　　　　　　　　　　　　2　公務員
　　　3　お年寄りの人　　　　　　　　　4　後輩

(3)　1　問題にもなっています　　　　　2　ためにもいいです
　　　3　経済にいいかもしれません　　　4　利益になりました

9　私は日本に来てからもう1年になります。日本語を習いに来ましたが、日本語には漢字が多くて（　1　）とてもたいへんです。私の国では全然漢字を使ってないですから。（　2　）ほかの国から来た学生もみんなそう思うらしいです。でも、中国や韓国から来た学生は私たち西洋人より早く漢字を覚えるらしいです。それはその国でも漢字を使っているからでしょう。

　日本に来て6か月がすぎてからアルバイトをしました。最初は言葉が通じなくてたいへんでしたが、今は（　3　）とでも話せるのでアルバイトもおもしろくなりました。

(1)　1　習うのに　　　2　習うから　　　　　3　習っても　　　　4　習っては

(2)　1　私は違いますが　　　　　　　　2　私だけではなく
　　　3　みんなだけではなく　　　　　　4　みんなばかりではなく

(3)　1　外国人　　　2　国内人　　　　3　店長　　　　　4　どんな人

10　私の家からは会社までバスも地下鉄も行きます。でも、バスも地下鉄も30分ごとに来ますので、（　1　）遅刻したりします。また、会社までは1時間半もかかりますので、とても不便です。それで、今度引っ越すつもりですが、なかなかいい家が見つかりません。今住んでいる家は毎月5万円ですが、会社からも駅からも近い家は（　2　）もするのです。引っ越したい気持ちはすごくありますが、何もできないのです。会社が終わったら（　3　）でもしようかなと思っている今日でした。

(1)　1　時間を合わせると　　　　　　2　早く帰ると
　　　3　定時に出ると　　　　　　　　4　ひとつ間違えると

(2)　1　3万円　　　2　4万円　　　　3　8万円　　　　4　5万円

(3)　1　引っ越し　　　2　アルバイト　　　3　買い物　　　　4　出勤

→ 정답 p.77

1　　日本はどこでも自動車が多いからとてもあぶないです。それで道を渡るみなさんが守らなければならない規則がたくさんあります。赤は「止まれ、行くな」、きいろは「注意しろ」、みどりは「行け」という（　1　）です。みなさんはこの規則をよく守っていますか。赤に変わったら車が通って危険ですから、渡らないでください。渡ると事故にあうかもしれません。（　2-a　）それを無視して行動する人が（　2-b　）事故にあったり危険なことが起きたりするのです。規則は守るためにあるものですからきちんと守らないといけません。

　　車を運転する人ももちろん安全運転をしなければなりません。子どもを持つ親はもっと（　3　）必要があります。子どもに毎日車に注意するように言ってください。道であそんだりしたら、あぶないと。子どもは車がどんなに危険なのか知らないですから毎日言った方がいいです。家だけでなく、学校でも車の便利なところを（　4　）あぶなさも教えなければなりません。何回もくりかえして教育したほうがいいでしょう。子どもはこれからの社会をささえてくれる大事な存在ですから。

　　さあ、みなさん。（　5　）をよく見てから道を渡りましょう。

(1)　1　教え　　　　　2　意味　　　　　3　教育　　　　　4　法則

(2)　1　a だから ／ b いないので　　　2　a それで ／ b いるから
　　　3　a でも　　／ b いるから　　　　4　a 全然　　／ b いないのに

(3)　1　気をつける　　　　　　　　　2　運転する
　　　3　運転しない　　　　　　　　　4　車を売る

(4)　1　教えるが　　　　　　　　　　2　教えては
　　　3　教えても　　　　　　　　　　4　教えながらも

(5)　1　警察　　　　2　子ども　　　　3　右と左　　　　4　大人

2　　　昨日、私の家にどろぼうが入りました。かぎをかけておきましたが、どろぼうはかぎ
をこわして入ったようです。新しいかぎを買ったのは先週で、とても（　　1　　）ものだ
と聞いて買ったのですが…。　私が家に帰ったときは、部屋とつくえの上はとても汚
かったです。でも、ひきだしの中にあったお金はぬすまれませんでしたが、先週買っ
て、つくえの上に置いておいた新しいカメラはぬすまれました。（　2-a　）、かばんの
中にあった万年筆も（　2-b　）。カメラには去年の夏休みに友だちと一緒に旅行に
行ってとった写真が入っています。5年ぶりに会った高校の友だちと、はじめての北
海道の旅行に行ってとったものです。（　　3　　）こんな機会がないと思われるのでと
てもくやしいです。

　警察にすぐ（　　4　　）、調べられましたが、どろぼうが残したものは何もありませんで
した。とても丈夫なかぎをかけてもどろぼうに入られるからこれからどんなかぎを使
ったらいいかわかりません。警察からも最近のどろぼうは頭がいいから自分で注意す
るしかないと言われました。とにかくとても（　　5　　）一日でした。

(1)　1　丈夫な　　　　2　安い　　　　　　　3　新しい　　　　　　4　高い

(2)　1　a でも　　　／　　b 大丈夫でした
　　　2　a また　　　／　　b なくなりました
　　　3　a しかし　／　　b なくなりました
　　　4　a それで　／　　b こわれました

(3)　1　今回　　　　　2　これまで　　　　3　さっき　　　　　4　二度と

(4)　1　呼ばれて　　2　届けて　　　　　3　連絡させられて　　4　行かれて

(5)　1　早く帰った　　　　　　　　　2　いろんなことがあった
　　　3　気持ちの悪い　　　　　　　　4　警察の大切さを感じる

3 私は弟と東京の近くに住んでいます。会社からは遠いですが、駅も近いし、新しい
し、まわりに大きなスーパーもあるから便利です。最初は会社から近い家を借りよう
としました。でも、東京は家賃がとても高いですから、今の収入では借りることができ
ませんでした。それで今、（　1　）ところに決めました。また、ここは広くてきれいな
公園もあって、いつもジョギングや運動も出来るのでここに決めて（　2　）と思って
います。

弟は東京にある大学に通っています。今年22才で、来年卒業します。大学を出
たら貿易会社で働きたいと思っていますが、最近の不景気でなかなかいい会社が
（　3　）ようです。前は家の近くにあるコンビニーでアルバイトをしましたが、今は就
職活動のため、休んでいます。弟は（　4-a　）就職活動がうまく（　4-b　）、バイトでた
めたお金で、友だちと一緒に旅行に行こうと思っているようです。私も一緒に旅行に
行きたいのですが、会社の仕事が忙しくて行けないです。一生懸命仕事をしたり勉強
したりすることも大事だが、たまには旅行に行っていろんなことを考えたり、（　5　）
いい経験になるんじゃないかなと思います。

(1)　1　住んだ　　　　2　住もうとした　　　　3　住みなれた　　　　4　住んでいる

(2)　1　節約した　　　2　よかった　　　　　3　ほんとうだ　　　　4　まじめだ

(3)　1　見つけない　　2　気に入らない　　　3　見つからない　　　4　気に入った

(4)　1　a　もし　　　／　b　できなかったら
　　　2　a　しかし　　／　b　できれば
　　　3　a　だから　　／　b　できるので
　　　4　a　なぜなら　／　b　できるから

(5)　1　会社を決めたりするのも　　　　　2　ゆっくりするのも
　　　3　勉強したりするのも　　　　　　4　面接に行ったりするのも

4 　日本は12月にいろいろなことをします。お正月のことでみんないそがしいのです。会社では1年を反省したり、これからももっとがんばるようにお酒を飲みに行ったりします。（ 1 ）家庭では家の中を掃除したり、お正月の料理を作ったりします。お母さん一人では無理なので、（ 2 ）人みんなが手伝います。学校と会社はだいたい29日ごろから休みになります。それで、お母さんは子どもにも部屋を（ 3 ）、料理の作りを手伝わせたりします。お父さんもお母さんと一緒に買い物をしたりします。お母さんは家族のために、おいしいお正月の料理を一生懸命作ります。

　12月31日の夜はみんなそばを食べますが、それは、家族のみんなが病気にかからずに長く生きることができるようにするためだそうです。1月の1日の朝まで、家族の前で自分の夢を話したり、おもしろいテレビ番組を見たりします。お正月は遠くにいる家族でもだいたい田舎に帰ってくるのでとてもうれしいですね。何年ぶりに会う兄弟や子どももいるので、家の中は（ 4-a ）祭り（ 4-b ）。まだ10月なのに、お正月を（ 5 ）のは私だけでしょうか。

(1)　1　この　　　　　2　普通の　　　　　3　少ない　　　　4　決まった

(2)　1　会社の　　　　2　となりの　　　　3　友だちの　　　　4　うちの

(3)　1　かたづけさせたり　　　　　2　かたづいたり
　　　3　かたづけさせられたり　　　4　かたづかれたり

(4)　1　a　とても　　　／　b　のようでもないです
　　　2　a　たとえば　　／　b　だとしましょう
　　　3　a　まるで　　　／　b　ようです
　　　4　a　なぜなら　　／　b　のようだからです

(5)　1　楽しみにしている　　　　　2　いのっている
　　　3　いわっている　　　　　　　4　みまっている

5 　山本先生様

　毎日寒いですが、先生お元気ですか。私は日本での留学が終わって、来週タイへ帰ります。ここでは先生にいろいろお世話になりました。二年前に、ここへ来たとき、（　1　）分からない私に、日本語とか日本の文化などをていねいに教えてくれたことをよく覚えています。本当にありがとうございました。

　（　2　）、タイへ帰ったら自動車の工場で働くつもりです。ここで習った新しい自動車の技術を生かしてやればたいへん（　3　）だろうと思います。またこれをタイのみなさんにも教えようと思っています。みんなとてもよろこぶでしょう。まだ、私の国は自動車を作る技術は持っていないので、（　4-a　）ばかりしていますが、もうすぐ（　4-b　）もできるようになるでしょう。

　機会があればもう一度日本へ来てみたいです。先生や一緒に勉強したみなさんに（　5　）会いたいです。そのときは家内と子どもも連れて来るつもりです。家族は、いつも日本へ行ってみたいと言っていたので、近いうちに時間を作りたいと思います。

　それでは、また会える日までおげんきで。さようなら。

　　　　　　　　　　　　　　　　　　　　　　　　　　　　　　ウワタン

(1)　1　何も　　　　　2　何でも　　　　　3　とても　　　　　4　すぐに

(2)　1　ところが　　　2　しかも　　　　　3　ところで　　　　4　それで

(3)　1　苦労する　　　2　よろこぶ　　　　3　たのしむ　　　　4　役に立つ

(4)　1　a 生産　　／　　b 販売
　　　2　a 輸入　　／　　b 輸出
　　　3　a 消費　　／　　b 生産
　　　4　a 販売　　／　　b 消費

(5)　1　きっと　　　　2　たぶん　　　　　3　やっと　　　　　4　ぜひ

Part 5
문법 실전 모의고사

제1회 실전 모의고사 ----------------- → 정답 p.79

問題1 つぎの文の（　　　）に入れるのに最もよいものを、1・2・3・4から一つえらびなさい。

[1] 心理学の研究をする（　　）ますます男性と女性の差がおもしろくなってきた。
　　1　につれて　　　　2　において　　　　3　にくわえて　　　4　にくらべて

[2] 急いでいる日（　　）バスやタクシーが来ないのはなぜだろうか。
　　1　にしたがって　　2　にかぎって　　　3　にとって　　　　4　にこたえて

[3] 友だちは授業時間に勉強しない（　　）寝てばかりいる。
　　1　ところが　　　　2　どころか　　　　3　ばかりに　　　　4　ばかりか

[4] ちょっと寒いので窓を閉めさせて（　　　）。
　　1　いただきます　　2　くださいます　　3　さしあげます　　4　おります

[5] とりあえず、先生の意見を（　　）決めます。
　　1　聞くから　　　　2　聞いたから　　　3　聞いてから　　　4　聞いてあとで

[6] あなたの会社の夏休みは（　　）ありますか。
　　1　どれほど　　　　2　どれだけ　　　　3　どのくらい　　　4　どのほど

[7] A「アメリカに3年間住んだ（　　）英語がお上手ですね。」
　　B「いいえ、そんなことありません。」
　　1　どころか　　　　2　かぎり　　　　　3　うちに　　　　　4　だけに

8 A 「何か悩みでもあるんですか。」

B 「あ、はい。親しい友だちとけんかして…。」

A 「そうですか。ふ～ん、でも仲直りしたほうがいいじゃないんですか。」

B 「そう（　　）、あんまりやりたくないんです。」

1 しなくてもいいようだが　　　　　　　2 しなくてもいいのだろうが

3 できてよかったが　　　　　　　　　　4 すればいいのだろうが

9 部屋に大きなかばんが（　　　）。

1 おいています　　　　　　　　　　　　2 おいてします

3 おいてあります　　　　　　　　　　　4 おいてございます

10 休日なんだからそんなにお仕事（　　　）。お願いします。

1 させないものにしてください　　　　　2 させるものにしてください

3 させないでください　　　　　　　　　4 させてください

11 片思いの好きな人がいるのですが、好きな気持ちが（　　　）つらいんです。

1 強くなりすぎて　　　　　　　　　　　2 強くしすぎて

3 強くなりやすくなって　　　　　　　　4 強くしやすくなって

12 どこに故障の原因が（　　　）詳しく調べた。

1 あるのかによって　　　　　　　　　　2 あるのかについて

3 あるのかどうかによって　　　　　　　4 あるのかどうかについて

13 ありのままの自分を好きになれる（　　　）、私の人生は変わりました。

1 ことができるまで　　　　　　　　　　2 ことができてから

3 ようになるまで　　　　　　　　　　　4 ようになってから

つぎの文の ★ に入る最もよいものを、1・2・3・4から一つえらびなさい。

14 昨日 ＿＿＿＿ ＿＿＿＿ ★ ＿＿＿＿ 親切でした。

   1 とても   2 友だちと一緒に

   3 乗った   4 タクシーの運転手は

15 夕^{ゆう}べ、＿＿＿＿ ＿＿＿＿ ★ ＿＿＿＿ ほどとてもきれいでした。

   1 屋上^{おくじょう}で見た   2 言い表せない

   3 言葉では   4 星は

16 鏡^{かがみ}に ＿＿＿＿ ＿＿＿＿ ★ ＿＿＿＿ 見ていられなかった。

   1 顔は   2 映^{うつ}った   3 怖くて   4 彼の

17 A「何かやることないかな。」

   B「おい、君。ひまなら ＿＿＿＿ ＿＿＿＿ ★ ＿＿＿＿ かたづけなさいよ。」

   1 きれいに   2 ここに   3 ゴミとかを   4 ちらかっている

18 A「彼にはすまない気持ちばかりです。」

   B「そうですよ。私も ＿＿＿＿ ＿＿＿＿ ★ ＿＿＿＿ おごろうと思っています。」

   1 いつも   2 夕食でも   3 かけているので   4 迷惑ばかり

問題3 つぎの文章を読んで、[19]から[23]の中に入る最もよいものを、1・2・3・4から一つえらびなさい。

留学生活の苦労

　私は、日本の音楽などが好きで、高校生の時から日本語の勉強を始めました。趣味で始めましたが、大学に入ってからは、留学したいと思うようになり、2005年の春から2年間、留学しました。

　留学生活を始める前は、日本での生活を [19] 、胸いっぱいでした。実際に日本に来て生活してみると、思ったより大変で、[20] 。

　[21] 、今まで一人暮らしをしたことがなかったので、一人で家事もしながら勉強する生活の大変さになかなか慣れませんでした。時々寂しくて一人で部屋にこもって泣いたこともあります。また、日本人は、一人で食事したり、友だち同士なのにワリカンだったり、理解できないところもたくさんありました。

　今では、友だちと話しているときなど、2年間という留学期間の間に、自分も日本人のような [22] をしている気がしてくる時もあるほどです。大変だった時もあったけど、ぜひ他の人にも [23] と思います。

---

[19] 1 期待し　　　2 期待できず　　　3 慣れなくて　　　4 失敗し

[20] 1 帰りました　　　2 勉強しました　　　3 仕事をしました　　　4 苦労しました

[21] 1 このあいだ　　　2 それで　　　3 ところで　　　4 たとえば

[22] 1 仕事　　　2 考え方　　　3 勉強　　　4 授業

[23] 1 たのみたい　　　　　　　2 すすめたい
　　　3 あげたい　　　　　　　4 もっていきたい

問題 1 つぎの文の（　　）に入れるのに最もよいものを、1・2・3・4から一つえらびなさい。

1　うちの会社には男女（　　）誰でも入ることができます。
　　1　にすぎって　　　　2　をいれて　　　　3　にかぎって　　　　4　をとわず

2　彼女のお母さんは年の（　　）10才は若く見える。
　　1　さいに　　　　　　2　うちに　　　　　3　わりに　　　　　　4　よりに

3　みんなによく聞こえる（　　）大きい声で話してください。
　　1　ように　　　　　　2　ときに　　　　　3　もとに　　　　　　4　ことに

4　彼についての話を君も聞いた（　　）。
　　1　なんだい　　　　　2　なんかい　　　　3　だい　　　　　　　4　かい

5　お客さま、ここでしばらく（　　）ください。
　　1　お待たれて　　　　2　お待たせて　　　3　お待ち　　　　　　4　お待って

6　彼と約束した（　　）を忘れていた。
　　1　の　　　　　　　　2　わけ　　　　　　3　こと　　　　　　　4　もの

7　A「電車はいつ来ますか。」
　　B「1時間（　　）来ます。」
　　1　ばかりに　　　　　2　ごとに　　　　　3　だけに　　　　　　4　ものに

8 A 「山田さんはどうなさいますか。」

B 「私もみんなといっしょに行く（　　）なりました。」

1 おきに　　　　　　 2 うちに　　　　　　 3 からに　　　　　　 4 ことに

9 毎日、運動する（　　）、ほとんど風邪をひかなくなりました。

1 ようになってまでは　　　　　　　　 2 ようになってからは

3 といってまでは　　　　　　　　　　 4 といってからは

10 砂糖(さとう)は、料理を（　　）欠(か)かせない材料のひとつです。

1 おいしくするためには　　　　　　　 2 おいしくなるためには

3 おいしおうにするためには　　　　　 4 おいしそうになるためには

11 病院の先生は一見（　　）のですが、少し質問すると、「分からない」と言われました。

1 親切そうに見た　　　　　　　　　　 2 親切そうに見えた

3 親切ように見た　　　　　　　　　　 4 親切ように見えた

12 どうしてけんか（　　）、それはもう本当に小さなことがきっかけでした。

1 したからといって　　　　　　　　　 2 しそうにしたからといって

3 したかというと　　　　　　　　　　 4 しそうにしたかというと

13 部長の指示(しじ)はあったが、よく考えたら私が（　　）気もした。

1 やらなくてはいけないような　　　　 2 やらなくてもいいような

3 やらなくてはいけないそうな　　　　 4 やらなくてもいいそうな

☐14 今回の ＿＿＿ ＿＿＿ ＿★＿ ＿＿＿ 先生がおっしゃった。

1　5人に　　　　　　　2　すぎないと　　　　　3　合格した人は　　　　4　試験に

☐15 彼 ＿＿＿ ＿＿＿ ＿★＿ ＿＿＿ 信じられません。

1　いるなんて　　　　　　　　　　　2　とても

3　みたいな人に　　　　　　　　　　4　かわいい恋人が

☐16 一週間も ＿＿＿ ＿＿＿ ＿★＿ ＿＿＿ たまらないです。

1　仕事をして　　　　　　2　眠くて　　　　　　3　夜遅くまで　　　　4　今は

☐17 A「昨日の試験はどうでしたか。」

B「そうですね。いくら ＿＿＿ ＿＿＿ ＿★＿ ＿＿＿ たいへんでした。」

1　あって　　　　　　　　　　　　　2　いくつか

3　考えても　　　　　　　　　　　　4　わからない問題が

☐18 A「吉本さんは英語が上手ですね。」

B「そうですね。子供の時、5年間アメリカで ＿＿＿ ＿＿＿ ＿★＿ ＿＿＿ そうです。」

1　住んだことが　　　　2　といっしょに　　　　3　ある　　　　　　　4　親

　私は、職場のいじめに我慢できなくて仕事を辞めたことがあります。そこは、女の人ばかり
の職場でした。入ったばかりの私は、一番年上の先輩について仕事を 19 。先輩は、やさしい
ふりがうまい人でした。お客が来たら「私がするから、仕事続けてて」とか、掃除を始めたら、
手伝ってくれたりと親切な人だなって思っていたのですが、上の人に「お客が来ても気が付
かない」「自分で仕事をしない」「掃除がざつ」「仕事が遅いから、私が手伝ってる」とか、 20 。
最初は、どこにでもあるいやがらせだろうと思って気にしてませんでした。 21-a 、どんどん
21-b 、私の仕事ではないことを持ってきて、それができないと「帰れないわ」って感じで言
ってきたりしました。

　そういう日が続くと、体調がやっぱり悪くなって、毎朝はきながらの出勤になりました。体
調が悪いと、仕事への集中力がなくなって、 22 できなくなりました。

　その後、自分を手伝ってくれた他の先輩が辞めさせられるような形で仕事場を去っていっ
てさらに、大変なことがありました。もちろん今はその会社を辞めて自分に合う、また 23 も
あまり気にしない会社に通っています。その時は本当に大変だったので、今は思い出したくも
ありません。

19　1　覚えてきます　　　　　　　　　2　覚えています
　　3　覚えていました　　　　　　　　4　覚えてきました

20　1　言っていたそうです　　　　　　2　言いそうです
　　3　言わなければなりませんでした　4　言いにきました

21　1　a　もし　　　　／　　b　ひどくなると
　　2　a　なぜなら　／　　b　ひどくなるので
　　3　a　そして　　／　　b　ひどくったら
　　4　a　でも　　　／　　b　ひどくなってきて

22　1　いつでも　　　2　何も　　　　3　何か　　　　4　あまり

23　1　人間関係　　　2　仕事　　　　3　上司　　　　4　給料

問題1 つぎの文の（　　　）に入れるのに最もよいものを、1・2・3・4から一つえらびなさい。

1 妹が大学の試験に合格したと聞いてうれしさの（　　）、部屋のなかでジャンプした。
　　1 ほど　　　　　　2 だけ　　　　　　3 あまり　　　　　　4 ばかり

2 まじめな彼（　　）、そんなことをするはずがないですよ。
　　1 につれて　　　　2 にたいして　　　3 において　　　　4 にかぎって

3 みなさんの要求（　　）値段を30％下げました。
　　1 にもとづいて　　2 にこたえて　　　3 にとって　　　　4 にあたって

4 これは薬（　　）甘いジュースみたいですね。
　　1 といったら　　　2 というと　　　　3 というより　　　4 というのは

5 （　　）大変なことがあっても二人がいっしょなら大丈夫だと思うよ。
　　1 あんなに　　　　2 あんな　　　　　3 たとえて　　　　4 どんな

6 先生、すみませんが、もうちょっと（　　）ください。
　　1 考えさせて　　　2 考えられて　　　3 考えすぎて　　　4 考えだして

7 部長、さっきから木村さんという方が（　　）。
　　1 お待ちします　　2 お待ってです　　3 待ちです　　　　4 お待ちです

8 A「みんな待ってるでしょう。」

B「はい、2時間（　　）待っているんですよ。」

1 ごろ　　　　　　2 ばかり　　　　　3 くらい　　　　　4 だけ

9 A「さっきの方は野村さんでしょう。」

B「はい、鼻にひげがあるから野村さん（　　）。」

1 にこたえます　　　　　　　　　2 にかぎります

3 にすぎます　　　　　　　　　　4 にちがいないです

10 言葉は心の表現（　　）それほど大切なものはない。

1 にかぎるといっても　　　　　　2 にかぎらないといっても

3 にすぎるといっても　　　　　　4 にすぎないといっても

11 水泳が（　　）、毎日のようにプールに通っている。

1 できるようになって　　　　　　2 するようになって

3 できるならには　　　　　　　　4 するからには

12 日本は資源は少ないが、貿易を通じて（　　）。

1 発展されてきました　　　　　　2 発展されてきます

3 発展してきました　　　　　　　4 発展してきます

13 今年の夏も仕事が忙しくて海には（　　）。

1 行きそうもない　　　　　　　　2 行けそうもない

3 行くそうもない　　　　　　　　4 行けるそうもない

14 ここでは _____ _____ __★__ _____ だめなんです。
1　待合室では
　　　まちあいしつ
2　かまわないが

3　公園や
4　タバコをすっても

15 友だちの _____ _____ __★__ _____ やりたくないです。
1　今もあまり　　　　2　お願いで　　　　3　ことにしたが　　　4　やってみる

16 日本へ _____ _____ __★__ _____ と思うからみんなで手伝いましょう。
1　何もない　　　　2　来たばかりの　　　3　できることは　　　4　彼が

17 A 「あのう、すみません。中央郵便局はどこですか。」
　　　　　　　　　　　　　　ちゅうおう
B 「ここを _____ _____ __★__ _____ 曲がるとあります。」

1　そこを右に　　　　2　まっすぐ行くと　　3　あるから　　　　4　大きな橋が

18 A 「とてもすてきなネクタイですね。」
B 「あ、はい。先週 _____ _____ __★__ _____ 彼女からもらいました。」

1　ぼくの
2　プレゼント

3　として
4　誕生日だったので

問題3 つぎの文章を読んで、19 から23 の中に入る最もよいものを、1・2・3・4から一つえらびなさい。

皆さんは悩みがある時、どうやって解決しますか。もちろん、人によって違うと思いますが、一人で悩んでばかりいる人もいるし、自分の周りにいるアドバイスが出来る人に相談する人もいるでしょう。まあ、私はどっちでもいいと思いますが、もしかして、この悩みのことで 19 に迷惑をかけているんじゃないかと考えてみてください。

自分の悩みは、自分のものですから、人に強要してはいけません。 20 、「自分はこんなに大変なのに、どうしてあなただけが楽なの?」という気持ちでいてはいけないということです。ただ、相手に相談することだけではけっこうですが、その悩みのことで相手をいじめてはいけないのです。

よく見られる光景ですが、自分の悩みのことで、一日に何回も相談に来る人がいます。最初はそれを相談する側も 21 それに応じるでしょう。でも、それが何回も繰り返されるとあきてしまうし、自分だって何か悩みがあるように 22 。それに後で気づいて、その人とは会いたくないと思われるわけです。そうなると、悩みを持っていた人は、自分の悩みも解決できないし、大事な人と会えなくなる 23 になります。これが分かっていれば、いいんですが、だいたい分からない人が多いから問題になるのです。

皆さん、悩みがあることにああだこうだとは言えませんが、そのことで人をいじめないでください。

19　1　自分　　　　　2　悩む人　　　　　3　周りの人　　　　　4　悩まされる人

20　1　つまり　　　　2　そのうち　　　　3　しかし　　　　　　4　これからも

21　1　いやがって　　2　どうせ　　　　　3　どうも　　　　　　4　よろこんで

22　1　思いもしません　　　　　　　　　2　思ったでしょう
　　3　思われてしまうのです　　　　　　4　思ったこともあります

23　1　迷惑　　　　　2　結果　　　　　　3　解決　　　　　　　4　過程

問題 1 つぎの文の（　　）に入れるのに最もよいものを、1・2・3・4から一つえらびなさい。

1 日本語が上手になるためには毎日練習する（　　）。
　　1 たびた　　　　　　2 ことだ　　　　　　3 ようだ　　　　　　4 くらいだ

2 友だちは先輩（　　）いいイメージを持っているらしいです。
　　1 にたいして　　　　2 にかけて　　　　　3 にわたって　　　　4 にとって

3 彼女は歌手として男性（　　）女性にも人気がある。
　　1 ところが　　　　　2 ばかりに　　　　　3 はもちろん　　　　4 はともかく

4 山田さんはテニスがうまいけど、選手だった野口さん（　　）ではない。
　　1 ほど　　　　　　　2 くらい　　　　　　3 だけ　　　　　　　4 ばかり

5 こんな暑い日に駅前で、彼女に1時間も（　　）頭にきた。
　　1 お待ちして　　　　2 待たせて　　　　　3 待たされて　　　　4 待って

6 まもなく電車が（　　）。気をつけてください。
　　1 いらっしゃいます　2 まいります　　　　3 お行きします　　　4 お行きになります

7 A 「この絵、とてもすばらしいですね。あなたが描きましたか。」
　　B 「いいえ、先生です。ですから（　　）ください。」
　　1 さわらないで　　　2 さわらなくて　　　3 さわって　　　　　4 さわらなくても

8 　A「あなたもみんなと海に行きますか。」

　　B「はい、休みをとって（　　　）と思っています。」

　　1　行ってみる　　　　2　行く　　　　3　行こう　　　　4　行った

9 　勉強って（　　　）、やる気がなくなっちゃう。

　　1　やろうって言われれば言われるほど　　　2　やろうって言わせれば言わせるほど

　　3　やれって言われれば言われるほど　　　　4　やれって言わせれば言わせるほど

10 　子供はほしくないこともないが、子供が生まれれば、夫婦2人だけの生活は（　　　）。

　　1　なくなってしまっただろう　　　　2　なくなってしまうだろう

　　3　あってはいけなかっただろう　　　4　あってはいけないだろう

11 　アメリカ留学のためにビザを申請（　　　）。

　　1　しようとしているところです　　　2　しようとしているばかりです

　　3　しようとしたところです　　　　4　しようとしたばかりです

12 　悩み（　　　）、結婚について質問がございます。

　　1　と言うようでもないんですが　　　2　とするようでもないんですが

　　3　と言うほどでもないんですが　　　4　とするほどでもないんですが

13 　筆記道具は（　　　）できたら持ってきてください。

　　1　あってはいけないのですが　　　2　なくてはいけないのですか

　　3　あってもいいのですが　　　　　4　なくてもいいのですが

つぎの文の __★__ に入る最もよいものを、1・2・3・4から一つえらびなさい。

14 お酒を ＿＿＿＿ ＿＿＿＿ __★__ ＿＿＿＿ 飲まないようにしてください。

　　1　たまには　　　　　　　　　　　　　　2　体によくないから

　　3　毎日　　　　　　　　　　　　　　　　4　飲み続けるのは

15 会社の前に ＿＿＿＿ ＿＿＿＿ __★__ ＿＿＿＿ 行ってみませんか。

　　1　とても　　　　　　　　　　　　　　　2　できたから

　　3　映画館が　　　　　　　　　　　　　　4　よさそうな

16 宿題は ＿＿＿＿ ＿＿＿＿ __★__ ＿＿＿＿ 出してください。

　　1　残さず　　　　　　2　来週の　　　　　3　一人も　　　　　4　水曜日までに

17 A「私はお腹がすいたのでラーメン定食にします。」

　　B「ぼくは ＿＿＿＿ ＿＿＿＿ __★__ ＿＿＿＿ します。」

　　1　定食に　　　　　　2　ビールと　　　　3　つめたい　　　　4　汗をかいたので

18 A「こっちのものは絶対さわるな。」

　　B「どうしてですか。先生がみんなで手で感じながら＿＿＿＿ ＿＿＿＿ __★__ ＿＿＿＿ と言ってましたよ。」

　　1　について　　　　　2　書きなさい　　　3　レポートを　　　4　どんなものか

つぎの文章を読んで、19から23の中に入る最もよいものを、1・2・3・4から一つえらびなさい。

　私には付き合って1年になる彼氏がいます。お互い大学生で、彼は実家暮らし、私は地方から上京して一人暮らしをしています。

私が一人暮らしで自由なので、デートの帰りは 19 私の家に寄ったり、よく遊びに来たりします。月に一回くらい私が夕ご飯で手料理を作ってごちそうする時があります。その時は彼もよろこんで朝から気持ちがよさそうなんです。でも、そんな彼に 20 ことがあります。

　私の家に来る途中にコンビニとかがあるのに彼は手土産を持ってきません。私の考えは、人の家にご飯をごちそうになりに行くのにコーヒー一本でも手土産を買ってきてくれてもいいのに…と 21 思ってしまいます。ご飯をごちそうにならなくても、人の家に訪問するのに何も持っていかないのはおかしいじゃないですか。もうこれはいちいち教えなくても 22 と思います。

　彼はデートでもぜんぶごちそうしてくれなくて、たまにコーヒーとか食事はおごってくれます。彼女の家にご飯を食べに行くのに手ぶらでくる彼氏。今まで会った人の中で最悪だと 23 彼とは別れたくありません。

19　1　ぜひ　　　　　2　たぶん　　　　　3　かならず　　　　4　きっと

20　1　気をつける　　　　　　　　　2　気にする
　　3　気をくばる　　　　　　　　　4　気になる

21　1　ありがたく　　2　気持ちよく　　　3　たいへんに　　　4　不満に

22　1　勉強する　　　　　　　　　　2　一人で習う
　　3　よくない　　　　　　　　　　4　分かることだ

23　1　思いながらも　　　　　　　　2　思って
　　3　思っては　　　　　　　　　　4　思っていて

問題1 つぎの文の（　　　）に入れるのに最もよいものを、1・2・3・4から一つえらびなさい。

1 この映画は、小説（　　　）作られたものです。
1 にもとにして　　　2 をもとづいて　　　3 にもとづいて　　　4 をものにして

2 今日会社を辞めることになりました。社長（　　　）みなさまには本当にお世話になりました。
1 にはじめて　　　2 にはじめ　　　3 をはじめて　　　4 をはじめ

3 彼はギター（　　　）のこと、バイオリンもひける。
1 にかかわらず　　　2 にはもとより　　　3 はもちろん　　　4 はともかく

4 今日聞いた話はだれにも（　　　）ください。
1 言わないで　　　　　　　　　　　2 言う
3 言いないで　　　　　　　　　　　4 言えないで

5 昨日の話では張本せんぱいも来る（　　　）ですよ。
1 もの　　　2 ほど　　　3 はず　　　4 こと

6 山田「田中さん、このかさを吉本先生にわたしてくださいませんか。」
田中「はい。あとで（　　　）。」

1 おわたしします　　　　　　　　2 おわたしにします
3 おわたしになります　　　　　　4 おわたしです

7 これは秘密だけどあなた（　　　）教えるわよ。
1 しか　　　2 だけに　　　3 も　　　4 と

8 ここで（　　）。静かにしろ。

   1　さわぐな　　　　　　2　さわごうな　　　　　3　さわげな　　　　　4　さわぎな

9 人のよさはどれくらいのお金が（　　）決められるもんじゃない。

   1　あるかどうかによって　　　　　　　　2　あるようによって

   3　あるからといって　　　　　　　　　　4　あることになって

10 楽しく（　　）楽しめるようになるのは、自分がどういう気持ちでやるかという点です。

   1　していることでも　　　　　　　　　　2　なさそうなことでも

   3　していそうなことでも　　　　　　　　4　ないそうなことでも

11 勉強せずに、（　　）、成績が下がります。

   1　あそんだばかりいると　　　　　　　　2　あそんだばかりすると

   3　あそんでばかりいると　　　　　　　　4　あそんでばかりすると

12 ちゃんと記憶して（　　）、年をとるとだんだん忘れていきます。

   1　みたことであって　　　　　　　　　　2　おいたことであって

   3　みたことであっても　　　　　　　　　4　おいたことであっても

13 子供がたばこやお酒などに負けたりすることなく適切な判断で行動（　　）ものです。

   1　できるそうにさせたい　　　　　　　　2　できるそうにされたい

   3　できるようにさせたい　　　　　　　　4　できるようにされたい

問題2 つぎの文の ___★___ に入る最もよいものを、1・2・3・4から一つえらびなさい。

14 お酒は _____ _____ ___★___ _____ 飲めるようになりました。
　　1　全然　　　　　　2　入ってからは　　　3　会社に　　　　　4　飲めなかったが

15 日本 _____ _____ ___★___ _____ ずっと勉強を続けていくつもりだ。
　　1　留学が　　　　　2　終わっても　　　　3　国に帰って　　　4　での

16 この家は _____ _____ ___★___ _____ みんな住みたがっています。
　　1　きれい　　　　　2　それに　　　　　　3　しずかで　　　　4　なので

17 山田「田中さん、 _____ _____ ___★___ _____ してください。」
　　田中「もうしておきました。」
　　1　準備を　　　　　2　会議の　　　　　　3　午後の　　　　　4　あしたの

18 A「あの、すみません。ここに _____ _____ ___★___ _____ ですか。」
　　B「いいえ、おねがいします。」
　　1　住所は　　　　　2　電話番号と　　　　3　いい　　　　　　4　書かなくても

問題3 つぎの文章を読んで、□19□から□23□の中に入る最もよいものを、1・2・3・4から一つえらびなさい。

　いつも会社に不満ばかり言う人がいます。何について不満があるのかははっきり分かりませんが、いつも上司や社長に対して、うちの会社はだめだ、もう発展することはないだろうと勝手に決めつけているのです。□19-a□、そんな□19-b□あなたはどうしてその会社で働いているんですかと聞いてみたいくらいです。

　自分の会社に不満が多い人の多くは、自分がその会社で□20□人が多いようです。だから、それに不満を持って人にそうするわけです。

　それでは、ここでちょっと考えてみましょう。会社はあなたのことをあきらめてはいないんです。もし、あなたのことが本当に嫌だったら首にしたはずです。だから、会社はあなたに□21□を与えているのです。もうちょっと頑張ってくださいと。会社はあなたの力を必要としていますから、首にせずに、待っているのです。それについてあなたは不満を持つかもしれませんが、あなたに努力が足りないと考えてください。本当に一生懸命やったのに自分のことを認めてもらえなかったと思ったら、その時に、会社を辞めても□22□。

　会社のやり方や上司の指示に不満があっても、□23□あなたのことを考えてからこの会社に通い続けるかどうか判断してもいいじゃないですか。

□19□ 1　a たとえ　　／　b 会社でなくても
　　　2　a たとえ　　／　b 会社でも
　　　3　a もし　　　／　b 会社だったら
　　　4　a もし　　　／　b 会社でないと

□20□ 1　認めてもらえない　　　　　　2　認めてもいい
　　　3　認めてほしい　　　　　　　　4　認めなくてもいい

□21□ 1　ボーナス　　　2　昇進　　　　3　チャンス　　　4　給料

□22□ 1　よくないでしょう　　　　　　2　遅くはないでしょう
　　　3　認めるでしょう　　　　　　　4　遅いでしょう

□23□ 1　いつまでも　　　　　　　　　2　おそらく
　　　3　それに　　　　　　　　　　　4　とりあえず

memo

memo

저자 소개

이장우

현 종로 파고다 외국어 학원에서 JPT 및 일본어능력시험 전문강사로 활동 중

저서

'일본어능력시험 필출문제' 1, 2, 3, 4급 시리즈

점수별 '딱 JPT' 시리즈

'JPT 지배하는 법' 파트별 시리즈 그 외 다수

유토리 일본어능력시험 N3 언어지식

저자 | 이장우
초판 1쇄 발행 | 2011년 2월 14일
초판 2쇄 발행 | 2016년 9월 30일

발행인 | 박효상
총괄이사 | 이종선
편집장 | 김현
기획 · 편집 | 박혜민
디자인 | 손정수
마케팅 | 이태호, 이전희
디지털콘텐츠 | 이지호
관리 | 김태옥

출판등록 | 제10-1835호
발행처 | 사람in
주소 | 121-839 서울시 마포구 양화로11길 14-10(서교동) 4F
전화 | 02) 338-3555(代) 팩스 | 02) 338-3545
E-mail | saramin@netsgo.com
Homepage | www.saramin.com

ISBN 978-89-6049-220-2 13730
       978-89-6049-178-6 (set)

사람이 중심이 되는 세상, 세상과 소통하는 책 **사람in**

넓게 생각하는 힘

유토리 일본어 능력시험

N3

언어지식

📖 길잡이 해설서

사람in
saram in com

넓게 생각하는 힘

유토리 일본어 능력시험

N3

언어지식

길잡이 해설서

사람in
saram
in com

차례 **Contents**

N3

언어지식

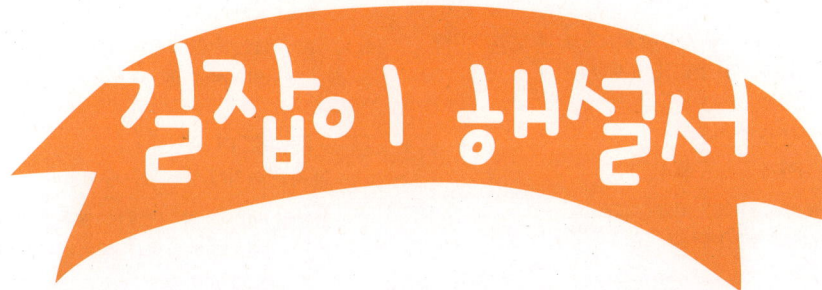

길잡이 해설서

1장 문자·어휘 해설

Part 2 실전대비 집중 훈련

이. 問題1 한자읽기

① 동사

확인문제 01 → p.59

✓정답
1	④	2	②	3	①	4	①	5	④
6	①	7	②	8	②				

1 ④ 洗(あら)う 씻다
항상 그릇은 여동생이 씻는다.
> **어휘충전** 皿(さら) 그릇, 접시 妹(いもうと) 여동생
> 雇(やと)う 고용하다 奪(うば)う 빼앗다
> さらう 날치기하다, 채다, 독차지하다

2 ② 負(ま)ける 패하다
어제는 패했지만 오늘은 이긴다.
> **어휘충전** 昨日(きのう) 어제 今日(きょう) 오늘 勝(か)つ 이기다
> 受(う)ける 받다 避(さ)ける 피하다

3 ① 任(まか)せる 맡기다
이번 일은 나에게 맡겨 주세요.
> **어휘충전** 今度(こんど) 이번 仕事(しごと) 일
> とがらす 뾰족하게 하다

4 ① 迎(むか)える 맞이하다, 마중하다, 환영하다
내가 거래처의 손님을 마중하러 갔습니다.
> **어휘충전** 取引先(とりひきさき) 거래처 客様(きゃくさま) 손님
> 抱(かか)える 떠맡다 備(そな)える 갖추다
> 構(かま)える 태세를 갖추다

5 ④ 載(の)せる 싣다, 게재하다
홈페이지 상에 내용과 사진을 싣지 않은 책은 여기에 게재되어 있습니다.
> **어휘충전** 内容(ないよう) 내용 写真(しゃしん) 사진
> 掲載(けいさい) 게재 寄(よ)せる 밀려오다
> 着(き)せる 입히다 見(み)せる 보여주다

6 ① 学(まな)ぶ 배우다
기타는 독학으로 배웠다.
> **어휘충전** 独学(どくがく) 독학 叫(さけ)ぶ 소리 지르다
> 結(むす)ぶ 맺다, 잇다, 묶다 浮(う)かぶ 뜨다

7 ② 探(さが)す 찾다
책상 위를 아무리 찾아도 없었다.
> **어휘충전** 机(つくえ) 책상 伸(の)ばす 늘리다 照(て)らす 비추다
> ずらす 늦추다

8 ② 生(い)きる 살다
오늘도 살아 있는 것에 감사하면서 하루를 시작한다.
> **어휘충전** 今日(きょう) 오늘 感謝(かんしゃ) 감사
> 始(はじ)める 시작하다 飽(あ)きる 질리다
> 起(お)きる 일어나다 尽(つ)きる 다하다

확인문제 02 → p.60

✓정답
1	②	2	④	3	③	4	④	5	④
6	②	7	④	8	③				

1 ② 開(ひら)く 개최하다
다음 대회는 아시아에서 개최하게 되었다.
> **어휘충전** 次回(じかい) 다음 회 大会(たいかい) 대회
> ほどく 매듭을 풀다 招(まね)く 초대하다, 초래하다
> 磨(みが)く 연마하다

2 ④ 汚(よご)す 더럽히다
이 강은 여기에 살고 있는 주민이 더럽힌 것이 아니다.
> **어휘충전** 川(かわ) 강 住(す)む 살다 住民(じゅうみん) 주민
> 回(まわ)す 돌리다 濡(ぬ)らす 적시다
> 流(なが)す 흘리다

3 ③ 曲(ま)げる 굽히다
허리를 굽혀서 새에게 모이를 주었다.
> **어휘충전** 腰(こし) 허리 鳥(とり) 새 えさ 모이, 먹이
> 下(さ)げる 내리다 逃(に)げる 도망가다
> 投(な)げる 던지다

4 ④ 生(は)える 자라다
이는 대체로 생후 6개월부터 자란다.
> **어휘충전** 歯(は) 이 大体(だいたい) 대체로
> 生後(せいご) 생후 据(す)える 자리 잡다
> 消(き)える 꺼지다 越(こ)える 넘다

5 ④ 渡(わた)る 건너다
이 다리를 건너면 바로 오른쪽에 있습니다.
> **어휘충전** 橋(はし) 다리 右(みぎ) 오른쪽 なぐる 때리다
> 回(まわ)る 돌다 座(すわ)る 앉다

6 ② 伝(つた)える 전하다
이 이야기를 기무라 군에게 **전해** 줘.

> **어휘충전** 話(はなし) 이야기　抱(かか)える 떠맡다
> 支(ささ)える 지탱하다　押(お)さえる 누르다

7 ④ 求(もと)める 구하다, 찾다
자유를 **찾아** 탈출하는 사람이 늘고 있다.

> **어휘충전** 自由(じゆう) 자유　脱出(だっしゅつ) 탈출
> 増(ふ)える 늘다　進(すす)める 진행하다
> 眺(なが)める 바라보다　含(ふく)める 포함하다

8 ③ 焼(や)く 굽다, 태우다
돼지고기는 완전히 **구워서** 먹는 편이 좋다.

> **어휘충전** 豚肉(ぶたにく) 돼지고기　完全(かんぜん)に 완전히
> 置(お)く 놓다, 두다　空(す)く 비다　解(と)く 풀다

확인문제 03
➤ p.61

✓ **정답** 　1 ②　2 ④　3 ①　4 ④　5 ②
6 ④　7 ④　8 ②

1 ② 裏切(うらぎ)る 배신(배반)하다
친구는 자신의 장래를 위해, 그를 **배신했다**.

> **어휘충전** 将来(しょうらい) 장래

2 ④ 集(あつ)まる 모이다
내일 정문 앞에 **모여** 주세요.

> **어휘충전** 正門(せいもん) 정문　前(まえ) 앞　止(と)まる 멈추다
> 謝(あやま)る 사과하다　振(ふ)る舞(ま)う 행동하다

3 ① 過(す)ぎる 지나다
이미 정오를 **지났다**.

> **어휘충전** 正午(しょうご) 정오　限(かぎ)る 한하다
> 小切(こぎ)る 잘게 자르다　千切(ちぎ)る 찢다

4 ④ 慣(な)れる 익숙해지다
이제 이 회사에도 **익숙해져** 왔다.

> **어휘충전** 会社(かいしゃ) 회사　逸(そ)れる 빗나가다
> 暮(く)れる 저물다　晴(は)れる 맑다

5 ② 割(わ)り込(こ)む 떨어지다
평균수입이 마침내 20만 엔보다 **떨어져** 버렸다.

> **어휘충전** 平均(へいきん) 평균　収入(しゅうにゅう) 수입

6 ④ 去(さ)る 떠나다

링크를 **떠난** 선수들의 모임이 있었다.

> **어휘충전** 選手(せんしゅ) 선수　集(あつ)まり 모임　そる 깎다
> 散(ち)る (꽃이나 잎이) 지다　撮(と)る 찍다

7 ③ 届(とど)く 배달되다
시골에서 사과가 **배달되었다**.

> **어휘충전** 田舎(いなか) 시골　砕(くだ)く 부수다
> 除(のぞ)く 제외하다　招(まね)く 초대하다, 초래하다

8 ② 作(つく)る 만들다
이런 거 누가 **만들었**습니까?

> **어휘충전** 誰(だれ) 누가　通(とお)る 지나가다　迷(まよ)う 헤매다
> 触(さわ)る 만지다

확인문제 04
➤ p.62

✓ **정답** 　1 ④　2 ②　3 ①　4 ④　5 ②
6 ④　7 ③　8 ①

1 ④ 閉(し)める 닫다
이 가게는 9시에 **닫는다**.

> **어휘충전** 店(みせ) 가게　冷(さ)める 식다　はめる 끼우다
> 埋(う)める 묻다

2 ② 咲(さ)く 피다
길가에 예쁜 꽃이 **피어** 있었다.

> **어휘충전** 道端(みちばた) 길가　花(はな) 꽃
> 巻(ま)く 감다, 말다, 뿌리다　空(あ)く 비다
> 沸(わ)く 끓다

3 ① 開(あ)ける 열다
더우니 창문을 **열어** 주세요.

> **어휘충전** 暑(あつ)い 덥다　窓(まど) 창문　付(つ)ける 붙이다
> 溶(と)ける 녹다　抜(ぬ)ける 빠져나가다

4 ④ 代(か)える 대신하다
감사의 마음을 **대신해서** 선물을 보내드리겠습니다.

> **어휘충전** 感謝(かんしゃ) 감사　気持(きも)ち 기분
> 送(おく)る 보내다　冷(ひ)える 식다　越(こ)える 넘다
> ほえる 짖다

5 ② 辞(や)める 그만두다, 사직하다
회사를 **그만두고** 지금은 빈둥빈둥하고 있습니다.

> **어휘충전** 会社(かいしゃ) 회사　覚(さ)める 깨닫다
> 詰(つ)める 채우다, 담다　決(き)める 결정하다

6 ④ 数(かぞ)える 세다
버스의 수를 세고 있습니다.

> 어휘충전 数(かず) 수 例(たと)える 예를 들다
> 押(お)さえる 억제하다, 누르다
> 心得(こころえ)る 이해하다, 터득하다

7 ③ 認(みと)める 인정하다
학회에서는 박사의 학설을 인정해 주지 않았다.

> 어휘충전 学会(がっかい) 학회 博士(はかせ) 박사
> 学説(がくせつ) 학설 まとめる 정리하다
> いじめる 괴롭히다 薄(うす)める 엷게 하다

8 ① 下(さ)げる 내리다
오른쪽 아래로 내리는 편이 낫다.

> 어휘충전 右下(みぎした) 오른쪽 아래 茂(しげ)る 무성하다
> 挙(あ)げる 예를 들다 こげる 눋다, 타다

확인문제 05 ➜ p.63

✓정답
| 1 ③ | 2 ③ | 3 ④ | 4 ③ | 5 ③ |
| 6 ① | 7 ③ | 8 ④ | | |

1 ③ 捕(と)らえる 잡다, 포착하다
기회를 잡아 그에게 이야기해 보자.

> 어휘충전 機会(きかい) 기회 話(はな)す 이야기하다
> あつらえる 맞추다, 주문하다
> こしらえる 만들다, 제조하다

2 ③ 弾(ひ)く 연주하다
그녀는 피아노로 쇼팽의 곡을 연주했다.

> 어휘충전 曲(きょく) 곡 泣(な)く (사람이) 울다
> 描(か)く 그리다 抜(ぬ)く 빼다

3 ④ 隠(かく)れる 숨다
달이 구름의 그림자에 숨었다.

> 어휘충전 月(つき) 달 雲(くも) 구름 陰(かげ) 그림자
> 離(はな)れる 벗어나다 壊(こわ)れる 부서지다, 망가지다
> 優(すぐ)れる 뛰어나다

4 ③ 煮(に)る 삶다
야채를 너무 삶아서 말랑말랑해졌다.

> 어휘충전 野菜(やさい) 야채 柔(やわ)らかい 부드럽다, 말랑말랑하다
> 着(き)る 입다 蹴(け)る 차다 要(い)る 필요하다

5 ③ 争(あらそ)う 경쟁하다
한 명의 여자를 둘러싸고 4명의 남자가 경쟁했다.

> 어휘충전 戦(たたか)う 싸우다 まかなう 조달하다
> とまどう 망설이다, 헤매다

6 ① 別(わか)れる 헤어지다
그녀는 그와 헤어지고 귀국했다.

> 어휘충전 帰国(きこく) 귀국 倒(たお)れる 쓰러지다
> 壊(こわ)れる 부서지다, 망가지다 敗(やぶ)れる 패하다
> 破(やぶ)れる 찢어지다

7 ③ 結(むす)ぶ 연결하다, 맺다, 잇다
이 도로는 도쿄와 오사카를 연결합니다.

> 어휘충전 道路(どうろ) 도로 遊(あそ)ぶ 놀다
> 滅(ほろ)びる 망하다, 멸망하다
> 転(ころ)ぶ 넘어지다, 뒹굴다

8 ④ 問(と)う 묻다
인터넷에서 성별 등 개인 정보를 물어도 무의미합니다.

> 어휘충전 性別(せいべつ) 성별 個人(こじん) 개인
> 情報(じょうほう) 정보 無意味(むいみ) 무의미
> 刈(か)る 깎다 そる 수염을 깎다

② 명사

확인문제 01 ➜ p.64

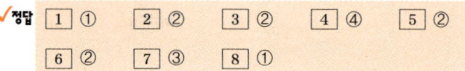

✓정답
| 1 ① | 2 ② | 3 ② | 4 ④ | 5 ② |
| 6 ② | 7 ③ | 8 ① | | |

1 ① 改善(かいぜん) 개선
이 기술은 크게 개선할 여지가 있다.

> 어휘충전 技術(ぎじゅつ) 기술 大(おお)いに 매우, 많이
> 余地(よち) 여지

2 ② 絵画(かいが) 회화
그의 작품은 회화적인 아름다움을 엿볼 수 있다.

> 어휘충전 作品(さくひん) 작품 美(うつく)しさ 아름다움
> のぞく 엿보다

3 ② 正門(せいもん) 정문
학교 정문은 낮 시간은 열려 있다.

> 어휘충전 学校(がっこう) 학교 昼間(ひるま) 낮 시간
> 開(あ)く 열리다

4 ④ 相続(そうぞく) 상속
그녀는 막대한 자산을 **상속**했다.

어휘충전 莫大(ばくだい) 막대 資産(しさん) 자산

5 ② 合図(あいず) 신호
전진의 **신호**로 손을 흔들었다.

어휘충전 前進(ぜんしん) 전진 手(て)を振(ふ)る 손을 흔들다

6 ② 泡(あわ) 거품
거품이 잘 일어난 맥주를 먹고 싶다.

어휘충전 泡(あわ)が立(た)つ 거품이 일다
　　　　 ～がほしい ～을(를) 원하다 腹(はら) 배
　　　　 玉(たま) 구슬 汗(あせ) 땀

7 ③ 上下(じょうげ) 상하
지진으로 집이 **위아래**로 흔들리는 것을 느꼈다.

어휘충전 地震(じしん) 지진 家(いえ) 집 揺(ゆ)れる 흔들리다
　　　　 感(かん)じる 느끼다

8 ① 田舎(いなか) 시골, 고향
설날에 **고향**에 돌아갈 생각입니다.

어휘충전 お正月(しょうがつ) 설날 帰(かえ)る 돌아가다, 돌아오다
　　　　 古里(ふるさと) 고향

확인문제 02　　　➡ p.65

✓정답
| 1 | ① | 2 | ② | 3 | ④ | 4 | ④ | 5 | ① |
| 6 | ② | 7 | ③ | 8 | ③ | | | | |

1 ① 読書(どくしょ) 독서
그녀의 취미는 **독서**라고 합니다.

어휘충전 趣味(しゅみ) 취미

2 ② 瞬間(しゅんかん) 순간
아이는 **순간**적인 기분에 의해 좌우된다.

어휘충전 子供(こども) 아이 気持(きも)ち 기분
　　　　 左右(さゆう) 좌우

3 ④ 悪口(わるくち) 욕
당사자가 없는 곳에서 **욕**을 해서는 안 됩니다.

어휘충전 ところ 곳, 장소

4 ④ 家賃(やちん) 집세
매월 **집세**는 어느 정도입니까?

어휘충전 毎月(まいつき) 매달

5 ① 寿命(じゅみょう) 수명
일반적으로 남성보다 여성의 **수명**이 깁니다.

어휘충전 一般的(いっぱんてき) 일반적 男性(だんせい) 남성
　　　　 女性(じょせい) 여성 長(なが)い 길다

6 ② 無事(ぶじ) 무사
그의 덕분으로 회의가 **무사**히 끝났다.

어휘충전 会議(かいぎ) 회의 終(お)わる 끝나다

7 ③ 支給(しきゅう) 지급
다음 주 금요일까지 **지급**해 주세요.

어휘충전 来週(らいしゅう) 다음 주 金曜日(きんようび) 금요일

8 ③ 単純(たんじゅん) 단순
단순한 그의 생각에 모두 놀랐다.

어휘충전 考(かんが)え 생각 驚(おどろ)く 놀라다

확인문제 03　　　➡ p.66

✓정답
| 1 | ② | 2 | ① | 3 | ④ | 4 | ② | 5 | ① |
| 6 | ② | 7 | ① | 8 | ③ | | | | |

1 ② 遊園地(ゆうえんち) 유원지
어린이날이어서, **유원지**는 사람들로 꽉 찼습니다.

어휘충전 子供(こども)の日(ひ) 어린이날

2 ① 通過(つうか) 통과
법안이 국회를 **통과**했다.

어휘충전 法案(ほうあん) 법안 国会(こっかい) 국회

3 ④ 集合(しゅうごう) 집합
집합시간이 10시에서 11시로 연장되었다.

어휘충전 時間(じかん) 시간 延(の)びる 연장되다

4 ② 平均(へいきん) 평균
이 나라의 **평균**기온은 10도입니다.

어휘충전 国(くに) 나라 気温(きおん) 기온 ～度(ど) ～도

5 ① 溶岩(ようがん) 용암
이 산은 **용암**으로 만들어져 있다.

어휘충전 山(やま) 산

6 ② 表現(ひょうげん) 표현
민주국가에는 표현의 자유가 있다.

> 어휘추가 民主国家(みんしゅこっか) 민주국가　自由(じゆう) 자유

7 ① 整理(せいり) 정리
책상 위가 깨끗하게 정리되어 있었다.

> 어휘추가 机(つくえ) 책상　上(うえ) 위

8 ③ 就任(しゅうにん) 취임
다음 달 15일에 대통령의 취임식이 행해진다.

> 어휘추가 来月(らいげつ) 다음 달　大統領(だいとうりょう) 대통령
> 式(しき) 식　行(おこな)う 행하다

확인문제 04 ➡ p.67

✔정답　1 ②　2 ④　3 ④　4 ①　5 ②
6 ②　7 ①　8 ①

1 ② 年中(ねんじゅう) 연중
이 가게는 연중무휴로 영업하고 있다.

> 어휘추가 店(みせ) 가게　無休(むきゅう) 무휴
> 営業(えいぎょう) 영업

2 ④ 喉(のど) 목(구멍)
어제 노래를 너무 불러서 목이 아픕니다.

> 어휘추가 昨日(きのう) 어제　歌(うた)う 노래하다
> 동사 ます형 + すぎる 지나치게 ~하다
> 痛(いた)い 아프다　腕(うで) 팔　腹(はら) 배
> 肩(かた) 어깨

3 ④ 人形(にんぎょう) 인형
그녀는 세계 여기저기의 인형을 모으는 것을 좋아한다고 한다.

> 어휘추가 世界(せかい) 세계　集(あつ)める 모으다
> 好(す)きだ 좋아하다

4 ① 港(みなと) 항구
일본의 요코하마는 항구도시이다.

> 어휘추가 都市(とし) 도시　群(む)れ 떼, 무리　屋根(やね) 지붕
> 島(しま) 섬

5 ② 評判(ひょうばん) 평판
이번 안에 관련해서의 평판은 그다지 좋지 않았다.

> 어휘추가 今度(こんど) 이번　案(あん) 안
> ~に関(かん)して ~와 관련해서

6 ② 包帯(ほうたい) 붕대
피가 많이 나와서 붕대를 감았다.

> 어휘추가 血(ち) 피　出(で)る 나오다　巻(ま)く 감다

7 ① 参加(さんか) 참가
참가하는 사람은 몇 명입니까?

> 어휘추가 人(ひと) 사람　何人(なんにん) 몇 명

8 ① 授業(じゅぎょう) 수업
수업 시간은 반드시 지켜 주세요.

> 어휘추가 時間(じかん) 시간　守(まも)る 지키다

확인문제 05 ➡ p.68

✔정답　1 ②　2 ④　3 ①　4 ①　5 ④
6 ②　7 ①　8 ④

1 ② 行動(こうどう) 행동
당신의 행동은 어른답지 않다.

> 어휘추가 大人(おとな) 어른

2 ④ 余裕(よゆう) 여유
1시간 정도는 여유를 가지고 갑시다.

> 어휘추가 時間(じかん) 시간　持(も)つ 가지다　行(い)く 가다

3 ① 離婚(りこん) 이혼
최근은 이혼율이 높아지기만 한다.

> 어휘추가 最近(さいきん) 최근　~率(りつ) ~률
> 동사 기본형 + 一方(いっぽう)だ ~하기만 한다

4 ① 出入口(でいりぐち) 출입구
출입구가 이상하게도 2층에 있었다.

> 어휘추가 おかしい 이상하다　階(かい) 층

5 ④ 血液型(けつえきがた) 혈액형
그의 혈액형은 무엇입니까?

6 ② 方針(ほうしん) 방침
이 회사는 10년 전부터의 방침을 고수해 왔다.

> 어휘추가 会社(かいしゃ) 회사　~年前(ねんまえ) ~년 전
> 通(とお)す 고수하다

7 ① 歩道(ほどう) 보도
보도 위에 어른 두 사람이 서 있었다.

> 어휘추가 上(うえ) 위　大人(おとな) 어른　立(た)つ 서다

⑧ 手帳(てちょう) 수첩

⑧ 手帳(てちょう) 수첩
그녀의 수첩에는 친구들의 이름이 많이 적혀 있었다.

> **어휘충전** 友(とも)だち 친구　名前(なまえ) 이름　書(か)く 쓰다

③ い형용사 / な형용사

확인문제 01

→ p.69

✓**정답**

1 ①	2 ①	3 ②	4 ②	5 ④
6 ③	7 ②	8 ④		

① 悲(かな)しい 슬프다
매우 슬픈 영화였기 때문에 눈물이 쏟아졌다.

> **어휘충전** 映画(えいが) 영화　涙(なみだ) 눈물
> 嬉(うれ)しい 기쁘다　厳(きび)しい 엄격하다
> 恋(こい)しい 그립다

② ① 正(ただ)しい 바르다
그의 생각이 바르다고 생각해.

> **어휘충전** 考(かんが)え 생각　思(おも)う 생각하다
> 浅(あさ)ましい 한심하다　卑(いや)しい 천하다
> 険(けわ)しい 험준하다

③ ② 苦(くる)しい 괴롭다
돈이 없어서 괴로운 매일이 계속되고 있다.

> **어휘충전** 毎日(まいにち) 매일　続(つづ)く 계속되다
> ふさわしい 어울리다　望(のぞ)ましい 믿음직하다

④ ② 親(した)しい 친하다
친한 친구였지만 지금은 연락을 취할 방법이 없다.

> **어휘충전** 友(とも)だち 친구　連絡(れんらく) 연락
> 동사 ます형 + ようがない ~할 방법이 없다
> 悲(かな)しい 슬프다　寂(さび)しい 외롭다
> 空(むな)しい 공허하다

⑤ ④ 楽(たの)しい 즐겁다
어제 음악회는 매우 즐거웠다.

> **어휘충전** 音楽会(おんがくがい) 음악회　嬉(うれ)しい 기쁘다
> 正(ただ)しい 바르다　詳(くわ)しい 상세하다, 자세하다

⑥ ③ 低(ひく)い 낮다
네덜란드는 육지가 바다보다 낮은 나라다.

> **어휘충전** 陸地(りくち) 육지　海(うみ) 바다　国(くに) 나라
> 浅(あさ)い 얕다　きつい 힘들다

だるい 지루하다, 나른하다

⑦ ② 青白(あおじろ)い 푸르스름하다
푸르스름한 달빛이 호수를 비추고 있었다.

> **어휘충전** 月(つき) 달　光(ひかり) 빛　湖(みずうみ) 호수
> 照(て)らす 비추다

⑧ ④ 細(こま)かい 잘다, 세세하다
부장님은 신입사원에게 세세한 곳까지 가르쳐 주었다.

> **어휘충전** 部長(ぶちょう) 부장님
> 新入社員(しんにゅうしゃいん) 신입사원
> 教(おし)える 가르치다　深(ふか)い 깊다

확인문제 02

→ p.70

✓**정답**

1 ①	2 ③	3 ④	4 ③	5 ②
6 ③	7 ④	8 ④		

① 明(あき)らかだ 분명하다, 명백하다
그가 범인이라는 것이 분명해졌다.

> **어휘충전** 犯人(はんにん) 범인

② ③ 気楽(きらく)だ 편하다
편안하게 하세요.

> **어휘충전** なさる する(하다)의 존경어

③ ④ 新(あら)ただ 새롭다
세계 경제는 새로운 국면을 맞이했다.

> **어휘충전** 世界(せかい) 세계　経済(けいざい) 경제
> 局面(きょくめん) 국면　迎(むか)える 맞이하다

④ ③ 大変(たいへん)だ 큰일이다, 힘들다
생각해 보지도 못한 엄청난 일이 일어났다.

> **어휘충전** 起(お)きる 일어나다

⑤ ② 静(しず)かだ 조용하다
엄격한 선생님의 지도하에 모두 조용히 공부하고 있었다.

> **어휘충전** 厳(きび)しい 엄격하다　指導(しどう) 지도
> ~のもとで ~의 하에　勉強(べんきょう) 공부

⑥ ③ 簡単(かんたん)だ 간단하다
이번에 맡겨진 프로젝트는 간단한 일이 아니다.

> **어휘충전** 今度(こんど) 이번　任(まか)せる 맡기다

7 ④ 可愛(かわい)そうだ 불쌍하다
　개는 **불쌍하게도** 주인에게 버려졌다.
　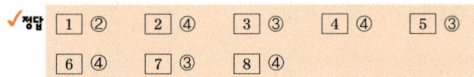 犬(いぬ) 개　飼(か)い主(ぬし) 사육주
　　　　捨(す)てる 버리다

8 ④ 朗(ほが)らかだ 명랑하다
　명랑한 성격인 그녀는 항상 친구들에게 둘러싸여 있다.
　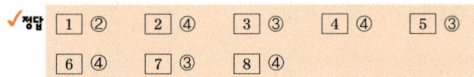 性格(せいかく) 성격　友(とも)だち 친구
　　　　囲(かこ)む 둘러싸다　柔(やわ)らかだ 부드럽다
　　　　明(あき)らかだ 분명하다, 명백하다

02. 問題 2 한자 표기

① 동사

확인문제 01　　　　　　　　　　　➡ p.72

정답
| 1 ② | 2 ④ | 3 ③ | 4 ④ | 5 ③ |
| 6 ④ | 7 ③ | 8 ④ | | |

1 ② 挟(はさ)む 끼우다
　우리 마을은 산과 산 사이에 **끼어** 있다.
　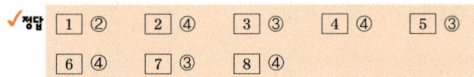 町(まち) 마을　山(やま) 산　間(あいだ) 사이

2 ④ 暴(あば)れる 날뛰다, 난폭하게 굴다
　학생들이 **난폭하게 굴어서** 경찰과 충돌했다.
　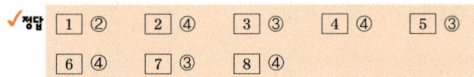 学生(がくせい) 학생　警官(けいかん) 경관
　　　　衝突(しょうとつ) 충돌

3 ③ 眺(なが)める 바라보다
　아이들이 정원에서 놀고 있는 것을 **바라보았다**.
　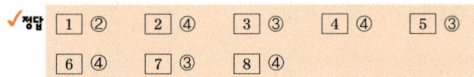 庭(にわ) 정원　遊(あそ)ぶ 놀다

4 ④ 省(はぶ)く 생략하다
　소설에는 있었던 부분은 영화에서는 **생략되어** 있었다.
　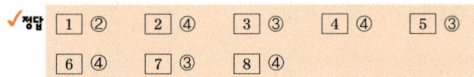 小説(しょうせつ) 소설　部分(ぶぶん) 부분
　　　　映画(えいが) 영화

5 ③ 優(すぐ)れる 뛰어나다
　그는 어학에서는 다른 사람들보다 **뛰어나다**.
　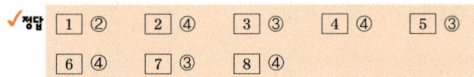 語学(ごがく) 어학　他(ほか) 다른

6 ④ 消(き)える 꺼지다, 사라지다
　앞에 있었던 그녀가 갑자기 **사라져** 버렸다.
　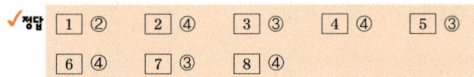 いきなり 갑자기

7 ③ 敷(し)く 깔다
　가족은 추위를 싫어해서 두꺼운 카펫을 **깔고** 생활하고 있다.
　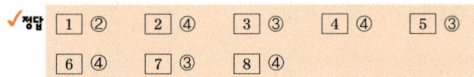 家族(かぞく) 가족　寒(さむ)さ 추위
　　　　厚手(あつで) 두꺼움　生活(せいかつ) 생활

8 ④ 空(あ)く 비다
　할 일이 **없는** 사람은 도와 주세요.
　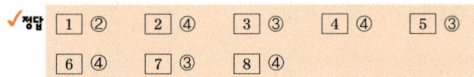 手伝(てつだ)う 돕다, 거들다

→ p.73

✓정답
1 ②	2 ③	3 ④	4 ③	5 ①
6 ③	7 ①	8 ①		

1 ② 澄(す)む 맑다
시골은 도시보다 공기가 **맑다**.

> **어휘총정** 田舎(いなか) 시골　都会(とかい) 도시
> 空気(くうき) 공기

2 ③ 散(ち)る 지다
벚꽃이 **지고** 있어 마치 눈이 내리고 있는 것 같다.

> **어휘총정** 桜(さくら) 벚꽃　まるで ~ようだ 마치 ~같다
> 雪(ゆき) 눈　降(ふ)る (비・눈 등이) 내리다, 오다

3 ④ 詰(つ)まる 꽉 차다
인간의 머리카락은 콤팩트하고 안이 **꽉 차** 있다.

> **어휘총정** 人間(にんげん) 인간　髪(かみ)の毛(け) 머리카락
> コンパクト 콤팩트　中身(なかみ) 내용물
> 決(き)まる 정해지다　止(と)まる 멈추다
> 染(そ)まる 물들다

4 ③ 努(つと)める 노력하다
학교와 보호자, 지역이 일체가 되어 어린이들이 건전하게
성장할 수 있도록 **노력해** 왔습니다.

> **어휘총정** 学校(がっこう) 학교　保護者(ほごしゃ) 보호자
> 地域(ちいき) 지역　一体(いったい) 일체
> 健全(けんぜん) 건전　成長(せいちょう) 성장

5 ① 照(て)る 비치다
이 나라의 기후는 온화하고 건조하며, 연간 310일 이상 태
양이 **비칩니다**.

> **어휘총정** 国(くに) 나라　気候(きこう) 기후
> 穏(おだ)やかだ 온화하다　乾燥(かんそう) 건조
> 年間(ねんかん) 연간　以上(いじょう) 이상
> 太陽(たいよう) 태양　要(い)る 필요하다
> 漏(も)る 새다　取(と)る 취하다, 뽑다

6 ③ 招(まね)く 초대하다, 초래하다
선생님의 출판기념일에 **초대받았다**.

> **어휘총정** 出版(しゅっぱん) 출판　記念日(きねんび) 기념일

7 ① 割(わ)れる 깨지다
걷고 있었더니 얼음이 **깨져**, 호수에 떨어졌다.

> **어휘총정** 歩(ある)く 걷다　氷(こおり) 얼음　湖(みずうみ) 호수
> 落(お)ちる 떨어지다

8 ① 基(もと)づく 근거하다, 바탕을 두다
저 소설가는 항상 실화를 **근거로 해서** 소설을 쓴다.

> **어휘총정** 小説家(しょうせつか) 소설가　実話(じつわ) 실화

→ p.74

✓정답
1 ④	2 ①	3 ②	4 ③	5 ①
6 ②	7 ①	8 ③		

1 ④ 取(と)り替(か)える 교체하다
현관이 오래되어 **바꿔**주었으면 한다.

> **어휘총정** 玄関(げんかん) 현관　古(ふる)い 오래되다

2 ① 救(すく)う 구하다
구급대가 모두를 **구해** 주었습니다.

> **어휘총정** 救急隊(きゅうきゅうたい) 구급대　向(む)かう 향하다
> 拾(ひろ)う 줍다

3 ② 逃(に)げる 도망가다
방심하는 사이에, 범인이 **도망가** 버렸다.

> **어휘총정** 油断(ゆだん) 방심　際(さい) 때　犯人(はんにん) 범인

4 ③ 失(うしな)う 잃어버리다
그는 선생님으로부터 혼나서 자신감을 **잃어버렸다**.

> **어휘총정** 叱(しか)る 혼내다　自信(じしん) 자신(감)

5 ① 奪(うば)う 빼앗다
돈을 소매치기에게 **빼앗겨** 버렸다.

> **어휘총정** 迷(まよ)う 망설이다　狂(くる)う 미치다
> 救(すく)う 구하다

6 ② 吐(は)く 토하다
강아지가 어제부터 계속 **토했다**.

> **어휘총정** 子犬(こいぬ) 강아지　昨日(きのう) 어제
> ずっと 쭉, 계속　泣(な)く (사람이) 울다
> 空(す)く 비다　浮(う)く 뜨다

7 ① 包(つつ)む 포장하다
야채를 비닐로 **포장해서** 들었다.

> **어휘총정** 野菜(やさい) 야채　持(も)つ 들다, 가지다

8 ③ 招(まね)く 초대하다, 초래하다
그의 행위는 선생님의 분노를 **초래했다**.

> **어휘총정** 行為(こうい) 행위　先生(せんせい) 선생님
> 怒(いか)り 분노

11

확인문제 04

✔정답
1 ④　2 ②　3 ④　4 ②　5 ②
6 ③　7 ④　8 ③

1 ④ 詫(わ)びる 사과하다
그는 친구에게 무례함을 사과했다.
어휘충전 友人(ゆうじん) 친구　無礼(ぶれい) 무례

2 ② 揺(ゆ)れる 흔들리다
열차가 지나가면 집이 흔들린다.
어휘충전 列車(れっしゃ) 열차　通(とお)る 지나가다

3 ④ 込(こ)める 담다
그녀는 마음을 담아서 남편의 회복을 기원했다.
어휘충전 心(こころ) 마음　夫(おっと) 남편　回復(かいふく) 회복
祈(いの)る 기도하다, 기원하다　閉(し)める 닫다
止(と)める 세우다　覚(さ)める 잠이 깨다

4 ② 働(はたら)く 일하다
아버지는 과로해서 몸을 망쳤다.
어휘충전 父(ちち) 아버지　동사 ます형 + すぎる 지나치게 ~하다
壊(こわ)す 망치다　抱(いだ)く 품다
動(うご)く 움직이다　叩(たた)く 두드리다

5 ② 勤(つと)める 근무하다
그녀는 병원에서 간호사로 근무하고 있다.
어휘충전 病院(びょういん) 병원　看護婦(かんごふ) 간호사
~として ~로서　痛(いた)める 아프다
収(おさ)める 거두다　固(かた)める 다지다, 굳히다

6 ③ 図(はか)る 도모하다
외국 시장의 확대를 도모하고 있다.
어휘충전 外国(がいこく) 외국　市場(しじょう) 시장
拡大(かくだい) 확대

7 ④ 試(ため)す 시험하다, 시도하다
기계가 잘 움직이는가 어떤가 시험해 보았다.
어휘충전 機械(きかい) 기계　動(うご)く 움직이다
~かどうか ~인지 아닌지, ~할지 어떤지

8 ③ 就(つ)く 취직하다
아들은 교직에 취직할 생각이다.
어휘충전 息子(むすこ) 아들　教職(きょうしょく) 교직

확인문제 05

✔정답
1 ④　2 ④　3 ②　4 ③　5 ①
6 ③　7 ④　8 ④

1 ④ 巻(ま)く 감다
상처를 입어 손가락에 붕대를 감았다.
어휘충전 怪我(けが) 부상　指(ゆび) 손가락
包帯(ほうたい) 붕대

2 ④ 磨(みが)く 연마하다, 닦다
바이올린 솜씨를 연마하러 유학을 했다.
어휘충전 腕(うで) 팔, 솜씨　留学(りゅうがく) 유학

3 ② 預(あず)ける 맡기다, 보관시키다
역에서 수하물을 맡겼다.
어휘충전 駅(えき) 역　手荷物(てにもつ) 수화물

4 ③ 探(さぐ)る 찾다, 조사해서 살피다
응모자의 경력을 조사해 보자.
어휘충전 応募者(おうぼしゃ) 응모자　経歴(けいれき) 경력

5 ① 教(おそ)わる 배우다
나는 이케다 교수에게 독일어를 배웠다.
어휘충전 教授(きょうじゅ) 교수　~語(ご) ~어

6 ③ 誘(さそ)う 권유하다, 불러내다
그는 도중에 나를 불러내어 차로 해안까지 데리고 가 주었다.
어휘충전 途中(とちゅう) 도중　車(くるま) 차
海岸(かいがん) 해안　連(つ)れる 동반하다

7 ④ 表(あらわ)す 표현하다
나의 감사의 마음은 말로는 표현할 수 없습니다.
어휘충전 感謝(かんしゃ) 감사　気持(きも)ち 마음
言葉(ことば) 말

8 ④ 抜(ぬ)ける 빠지다
나이 탓인지 최근 머리카락이 자주 빠진다.
어휘충전 年(とし) 나이　せい 탓　最近(さいきん) 최근
髪(かみ)の毛(け) 머리카락

② 명사

→ p.77

확인문제 01

✓정답

1	③	2	④	3	①	4	③	5	②
6	②	7	④	8	①				

1 ③ 首相(しゅしょう) 수상
　수상이 주최하는 '벚꽃을 보는 모임'이 행해졌다.
　어휘총정리 主催(しゅさい) 주최　見(み)る 보다　会(かい) 모임
　　　　　　 行(おこな)う 행하다
　확장어휘 相(そう·しょう) → 相続(そうぞく) 상속
　　　　　 想(そう) → 想像(そうぞう) 상상

2 ④ 攻撃(こうげき) 공격
　적은 총공격을 개시했다.
　어휘총정리 敵(てき) 적　総(そう) 총　開始(かいし) 개시
　확장어휘 攻(こう) → 専攻(せんこう) 전공
　　　　　 功(こう) → 功績(こうせき) 공적

3 ① 練習(れんしゅう) 연습
　웹상에서 타이핑 연습을 무료로 할 수 있습니다.
　어휘총정리 ～上(じょう) ～상　無料(むりょう) 무료
　확장어휘 練(れん) → 訓練(くんれん) 훈련
　　　　　 連(れん) → 連絡(れんらく) 연락

4 ③ 禁止(きんし) 금지
　여기는 촬영금지입니다.
　어휘총정리 撮影(さつえい) 촬영
　확장어휘 禁(きん) → 禁物(きんもつ) 금물
　　　　　 歴(れき) → 歴史(れきし) 역사

5 ② 販売(はんばい) 판매
　그 책은 전국 어느 서점에서도 판매되고 있다.
　어휘총정리 本(ほん) 책　全国(ぜんこく) 전국　書店(しょてん) 서점
　확장어휘 販(はん) → 通販(つうはん) 통신판매
　　　　　 購(こう) → 購読(こうどく) 구독

6 ② 改札(かいさつ) 개찰
　열차의 혼잡 때문에 일시적으로 개찰 중지가 되었다.
　어휘총정리 列車(れっしゃ) 열차　混雑(こんざつ) 혼잡
　　　　　　 一時(いちじ) 일시　止(ど)め 정지
　확장어휘 札(さつ) → 千円札(せんえんさつ) 천 엔짜리 지폐
　　　　　 礼(れい) → 礼儀(れいぎ) 예의

7 ② 咳(せき) 기침
　감기가 들었는지 아버지는 밤새도록 심한 기침을 했다.
　어휘총정리 風邪(かぜ)を引(ひ)く 감기 들다　父(ちち) 아버지
　　　　　　 一晩中(ひとばんじゅう) 밤새도록

8 ① 感覚(かんかく) 감각
　너무 추워서 손발의 감각이 없어졌다.
　어휘총정리 寒(さむ)い 춥다　手足(てあし) 손발
　　　　　　 無(な)くなる 없어지다
　확장어휘 覚(かく) → 視覚(しかく) 시각
　　　　　 賞(しょう) → 賞状(しょうじょう) 상장

→ p.78

확인문제 02

✓정답

1	④	2	②	3	①	4	③	5	②
6	②	7	④	8	②				

1 ④ 快適(かいてき) 쾌적
　새로운 차의 승차감은 매우 쾌적했다.
　어휘총정리 新車(しんしゃ) 새차　乗(の)り心地(ごこち) 승차감
　확장어휘 敵(てき) → 素敵(すてき)だ 멋지다
　　　　　 適(てき) → 適当(てきとう) 적당
　　　　　 滴(てき) → 水滴(すいてき) 물방울

2 ② 名字(みょうじ) 성
　그녀의 성은 스기모토입니다.
　확장어휘 学(がく) → 学問(がくもん) 학문
　　　　　 字(じ) → 文字(もじ) 글자, 문자

3 ① 否定(ひてい) 부정
　그는 그 비난을 분명히 부정했다.
　어휘총정리 非難(ひなん) 비난
　확장어휘 否(ひ) → 拒否(きょひ) 거부
　　　　　 不(ふ) → 不平等(ふびょうどう) 불평등

4 ③ 司会(しかい) 사회
　오늘의 피로연의 사회는 제가 맡겠습니다.
　어휘총정리 本日(ほんじつ) 오늘　披露宴(ひろうえん) 피로연
　　　　　　 つとめる 담당하다
　　　　　　 동사 사역형 ＋ ～ていただく ～하겠대(경양표현)
　확장어휘 司(し) → 上司(じょうし) 상사
　　　　　 伺 → 伺(うかが)う 聞(き)く(묻다), 訪(たず)ねる(방문하다)의 경양어

13

5 ② 提出(ていしゅつ) 제출
그들은 회의에 제출할 서류를 작성 중이다.
> 어휘충전 会議(かいぎ) 회의 書類(しょるい) 서류
作成中(さくせいちゅう) 작성 중

6 ② 針(はり) 침, 바늘
팔에 바늘로 찌르는 듯한 아픔을 느꼈다.
> 어휘충전 腕(うで) 팔 刺(さ)す 찌르다 痛(いた)み 아픔
感(かん)じる 느끼다 鉢(はち) 화분

7 ④ 宇宙(うちゅう) 우주
미국은 우주로 로켓을 발사했다.
> 어휘충전 発射(はっしゃ) 발사

8 ② 印刷(いんさつ) 인쇄
이 사전의 초판 인쇄 부수는 1만 권이었다.
> 어휘충전 辞書(じしょ) 사전 初版(しょはん) 초판
部数(ぶすう) 부수 万冊(まんさつ) 만 권

확인문제 03

→ p.79

✓정답 1 ③ 2 ③ 3 ③ 4 ④ 5 ④
6 ② 7 ② 8 ①

1 ③ 騒音(そうおん) 소음
차의 소음으로 잘 수 없었다.
> 어휘충전 車(くるま) 차 眠(ねむ)る 잠들다
> 확장어휘 験(けん) → 試験(しけん) 시험
触(しょく) → 接触(せっしょく) 접촉
騒(そう) → 騒動(そうどう) 소동

2 ③ 霧(きり) 안개
마을은 하얀 안개에 쌓여 있었다.
> 어휘충전 町(まち) 마을 白(しろ)い 하얗다
包(つつ)む 싸다, 둘러싸다 雪(ゆき) 눈 露(つゆ) 이슬
霜(しも) 서리

3 ③ 表(おもて) 앞
봉투 앞에 주소와 이름을 썼다.
> 어휘충전 封筒(ふうとう) 봉투 住所(じゅうしょ) 주소
名前(なまえ) 이름 書(か)く 쓰다 裏(うら) 뒤
後(うし)ろ 뒤

4 ④ 講堂(こうどう) 강당
비 때문에 학교 강당에서 졸업식이 행해졌다.
> 어휘충전 雨(あめ) 비 学校(がっこう) 학교
卒業式(そつぎょうしき) 졸업식 行(おこな)う 행하다
> 확장어휘 購(こう) → 購買(こうばい) 구매
構(こう) → 構成(こうせい) 구성
講(こう) → 講義(こうぎ) 강의

5 ④ 特殊(とくしゅ) 특수
스기모토는 그 여자와 특수한 관계에 있었다.
> 어휘충전 間柄(あいだがら) 관계, 사이
> 확장어휘 特(とく) → 特別(とくべつ) 특별
持(じ) → 持続(じぞく) 지속

6 ② 典型(てんけい) 전형
그는 전후 작가의 전형적인 인물이다.
> 어휘충전 戦後(せんご) 전후 作家(さっか) 작가
> 확장어휘 形(けい) → 形像(けいぞう) 형상
型(けい·がた) → 模型(もけい) 모형 大型(おおがた) 대형
刑(けい) → 刑事(けいじ) 형사

7 ② 砂漠(さばく) 사막
사막에도 식물은 있다.
> 어휘충전 植物(しょくぶつ) 식물
> 확장어휘 莫(ばく) → 莫大(ばくだい) 막대
幕(まく) → 開幕(かいまく) 개막

8 ① 尊敬(そんけい) 존경
그는 이웃 모두로부터 존경받고 있다.
> 어휘충전 近所(きんじょ) 이웃 皆(みんな) 모두

확인문제 04

→ p.80

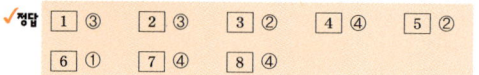

✓정답 1 ③ 2 ③ 3 ② 4 ④ 5 ②
6 ① 7 ④ 8 ④

1 ③ 課税(かぜい) 과세
그 제품은 과세대상이 됩니다.
> 어휘충전 製品(せいひん) 제품 対象(たいしょう) 대상
> 확장어휘 課(か) → 課題(かだい) 과제
果(か) → 結果(けっか) 결과

2 ③ 緑(みどり) 초록 (자연)

세상은 점점 초록(자연)이 없어지고 있는 중이다.

어휘충전 世(よ)の中(なか) 세상

동사 ます형 + つつある ~하는 중이다   縁(えん) 연, 인연

3 ② 起床(きしょう) 기상

기상시간은 항상 아침 6시입니다.

어휘충전 朝(あさ) 아침

확장어휘 越(えつ) → 超越(ちょうえつ) 초월

起(き) → 起立(きりつ) 기립

4 ④ 原因(げんいん) 원인

그의 인생에서의 실패는 인내가 부족함에 원인이 있었다.

어휘충전 人生(じんせい) 인생   ~における ~에서의

失敗(しっぱい) 실패   忍耐(にんたい) 인내

확장어휘 原(げん) → 原則(げんそく) 원칙

源(げん) → 資源(しげん) 자원

5 ② 国境(こっきょう) 국경

음악에 관한 한 국경은 급속히 없어지고 있다.

어휘충전 音楽(おんがく) 음악   ~に関(かん)する ~에 관한

~限(かぎ)り ~한   急速(きゅうそく) 급속

消滅(しょうめつ) 소멸

6 ① 借金(しゃっきん) 빚

열심히 노력해서 갚았기 때문에 현재는 빚이 없습니다.

어휘충전 一生懸命(いっしょうけんめい) 열심히

努力(どりょく) 노력   返(かえ)す 갚다

現在(げんざい) 현재

7 ④ 湿度(しつど) 습도

습도가 낮으면 더위도 참을 수 있다.

어휘충전 低(ひく)い 낮다   暑(あつ)さ 더위

我慢(がまん)する 참다

확장어휘 度(ど) → 温度(おんど) 온도

席(せき) → 座席(ざせき) 좌석

8 ④ 初旬(しょじゅん) 초순

다음 달 초순에 입학식이 있다.

어휘충전 来月(らいげつ) 다음 달   入学式(にゅうがくしき) 입학식

확인문제 05   ➜ p.81

✔정답 1 ③   2 ②   3 ①   4 ④   5 ②
6 ①   7 ③   8 ④

1 ③ 専攻(せんこう) 전공

그는 대학에서 역사를 전공하고 있다.

어휘충전 大学(だいがく) 대학   歴史(れきし) 역사

확장어휘 攻(こう) → 攻撃(こうげき) 공격

功(こう) → 功績(こうせき) 공적

2 ② 造船(ぞうせん) 조선

배를 만드는 회사를 조선회사라고 한다.

어휘충전 船(ふね) 배   作(つく)る 만들다   会社(かいしゃ) 회사

확장어휘 船(せん) → 船主(せんしゅ) 선주

舶(はく) → 船舶(せんぱく) 선박

3 ① 抽象(ちゅうしょう) 추상

선생님의 설명은 너무 추상적이다.

어휘충전 先生(せんせい) 선생님   説明(せつめい) 설명

な형용사 어간 + すぎる 지나치게 ~하다

확장어휘 象(しょう) → 象徴(しょうちょう) 상징

像(ぞう) → 想像(そうぞう) 상상

4 ④ 霜(しも) 서리

오늘 아침 창문에 서리가 내렸다.

어휘충전 今朝(けさ) 오늘 아침   窓(まど) 창문   雪(ゆき) 눈

露(つゆ) 이슬   霧(きり) 안개

5 ② 受話器(じゅわき) 수화기

아이는 수화기를 귀에 대고 이야기하고 있었다.

어휘충전 子供(こども) 아이   耳(みみ) 귀   あてる 닿게 하다, 대다

話(はな)す 이야기하다

확장어휘 授(じゅ) → 授業(じゅぎょう) 수업

受(じゅ) → 受験(じゅけん) 수험

6 ① 慎重(しんちょう) 신중

그는 그 질문에 신중하게 대답했다.

어휘충전 質問(しつもん) 질문   答(こた)える 대답하다

貴重(きちょう) 귀중

7 ③ 図形(ずけい) 도형

교수는 도형에 관해서 상세하게 설명했다.

어휘충전 教授(きょうじゅ) 교수   ~に関(かん)して ~에 관해서

詳(くわ)しい 상세하다, 자세하다   説明(せつめい) 설명

확장어휘 ➤ 形(けい·ぎょう) → 形像(けいぞう) 형상
　　　　　　　　　　　　 人形(にんぎょう) 인형
　　　　　型(けい·がた) → 模型(もけい) 모형
　　　　　　　　　　　　 大型(おおがた) 대형
　　　　　刑(けい) → 刑事(けいじ) 형사

8 ④ 製品(せいひん) 제품
　　이 회사의 제품은 잘 팔린다.

　　어휘총전 ➤ 会社(かいしゃ) 회사　売(う)れ行(ゆ)き 팔려 나가는 추세

　　확장어휘 ➤ 制(せい) → 制限(せいげん) 제한
　　　　　　 製(せい) → 製造(せいぞう) 제조

03. 問題 3 문맥 규정 (공란 메우기)

① 한자음 명사 (な형용사)

확인문제 01　　　　　　　　　　➤ p.83

✔정답
1	③	2	③	3	①	4	①	5	②
6	③	7	③	8	③	9	③	10	②

1 ③ 分類(ぶんるい) 분류
　카드는 알파벳순으로 분류되어 있었다.

　어휘총전 ➤ 順(じゅん) 순서　分布(ぶんぷ) 분포
　　　　　　 分散(ぶんさん) 분산　分野(ぶんや) 분야

2 ③ 解散(かいさん) 해산
　그 집회는 경찰에 의해서 해산되었다.

　어휘총전 ➤ 集会(しゅうかい) 집회　警察(けいさつ) 경찰
　　　　　　 〜によって 〜에 의해서　解放(かいほう) 해방
　　　　　　 解剖(かいぼう) 해부　解決(かいけつ) 해결

3 ① 会場(かいじょう) 회장
　인기 가수의 공연이 있어서 콘서트장에 굉장한 줄이 생겼다.

　어휘총전 ➤ 人気(にんき) 인기　歌手(かしゅ) 가수
　　　　　　 公演(こうえん) 공연　列(れつ)が出来(でき)る 줄이 생기다
　　　　　　 会談(かいだん) 회담　会合(かいごう) 모임, 회합
　　　　　　 会計(かいけい) 회계, 계산

4 ① 用心(ようじん) 조심
　도로가 얼어 있으니 넘어지지 않도록 조심해라.

　어휘총전 ➤ 道路(どうろ) 도로　凍(こお)る 얼다
　　　　　　 転(ころ)ぶ 넘어지다　用事(ようじ) 볼일
　　　　　　 用意(ようい) 준비　用途(ようと) 용도

5 ② 連続(れんぞく) 연속
　현대미술에 관한 5회 연속으로 강의가 대학에서 행해졌다.

　어휘총전 ➤ 現代(げんだい)현대　美術(びじゅつ) 미술
　　　　　　 〜に関(かん)する 〜에 관한　講義(こうぎ) 강의
　　　　　　 大学(だいがく) 대학　行(おこな)う 행하다
　　　　　　 連絡(れんらく) 연락　連合(れんごう) 연합
　　　　　　 連想(れんそう) 연상

6 ③ 方針(ほうしん) 방침
　선생님의 교육방침에 따르도록 노력하겠습니다.

　어휘총전 ➤ 教育(きょういく) 교육　〜に沿(そ)う 〜에 따르다
　　　　　　 努(つと)める 노력하다　方面(ほうめん) 방면
　　　　　　 方角(ほうがく) 방위　方言(ほうげん) 방언

7 ③ 見解(けんかい) 견해
나는 그 점에서는 그와 **견해**가 일치했다.

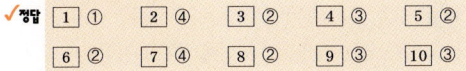 点(てん) 점　一致(いっち) 일치　見習(みならい) 견습
見物(けんぶつ) 구경　見当(けんとう) 어림짐작

8 ③ 感心(かんしん) 감동
그의 근면한 모습에 나는 완전히 **감동**했다.

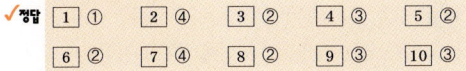 勤勉(きんべん) 근면　ぶり 모습　すっかり 완전히
感覚(かんかく) 감각　感想(かんそう) 감상
感情(かんじょう) 감정

9 ③ 改造(かいぞう) 개조
창고를 공장으로 **개조**했다.

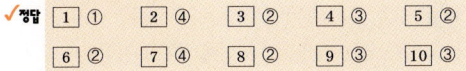 倉庫(そうこ) 창고　工場(こうじょう) 공장
改正(かいせい) 개정　改良(かいりょう) 개량
改善(かいぜん) 개선

10 ② 事件(じけん) 사건
운동회에서 도시락을 도둑맞는 **사건**이 잇따르고 있는 것 같다.

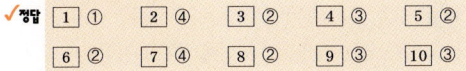 運動会(うんどうかい) 운동회　弁当(べんとう) 도시락
盗(ぬす)む 훔치다　相次(あいつ)ぐ 잇달다
事故(じこ) 사고　事実(じじつ) 사실
仕事(しごと) 일

확인문제 02　→ p.84

✓정답　| 1 ① | 2 ④ | 3 ② | 4 ③ | 5 ② |
| 6 ② | 7 ④ | 8 ② | 9 ③ | 10 ③ |

1 ① 自立(じりつ) 자립
아이에게 너무 간섭하면 아이의 **자립**을 방해해 버린다.

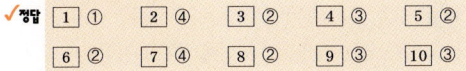 手(て)を出(だ)す 간섭하다　妨(さまた)げる 방해하다
自宅(じたく) 자택　自信(じしん) 자신(감)
自治(じち) 자치

2 ④ 現象(げんしょう) 현상
불가사의한 자연**현상**은 세계 어디에서도 일어난다.

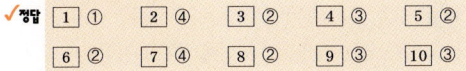 不思議(ふしぎ)だ 불가사의하다　自然(しぜん) 자연
世界(せかい) 세계　起(お)きる 일어나다
現在(げんざい) 현재　現時(げんじ) 오늘날
現場(げんば) 현장

3 ② 期限(きげん) 기한
화요일까지가 **기한**인 일이 많이 있어서 주말도 쉴 수 없다.

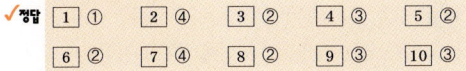 火曜日(かようび) 화요일　仕事(しごと) 일
週末(しゅうまつ) 주말　休(やす)む 쉬다
無限(むげん) 무한　限定(げんてい) 한정
限界(げんかい) 한계

4 ③ 見物(けんぶつ) 구경
나는 큰아들과 함께 불꽃대회의 **구경**을 했습니다.

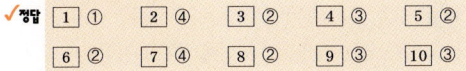 長男(ちょうなん) 장남　一緒(いっしょ)に 함께
花火(はなび) 불꽃　大会(たいかい) 대회
見当(けんとう) 어림짐작　見解(けんかい) 견해
見所(みどころ) 볼만한 곳

5 ② 慎重(しんちょう) 신중
무슨 일이든 가장 중요한 것은 언제든지 **신중**하고 냉정하게 행동하는 것입니다.

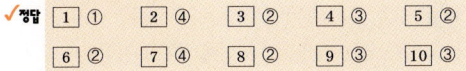 何事(なにごと) 무슨 일　一番(いちばん) 가장
大切(たいせつ)だ 중요하다　冷静(れいせい) 냉정
行動(こうどう) 행동　重要(じゅうよう) 중요
尊重(そんちょう) 존중　貴重(きちょう) 귀중

6 ② 水筒(すいとう) 물통
이 물, 산에 들어가는 사람들이 **물통**에 채워 가는 맛있는 물입니다.

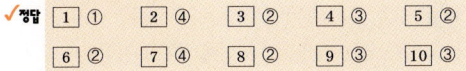 山(やま) 산　入(はい)る 들어가다
人達(ひとたち) 사람들　詰(つ)める 채우다
水産(すいさん) 수산　洪水(こうずい) 홍수
水泳(すいえい) 수영

7 ④ 直径(ちょっけい) 직경
물고기가 **직경** 10센티 정도의 용기 안에서 헤엄치고 있었다.

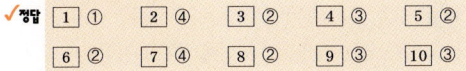 魚(さかな) 물고기　容器(ようき) 용기
泳(およ)ぐ 헤엄치다　直線(ちょくせん) 직선
直接(ちょくせつ) 직접　直角(ちょっかく) 직각

8 ② 活動(かつどう) 활동
그는 연내로 가수 **활동**을 그만둔다고 선언했다.

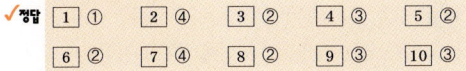 年内(ねんない) 연내　歌手(かしゅ) 가수
止(や)める 그만두다　宣言(せんげん) 선언
活気(かっき) 활기　生存(せいぞん) 생존
活性(かっせい) 활성

9 ③ 想像(そうぞう) 상상
밝은 미래를 **상상**하면서 매일을 보내고 있다.

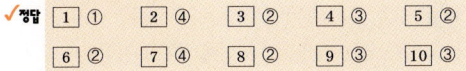 明(あか)るい 밝다　未来(みらい) 미래
毎日(まいにち) 매일　過(す)ごす 보내다

思想(しそう) 사상　感想(かんそう) 감상
空想(くうそう) 공상

10 ③ 温暖(おんだん) 온난

인도는 물가가 싸고 **온난**한 기후의 국가로서 알려져 있다.

> **어휘충전** 物価(ぶっか) 물가　安(やす)い 싸다　気候(きこう) 기후
> 国(くに) 국가　知(し)られる 알려지다
> 温泉(おんせん) 온천　温室(おんしつ) 온실
> 温帯(おんたい) 온대

확인문제 03　　→ p.85

✓**정답**

1 ④	2 ③	3 ④	4 ①	5 ②
6 ③	7 ③	8 ①	9 ④	10 ②

1 ④ 的確(てきかく) 정확

야마다 교수님은 의학의 전문가이기 때문에 **정확**한 어드바이스를 해 줄 것이라고 생각합니다.

> **어휘충전** 教授(きょうじゅ) 교수　医学(いがく) 의학
> 専門家(せんもんか) 전문가　美的(びてき) 미적
> 知的(ちてき) 지적　的中(てきちゅう) 적중

2 ③ 特殊(とくしゅ) 특수

이것은 비행기 등에 사용되고 있는 **특수**한 재료입니다.

> **어휘충전** 飛行機(ひこうき) 비행기　使(つか)う 사용하다
> 材料(ざいりょう) 재료　特定(とくてい) 특정
> 特長(とくちょう) 특유의 장점　特徴(とくちょう) 특징

3 ④ 平凡(へいぼん) 평범

평범한 매일이라도 시간은 흘러간다.

> **어휘충전** 毎日(まいにち) 매일　時間(じかん) 시간
> 流(なが)れる 흐르다　平和(へいわ) 평화
> 太平(たいへい) 태평　平気(へいき) 아무렇지도 않음

4 ① 要領(ようりょう) 요령

무슨 일이든 **요령**을 잡으면 손쉽게 할 수 있다.

> **어휘충전** 何事(なにごと) 무슨 일　つかむ 집다, 쥐다
> 簡単(かんたん)だ 간단하다　要素(ようそ) 요소
> ▶ 需要(じゅよう) 수요　必要(ひつよう) 필요

5 ② 分布(ぶんぷ) 분포

벚꽃은 일본 전국에 **분포**되어 있다.

> **어휘충전** 桜(さくら) 벚꽃　全国(ぜんこく) 전국
> 分類(ぶんるい) 분류　分析(ぶんせき) 분석
> 分別(ふんべつ) 분별

6 ③ 名人(めいじん) 명인

낚시 **명인**이면서도 가끔은 한 마리도 못 낚을 때도 있다.

> **어휘충전** 釣(つ)り 낚시　たまには 가끔은
> 一匹(いっぴき) 한 마리　釣(つ)る 낚다
> 名文(めいぶん) 명문　芸人(げいにん) 예능인, 연예인
> 素人(しろうと) 아마추어

7 ③ 不通(ふつう) 불통

많은 눈으로 도로가 **불통**이 되어 물자 수송이 곤란했었다.

> **어휘충전** 雪(ゆき) 눈　道路(どうろ) 도로　物資(ぶっし) 물자
> 輸送(ゆそう) 수송　困難(こんなん) 곤란
> 不満(ふまん) 불만　不利(ふり) 불리　不安(ふあん) 불안

8 ① 用心(ようじん) 조심

불**조심**은 겨울에 한정된 것은 아니다.

> **어휘충전** 火(ひ) 불　冬(ふゆ) 겨울　限(かぎ)る 한정하다
> 肝心(かんじん) 중요함　信心(しんじん) 신앙심, 믿음
> 感心(かんしん) 감동

9 ④ 予防(よぼう) 예방

여러분, 계절성 감기의 **예방** 접종의 예약은 했습니까?

> **어휘충전** 皆(みな)さま 여러분　季節性(きせつせい) 계절성
> 接種(せっしゅ) 접종　予約(よやく) 예약
> 予測(よそく) 예측　予報(よほう) 예보
> 予期(よき) 예기, 미리 대기함

10 ② 感謝(かんしゃ) 감사

오늘도 살아 있는 것에 **감사**하면서 하루를 시작한다.

> **어휘충전** 今日(きょう) 오늘　生(い)きる 살다
> 始(はじ)める 시작하다　感動(かんどう) 감동
> 感想(かんそう) 감상　感心(かんしん) 감동

확인문제 04　　→ p.86

✓**정답**

1 ①	2 ①	3 ①	4 ②	5 ①
6 ④	7 ③	8 ②	9 ①	10 ④

1 ① 独学(どくがく) 독학

기타는 **독학**으로 배웠다.

> **어휘충전** 学(まな)ぶ 배우다　独身(どくしん) 독신
> 孤独(こどく) 고독　独立(どくりつ) 독립

2 ① 緊張(きんちょう) 긴장
사장님 앞에서 긴장해서 자신의 의견도 말할 수 없었다.

> 어휘총전 社長(しゃちょう) 사장　前(まえ) 앞　自分(じぶん) 자신
> 意見(いけん) 의견　出張(しゅっちょう) 출장
> 主張(しゅちょう) 주장　拡張(かくちょう) 확장

3 ① 貢献(こうけん) 공헌
그는 마을에서의 복지 발전에 조금 공헌했다.

> 어휘총전 村(むら) 마을　～における ～에서의　福祉(ふくし) 복지
> 発展(はってん) 발전　少(すこ)し 조금
> 反映(はんえい) 반영　影響(えいきょう) 영향
> 関連(かんれん) 관련

4 ② 通知(つうち) 통지
거래처로부터 뭔가 통지가 있었어?

> 어휘총전 取引先(とりひきさき) 거래처　通行(つうこう) 통행
> 通信(つうしん) 통신　通用(つうよう) 통용

5 ① 表現(ひょうげん) 표현
그의 그림에는 자연을 사랑하는 마음이 잘 표현되어 있다.

> 어휘총전 絵(え) 그림　自然(しぜん) 자연　愛(あい)する 사랑하다
> 心(こころ) 마음　現実(げんじつ) 현실
> 現象(げんしょう) 현상　実現(じつげん) 실현

6 ④ 監督(かんとく) 감독
다음 주부터 시험 감독을 부탁 받았다.

> 어휘총전 来週(らいしゅう) 다음 주　試験(しけん) 시험
> たのむ 부탁하다　管理(かんり) 관리
> 生産(せいさん) 생산　調節(ちょうせつ) 조절

7 ③ 安易(あんい) 안이
그런 안이한 생각으로는 이 세상에서는 살아갈 수 없다.

> 어휘총전 考(かんが)え方(かた) 사고방식　世(よ) 세상
> 生(い)きる 살다　安静(あんせい) 안정(정신적)
> 安定(あんてい) 안정(자리를 잡음)　安価(あんか) 싼 가격

8 ② 名産(めいさん) 명산(품)
이 지방의 명산품은 과일입니다.

> 어휘총전 地方(ちほう) 지방　作物(さくもつ) 작물
> 品物(しなもの) 물건　作品(さくひん) 작품

9 ① 進展(しんてん) 진전
의외의 방향으로 사태가 진전되었다.

> 어휘총전 意外(いがい) 의외　方向(ほうこう) 방향
> 事態(じたい) 사태　進歩(しんぽ) 진보
> 前進(ぜんしん) 전진　昇進(しょうしん) 승진

10 ④ 拒否(きょひ) 거부
미국 회사와의 거래를 거부했다.

> 어휘총전 会社(かいしゃ) 회사　取引(とりひき) 거래
> 不満(ふまん) 불만　可否(かひ) 가부　否定(ひてい) 부정

확인문제 05　→ p.87

✓정답	1 ③	2 ③	3 ②	4 ③	5 ①
	6 ④	7 ②	8 ①	9 ③	10 ③

1 ③ 上達(じょうたつ) 숙달됨, 향상됨
매일 학교에 다닌 덕분에, 외국어가 상당히 능숙해졌다.

> 어휘총전 毎日(まいにち) 매일　通(かよ)う 다니다
> 外国語(がいこくご) 외국어
> 夢中(むちゅう) ～에 빠져있음
> 最中(さいちゅう) 한창 ～중　熱中(ねっちゅう) 열중

2 ③ 返却(へんきゃく) 반납
투고 원고는 반납하지 않습니다.

> 어휘총전 投稿(とうこう) 투고　原稿(げんこう) 원고
> 割引(わりびき) 할인　両替(りょうがえ) 환전, 잔돈으로 바꿈
> 割当(わりあて) 할당

3 ② 味方(みかた) 아군, 자기편
나는 항상 네 편이야.

> 어휘총전 君(きみ) 너　同様(どうよう) 똑같음
> 中身(なかみ) 내용물　力士(りきし) 스모 선수

4 ③ 限定(げんてい) 한정
자격을 대학생에 한정해서 모집했다.

> 어휘총전 資格(しかく) 자격　大学生(だいがくせい) 대학생
> 募集(ぼしゅう) 모집　無限(むげん) 무한
> 限界(げんかい) 한계　見当(けんとう) 어림짐작

5 ① 変更(へんこう) 변경
스케줄이 변경되었기 때문에 확인해 주세요.

> 어휘총전 確認(かくにん) 확인　変身(へんしん) 변신
> 変換(へんかん) 변환　更新(こうしん) 갱신

6 ④ 記録(きろく) 기록
그의 100미터 기록은 그다지 좋지 않았다.

> 어휘총전 日記(にっき) 일기　記事(きじ) 기사
> 記念(きねん) 기념

7 ② 区別(くべつ) 구별

이 가방을 진짜인지 어떤지 **구별**하는 것은 전문가라도 어렵다고 한다.

> 어휘충전 本物(ほんもの) 진짜 ～かどうか ～인지 아닌지
> 専門家(せんもんか) 전문가 難(むずか)しい 어렵다
> 別途(べっと) 별도 地方(ちほう) 지방 地域(ちいき) 지역

8 ① 自身(じしん) 자신

자기 **자신**을 믿고 해 주세요.

> 어휘충전 信(しん)じる 믿다 自信(じしん) 자신(감)
> 自宅(じたく) 자택 自覚(じかく) 자각

9 ③ 広場(ひろば) 광장

광장에 많은 사람이 모여 있는데, 왜일까?

> 어휘충전 集(あつ)まる 모이다 広告(こうこく) 광고
> 場面(ばめん) 장면 場所(ばしょ) 장소

10 ③ 建物(たてもの) 건물

이 주변에는 훌륭한 **건물**이 많이 있다.

> 어휘충전 あたり 주변 りっぱだ 훌륭하다
> 書物(しょもつ) 책, 서적 乗物(のりもの) 탈것
> 飲物(のみもの) 마실것

② 동사

확인문제 01

➡ p.88

✔정답 | 1 ① | 2 ① | 3 ② | 4 ④ | 5 ④ |
| 6 ② | 7 ② | 8 ④ | 9 ③ | 10 ③ |

1 ① あたえる 주다

나에게 **주어진** 일은 버거운 일이었습니다.

> 어휘충전 手(て)にあまる 버겁다 あまえる 응석을 부리다
> うけとる 받아들이다 きざむ 새기다

2 ① さめる 식다

부모님의 분노가 잠시 **식을** 때까지 기다리는 편이 좋다.

> 어휘충전 親(おや) 부모 怒(いか)り 분노 待(ま)つ 기다리다
> つめる 채우다, 사이즈를 줄이다
> のべる 서술하다, 말하다 かたる 이야기하다

3 ② うりきれる 품절되다

그 사이즈의 구두는 이미 **품절되었다**.

> 어휘충전 くみたてる 조립하다 おいかける 추격하다, 추적하다
> うらぎる 배신하다

4 ④ さける 피하다

러시아워를 **피해서** 빨리 나갔다.

> 어휘충전 早(はや)い 빠르다 出(で)る 나가다 すくう 구하다
> むすぶ 맺다, 묶다 つなぐ 연결하다

5 ④ 走(はし)る 아픔이 스며들다

짐을 들어 올린 순간, 등에 심한 아픔이 **스며들었다**.

> 어휘충전 荷物(にもつ) 짐 持(も)ち上(あ)げる 들어 올리다
> 동사 과거형 + とたん ～하자마자 背中(せなか) 등
> 激(はげ)しい 심하다 痛(いた)み 아픔 わたる 건네다
> かける 달리다 いたる 이르다

6 ② とりかえる 새것으로 바꾸다, 교체하다

목욕탕 물은 매일 **바꾸는** 편이 좋습니다.

> 어휘충전 お風呂(ふろ) 목욕 お湯(ゆ) 뜨거운 물
> とりけす 취소하다 とりあげる 문제삼다, 몰수하다
> とりいれる 도입하다

7 ② いかす 살리다

개성을 **살린** 일을 하고 싶다.

> 어휘충전 個性(こせい) 개성 仕事(しごと) 일
> おかす 죄를 범하다, 위험을 무릅쓰다
> ます 증가하다 はなす 놓다, 이야기하다

8 ④ だまる 침묵하다

잠자코만 있지 말고 의견을 말해 주세요.

> 어휘충전 意見(いけん) 의견 とまる 멈추다 たまる 쌓이다
> しまう 치우다, 정리하다

9 ③ つきあう 사귀다, 어울리다

그녀는 처음 만난 사람들과 **어울리는** 것이 서툴렀다.

> 어휘충전 初(はじ)めて 처음 ふりむく 뒤돌아보다
> ふれる 언급하다, 만지다 つっこむ 처넣다, 쑤셔 넣다

10 ③ 体調(たいちょう)をくずす 컨디션이 나빠지다

선생님은 **컨디션이 나빠져** 입원해 버렸습니다.

> 어휘충전 入院(にゅういん) 입원 くだく 부수다
> たおす 쓰러뜨리다 こわす 부수다

확인문제 02

➡ p.89

✔정답 | 1 ③ | 2 ④ | 3 ② | 4 ③ | 5 ① |
| 6 ④ | 7 ② | 8 ② | 9 ③ | 10 ② |

1 ③ 口(くち)を出(だ)す 참견하다

그녀는 항상 다른 사람의 이야기에 참견하는 버릇이 있다.

어휘충전 くせ 버릇 さす 찌르다

2 ④ **あまえる** 응석부리다, 상대의 친절이나 호의에 감사히 여기다
친절한 분이 많이 계시기 때문에, 여러 가지로 고맙게 생각하고 있습니다.

어휘충전 親切(しんせつ) 친절 方(かた) 분 かぞえる 셈하다
つたえる 전하다 あたえる 주다

3 ② **みちる** 차다
그는 항상 확신에 차서 살고 있다.

어휘충전 確信(かくしん) 확신 生(い)きる 살다 うえる 심다
のびる 늘다, 연기되다 とける 녹다, 풀리다

4 ③ **すぐれる** 뛰어나다
B형의 여성은 기획력이 뛰어나다고 일컬어지고 있다.

어휘충전 〜型(がた) 〜형 女性(じょせい) 여성
企画力(きかくりょく) 기획력 ゆれる 흔들리다
あばれる 날뛰다 なれる 익숙해지다

5 ① **しめす** 표시하다
이 표는 이 회사의 15년 간의 업적이 표시되어 있습니다.

어휘충전 表(ひょう) 표 会社(かいしゃ) 회사
〜年間(ねんかん) 〜년 간 業績(ぎょうせき) 업적
はずす 떼어내다, 빗나가다 たおす 쓰러뜨리다
ほす 말리다

6 ④ **おさめる** 납부하다
주민세를 납부하지 않은 자가 장관을 해도 괜찮은 것일까?

어휘충전 住民税(じゅうみんぜい) 주민세 大臣(だいじん) 장관
おそわる 배우다 くわえる 더하다, 입술로 가볍게 물다
さめる 식다, (잠 등이) 깨다

7 ② **どなる** 호통 치다
우리 아버지는 말대답하면 바로 호통 친다.

어휘충전 父(ちち) 아버지 口答(くちごた)え 말대답 たたむ 개다
ほえる 짖다 なでる 쓰다듬다

8 ② **たまる** 쌓이다
모두 상당히 스트레스가 쌓인 것 같으니, 바로 생활개선을
해 주세요.

어휘충전 かなり 꽤, 상당히 生活(せいかつ) 생활
改善(かいぜん) 개선 とまる 멈추다 だまる 침묵하다
しまう 치우다, 정리하다

9 ③ **あきれる** 질리다
요즘 쓰레기가 많이 있을 것이라고 생각해 보았지만, 주울
마음으로 보니, 그 양에 질려 버렸다.

어휘충전 日頃(ひごろ) 평소 拾(ひろ)う 줍다 量(りょう) 양
あじわう 맛보다 あこがれる 동경하다
あきらめる 포기하다

10 ② **ふりむく** 뒤돌아보다
뒤에서 부르는 소리에 엉겁결에 뒤돌아보았다.

어휘충전 呼(よ)ぶ 부르다 声(こえ) 소리 思(おも)わず 엉겁결에
つっこむ 처박다, 쑤셔 넣다 つきあう 사귀다, 어울리다
ふれる 언급하다, 만지다

확인문제 03 → p.90

→ p.90

✓**정답** | 1 ④ | 2 ③ | 3 ④ | 4 ② | 5 ③ |
| 6 ③ | 7 ① | 8 ④ | 9 ① | 10 ③ |

1 ④ **去(さ)る** 떠나다
링크를 떠난 선수들의 모임이 있었다.

어휘충전 選手(せんしゅ) 선수 集(あつ)まり 모임
そる 수염을 깎다 散(ち)る 꽃잎 등이 지다
撮(と)る 찍다

2 ③ **届(とど)く** 배달되다
시골에서 사과가 배달되었다.

어휘충전 田舎(いなか) 시골 砕(くだ)く 부수다
除(のぞ)く 제외하다 招(まね)く 초대하다, 초래하다

3 ④ **数(かぞ)える** 세다
방문객의 인원수를 세고 있습니다.

어휘충전 訪問客(ほうもんきゃく) 방문객 人数(にんずう) 인원수
例(たと)える 예를 들다 押(お)さえる 억제하다
心得(こころえ)る 명심하다, 터득하다

4 ② **縛(しば)る** 묶다
좀 더 단단히 묶어 주세요.

어휘충전 固(かた)い 단단하다 払(はら)う 지불하다
笑(わら)う 웃다 向(む)かう 향하다

5 ③ **避(さ)ける** 피하다
건강을 위해 육류 등은 피해 주세요.

어휘충전 健康(けんこう) 건강 肉(にく) 고기 溶(と)ける 녹다
焼(や)ける 타다, 구워지다 欠(か)ける 빠지다

21

6 ③ 試(ため)す 시험(시도)하다
그의 이야기가 바른지 어떤지 실제로 **시험해** 보았다.

> **어휘충전** 正(ただ)しい 바르다 ～かどうか ～인지 아닌지
> 実際(じっさい) 실제 溶(と)かす 녹이다
> 隠(かく)す 숨기다 移(うつ)す 옮기다

7 ① 育(そだ)てる 기르다, 키우다
아기 고양이를 주워, 잠시 **길렀습니다**.

> **어휘충전** 猫(ねこ) 고양이 赤(あか)ちゃん 아기 拾(ひろ)う 줍다
> 立(た)つ 서다 打(う)つ 치다 放(はな)つ 놓아주다

8 ④ 済(す)む 해결되다
그의 덕분으로 내가 가지 않고 **해결되었다**.

> **어휘충전** ～ずに ～하지 않고 積(つ)む 싣다, 쌓다 踏(ふ)む 밟다
> かむ 물다

9 ① 詫(わ)びる 사과하다
부장님은 이 자리를 빌려서 마음으로 **사과하고 싶다**고 말했다.

> **어휘충전** 部長(ぶちょう) 부장님 場(ば) 자리 借(か)りる 빌리다
> 心(こころ) 마음 転(ころ)ぶ 뒹굴다
> 並(なら)ぶ 늘어서다 学(まな)ぶ 배우다

10 ③ 攻(せ)める 공격하다
수비는 좋지만 **공격하는** 것이 좀 늦다.

> **어휘충전** 守備(しゅび) 수비 遅(おそ)い 늦다 埋(う)める 묻다
> 決(き)める 정하다 はめる (반지 등을) 끼다

확인문제 04 → p.91

✔**정답**

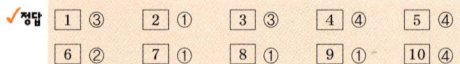

| 1 ③ | 2 ① | 3 ③ | 4 ④ | 5 ④ |
| 6 ② | 7 ① | 8 ① | 9 ① | 10 ④ |

1 ③ 編(あ)む 짜다
다 같이 머플러를 **짜** 봅시다.

> **어휘충전** つかむ 쥐다, 잡다 止(や)む 그치다
> 好(この)む 좋아하다

2 ① 荒(あ)れる 황폐해지다
왜 세상이 이렇게 **황폐해져** 왔을까?

> **어휘충전** 世(よ)の中(なか) 세상 逸(そ)れる 빗나가다
> 垂(た)れる 늘어뜨리다 漏(も)れる 새다

3 ③ 許(ゆる)す 용서하다, 허락하다
이번만큼은 잘 **봐** 주세요.

> **어휘충전** 倒(たお)す 쓰러뜨리다 通(とお)す 통과시키다
> 試(ため)す 시험하다, 시도하다

4 ④ 実(みの)る 결실을 맺다
꼭 저 두 사람의 사랑, **결실을 맺기를** 바랍니다.

> **어휘충전** 恋(こい) 사랑 構(かま)う 상관하다
> 揃(そろ)う 갖추어지다 見舞(みま)う 병문안하다

5 ④ しめた 됐다, 됐어(자기 생각대로 일이 되었을 때 하는 말)
됐다, 내가 생각했던 대로다.

> **어휘충전** 동사 과거형 + とおり ～대로다 よわった 곤란하다
> こまった 곤란하다 しまった 아뿔싸

6 ② 迫(せま)る (시일이) 다가오다
크리스마스가 **다가와서** 케이크의 재고도 남아있는 것이 얼마 없다.

> **어휘충전** 在庫(ざいこ) 재고 残(のこ)り 남아 있는 것
> わずか 불과 얼마 안됨 拾(ひろ)う 줍다
> 匂(にお)う 냄새가 나다 迷(まよ)う 헤매다, 망설이다

7 ① そろえる 갖추다
저 가게는 일류 상품을 **갖추고** 있다.

> **어휘충전** 店(みせ) 가게 一流(いちりゅう) 일류
> 品物(しなもの) 물건 そなえる 대비하다
> たとえる 예를 들다 たくわえる 비축하다

8 ① ことわる 거절하다
3군데 응모했지만 전부 **거절당했다**.

> **어휘충전** ～か所(しょ) ～군데 応募(おうぼ) 응모
> 全部(ぜんぶ) 전부 わびる 사과하다 ほめる 칭찬하다
> おこる 화를 내다

9 ① さまたげる 방해하다
수면을 **방해하는** 듯한 소음은 내지 마!

> **어휘충전** 睡眠(すいみん) 수면
> 騒音(そうおん) 소음 동사 기본형 + な 강한 금지의 명령
> さしつかえる 지장이 있다 したがう 따르다
> さかのぼる 거슬러 오르다

10 ④ だまる 침묵하다
이만큼 많은 사람이 난처해하고 있으니 **잠자코는** 있을 수 없다.

> **어휘충전** 困(こま)る 난처하다 とまる 멈추다
> たまる 쌓이다, 모이다 しまう 치우다, 정리하다

➡ p.92

✓정답

1 ③	2 ④	3 ②	4 ④	5 ②
6 ①	7 ③	8 ②	9 ③	10 ③

1 ③ 眺(なが)める 바라보다
아이들이 정원에서 놀고 있는 것을 **바라보았다**.

> **어휘충전** 庭(にわ) 정원　遊(あそ)ぶ 놀다　のぞく 제외하다
> くたびれる 녹초가 되다　あきれる 질리다

2 ④ 隠(かく)れる 숨다
아이는 문에 **숨어서** 나를 보고 있다.

> **어휘충전** はなれる 떨어지다, 멀어지다　ちぢれる 줄어들다
> すぐれる 뛰어나다

3 ② 吸(す)う 들이키다, 피다
신선한 공기를 **마시고 싶다**.

> **어휘충전** 新鮮(しんせん)だ 신선하다　空気(くうき) 공기
> 食(く)う 먹다　飼(か)う 기르다　酔(よ)う 취하다

4 ④ 叫(さけ)ぶ 외치다, 강력히 주장하다
학생들은 수업료 인상의 반대를 **주장하고** 있다.

> **어휘충전** 学生(がくせい) 학생　授業料(じゅぎょうりょう) 수업료
> 値上(ねあ)げ 값 상승　反対(はんたい) 반대
> あそぶ 놀다　まなぶ 배우다　ころぶ 넘어지다, 뒹굴다

5 ② 散(ち)る (꽃잎 등이) 지다, 떨어지다
벚꽃이 지면(땅바닥)에 **떨어졌다**.

> **어휘충전** 花(はな) 꽃　地面(じめん) 지면　さる 떠나다
> とる 집다, 쥐다　かる 깎다

6 ① くずす 큰돈을 헐다
이 천엔짜리 지폐를 100엔짜리 동전으로 **바꾸어** 주세요.

> **어휘충전** 札(さつ) 지폐　玉(たま) 동전　やぶる 찢다
> こわす 부수다　つぶす 으깨다

7 ③ さしつかえる 지장이 있다
과음하면 내일 일에 **지장이 있어요**.

> **어휘충전** 飲(の)み過(す)ぎる 과음하다　明日(あした) 내일
> 仕事(しごと) 일　とりいれる 도입하다
> あてはめる 적용하다, 맞추다　こしかける 앉다

8 ② 溶(と)く 녹이다
소금을 물로 **녹였다**.

> **어휘충전** 塩(しお) 소금　水(みず) 물　やく 굽다, 태우다
> まく 뿌리다, 감다, 말다　かく 그리다

9 ③ 照(て)らす 비추다
달이 호수의 수면을 **비추고** 있다.

> **어휘충전** 月(つき) 달　湖(みずうみ) 호수　水面(すいめん) 수면
> まもる 지키다　とおる 지나가다
> さわる 만지다, 건드리다

10 ③ 燃(も)える 불타다
목조 집은 **타기** 쉽다.

> **어휘충전** 木造(もくぞう) 목조　家(いえ) 집　かえる 바꾸다
> たえる 참다　うえる 심다

3　부사

➡ p.93

✓정답

1 ③	2 ③	3 ②	4 ③	5 ①
6 ②	7 ③	8 ②	9 ③	10 ②

1 ③ ぶつぶつ 중얼중얼
무엇을 언제까지 **중얼중얼** 하고 있니?

> **어휘충전** はきはき 시원시원, 또렷또렷　うろうろ 어슬렁어슬렁
> にこにこ 싱글벙글

2 ③ およそ 약
여기부터라면 역까지는 **약** 50미터입니다.

> **어휘충전** 駅(えき) 역　もし 만약　どうせ 어차피
> あくまで 어디까지나, 끝까지

3 ② いずれ 어차피, 조만간
어차피 우리들은 죽는다.

> **어휘충전** 僕(ぼく)ら 우리들　死(し)ぬ 죽다　いっそう 한층 더
> 思(おも)いきり 실컷　ふたたび 재차

4 ③ せっかく 모처럼
모처럼 왔는데 만날 수 없어서 유감이다.

> **어휘충전** 会(あ)う 만나다　残念(ざんねん) 유감　さすが 과연
> もしも 만약　いきなり 갑자기

5 ① おそらく 아마
상세한 사정은 모르겠습니다만, **아마** 그러한 것이라고 생각
했습니다.

> **어휘충전** 詳(くわ)しい 상세하다　事情(じじょう) 사정
> かえって 오히려　あらためて 새삼스럽게, 새로이
> もっとも 가장

6 ② まごまご 갈팡질팡

주차장이 너무 넓어서, 나의 차를 찾는데 **갈팡질팡**하고 말았다.

> 駐車場(ちゅうしゃじょう) 주차장　広(ひろ)い 넓다
> 探(さが)す 찾다　もともと 애당초　ますます 점점 더
> まあまあ 그럭저럭

7 ③ うっかり 무심코

무심코 회사의 비밀을 말해 버렸다.

> 会社(かいしゃ) 회사　秘密(ひみつ) 비밀
> あっさり 산뜻하게　うっとり 멍하니　すっかり 완전히

8 ② とっくに 벌써, 이미

학교 숙제는 **벌써** 끝났어.

> 学校(がっこう) 학교　宿題(しゅくだい) 숙제
> 終(お)わる 끝나다　なにも 유독
> あまりに 너무, 별로(부정문)　おおよそ 대략

9 ③ ただ 단지, 보통

저 두 사람은 **단순한** 사이는 아닌 것 같다.

> 仲(なか) 사이, 관계　なお 그리고　しかも 게다가
> さて 그런데

10 ② はきはき 시원시원, 척척

그녀는 교수의 질문에 **척척** 대답했다.

> 教授(きょうじゅ) 교수　質問(しつもん) 질문
> 答(こた)える 대답하다　まごまご 어슬렁어슬렁
> ぴかぴか 번쩍번쩍　にこにこ 싱글벙글

확인문제 02　　　→ p.94

> ✔정답　1 ④　2 ①　3 ②　4 ③　5 ①
> 6 ①　7 ④　8 ②　9 ①　10 ④

1 ④ ぞっと 움찔하는 모양

가는 도중의 고속도로에서 상당히 큰 사고가 일어나 **움찔**했다.

> 行(い)く 가다　途中(とちゅう) 도중
> 高速道路(こうそくどうろ) 고속도로
> 結構(けっこう) 상당히　事故(じこ) 사고
> 起(お)きる 일어나다
> ざっと 대충　じっと 가만히, 곰곰이　ずっと 훨씬

2 ① のろのろ 느릿느릿

완전히 녹초가 된 관광객은 **느릿느릿**하게 버스로 되돌아왔다.

> 疲(つか)れる 피곤하다

동사 ます형 + 切(き)る 완전히 ~하다
観光客(かんこうきゃく) 관광객
戻(もど)る 되돌아오다　ふわふわ 둥실둥실, 푹신푹신
いらいら 안절부절　ぶつぶつ 중얼중얼

3 ② ほぼ 거의

물가가 **거의** 두 배가 되었다.

> 物価(ぶっか) 물가　二倍(にばい) 두 배　たった 단지
> ようやく 겨우　よけいに 쓸데없이, 매우

4 ③ もっとも 가장

지금까지 본 영화 중에서 **가장** 좋아하는 것은 어느 것입니까?

> 今(いま) 지금　映画(えいが) 영화　やたらに 무턱대고
> おもに 주로　すなわち 즉

5 ① いきいき 활발한 모양, 생기가 있는 모양

그녀의 편지에는 마을의 모습이 **생생하게** 그려져 있었다.

> 手紙(てがみ) 편지　町(まち) 마을　様子(ようす) 모습
> 描(えが)く 그리다　しみじみ 절실히
> いらいら 안절부절　どきどき 두근두근

6 ① すでに 이미, 벌써

내가 도착했을 때에는 그들은 **이미** 출발했다.

> 着(つ)く 도착하다　出発(しゅっぱつ) 출발
> めったに 좀처럼　じかに 바로, 직접　しだいに 점차로

7 ④ ぎらぎら 빛나는 모양

바다가 태양 빛으로 **반짝반짝** 빛나서 눈부셨다.

> 海(うみ) 바다　太陽(たいよう) 태양　光(ひかり) 빛
> まぶしい 눈부시다　ぴかぴか 번쩍번쩍(광을 내어서 빛남)
> しばしば 가끔　ぼろぼろ 너덜너덜

8 ② べつに 특별히, 딱히

하고 싶지 않은 이유를 말하라고 해도 그 이외에 **딱히** 이유는 없습니다.

> 訳(わけ) 이유　以外(いがい) 이외　理由(りゆう) 이유
> まさに 바로　要(よう)するに 즉, 요컨대
> ついでに ~하는 김에

9 ① ますます 점점 더

어머니의 병은 **점점 더** 나빠지기만 했다.

> 母(はは) 어머니　病気(びょうき) 병　悪(わる)い 나쁘다
> もともと 애당초　まごまご 갈팡질팡　まあまあ 그럭저럭

10 ④ たいした 대단한

어제의 일 따위, **큰** 실수가 아니니 걱정하지 마.

어휘충전 昨日(きのう) 어제　～なんて ～따위
失敗(しっぱい) 실패, 실수　心配(しんぱい) 걱정
すべての 모든　ほんの 불과, 얼마 되지 않는　おもな 주된

④ い형용사 / な형용사

확인문제 01 ➡ p.95

✓정답
| 1 ② | 2 ③ | 3 ④ | 4 ① | 5 ① |
| 6 ② | 7 ④ | 8 ① | 9 ① | 10 ③ |

1 ② ひとしい 똑같다
남녀의 정치적 권리는 똑같다.
어휘충전 男女(だんじょ) 남녀　政治的(せいじてき) 정치적
権利(けんり) 권리　かしこい 현명하다
まぶしい 눈부시다　まずしい 가난하다

2 ③ おさない 어리다
축구에 관해서는 어릴 때부터 꿈꿔 왔습니다.
어휘충전 ～に関(かん)して ～에 관해서　頃(ころ) 무렵
夢見(ゆめみ)る 꿈꾸다　かたい 딱딱하다, 질기다
こい 진하다　あらい 거칠다

3 ④ しおからい 짜다
소금은 짠데도, 음식을 달게 하는 기능도 합니다.
어휘충전 塩(しお) 소금　食(た)べ物(もの) 음식
働(はたら)き 기능　四角(しかく)い 사각이다
かわいらしい 귀엽다　たのしい 즐겁다

4 ① おしい 아깝다
아깝게도 승리를 놓쳐 버렸다.
어휘충전 おしいところで 애석하게도, 아깝게도
勝(しょう) 승리　逃(のが)す 놓치다
うすぐらい 어두컴컴하다　狭(せま)い 좁다

5 ① やかましい 시끄럽다, 떠들썩하다
손자들이 놀러 와서, 집 안이 갑자기 시끄러워졌다.
어휘충전 孫(まご) 손자　遊(あそ)ぶ 놀다　家(いえ) 집
急(きゅう)に 갑자기　めんどうくさい 성가시다
うすぐらい 어두컴컴하다　たまらない 참을 수 없다

6 ② 甘(あま)い 달다
병 때문에, 단것은 삼가고 있습니다.
어휘충전 病気(びょうき) 병　控(ひか)える 삼가다
暗(くら)い 어둡다　若(わか)い 젊다　もろい 무르다

7 ④ 丸(まる)い 둥글다
조금 전에 방문하신 분은 둥근 얼굴을 하고 있었습니다.
어휘충전 訪(たず)ねる 방문하다　方(かた) 분　顔(かお) 얼굴
清(きよ)い 맑다　低(ひく)い 낮다
危(あや)うい 위태롭다

8 ① 若(わか)い 젊다
이 단체는 젊은 사람과 노인이 잘 조화되고 있다.
어휘충전 団体(だんたい) 단체　お年寄(としよ)り 노인
調和(ちょうわ) 조화　長(なが)い 길다
苦(くる)しい 괴롭다　くどい 귀찮다, 끈덕지다

9 ① 固(かた)い 딱딱하다
이 고기는 이전에 먹은 것보다 조금 딱딱하다.
어휘충전 肉(にく) 고기　この間(あいだ) 이전　少(すこ)し 조금
たやすい 용이하다　渋(しぶ)い 떫다　きつい 힘들다

10 ③ 辛(から)い 맵다
한국의 라면이 일본 것보다 맵다고 일컬어지고 있다.
어휘충전 清(きよ)い 맑다　若(わか)い 젊다　つらい 괴롭다

확인문제 02 ➡ p.96

✓정답
| 1 ② | 2 ② | 3 ① | 4 ② | 5 ② |
| 6 ④ | 7 ① | 8 ② | 9 ③ | 10 ③ |

1 ② あきらかだ 분명하다, 뚜렷하다, 명백하다
그는 이 논문으로 자신의 입장을 명백히 했다.
어휘충전 論文(ろんぶん) 논문　立場(たちば) 입장
ぜいたくだ 사치스럽다　のんきだ 천하태평이다
あらただ 새롭다

2 ② あたりまえだ 당연하다
여자가 집안일을 하는 것은 아직 당연하다고 생각되어지고 있다.
어휘충전 家事(かじ) 가사　なまいきだ 건방지다
おおまかだ 대범하다, 대충하다　ななめだ 비스듬하다

3 ① 豊(ゆた)かだ 풍부하다
마음이 여유 있는 인생을 보내기 위해서는 '건강', '돈', '삶의 보람'이 필요합니다.
어휘충전 心(こころ) 마음　人生(じんせい) 인생
送(おく)る 보내다　健康(けんこう) 건강　マネー 머니, 돈
生(い)きがい 삶의 보람　必要(ひつよう) 필요
適度(てきど)だ 적당하다　地味(じみ)だ 수수하다
下品(げひん)だ 품위가 없다

25

4 ② 強引(ごういん)に 억지로, 강제로
모두가 반대해서 **강제로** 일을 진행했다.

> **어휘충전** 反対(はんたい) 반대　進(すす)める 진행하다
> 平気(へいき)だ 아무렇지도 않다
> 立派(りっぱ)だ 훌륭하다
> 素直(すなお)だ 정직하다, 순수하다

5 ② みじめだ 비참하다
친구는 사업에 실패해서 **비참한** 생활을 하고 있었다.

> **어휘충전** 事業(じぎょう) 사업　失敗(しっぱい) 실패
> 暮(く)らし 생활　平(たい)らだ 평평하다
> 勝手(かって)だ 자기 마음대로 하다
> 上手(じょうず)だ 능숙하다

6 ④ すこやかだ 건강하다, 건전하다
부모라면 누구라도, 자신의 아이의 **건강한** 성장을 원한다.

> **어휘충전** 親(おや) 부모　誰(だれ) 누구
> 명사 + だって ～라도, ～역시　わが子(こ) 내 아이
> 成長(せいちょう) 성장　願(ねが)う 바라다
> にぎやかだ 번화하다　さわやかだ 상쾌하다

7 ① 自由(じゆう)だ 자유롭다
어제의 회의에서는 모두 **자유롭게** 대화했다.

> **어휘충전** 昨日(きのう) 어제　会議(かいぎ) 회의
> 話(はな)し合(あ)う 대화하다
> 親切(しんせつ)だ 친절하다　特別(とくべつ)だ 특별하다
> 複雑(ふくざつ)だ 복잡하다

8 ③ 丁寧(ていねい)だ 친절하다, 정중하다
가게의 점원이 **친절하게** 설명해 주었습니다.

> **어휘충전** 店(みせ) 가게　店員(てんいん) 점원
> 説明(せつめい) 설명　～てくれる ～해 주다
> 適当(てきとう)だ 적당하다　だめだ 소용없다
> 特別(とくべつ)だ 특별하다

9 ③ まじめだ 성실하다
성실히 일해도 받을 수 있는 돈은 적었다.

> **어휘충전** 働(はたら)く 일하다　少(すく)ない 적다
> 変(へん)だ 이상하다　無理(むり)だ 무리다
> 不便(ふべん)だ 불편하다

10 ③ 適当(てきとう)だ 적당하다
선배에게는 **적당히** 말해 주세요. 사정이 있으니까.

> **어휘충전** 先輩(せんぱい) 선배　都合(つごう) 사정, 형편
> 明(あき)らかだ 밝혀지다, 분명해지다
> 大口(だいじ)だ 중요하다　混雑(こんざつ)だ 혼잡하다

---

⑤ 가타카나어

확인문제 01　　　　　→ p.97

✓ 정답
| 1 ② | 2 ④ | 3 ③ | 4 ④ | 5 ① |
| 6 ③ | 7 ③ | 8 ① | 9 ② | 10 ③ |

1 ② エチケット 에티켓
식사 중에 침묵하는 것은 **에티켓**에 반한다.

> **어휘충전** 食事中(しょくじちゅう) 식사 중　黙(だま)る 침묵하다
> 反(はん)する 반하다　スカーフ 스카프
> アクセサリー 액세서리　サイレン 사이렌

2 ④ コンセント 콘센트
라디오의 플러그를 **콘센트**에 꽂아 주세요.

> **어휘충전** 差(さ)し込(こ)む 꽂다　ポスト 우체통　プリント 프린트
> スイッチ 스위치

3 ③ レポート 리포트
셰익스피어에 대해서 **리포트**를 쓰는 것이 여름방학의 과제다.

> **어휘충전** ～について ～에 대해서　書(か)く 쓰다
> 夏休(なつやす)み 여름방학　課題(かだい) 과제
> プラン 플랜, 계획　ゼミ 세미나　コード 코드

4 ④ サークル 서클
그녀는 **서클**활동도 학과 성적도 우수하다.

> **어휘충전** 活動(かつどう) 활동　学科(がっか) 학과
> 成績(せいせき) 성적　優秀(ゆうしゅう) 우수
> グループ 그룹　テンポ 템포　スマート 스마트

5 ① シーズン 시즌, 계절
시즌이 끝나면 이 여관은 숙박요금이 싸진다.

> **어휘충전** 旅館(りょかん) 여관　宿泊(しゅくはく) 숙박
> 料金(りょうきん) 요금　安(やす)い 싸다
> エネルギー 에너지　ベンチ 벤치　スクール 학교

6 ③ チップ 팁
택시 운전사에게 **팁**을 1달러 주었다.

> **어휘충전** ドライバー 운전사　プリント 프린트　コーチ 코치
> インタビュー 인터뷰

7 ③ シリーズ 시리즈
일본 **시리즈**라는 것은 야구를 말하는 것입니다.

> **어휘충전** 日本(にほん) 일본　野球(やきゅう) 야구
> グラフ 그래프　プログラム 프로그램
> イコール 이퀄, 같음

8 ① アクセント 악센트
태어난 곳이 미국이었기 때문에 일본인이면서도 일본어 **악센트**가 좀 이상하다.

어휘총전 生(う)まれ 태어난 곳 チャンス 찬스 テキスト 교과서
サンプル 샘플

9 ② インタビュー 인터뷰
공항 로비에 앉아 있던 손님 5명에게 일본에 관한 **인터뷰**를 했습니다.

어휘총전 空港(くうこう) 공항 ロビー 로비 座(すわ)る 앉다
～に関(かん)する ～에 관한 プラットホーム 플랫폼
キャプテン 캡틴, 주장, 책임자
レクリエーション 레크리에이션

10 ③ ボーナス 보너스
우리 회사의 **보너스**는 350%이다.

어휘총전 会社(かいしゃ) 회사 プラスチック 플라스틱
クラシック 클래식 コレクション 컬렉션, 수집, 발표회

확인문제 02 ➡ p.98

✔정답
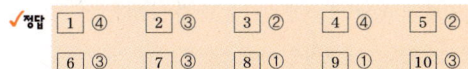

| 1 ④ | 2 ③ | 3 ② | 4 ④ | 5 ② |
| 6 ③ | 7 ③ | 8 ① | 9 ① | 10 ③ |

1 ④ キャプテン 주장, 책임자
주장으로 지명되어 책임이 무거워졌다.

어휘총전 指名(しめい) 지명 責任(せきにん) 책임
重(おも)い 무겁다 リサイクル 리사이클, 재활용
テーマ 테마 チーム 팀

2 ③ シャッター 셔터, 덧문
가게는 이미 **셔터**를 닫았다.

어휘총전 店(みせ) 가게 すでに 이미 閉(し)める 닫다
ステージ 무대 スケジュール 스케줄
エネルギー 에너지

3 ② サイレン 사이렌
소방차가 **사이렌**을 울리면서 달리고 있다.

어휘총전 消防車(しょうぼうしゃ) 소방차 鳴(な)らす 울리다
走(はし)る 달리다 ビタミン 비타민 ボーナス 보너스
アウト 아웃

4 ④ ハンドル 핸들
핸들을 오른쪽으로 돌리면 열립니다.

어휘총전 右(みぎ) 오른쪽 回(まわ)す 돌리다 開(ひら)く 열리다
オフィス 오피스, 회사 ナイロン 나일론
マーケット 시장

5 ② フィルム 필름
사진을 찍었지만 카메라에 **필름**이 들어 있지 않았다.

어휘총전 写真(しゃしん)をとる 사진을 찍다
入(はい)る 들어가다, 들어오다 フォーク 포크
ページ 페이지 ハンカチ 손수건

6 ③ ステーキ 스테이크
서양인은 매일 **스테이크**를 먹는다고 합니다.

어휘총전 西洋人(せいようじん) 서양인 毎日(まいにち) 매일
食(た)べる 먹다 スカート 스커트 スクリーン 스크린
ストーブ 스토브, 난로

7 ③ カレンダー 캘린더
올해의 **캘린더**도 이제 두 장밖에 남지 않았습니다.

어휘총전 今年(ことし) 올해 もう 이제 ～枚(まい) ～장
～しか ～밖에 残(のこ)る 남다 マッチ 성냥
グラス 클래스, 컵 コート 코트

8 ① アクセサリー 액세서리
여동생은 가슴 쪽에 **액세서리**를 달고 있었습니다.

어휘총전 妹(いもうと) 여동생 胸(むね) 가슴
つける 부착시키다, 달다 レポート 리포트 レジ 계산(대)
パソコン PC

9 ① ネクタイ 넥타이
넥타이를 매고 있는 분이 선생님입니다.

어휘총전 しめる 매다 方(かた) 분 先生(せんせい) 선생님
タイプ 타입, 유형 ステレオ 스테레오 ケーキ 케이크

10 ③ ポケット 호주머니
주머니 안에는 1엔도 없었다.

어휘총전 中(なか) 안 ～円(えん) ～엔 ボタン 버튼, 단추
ホテル 호텔 ボール 볼, 공

⑥ 비한자음 명사(한자 미표기 명사)

확인문제 01 → p.99

✓정답

1 ②	2 ②	3 ②	4 ①	5 ④
6 ①	7 ①	8 ③	9 ④	10 ②

1 ② 血(ち) 피
교통사고를 당해 피를 흘리고 있었다.

> **어휘총정리** 交通(こうつう) 교통　事故(じこ) 사고
> あう 안 좋은 경우를 당하다　流(なが)す 흘리다
> けが 부상　のど 목(구멍)　ねつ 열

2 ② 番組(ばんぐみ) 텔레비전 프로그램
이런 프로그램은 어린이에게 좋지 않다고 생각합니다.

> **어휘총정리** 子(こ)ども 어린이　思(おも)う 생각하다
> はなみ 꽃구경, 꽃놀이　おいわい 축하　おみまい 맞선

3 ② 汚(よご)れ 더러움
바지에 묻은 더러움이 전혀 지워지지 않는다.

> **어휘총정리** つく 묻다　全然(ぜんぜん) 전혀　落(お)ちる 떨어지다
> ゆれ 흔들림　よろこび 기쁨　～より ～보다

4 ① 試合(しあい) 시합
비가 내리면 시합은 중지됩니다.

> **어휘총정리** 雨(あめ)が降(ふ)る 비가 내리다　中止(ちゅうし) 중지
> どろ 흙　すな 모래　いし 돌

5 ④ 意見(いけん) 의견
다른 의견이 있는 분은 손을 올려 주세요.

> **어휘총정리** 他(ほか) 다른　方(かた) 분
> 手(て)を上(あ)げる 손을 올리다　いか 이하
> いがい 이외　いぜん 이전

6 ① 地震(じしん) 지진
지진이 일어나서 빌딩이 흔들렸습니다.

> **어휘총정리** 起(お)きる 일어나다　揺(ゆ)れる 흔들리다　かじ 화재
> たいふう 태풍　みずうみ 호수

7 ① 招待(しょうたい) 초대
생일 파티에 친구를 초대했습니다.

> **어휘총정리** 誕生日(たんじょうび) 생일　友(とも)だち 친구
> しっぱい 실패　じゅんび 준비　しょうかい 소개

8 ③ 途中(とちゅう) 도중
친구 집에 가는 도중에 교통사고를 당했습니다.

> **어휘총정리** 家(いえ) 집　交通(こうつう) 교통
> 事故(じこ) 사고　とっきゅう 특급　とこや 이발소
> とおり 길

9 ④ 見物(けんぶつ) 구경
모두와 함께 불꽃놀이의 구경을 했습니다.

> **어휘총정리** 一緒(いっしょ) 함께　花火(はなび) 불꽃놀이
> ぼうえき 무역　こうどう 강당　ひかり 빛

10 ② 予約(よやく) 예약
호텔의 예약은 했습니까?

> **어휘총정리** よしゅう 예습　よほう 예보　よてい 예정

확인문제 02 → p.100

✓정답

1 ③	2 ④	3 ①	4 ③	5 ①
6 ④	7 ④	8 ①	9 ①	10 ②

1 ③ てま 수고
이 기계의 덕분으로 크게 수고를 덜 수 있었다.

> **어휘총정리** 機械(きかい) 기계　～おかげで ～덕분으로
> 大(おお)いに 매우, 크게　はぶく 생략하다, 줄이다
> くせ 버릇　つみ 죄　ゆめ 꿈

2 ④ ～ぶり ～만
연장전에서 겨우 이겨, 5년 만에 2번째 우승을 했다.

> **어휘총정리** 延長(えんちょう) 연장　やっと 겨우
> 勝(か)つ 이기다　～度目(どめ) ～번째
> 優勝(ゆうしょう) 우승　～ごと ～마다
> ～なり ～나름대로　～まま ～채로

3 ① 顔(かお)がひろい 발이 넓다
마쓰이 씨는 애니메이션계에서는 발이 넓습니다.

> **어휘총정리** ～界(かい) ～계

4 ③ ながめ 전망
산 정상에서의 바다의 전망은 매우 좋았다.

> **어휘총정리** 山頂(さんちょう) 산 정상　海(うみ) 바다
> のぞみ 희망, 소원　かおり 향기　ひびき 울림

5 ① こづかい 용돈
아이에게는 매일 100엔의 용돈을 준다.

→ p.102

> 어휘충전 毎日(まいにち) 매일　やる 주다　こづつみ 소포
> かきとり 받아쓰기　かきとめ 등기

6 ④ わき 옆
그는 부인 옆에 서 있었다.

> 어휘충전 妻(つま) 부인　立(た)つ 서다　すきま 공간적인 틈
> さかい 경계　はし 가장자리

7 ④ 手(て)が離(はな)せない 손을 뗄 수 없다
지금 (일에서) 손을 뗄 수 없으니, 30분 후에 와 줘.

> 어휘충전 今(いま) 지금　後(ご) 후　足(あし) 다리　腕(うで) 팔

8 ① 居間(いま) 거실
가족이 다 같이 거실에서 텔레비전을 보고 있었다.

> 어휘충전 家族(かぞく) 가족　そろう 갖춰지다, 모이다
> 見(み)る 보다　のき 처마　やね 지붕　そこ 밑바닥

9 ① あてな 수신인
봉투의 수신처는 확실하게 적어 주세요.

> 어휘충전 封筒(ふうとう) 봉투　書(か)く 쓰다　おおや 집주인
> やちん 집세　みまい 병문안

10 ② 床屋(とこや) 이발소
최근, 이발소에 가지 않고, 미용실에서 머리를 자르는 남성
이 늘고 있다.

> 어휘충전 最近(さいきん) 최근　美容院(びよういん) 미용실
> 髪(かみ) 머리카락　切(き)る 자르다
> 男性(だんせい) 남성　増(ふ)える 늘다
> やおや 야채가게　てつや 철야　しんや 심야

---

04. 問題 4 유의어(대체)

확인문제 01　　　　→ p.102

✓정답
| 1 ① | 2 ② | 3 ④ | 4 ① | 5 ④ |
| 6 ③ | 7 ③ | 8 ③ | 9 ④ | 10 ③ |

1 ① 遠足(えんそく) = ピクニック 소풍
학교 소풍으로 후지산에 갔다.

> 어휘충전 学校(がっこう) 학교　富士山(ふじさん) 후지산
> 旅行(りょこう) 여행　見学(けんがく) 견학
> 会議(かいぎ) 회의

2 ② あらゆる = すべての 모든
모든 각도에서 검토하고 있습니다.

> 어휘충전 角度(かくど) 각도　検討(けんとう) 검토
> 部分的(ぶぶんてき) 부분적　ほとんど 거의
> いつも 항상

3 ④ ドライブ = 運転(うんてん) 운전
어제는 그녀와 해안을 드라이브했다.

> 어휘충전 昨日(きのう) 어제　海岸(かいがん) 해안
> 散歩(さんぽ) 산책　探検(たんけん) 탐험
> 会合(かいごう) 모임

4 ① あこがれる 동경하다, 좋아하다 / ほれる 반하다
여자아이들은 모두 그 배우를 동경하고 있다.

> 어휘충전 俳優(はいゆう) 배우　満足(まんぞく) 만족
> たのむ 부탁하다　きまる 정해지다

5 ④ いきなり = とつぜん 갑자기
갑자기 비가 내려서 옷이 젖어 버렸다.

> 어휘충전 雨(あめ)が降(ふ)る 비가 내리다　洋服(ようふく) 옷
> ぬれる 젖다　いつの間(ま)にか 어느 샌가
> かなり 상당히　いつか 언젠가

6 ③ 倒産(とうさん)する 도산하다 / つぶれる 망하다
도산한 백화점의 상품권은 어떻게 됩니까?

> 어휘충전 百貨店(ひゃっかてん) 백화점
> 商品券(しょうひんけん) 상품권　開店(かいてん) 개점
> セール 세일　できる 생기다

7 ③ すむ 맑다 / きれいだ 깨끗하다
시골의 공기는 매우 맑았다.

> 어휘충전 田舎(いなか) 시골　空気(くうき) 공기
> きたない 더럽다　すずしい 선선하다, 시원하다
> わるい 나쁘다

⑧ ③ 落(お)ち着(つ)く 차분하다 / 静(しず)かだ 조용하다
아이들이 시끄러워서 **차분히** 책을 읽을 수 없다.

> **어휘총전** 子供(こども) 아이 うるさい 시끄럽다 本(ほん) 책
> 読(よ)む 읽다 安心(あんしん) 안심
> ゆたかだ 풍부하다, 풍족하다 とても 도저히

⑨ ④ 利口(りこう)だ 영리하다 / かしこい 현명하다
저 사람은 **영리하니까** 자신이 상처 입을 듯한 일은 하지 않는다.

> **어휘총전** 傷付(きず)く 상처 입다 きびしい 엄하다, 혹독하다
> うるさい 시끄럽다 はげしい 격렬하다

⑩ ③ いわゆる = いわば 이른바
몸에 좋은 것, **이른바** 건강식품에 대해서 조사했다.

> **어휘총전** 体(からだ) 몸 健康食品(けんこうしょくひん) 건강식품
> 調(しら)べる 조사하다 いったん 일단
> かえって 오히려 さすが 과연

확인문제 02　　　　　　　➡ p.103

> **✓정답**
> | 1 ② | 2 ④ | 3 ① | 4 ④ | 5 ④ |
> | 6 ① | 7 ③ | 8 ③ | 9 ① | 10 ② |

① ② バス = おふろ 욕실
이 집은 **욕실**이 붙어 있지 않다.

> **어휘총전** 家(いえ) 집 トイレ 화장실 居間(いま) 거실
> 応接間(おうせつま) 응접실

② ④ この間(あいだ) 이전 / 先日(せんじつ) 전날
요전의 모임에는 출석했습니까?

> **어휘총전** 会合(かいごう) 모임 出席(しゅっせき) 출석
> このごろ 요즘 今後(こんご) 앞으로 じかに 바로

③ ① ケース = 場合(ばあい) 케이스, 경우
이 옷은 모든 **경우**에 입을 수 있다.

> **어휘총전** 服(ふく) 옷 あらゆる 모든 着(き)る 입다
> 最中(さいちゅう) 한창 ~중 夢中(むちゅう) ~에 빠짐
> 仲間(なかま) 동료

④ ④ やっかい = めんどう 성가심
그가 **성가신** 일을 가지고 들어 왔다.

> **어휘총전** 仕事(しごと) 일 持(も)ちこむ 가지고 들어오다
> わがまま 제멋대로임 みじめ 비참함 ゆたか 풍족함

⑤ ④ 架空(かくう) 가공 / 想像(そうぞう) 상상
이 소설에는 **가공**의 인물이 많다.

> **어휘총전** 小説(しょうせつ) 소설 人物(じんぶつ) 인물
> 多(おお)い 많다 実物(じつぶつ) 실물
> 現代(げんだい) 현대 古代(こだい) 고대

⑥ ① くたびれる = つかれる 피곤하다, 녹초가 되다
그의 수다에 완전히 **녹초가 되었다.**

> **어휘총전** おしゃべり 수다 すっかり 완전히 笑(わら)う 웃다
> おちこむ 풀이 죽다 がっかりする 실망하다

⑦ ③ コック = 調理師(ちょうりし) 조리사, 요리사
이 레스토랑의 **요리사**의 솜씨는 굉장하다.

> **어휘총전** うで 솜씨 従業員(じゅうぎょういん) 종업원
> 社長(しゃちょう) 사장 店長(てんちょう) 점장

⑧ ③ いっそう = さらに 한층 더
12월이 되어 추위가 **한층 더** 혹독해졌다.

> **어휘총전** 寒(さむ)さ 추위 厳(きび)しい 날씨가 심해지다
> かえって 오히려 いずれ 언젠가
> きちんと 확실히, 분명히

⑨ ① クリーニング 클리닝 / 洗濯(せんたく) 세탁
어머니의 코트는 이미 **세탁**해져 있다.

> **어휘총전** 母(はは) 어머니 化粧(けしょう) 화장
> 買(か)い物(もの) 쇼핑 払(はら)い戻(もど)し 환불

⑩ ② 傑作(けっさく) 걸작 / 名作(めいさく) 명작
아동문학의 **걸작**이라고도 할 수 있군요.

> **어휘총전** 児童(じどう) 아동 文学(ぶんがく) 문학
> 作業(さぎょう) 작업
> 作法(さほう) = 行儀(ぎょうぎ) 예의범절

확인문제 03　　　　　　　➡ p.104

> **✓정답**
> | 1 ① | 2 ④ | 3 ④ | 4 ③ | 5 ① |
> | 6 ③ | 7 ④ | 8 ② | 9 ④ | 10 ③ |

① ① わけ = 理由(りゆう) 이유
이 안에 반대하는 **이유**는 무엇입니까?

> **어휘총전** 案(あん) 안 反対(はんたい) 반대 意味(いみ) 의미
> 具合(ぐあい) 몸 상태
> 調子(ちょうし) 컨디션, 물건의 상태

2 ③ たしか = たぶん 아마
그것은 **아마** 재작년의 일이었습니다.

어휘총정리 一昨年(いっさくねん・おととし) 재작년　けっして 결코
たいして 그다지, 별로　せめて 적어도

3 ④ あんがい = いがい 의외
해 보면 **의외**로 잘 되는 것이다.

うまくいく 잘 되다　ぜったい 절대　かならず 반드시
いずれ 언젠가

4 ③ しずむ 잠기다, 상심하다 / くらい 어둡다
그 소식을 듣고 친구는 **상심했다**.

知(しら)せ 소식　聞(き)く 듣다　友達(ともだち) 친구
よろこぶ 기뻐하다　いそぐ 서두르다
おかしい 이상하다

5 ① ミス = あやまり 실수
대수롭지 않은 계산의 **실수**를 했다.

ちょっとした 대수롭지 않다　計算(けいさん) 계산
いのり 기도　のこり 나머지　さいわい 다행

6 ③ おさない 어리다 / ちいさい 작다, 어리다
축구선수가 되고 싶다고 **어릴** 때부터 꿈꿔 왔습니다.

頃(ころ) 무렵　夢見(ゆめみ)る 꿈꾸다
おとなしい 온순하다　こい 진하다　あらい 거칠다

7 ④ 立派(りっぱ)だ = えらい 훌륭하다
그는 실로 **훌륭한** 인물이라고 나는 생각하고 있다.

実(じつ)に 실로　人物(じんぶつ) 인물　ゆうめい 유명
まじめだ 성실하다　けちだ 인색하다

8 ② 出版(しゅっぱん) 출판 / 出(だ)す 내다
그 책은 지난달 막 **출판**된 것이다.

本(ほん) 책　先月(せんげつ) 지난달
동사 과거형 + ばかり 막 ~하다　のこる 남다
まかせる 맡다　のべる 서술하다, 말하다

9 ④ にがい 맛이 쓰다, 괴롭다 / くるしい 괴롭다
유학할 때는 나에게 있어서 **괴로운** 경험이었다.

留学(りゅうがく) 유학　~にとって ~에 있어서
経験(けいけん) 경험　かなしい 슬프다
うるさい 시끄럽다　あらい 거칠다

10 ③ あぶない = きけんだ 위험하다
저 회사는 지금 매우 **위태로운** 상황에 있습니다.

会社(かいしゃ) 회사　非常(ひじょう)に 매우
状況(じょうきょう) 상황　さかんだ 활발하다, 번성하다
たのもしい 믿음직하다　からい 맵다

확인문제 04　→ p.105

→ p.105

✓정답

| 1 ② | 2 ④ | 3 ③ | 4 ① | 5 ① |
| 6 ③ | 7 ④ | 8 ① | 9 ③ | 10 ④ |

1 ② ふつう 보통 / ふだん 평소
나는 아침에 일어나면, **보통** 커피를 마십니다.

朝(あさ) 아침　起(お)きる 일어나다　飲(の)む 마시다
一日中(いちにちじゅう) 하루 종일　たくさん 많이
おいしい 맛있다

2 ④ ゆたかだ = ほうふだ 풍부하다
현 사회는 물질만큼은 **풍족하**게 되었다.

だめだ 안 되다　ゆうめい 유명　べんり 편리

3 ③ かくだい 확대 / おおきい 크다
이 디자인을 조금 더 **확대**해 주세요.

ちいさい 작다　かくじつ 확실　みごとだ 훌륭하다

4 ① クラス 클래스 / 教室(きょうしつ) 교실
클래스에 약 30명의 학생이 있었습니다.

約(やく) 약　生徒(せいと) 학생　室内(しつない) 실내
屋上(おくじょう) 옥상　りょう 기숙사

5 ① 返却(へんきゃく) 반납 / かえす 돌려주다
빌린 책은 다음 주까지 **반납**해 주세요.

借(か)りる 빌리다　来週(らいしゅう) 다음 주
かえる 바꾸다, 돌아가다　とりかえる 새것으로 교환하다
もちこむ 반입하다

6 ③ きよい 맑다 / きれいだ 깨끗하다
이 강은 **맑은** 물이 흐르고 있다.

川(かわ) 강　水(みず) 물　流(なが)れる 흐르다
きたない 더럽다　おいしい 맛있다　うすい 옅다, 얇다

7 ③ ひどい 심하다 / ひじょうに 매우
하루 종일 먹지 않고 있었더니 **심하게** 배가 고팠다.

一日中(いちにちじゅう) 하루 종일
腹(はら)がへる 배가 고프다　ちょっと 조금
ちっとも 조금도　まったく 전혀

8 ① はいる 들어오다／ふく 불다

선선한 바람이 **들어 왔다**.

> **어휘플러스** 風(かぜ) 바람 たずねる 방문하다 とおす 통과시키다
> いきる 살다

9 ③ うろうろする 허둥지둥하다／まよう 헤매다, 망설이다

역의 출구를 몰라서 **허둥지둥했어**.

> **어휘플러스** 駅(えき) 역 出口(でぐち) 출구 あきる 질리다
> まわす 돌리다 なれる 익숙해지다

10 ④ けっして 결코／これから 앞으로

저기에는 **결코** 두 번 다시 가지 않을 생각이다.

> **어휘플러스** 二度(にど)と 두 번 다시 きゅうに 갑자기
> ずいぶん 상당히 はっきり 분명히, 확실히

확인문제 05 ➜ p.106

➜ p.106

✓**정답**

| 1 ② | 2 ① | 3 ④ | 4 ③ | 5 ③ |
| 6 ① | 7 ④ | 8 ② | 9 ③ | 10 ① |

1 ② ひっこす 이사하다／うつす 옮기다

지난주 여기로 **이사했다**.

> **어휘플러스** 先週(せんしゅう) 지난주 うごく 움직이다
> かたづける 치우다, 정리하다 たのむ 부탁하다

2 ① しかる 꾸짖다／おこる 화를 내다

어머니에게 **혼난** 것은 시험을 잘 못 봤기 때문입니다.

> **어휘플러스** 母(はは) 어머니 やられる 당하다 ことわる 거절하다
> よう 취하다

3 ④ 飲(の)みきる 전부 마시다／全部(ぜんぶ) 전부

그는 목이 말랐던 것 같이, 맥주를 단숨에 **전부 마셨다**.

> **어휘플러스** 一気(いっき) 한꺼번에 飲(の)む 마시다
> 동사 ます형 + きる 전부(완전히) ~하다

4 ③ 無理(むり) 무리／たいへんだ 힘들다

이 문제를 아이가 풀기에는 **무리**일 것이다.

> **어휘플러스** 問題(もんだい) 문제 らくだ 편하다
> けっこうだ 충분하다 おかしい 이상하다

5 ③ たまたま／ぐうぜん 우연히

백화점 앞에서 친구를 **우연히** 만났다.

> **어휘플러스** 前(まえ) 앞 友(とも)だち 친구 会(あ)う 만나다
> ときどき 때때로 いつも 항상 すぐに 바로

6 ① ～なければならない ～해야 한다／～しかない ～밖에 없다

내일 모임에 가**야 한다**.

> **어휘플러스** 会(かい) 모임

7 ④ キャンセル ＝ とりけし 취소

비행기 예약을 **취소**하고 싶습니다만.

> **어휘플러스** 飛行機(ひこうき) 비행기 予約(よやく) 예약
> みあい 맞선 けむり 연기 かえり 귀가

8 ② きつい 사이즈가 작다／ちいさい 작다

이 구두는 나에게는 **조금 작다**.

> **어휘플러스** たかい 비싸다 おおきい 크다 はく 신다
> 동사 ます형 + ～やすい ～하기 쉽다(편하다)

9 ③ もっとも 가장／いちばん 가장

이 가게에서 **가장** 비싼 것을 주세요.

> **어휘플러스** 店(みせ) 가게 ちっとも 전혀 あまり 그다지, 별로
> なかなか 좀처럼, 상당히

10 ① 동사 ます형 + かけの ～하다가 만, ～하는 도중의／途中(とちゅう) 도중

마시**다 만** 콜라가 테이블 위에 있었다.

> **어휘플러스** 飲(の)む 마시다 上(うえ) 위 全部(ぜんぶ) 전부

o5. 問題5 용법

확인문제 01 → p.108

정답 ｜1｜② ｜2｜③ ｜3｜④ ｜4｜② ｜5｜④

｜1｜② **おみあい** 맞선
1 일본은 많은 **축제가** 있습니다. → おまつり 축제
2 어제, 선배의 소개로 **선**을 봤다.
3 병든 친구의 **병문안**을 갔습니다. → おみまい 병문안
4 여러모로 신세를 져서 **인사(답례)**를 했다.
　→ おれい 인사, 답례

> 日本(にほん) 일본　昨日(きのう) 어제
> 先輩(せんぱい) 선배　紹介(しょうかい) 소개
> 病気(びょうき)になる 병들다　友(とも)だち 친구
> いろいろ 여러 가지　お世話(せわ)になる 신세를 지다

｜2｜③ **アナウンサー** 아나운서
1 외국에 있는 친구에게 **전화**했다. → でんわ 전화
2 그 **소식**을 듣고 모두 놀랬다. → おしらせ 소식, 알림
3 야마다 씨는 뉴스 **아나운서**라고 한다.
4 내일부터 비가 내린다고 하는 (일기) **예보**가 있었습니다.
　→ よほう 예보

> 外国(がいこく) 외국　友(とも)だち 친구　聞(き)く 듣다
> おどろく 놀라다　あした 내일
> 雨(あめ)が降(ふ)る 비가 내리다

｜3｜④ **べつに** 딱히, 특별히
1 외국 물건이니까 **특히** 비싸군요. → とくべつに・とくに 특별히
2 오늘은 어제보다 **매우** 더웠습니다. → とても・かなり 매우
3 **정말로** 저도 해 보고 싶습니다. → ほんとうに 정말로
4 이 일에 대해서는 **특별히** 알고 싶지 않습니다.

> 外国(がいこく) 외국　高(たか)い 비싸다
> 今日(きょう) 오늘　昨日(きのう) 어제　～より ～보다
> 暑(あつ)い 덥다　～てみる ～해 보다
> ～については ～에 대해서는　知(し)る 알다

｜4｜② **実(じつ)は** 실은
1 **실로** 유감스러운 일이 일어나 버렸다.
　→ 実(じつ)に 실로, 정말로
2 **실은** 저는 내일부터 출장입니다.
3 **실로** 즐거운 하루였다. → 実(じつ)に 실로, 정말로
4 **정말로** 다양한 물건이 있군요. → 実(じつ)に 실로, 정말로

> 残念(ざんねん) 유감　起(お)きる 일어나다
> 明日(あした) 내일　出張(しゅっちょう) 출장
> 楽(たの)しい 즐겁다　一日(いちにち) 하루

さまざまな 다양한
ございます あります(있습니다)의 정중한 표현

｜5｜④ **さっぱり** 전혀
1 10년 전과 마을은 **완전히** 변해 있어서 깜짝 놀랐다.
　→ すっかり 완전히
2 빨리 이 일을 마무리 지어 **개운해지고** 싶다.
　→ すっきり 개운한 모습
3 그는 **똑바른** 판단력을 보여 주었다.
　→ しっかり 똑바른 모양, 견실한 모양
4 그가 무엇을 말했는지 **전혀** 몰랐다.

> ～年前(ねんまえ) ~년 전　町(まち) 마을
> 変(か)わる 바뀌다　びっくりする 깜짝 놀라다
> 早(はや)く 빨리　仕事(しごと) 일
> 仕上(しあ)げる 마무리 짓다　気分(きぶん) 기분
> 判断力(はんだんりょく) 판단력　見(み)せる 보여주다
> 分(わ)かる 알다

확인문제 02 → p.109

정답 ｜1｜② ｜2｜③ ｜3｜① ｜4｜① ｜5｜①

｜1｜② **なにも** 유독, 특별히(한정의 뉘앙스)
1 나는 **뭐든지** 괜찮으니, 신경 쓰지 마. → なんでも 뭐든지
2 **유독** 나에게만 말을 합니까?(나에게만 화를 냅니까?)
3 이 방은 **왠지** 춥다. → なんか 왠지
4 무리일지도 모르지만, **어떻게든** 해 보겠다.
　→ なんとか 어떻게든

> 気(き)にする 신경 쓰다　部屋(へや) 방
> 寒(さむ)い 춥다　無理(むり) 무리

｜2｜③ **めざましい** 눈부시다(눈에 보이지 않는 것)
1 그녀의 **눈부신** 의상에 눈을 뗄 수가 없다.
　→ まぶしい(눈에 보이는 것)
2 여름의 태양은 **눈부시다**. → まぶしい(눈에 보이는 것)
3 그가 올린 **눈부신** 업적에 모두 깜짝 놀랐다.
4 저렇게 **눈부신** 무대에서 노래하는 것이 꿈이었다.
　→ まぶしい(눈에 보이는 것)

> 衣装(いしょう) 의상　目(め) 눈　夏(なつ) 여름
> 太陽(たいよう) 태양　業績(ぎょうせき) 업적
> 舞台(ぶたい) 무대　歌(うた)う 노래하다　夢(ゆめ) 꿈

｜3｜① **ばったり** 딱 만나다, 털썩
1 중학교 때의 친구를 서점 앞에서 **딱** 만났다.
2 진학을 **딱** 포기했다. → きっぱり 딱 잘라, 단호하게

33

3 야마다 씨의 부탁을 **딱** 거절했다.

→ きっぱり 딱 잘라, 단호하게

4 창문을 **딱** 닫지 않으니 틈새로 바람이 들어온다.

→ ちゃんと 제대로, 똑바로

어휘충전 中学(ちゅうがく) 중학교　時代(じだい) 시절
本屋(ほんや) 서점　会(あ)う 만나다
進学(しんがく) 진학　あきらめる 포기하다
頼(たの)み 부탁　断(ことわ)る 거절하다　窓(まど) 창문
閉(し)める 닫다　すきま 빈틈　風(かぜ) 바람
入(はい)る 들어오다

---

④ 区別(くべつ) 구별

1 이것은 어떻게 보아도 어제 것과 **구별**이 가지 않는다.

2 요즘은 여성을 **차별**하는 회사가 거의 없어졌다.

→ 差別(さべつ) 차별

3 인종**차별**은 세계적인 문제가 되었다. → 差別(さべつ) 차별

4 당사는 남녀 **차별** 없이 다루고 있습니다.

→ 差別(さべつ) 차별

어휘충전 見(み)る 보다　昨日(きのう) 어제　最近(さいきん) 최근
会社(かいしゃ) 회사　ほとんど 거의
人種(じんしゅ) 인종　世界的(せかいてき) 세계적
問題(もんだい) 문제　当社(とうしゃ) 당사
男女(だんじょ) 남녀　扱(あつか)う 취급하다

---

⑤ かむ 이로 물다

1 어릴 때, 개에게 **물린** 적이 있습니다.

2 담배를 **물고** 있는 사람이 친구입니다.

→ くわえる 입술로 가볍게 물다

3 벌레 **물린** 곳에 약을 발랐다. → さされる 벌레에 물리다

4 열심히 일해서 도쿄에 집을 **마련했다**.

→ かまえる 마련하다, 갖추다

어휘충전 子(こ)ども 아이　時(とき) 때　犬(いぬ) 개
友(とも)だち 친구　虫(むし) 벌레　薬(くすり) 약
ぬる 바르다　一生懸命(いっしょうけんめい) 열심히
働(はたら)く 일하다　家(いえ) 집

확인문제 03　→ p.110

✓**정답** 1 ②　2 ①　3 ①　4 ③　5 ②

① ② 不満(ふまん) 불만

1 그는 체중이 너무 많이 나가는 **비만**형이다.

→ 肥満(ひまん) 비만

2 선생님의 수업방식에는 **불만**이 있다.

---

3 그런 **불리**한 조건으로는 하고 싶지 않다.

→ 不利(ふり) 불리

4 빚을 갚으려면 만 엔 **부족**하다. → 不足(ふそく) 부족

어휘충전 体重(たいじゅう) 체중　授業(じゅぎょう) 수업
동사 ます형 + 方(かた) ~하는 방법
条件(じょうけん) 조건　借金(しゃっきん) 빚
返(かえ)す 갚다, 돌려주다

---

② ① ひじょうに 매우

1 일 때문에 이번 주부터 **상당히** 바쁘다.

2 선생님이 말씀하시는 것은 **잘** 들어 주세요. → よく 잘

3 내일부터 시험이어서 **열심히** 공부했습니다.

→ ねっしんに 열심히

4 화재가 일어나면 **바로** 이동해 주세요. → すぐ 바로

어휘충전 仕事(しごと) 일　今週(こんしゅう) 이번 주
忙(いそが)しい 바쁘다　先生(せんせい) 선생님
おっしゃる 言(い)う(말하다)의 존경어
聞(き)く 듣다　あした 내일　試験(しけん) 시험
명사 + ~なので ~이기 때문에　勉強(べんきょう) 공부
火事(かじ) 화재　起(お)きる 일어나다
動(うご)く 움직이다

---

③ ① いまにも 당장이라도

1 그녀는 **당장이라도** 올 것 같았다.

2 당신의 얼굴을 **지금도** 잊을 수 없어. → いまも 지금도

3 **지금도** 옛날 우물이 남아 있는 집이 눈에 띕니다.

→ いまも 지금도

4 그녀의 이름은 **지금도** 기억하고 있다. → いまも 지금도

어휘충전 泣(な)き出(だ)す 갑자기 울다　顔(かお) 얼굴
忘(わす)れる 잊다　昔(むかし) 옛날　井戸(いど) 우물
残(のこ)る 남다　見(み)かける 발견하다
名前(なまえ) 이름　覚(おぼ)える 기억하다

---

④ ③ あらすじ 줄거리, 개요

1 숙제의 **내용**을(**범위**를) 아는 사람은 가르쳐 주세요.

→ 内容(ないよう) 내용, 範囲(はんい) 범위

2 할머니가 **옛날이야기**를 말해 주었다.

→ 物語(ものがたり) 이야기, 전설

3 경찰관은 그 사건의 **개요**를 말했다.

4 선생님의 **강의**는 조금 어렵다. → 講義(こうぎ) 강의

어휘충전 宿題(しゅくだい) 숙제　教(おし)える 가르치다
祖母(そぼ) 할머니　昔(むかし) 이야기
かたる 이야기하다　警察官(けいさつかん) 경찰관
事件(じけん) 사건　のべる 말하다, 연설하다
先生(せんせい) 선생님　難(むずか)しい 어렵다

→ p.111
→ p.112

5 ② うっかり 무심코, 깜빡

1 차가 부딪힐 뻔해서 **엉겁결에** 눈을 감았다.

　→ 思(おも)わず 엉겁결에

2 **깜빡해서** 그녀와의 약속을 잊어버렸다.

3 영화를 보고 그는 **엉겁결에** 큰 소리를 질렀다.

　→ 思(おも)わず 엉겁결에

4 자신은 바보였다는 것을 지금 **확실히** 알았다.

　→ はっきり 분명히, 확실히

어휘총전 車(くるま) 차　ぶつかる 부딪히다

目(め)をつぶる 눈을 감다　約束(やくそく) 약속

忘(わす)れる 잊다　映画(えいが) 영화

叫(さけ)び声(ごえ) 고함　分(わ)かる 알다

확인문제 04

✓정답 ┃ 1 ④ ┃ 2 ② ┃ 3 ② ┃ 4 ④ ┃ 5 ② ┃

1 ④ きびしい 엄하다, 엄격하다

1 모두 어려운 시험에 합격해서 **기쁩니다**.

　→ うれしい 기쁘다

2 오랫동안, 외국에 있으면 **외로워집니다**.

　→ さびしい 외롭다, 쓸쓸하다

3 바람이 **세서** 모두 머플러를 하고 있었습니다.

　→ はげしい 세차다, 격렬하다

4 선생님은 **엄한** 표정을 짓고 우리들을 보고 있었습니다.

어휘총전 みんな 모두　難(むずか)しい 어렵다

試験(しけん) 시험　合格(ごうかく) 합격

長(なが)いあいだ 오랫동안　外国(がいこく) 외국

風(かぜ) 바람　マフラーをする 머플러를 하다

先生(せんせい) 선생님　顔(かお)をする 표정을 짓다

2 ② よる 들리다

1 학생들이 갑자기 우리 집에 **방문해** 왔습니다.

　→ たずねる 방문하다

2 잠시 도서관에 **들러서** 갈 테니, 먼저 가세요.

3 모르는 곳이 있습니다만, **물어도** 괜찮습니까?

　→ きく 묻다

4 자리가 안쪽에 있으니 전혀 **보이지** 않습니다.

　→ みえる 보이다

어휘총전 学生(がくせい) 학생　いきなり 갑자기　家(いえ) 집

来(く)る 오다　ちょっと 잠시

図書館(としょかん) 도서관　行(い)く 가다

お先(さき)に 먼저　知(し)る 알다　席(せき) 좌석, 자리

奥(おく) 안쪽　全然(ぜんぜん) 전혀

3 ② どきどき 두근두근

1 비로 나뭇잎이 **생기 있게** 보인다.

　→ いきいき 생동감 있는 모양

2 가슴이 **두근거려서** 편지를 열 수가 없었다.

3 그는 **안절부절 못하면서** 버스를 기다리고 있었다.

　→ いらいら 안절부절(조바심)

4 이상한 남자가 공원을 **어슬렁거리고** 있다.

　→ うろうろ 어슬렁어슬렁

어휘총전 雨(あめ) 비　木(き)の葉(は) 나뭇잎　胸(むね) 가슴

手紙(てがみ) 편지　開(あ)ける 열다　待(ま)つ 기다리다

変(へん)だ 이상하다　公園(こうえん) 공원

4 ④ きがえ 옷을 갈아입음

1 이 만 엔짜리 지폐를 **바꾸어** 주세요.

　→ りょうがえ 환전, 잔돈으로 바꿈

2 비를 맞아 **속옷**까지 젖어 버렸다. → したぎ 속옷

3 신주쿠에서 야마노테센으로 **갈아탑니다**.

　→ のりかえ 갈아탐

4 모델은 서둘러 **옷을 갈아입는 것**을 마쳤다.

어휘총전 万円(まんえん) 만 엔　札(さつ) 지폐　雨(あめ) 비

降(ふ)る 내리다　ぬれる 젖다　急(いそ)ぐ 서두르다

すませる 끝내다, 마치다

5 ② さしつかえ 지장

1 그는 일에 **방해**가 된다. → じゃま 방해

2 부상은 입었지만 일에 **지장**은 없다.

3 이것은 도움이 되지 않는 것은 물론 **방해**가 된다.

　→ じゃま 방해

4 저 아이는 항상 울어서 **방해**가 된다. → じゃま 방해

어휘총전 仕事(しごと) 일　けがをする 부상을 입다

役(やく)に立(た)つ 도움이 되다

～どころか ～은(는)커녕, ～은(는)물론　子(こ) 아이

泣(な)く 울다

확인문제 05

✓정답 ┃ 1 ① ┃ 2 ② ┃ 3 ④ ┃ 4 ① ┃ 5 ① ┃

1 ① すみ 구석

1 방**구석**에 큰 테이블과 의자가 있었습니다.

2 주머니 **안**에는 아무것도 없었습니다. → なか 안

3 가방 **안**에 지갑과 노트가 있습니다. → なか 안

4 머릿**속**이 매우 복잡해졌습니다. → なか 안, 속

어휘총전 部屋(へや) 방　大(おお)きい 크다　いす 의자

なにも 아무것도　財布(さいふ) 지갑　頭(あたま) 머리
複雑(ふくざつ)だ 복잡하다

2 ② できるだけ 가능한 한
　1 이 정도는 **대체로** 모두 알고 있습니다. → だいたい 대체로
　2 그런 일은 **가능한 한** 안 하는 편이 좋습니다.
　3 오늘은 아침부터 **정말로** 덥군요. → ほんとうに 정말로
　4 **과연** 당신이 말한 대로 되었군요. → なるほど 과연

　 知(し)る 알다　〜ほうがいい 〜편이 좋다
　　　　　今日(きょう) 오늘　朝(あさ) 아침　暑(あつ)い 덥다
　　　　　言(い)う 말하다　〜とおりに 〜대로

3 ④ おしゃれ 꾸밈, 세련됨, 멋쟁이
　1 야마다 씨는 **훌륭히** 그 일을 성공시켰다.
　　　→ りっぱだ 훌륭하다
　2 아이는 **훌륭한** 성적을 올렸다. → りっぱだ 훌륭하다
　3 파티는 **멋진**데다가 재미있었다. → すてきだ 멋지다
　4 그녀는 **멋지게 꾸미고** 나타났다.

　 仕事(しごと) 일　成功(せいこう) 성공
　　　　　成績(せいせき) 성적　現(あらわ)れる 나타나다

4 ① きっと 틀림없이('아마도'라는 뉘앙스)
　1 **아마** 그는 알고 있음에 틀림이 없다.
　2 방문 전에 **꼭** 전화해 주세요. → ぜひ 꼭, 반드시(본인의 희망)
　3 **꼭** 다시 한 번 일본에 오고 싶다고 생각합니다.
　　　→ ぜひ 꼭, 반드시(본인의 희망)
　4 **꼭** 파티에 오세요. → ぜひ 꼭, 반드시(본인의 희망)

　 知(し)る 알다　〜に違(ちが)いない 〜임이 틀림 없다
　　　　　訪問(ほうもん) 방문　前(まえ) 전　電話(でんわ) 전화
　　　　　いらす いらっしゃる(오시다, 가시다)의 축약형

5 ① いつまでも 언제까지나
　1 이 경험은 **언제까지나** 잊을 수는 없다.
　2 우리들은 **언제든지** 출발할 수 있도록 준비하고 있다.
　　　→ いつでも 언제든지
　3 **언제든지** 괜찮을 때 오세요. → いつでも 언제든지
　4 그녀는 **당장이라도** 울 듯한 표정을 지었다.
　　　→ 今にも 당장이라도

　 経験(けいけん) 경험　忘(わす)れる 잊다
　　　　　出発(しゅっぱつ) 출발　支度(したく) 준비
　　　　　泣(な)き出(だ)す 울음을 터뜨리다

 Part 3 문자·어휘 실전 모의고사

 제1회 실전 모의고사　　　→ p.114

✓정답

1 ③	2 ②	3 ①	4 ④	5 ③
6 ①	7 ②	8 ③	9 ③	10 ①
11 ②	12 ③	13 ①	14 ④	15 ①
16 ④	17 ③	18 ②	19 ③	20 ③
21 ②	22 ①	23 ④	24 ②	25 ①
26 ③	27 ①	28 ②	29 ③	30 ①
31 ③	32 ④	33 ④	34 ②	35 ①

問題1

1 ③ 両手(りょうて) 양손
양손을 잘 사용하는 사람이라고 들어서 놀랐다.
　 使(つか)う 사용하다　聞(き)く 듣다　驚(おどろ)く 놀라다

2 ② 習字(しゅうじ) 서예
서예와 시를 쓰는 방법을 배우고 있다.
　 詩(し) 시　作(つく)り方(かた) 만드는 방법
　　　　　習(なら)う 배우다

3 ① 根気(こんき) 끈기
노래가 좀처럼 능숙해지지 않지만, **끈기** 있게 계속해 가려
고 생각하고 있다.
　 歌(うた) 노래　上手(じょうず)だ 능숙하다
　　　　　続(つづ)ける 계속하다

4 ④ 洋服(ようふく) 옷
옷이 더러워서 씻었습니다.
　 汚(きたな)い 더럽다　洗(あら)う 씻다

5 ③ 貯金(ちょきん) 저금
매월 얼만가 **저금**을 하고 있다.
　 毎月(まいつき) 매월

6 ① 整(ととの)える 정리하다, 정비하다
더러워진 책상 위를 **정리했다**.
　 汚(きたな)い 더럽다　机(つくえ) 책상　上(うえ) 위
　　　　　揃(そろ)える 갖추다　備(そな)える 대비하다
　　　　　抱(かか)える 안다, 거느리다

7 ② 進(すす)む 나아가다, 진행되다
숙제가 조금도 **진행되지** 않아서 곤란하다.

[어휘충전] 宿題(しゅくだい) 숙제　少(すこ)しも 조금도(부정문)
困(こま)る 곤란하다　頼(たの)む 부탁하다
挑(いど)む 도전하다　絡(から)む 얽히다

8 ③ 同様(どうよう) 같음
형제가 **똑같이** 사귀고 있는 친구가 있다.

[어휘충전] 兄弟(きょうだい) 형제　つきあう 사귀다
友達(ともだち) 친구

問題2

9 ③ 実家(じっか) 생가, 친정
어머니의 규슈의 **친정**에서 사과가 보내져 왔다.

[어휘충전] お母(かあ)さん 어머니　九州(きゅうしゅう) 규슈(지명)
送(おく)る 보내다

10 ① 板(いた) 널빤지
두터운 **널빤지**를 맨손으로 쪼갰다.

[어휘충전] ぶあつい 두텁다　空手(からて) 맨손　割(わ)る 쪼개다

11 ② 勝負(しょうぶ) 승부
1대 1로 **승부**를 했다.

[어휘충전] ～対(たい) ～대

12 ② 表紙(ひょうし) 표지
이 책은 **표지**가 재미있다.

[어휘충전] 本(ほん) 책

13 ① 届(とど)ける 신고하다, 배달하다
개가 쓰러져 있었기 때문에 근처 파출소에 **신고했다**.

[어휘충전] 犬(いぬ) 개　倒(たお)れる 쓰러지다　近(ちか)く 근처
交番(こうばん) 파출소

14 ④ 苦(にが)い (맛이) 쓰다
일본술을 마셨는데, 조금 달고 조금 **썼다**.

[어휘충전] 日本酒(にほんしゅ) 일본술(특히 청주)　飲(の)む 마시다
少(すこ)し 조금　あまい 달다

問題3

15 ① 利用(りよう) 이용
1회용 물건을 다른 쪽으로 **이용**했다.

[어휘충전] 使(つか)い捨(す)て 1회용　物(もの) 물건　他(ほか) 다른
利点(りてん) 이점　利益(りえき) 이익　有利(ゆうり) 유리

16 ④ 必要(ひつよう) 필요
공부에 **필요**한 것을 갖추기 위해 서점에 갔다.

[어휘충전] 勉強(べんきょう) 공부　そろえる 갖추다　本屋(ほんや) 서점
主要(しゅよう) 주요　要領(ようりょう) 요령
秘密(ひみつ) 비밀

17 ③ 用意(ようい) 준비
대학에 제출할 서류를 **준비**했다.

[어휘충전] 大学(だいがく) 대학　出(だ)す 내다, 제출하다
書類(しょるい) 서류　意識(いしき) 의식
地味(じみ)だ 수수하다　意味(いみ) 의미

18 ② 料理(りょうり) 요리
이 가게의 **요리**는 맛있고 싸다고 생각한다.

[어휘충전] 店(みせ) 가게　安(やす)い 싸다　理科(りか) 이과
店員(てんいん) 점원　店長(てんちょう) 점장

19 ④ 未定(みてい) 미정
여름방학을 보내는 방법은 아직 **미정**이다.

[어휘충전] 夏休(なつやす)み 여름방학　過(す)ごし方(かた) 보내는 방법
安心(あんしん) 안심　安定(あんてい) 안정
予定(よてい) 예정

20 ③ 録音(ろくおん) 녹음
카세트에 그녀의 노래를 **녹음**했다.

[어휘충전] 歌(うた) 노래　音声(おんせい) 음성　音楽(おんがく) 음악
騒音(そうおん) 소음

21 ② ふりはじめる (비·눈 등이) 내리기 시작하다
어느 샌가 날씨가 바뀌어 눈이 **내리기 시작했다**.

[어휘충전] いつのまにか 어느 샌가　天気(てんき) 날씨
変(か)わる 바뀌다　雪(ゆき) 눈

22 ① 別(わか)れる 헤어지다
친한 친구와 **헤어지는** 것이 괴롭다.

[어휘충전] 親(した)しい 친하다　友人(ゆうじん) 친구　つらい 괴롭다
外(はず)れる 빗나가다　遅(おく)れる 늦다
倒(たお)れる 쓰러지다

23 ④ マスク 마스크
쓰레기 냄새가 나서 **마스크**를 썼다.

[어휘충전] においがする 냄새가 나다　バンド 밴드　ベルト 벨트
マフラー 머플러　マスクをつける 마스크를 쓰다

24 ② はずかしい 부끄럽다
모두 앞에서 사랑하고 있다고 들어서 **부끄러웠다**.

[어휘충전] 愛(あい)する 사랑하다　うらやましい 부럽다
めずらしい 신기하다, 진귀하다　むしあつい 후텁지근하다

25 ① やっと 겨우

30分이나 달려서 **겨우** 출발시간에 맞았다.

> **어휘총전** 走(はし)る 달리다　出発(しゅっぱつ) 출발
> 間(ま)に合(あ)う 시간이나 양에 맞다　ちょっと 좀
> ほんと 정말, 진짜　もっと 더욱

問題4

26 ③ 進歩(しんぽ) 진보／向上(こうじょう) 향상

과학기술이 급속하게 **진보**해 왔다.

> **어휘총전** 科学(かがく) 과학　技術(ぎじゅつ) 기술
> 急速(きゅうそく) 급속　方向(ほうこう) 방향
> 上達(じょうたつ) 숙달됨　以上(いじょう) 이상

27 ① 適切(てきせつ) 적절／適当(てきとう) 적당

그에게 고맙다고 말하고 싶지만, **적절**한 표현이 찾아지지 않았다.

> **어휘총전** 表現(ひょうげん) 표현　見(み)つかる 발견되다
> 指摘(してき) 지적　適用(てきよう) 적용
> 当番(とうばん) 당번

28 ④ 負(ま)ける 패하다 ＝ 敗(やぶ)れる 패하다

축구 시합에서 일본이 미국에 **패했다**.

> **어휘총전** 試合(しあい) 시합　勝(か)つ 이기다　掛(か)ける 걸다
> 払(はら)う 지불하다

29 ③ スケジュール 스케줄／計画(けいかく) 계획

다음 주 **스케줄**을 보고 나서 연락하겠습니다.

> **어휘총전** 来週(らいしゅう) 다음 주　連絡(れんらく) 연락
> ひま 틈, 한가함　いそがしさ 바쁨　実験(じっけん) 실험

30 ① たいして ＝ あまり 그다지, 별로

그녀가 만든 요리는 **그다지** 맛있다고는 할 수 없습니다.

> **어휘총전** 作(つく)る 만들다　料理(りょうり) 요리　すごい 굉장하다
> まさか 설마　やがて 이윽고

問題5

31 ③ だいたい 대체로, 대충

1 일요일은 **언제든지** 와도 좋아요. → いつでも 언제든지
2 **많은** 나무가 할머니 집에 심어져 있었다. → 多くの 많은
3 오늘 일은 **대체로** 끝났으니까 이제 돌아갑시다.
4 **많은** 사람이 눈 앞에 나타났다. → 多くの 많은

> **어휘총전** 日曜日(にちようび) 일요일　木(き) 나무　祖母(そぼ) 할머니
> 家(いえ) 집　植(う)える 심다　今日(きょう) 오늘
> 仕事(しごと) 일　終(お)わる 끝나다　帰(かえ)る 돌아가다

目(め) 눈　現(あらわ)れる 나타나다

32 ④ しょうち 들어줌, 승낙함

1 **예약** 시간은 언제나처럼 6시입니다. → 予約(よやく) 예약
2 그는 열심히 설명했지만 **납득**이 안 갔습니다. → 納得(なっとく) 납득
3 어제 시합에서 겨우 **승리**를 손에 넣었습니다. → 勝利(しょうり) 승리
4 그 조건으로는 당신의 제안을 **승인**할 수 없습니다.

> **어휘총전** 時間(じかん) 시간　一生懸命(いっしょうけんめい) 열심히
> 説明(せつめい) 설명　昨日(きのう) 어제　試合(しあい) 시합
> やっと 겨우　手(て)に入(い)れる 손에 넣다
> 条件(じょうけん) 조건　提案(ていあん) 제안

33 ④ ずっと 훨씬, 쭉

1 선배로부터 무서운 이야기를 듣고 **오싹**했다. → ぞっと 소름 끼치는 모양
2 비밀을 다른 사람에게 말했더니 **후련**했다. → すっきり 후련한
3 **이미** 봄이 되어 따뜻해졌습니다. → もう 이미
4 **훨씬** 전부터 보고 싶었던 영화가 있습니다.

> **어휘총전** 先輩(せんぱい) 선배　怖(こわ)い 무섭다　話(はなし) 이야기
> 聞(き)く 듣다　秘密(ひみつ) 비밀　春(はる) 봄
> あたたかい 따뜻하다　映画(えいが) 영화

34 ② おと (사물의) 소리

1 아이의 우는 **소리**가 시끄러워서 참을 수 없다. → 声(こえ) (사람의) 소리
2 밖에서 차 **소리**가 들려서 창문을 닫았다.
3 그녀의 **목소리**는 상냥하게 들린다. → 声(こえ) (사람의) 목소리
4 고양이 울음**소리**는 가끔 무섭게 들린다. → 声(こえ) (사람, 동물의) 소리

> **어휘총전** 泣(な)く (사람이) 울다　うるさい 시끄럽다
> ～てたまらない ～해서 견딜 수 없다, 매우 ～하다
> 外(そと) 밖　車(くるま) 자동차　窓(まど) 창문
> 閉(し)める 닫다　聞(き)こえる 들리다　ねこ 고양이
> 鳴(な)く (새・벌레・짐승 등이) 울다　たまに 가끔

35 ③ わりびき 할인

1 이 레스토랑은 싼 **데에 비해** 맛있다. → ～わりに ～한 데 비해
2 **의외로** 많은 사람이 큰 대회에 참가했다. → いがいに 의외로
3 텔레비전을 10% 정도 **할인**해서 샀다.
4 오늘은 모두 함께 **각자 부담**으로 계산합시다. → わりかん 각자 부담

> **어휘총전** 安(やす)い 싸다　多(おお)い 많다　大会(たいかい) 대회
> 参加(さんか) 참가　買(か)う 사다　今日(きょう) 오늘
> 勘定(かんじょう) 계산

38

✓**정답**

1 ①	2 ②	3 ②	4 ④	5 ④
6 ②	7 ③	8 ③	9 ②	10 ③
11 ①	12 ①	13 ③	14 ④	15 ③
16 ①	17 ②	18 ④	19 ④	20 ④
21 ③	22 ④	23 ②	24 ②	25 ①
26 ③	27 ③	28 ②	29 ④	30 ①
31 ④	32 ②	33 ①	34 ④	35 ③

問題1

1 ① 辞書(じしょ) 사전
말의 의미를 **사전**에서 조사했다.

어휘충전 言葉(ことば) 말　意味(いみ) 의미　調(しら)べる 조사하다

2 ② 自動(じどう) 자동
자동판매기로 건전지를 샀다.

어휘충전 販売機(はんばいき) 판매기　電池(でんち) 건전지
買(か)う 사다

3 ② 開店(かいてん) 개점
게임센터의 **개점**을 기다렸다.

어휘충전 待(ま)つ 기다리다

4 ④ 道路(どうろ) 도로
고속**도로**를 스피드를 올려서 나아갔다.

어휘충전 高速(こうそく) 고속　あげる 올리다　進(すす)む 나아가다

5 ④ 真心(まごころ) 진심
진심으로 감사하는 마음을 담아 선물을 보냈다.

어휘충전 お礼(れい) 감사　～をこめて ～을 담아　送(おく)る 보내다

6 ② 崩(くず)す 무너뜨리다, 흩뜨리다
항상 야근만 해서 컨디션을 **망가뜨렸다**.

어휘충전 残業(ざんぎょう) 야근　体調(たいちょう) 몸 상태
倒(たお)す 쓰러뜨리다　壊(こわ)す 부수다　つぶす 으깨다

7 ③ 配(くば)る 나누어 주다
모두에게 명함을 한 장씩 **나누어 주었다**.

어휘충전 名刺(めいし) 명함　治(なお)る 낫다　払(はら)う 지불하다
通(とお)る 지나다

8 ③ 悲(かな)しい 슬프다
병든 아버지를 보면 **슬퍼서** 눈물이 나왔다.

어휘충전 病気(びょうき) 병　父(ちち) 아버지
涙(なみだ)が出(で)る 눈물이 나다　恋(こい)しい 그립다
険(けわ)しい 험준하다　よろしい 좋다

問題2

9 ② 黒板(こくばん) 칠판
덧셈의 식을 **칠판**에 썼다.

어휘충전 足(た)し算(ざん) 덧셈　式(しき) 식

10 ③ 整理(せいり) 정리
숙제를 번호순으로 **정리**했다.

어휘충전 宿題(しゅくだい) 숙제　番号順(ばんごうじゅん) 번호순

11 ① 文章(ぶんしょう) 문장
짧은 **문장**을 쓰면 이제 숙제도 끝이다.

어휘충전 短(みじか)い 짧다　書(か)く 쓰다　宿題(しゅくだい) 숙제
終(お)わり 끝

12 ① 体重(たいじゅう) 체중
나는 **체중**이 70킬로로 키는 170센티미터이다.

어휘충전 身長(しんちょう) 신장

13 ③ 通(かよ)う 다니다
형은 대학원에 **다니고** 있다.

어휘충전 兄(あに) 형, 오빠　大学院(だいがくいん) 대학원

14 ④ 平気(へいき)だ 아무렇지도 않다
지금은 아침 일찍 일어나는 것은 **아무렇지도 않다**.

어휘충전 今(いま) 지금　朝早(あさはや)く 아침 일찍
起(お)きる 일어나다

問題3

15 ③ 仲間(なかま) 동료
회사의 **동료**와 스키를 타러 가기로 했다.

어휘충전 会社(かいしゃ) 회사　～ことにする ～하기로 하다
夜間(やかん) 야간　中間(ちゅうかん) 중간

16 ① 上達(じょうたつ) 숙달
연습해도 피아노의 **숙달**이 늦다.

어휘충전 練習(れんしゅう) 연습　遅(おそ)い 느리다
上手(じょうず)だ 능숙해지다　達者(たっしゃ) 달인
発達(はったつ) 발달

17 ② 単調(たんちょう)だ 단조롭다
단조로운 생활에 변화를 주었다.

> **어휘총전** 生活(せいかつ) 생활　変化(へんか)をつける 변화를 주다
> 単語(たんご) 단어　簡単(かんたん) 간단
> 簡易(かんい) 간이

18 ③ 貯金(ちょきん) 저금
집을 사기 위해 저금을 2천 만엔 찾았다.

> **어휘총전** 家(いえ) 집　買(か)う 사다
> ～千万円(せんまんえん) ～천 만엔
> 下(お)ろす 은행에서 돈을 찾다　基金(ききん) 기금
> 募金(ぼきん) 모금　賞金(しょうきん) 상금

19 ④ 徒歩(とほ) 도보
건강을 위해서 항상 역까지는 도보로 간다.

> **어휘총전** 健康(けんこう) 건강　駅(えき) 역　道路(どうろ) 도로
> 生徒(せいと) 학생　初歩(しょほ) 초보

20 ④ 当初(とうしょ) 당초
당초의 계획대로 진행되었다.

> **어휘총전** 計画(けいかく) 계획　명사 + ～通(どお)り ～대로
> 担当(たんとう) 담당　近所(きんじょ) 이웃　事務(じむ) 사무

21 ③ 戦(たたか)う 싸우다
모두 의견을 서로 말하며 싸웠다.

> **어휘총전** 意見(いけん) 의견　のべる 말하다, 서술하다
> 동사 ます형 + あう 서로 ～하다　くわえる 더하다
> うりきれる 품절되다　もとめる 요구하다, 찾다

22 ④ 折(お)れる 꺾이다, 부러지다
나뭇가지가 똑 부러졌다.

> **어휘총전** 木(き) 나무　枝(えだ) 가지　ぽっきり 뚝, 똑
> 消(き)える 사라지다, 꺼지다　越(こ)える 넘다
> 暮(く)れる 저물다

23 ② タオル 타월
땀을 흘려서 타월로 닦았다.

> **어휘총전** 汗(あせ)をかく 땀을 흘리다　拭(ふ)く 닦다
> タイプ 타입, 유형　ダンス 댄스　タイヤ 타이어

24 ② あきらかだ 명백하다, 분명하다
그가 범인이라는 것이 명백해졌다.

> **어휘총전** 犯人(はんにん) 범인　あたたかだ 따뜻하다
> さわやかだ 상쾌하다　にぎやかだ 번화하다, 떠들썩하다

25 ① すっかり 완전히
그녀는 고등학교 때보다 완전히 예뻐졌다.

> **어휘총전** 高校(こうこう) 고등학교　すっきり 개운한 모양
> はっきり 뚜렷이, 확실히　やっぱり 역시

問題4

26 ③ 見物(けんぶつ) 구경／見学(けんがく) 견학
선생님은 다음 주 월요일에 공장견학을 가자고 말했다.

> **어휘총전** 来週(らいしゅう) 다음 주　月曜日(げつようび) 월요일
> 工場(こうじょう) 공장　見本(みほん) 견본
> 観光(かんこう) 관광　勉強(べんきょう) 공부

27 ② 異国(いこく) 이국, 다른 나라／外国(がいこく) 외국
이 마을에 올 때마다 이국에 온 듯한 느낌이 들었다.

> **어휘총전** 동사 기본형 + ～たびに ～할 때마다
> 気(き)がする 느낌이 들다　母国(ぼこく) 모국
> 農村(のうそん) 농촌　田舎(いなか) 시골

28 ② こわす 부수다, 고장 내다／だめになる 안되게 되다, 쓸모없게 되다
친구에게 빌린 라디오가 고장 났다.

> **어휘총전** 友(とも)だち 친구　借(か)りる 빌리다
> 役(やく)に立(た)つ 도움이 되다　直(なお)す 고치다
> 気(き)になる 신경 쓰이다, 걱정이 되다

29 ④ バス ＝ おふる 욕실
욕실이 딸려 있지 않은 방은 좀 불편합니다.

> **어휘총전** 部屋(へや) 방　不便(ふべん) 불편　乗(の)り物(もの) 탈것
> トイレ 화장실　居間(いま) 거실

30 ① つねに ＝ いつも 늘, 항상
항상 건강에는 주의해 주세요.

> **어휘총전** 健康(けんこう) 건강　気(き)をつける 주의하다
> いつから 언제부터　いつでも 언제든지
> いまにも 당장에라도

問題5

31 ③ あやまる 사과하다
1 친구의 대답은 틀렸습니다. → 間違(まちが)う 틀리다
2 이것과 저것은 전혀 다릅니다. → 違(ちが)う 다르다
3 선생님에게 거짓말을 한 것을 사과했습니다.
4 식은 수프를 전자렌지로 데웠습니다. → あたためる 데우다

> **어휘총전** 友(とも)だち 친구　答(こた)え 대답　全然(ぜんぜん) 전혀
> うそをつく 거짓말을 하다　さめる 식다

→ p.126

32 ② えんりょ 조심함, 삼감, 사양함
　1 심려를 끼쳐 정말 죄송합니다. → 心配(しんぱい) 걱정, 염려
　2 바빠서 그 모임은 사양하겠습니다.
　3 당신의 어릴 때의 꿈은 무엇이었습니까? → 夢(ゆめ) 꿈
　4 열이 나서 좀 감기에 걸린 듯합니다. → 風邪(かぜ) 감기

　어휘충전 たいへん 매우　もうしわけない 죄송하다
　　　　忙(いそが)しい 바쁘다　会(かい) 모임
　　　　いたす する(하다)의 겸양어　時(とき) 때
　　　　熱(ねつ)が出(で)る 열이 나다　〜ぎみ 〜낌새, 〜기운

33 ① すっかり 완전히
　1 10년 전보다 마을은 완전히 바뀌었습니다.
　2 그녀의 복장은 언제나 말끔합니다. → すっきり 말쑥이
　3 자리가 뒤여서 선생님의 목소리가 전혀 들리지 않았습니다. → ぜんぜん 전혀
　4 그는 경찰을 보고 얼결에 도망쳤다. → うっかり 무심코, 얼결에

　어휘충전 〜年前(ねんまえ) 〜년 전　変(か)わる 바뀌다, 변하다
　　　　服装(ふくそう) 복장　席(せき) 자리　うしろ 뒤
　　　　声(こえ) 목소리　聞(き)こえる 들리다　警察(けいさつ) 경찰
　　　　逃(に)げ出(だ)す 도망치다

34 ④ べつに 딱히
　1 지난주부터 몹시 추운 날이 계속되고 있습니다. → ひじょうに 매우, 대단히
　2 생각보다 그다지 비싸지 않아서 샀습니다. → あまり 그다지
　3 특별히 당신에게만 알려드립니다. → 特別(とくべつ)に 특별히
　4 딱히 하고 싶은 일이 아무것도 없는 것이 문제다.

　어휘충전 先週(せんしゅう) 지난주　寒(さむ)い 춥다
　　　　続(つづ)く 계속되다　高(たか)い 비싸다　買(か)う 사다
　　　　教(おし)える 가르치다　問題(もんだい) 문제

35 ③ ふえる (양적으로) 증가하다
　1 머리카락이 꽤 길어서 잘랐습니다. → 伸(の)びる 길다
　2 동생의 키는 10센티미터 정도 컸습니다. → 伸(の)びる 자라다
　3 도시의 인구는 매년 늘어간다.
　4 이 스웨터는 늘어나서 입을 수 없다. → 伸(の)びる 늘어나다

　어휘충전 かみ 머리카락　だいぶ 꽤, 상당히　きる 자르다
　　　　弟(おとうと) 남동생　身長(しんちょう) 신장　都市(とし) 도시
　　　　人口(じんこう) 인구　毎年(まいとし) 매년　着(き)る 입다

제3회 실전 모의고사

→ p.126

✓정답

1	④	2	①	3	②	4	②	5	③
6	②	7	③	8	④	9	③	10	④
11	③	12	③	13	②	14	②	15	③
16	①	17	②	18	③	19	③	20	④
21	②	22	④	23	②	24	②	25	②
26	③	27	③	28	①	29	④	30	③
31	③	32	①	33	④	34	④	35	③

問題1

1 ④ 商店街(しょうてんがい) 상점가
밤에 아버지와 긴 상점가를 산책했다.
　어휘충전 夜(よる) 밤　お父(とう)さん 아버지　長(なが)い 길다
　　　　散歩(さんぽ) 산책

2 ① 台所(だいどころ) 부엌
부엌의 조명이 꺼져 있었다.
　어휘충전 明(あ)かり 빛, 조명　消(き)える 꺼지다, 사라지다

3 ② 息(いき)をのむ 한 순간 숨을 죽이다
전망은 숨이 막힐 만큼 멋있었다.
　어휘충전 ながめ 전망　〜ほど 〜만큼
　　　　すばらしい 훌륭하다, 굉장하다　呼吸(こきゅう) 호흡
　　　　あくび 하품　げり 설사

4 ② 様子(ようす) 모습, 모양
아무래도 눈이 내릴 것 같은 모양이다.
　어휘충전 どうやら 아무래도　雪(ゆき) 눈

5 ③ 味方(みかた) 우리 편, 자기 편
나는 항상 약한 팀을 편든다.
　어휘충전 弱(よわ)い 약하다　味方(みかた)をする 편을 들다, 가세하다

6 ② 登(のぼ)る 오르다
형에게 도움을 받아서 산에 올라갔다.
　어휘충전 兄(あに) 형, 오빠　助(たす)ける 돕다　山(やま) 산
　　　　上(あ)がる 오르다　削(けず)る 깎다　通(かよ)う 다니다

7 ③ 練(ね)る 반죽하다, 다듬다
도자기에 사용할 흙을 반죽했다.
　어휘충전 やきもの 도자기　使(つか)う 사용하다　土(つち) 흙
　　　　閉(し)まる 닫히다　凝(こ)る 열중하다, 빠지다
　　　　縛(しば)る 묶다

41

8 ④ 固(かた)い 딱딱하다
시간이 지나서 빵이 **딱딱해졌다**.

어휘총전 経(た)つ (때가) 경과하다 偉(えら)い 훌륭하다
辛(つら)い 괴롭다 辛(から)い 맵다

問題2

9 ③ 命(いのち) 목숨
목숨만큼 소중한 것은 없다.

어휘총전 大事(だいじ)だ 소중하다 体(からだ) 몸

10 ④ 練習(れんしゅう) 연습
가라오케 대회에서 노래하기 위해 노래 **연습**을 했다.

어휘총전 大会(たいかい) 대회 歌(うた)う 노래하다 歌(うた) 노래

11 ③ 急用(きゅうよう) 급한 볼일
아버지로부터 **급한 볼일**의 전화가 들어왔다.

어휘총전 父(ちち) 아버지 電話(でんわ) 전화 入(はい)る 들어오다

12 ② 方向(ほうこう) 방향
배 **방향**을 서쪽에서 남쪽으로 바꾸었다.

어휘총전 船(ふね) 배 西(にし) 서쪽 南(みなみ) 남쪽
変(か)える 바꾸다 方角(ほうがく) 방위, 방향

13 ② 放(はな)す 놓아주다
잡은 벌레를 숲으로 **놓아주었다**.

어휘총전 捕(つか)まえる 붙잡다 虫(むし) 벌레 森(もり) 숲

14 ② 狭(せま)い 좁다
이사한 곳은 전의 집보다 **좁았다**.

어휘총전 引(ひ)っ越(こ)す 이사하다 ところ 곳 前(まえ) 전, 앞
細(こま)かい 자세하다, 잘다

問題3

15 ③ 大量(たいりょう) 대량
그저께부터 **많은** 비가 계속 내리고 있다.

어휘총전 おととい 그저께 雨(あめ) 비
降(ふ)り続(つづ)く 계속 내리다 重大(じゅうだい) 중대
過大(かだい) 과대 大気(たいき) 대기

16 ① 材料(ざいりょう) 재료
오늘 저녁의 **재료**를 사기 위해 슈퍼에 갔다.

어휘총전 夕食(ゆうしょく) 저녁밥 買(か)う 사다 資料(しりょう) 자료
教材(きょうざい) 교재 科目(かもく) 과목

17 ② 実例(じつれい) 실례, 실질적인 예
선생님은 이해하기 쉽게 **실례**를 들었다.

어휘총전 分(わ)かる 알다 あげる 예를 들다 失礼(しつれい) 실례
実技(じつぎ) 실기 実物(じつぶつ) 실물

18 ③ 信用(しんよう) 신용
야마다 씨가 말하는 것은 **신용**할 수 있다.

어휘총전 用心(ようじん) 조심 肝心(かんじん)だ 중요하다
迷信(めいしん) 미신

19 ③ 右折(うせつ) 우회전
다음 교차로에서 **우회전** 해 주세요.

어휘총전 次(つぎ) 다음 交差点(こうさてん) 교차로
特別(とくべつ) 특별 差別(さべつ) 차별
骨折(こっせつ) 골절

20 ④ 面積(めんせき) 면적
집의 **면적**을 재어 보았다.

어휘총전 はかる 재다 面接(めんせつ) 면접 成績(せいせき) 성적
山積(さんせき) 산적

21 ② 積(つ)もる 쌓이다
눈이 10센티미터 정도 **쌓였다**.

어휘총전 雪(ゆき) 눈 包(つつ)む 포장하다 悩(なや)む 고민하다
学(まな)ぶ 배우다

22 ④ まいる 行(い)く(가다)·来(く)る(오다)의 겸양어
지금 그쪽으로 **가겠습니다**.

어휘총전 磨(みが)く 닦다, 연마하다 任(まか)せる 맡기다
申(もう)し上(あ)げる 言(い)う(말하다)의 겸양어

23 ② ランチ 점심
오늘의 **점심**은 무엇을 먹을까?

어휘총전 今日(きょう) 오늘 メンバー 멤버 フィルム 필름
ソファー 소파

24 ④ 平(たい)らだ 평평하다
평평하게 두지 않으면 쓰러져 버립니다.

어휘총전 置(お)く 두다 倒(たお)れる 쓰러지다
大事(だいじ)だ 중요하다 素敵(すてき)だ 멋지다
適切(てきせつ)だ 적절하다

25 ② とくに 특히
과일을 아주 좋아하는데, **특히** 사과를 좋아한다.

어휘총전 果物(くだもの) 과일 大好(だいす)きだ 아주 좋아하다
それに 게다가 さいわいに 다행스럽게도 さきに 먼저

問題4

26 ③ **教師(きょうし)** 교사／**先生(せんせい)** 선생님
교사가 되는 것이 어릴 때부터 꿈이었습니다.

> 어휘충전 夢(ゆめ) 꿈　生徒(せいと) 학생　店長(てんちょう) 점장
> 教会(きょうかい) 교회

27 ② **心配(しんぱい)** 걱정／**不安(ふあん)** 불안
외국으로 유학 간 자식이 **걱정**이었다.

> 어휘충전 外国(がいこく) 외국　留学(りゅうがく) 유학
> 不満(ふまん) 불만　不利(ふり) 불리　不問(ふもん) 불문

28 ① **働(はたら)く** 일하다／**仕事(しごと)する** 일하다
친구는 자동차 공장에서 **일하고** 있다.

> 어휘충전 自動車(じどうしゃ) 자동차　工場(こうじょう) 공장
> 約束(やくそく) 약속　貯金(ちょきん) 저금　事務(じむ) 사무

29 ④ **ピクニック ＝ 遠足(えんそく)** 소풍
회사 동료와 **소풍** 가기로 했다.

> 어휘충전 会社(かいしゃ) 회사　仲間(なかま) 동료
> ～ことにする ～하기로 하다　登山(とざん) 등산
> 相談(そうだん) 상담　会談(かいだん) 회담

30 ③ **ほぼ ＝ ほとんど** 거의
두 사람의 생각은 **거의** 같습니다.

> 어휘충전 考(かんが)え 생각　同(おな)じ 같음　あんまり 그다지, 별로
> いっきに 단숨에　ほんとうに 정말로

問題5

31 ③ **ひえる** 식다
1 **차가운** 바람이 불어서 밖에 나가지 않았다. → 冷(つめ)たい 차다
2 바깥이 시끄러워서 **잠이 깨었다.** → 覚(さ)める 깨다
3 내가 먹기 시작했을 때는 요리는 **식어** 있었다.
4 야마다 씨는 항상 **냉정한** 느낌을 받는다. → 冷(つめ)たい 냉정하다

> 어휘충전 風(かぜ)が吹(ふ)く 바람이 불다
> 外(そと) 밖　出(で)る 나가다
> 目(め) 눈　동사 ます형 + はじめる ～하기 시작하다
> 料理(りょうり) 요리　感(かん)じ 느낌

32 ① **はっきり** 분명히, 확실히
1 지금도 고교 때의 일을 **확실히** 기억하고 있다.
2 어제 백화점 앞에서 선생님을 **우연히** 만났다.
　→ ばったり 우연히 마주치는 모양

3 학생들은 정답을 듣고 **후련한** 얼굴을 했다. → すっきり 후련한
4 그의 이야기는 거짓말이라는 것이 **분명해**졌다. → あきらか に 분명히

> 어휘충전 高校(こうこう) 고등학교　覚(おぼ)える 기억하다
> 昨日(きのう) 어제　会(あ)う 만나다　生徒(せいと) 학생
> 正解(せいかい) 정답　顔(かお)をする 표정을 짓다
> 話(はなし) 이야기　うそ 거짓말

33 ③ **なく** (사람·새·벌레·짐승 등이) 울다
1 이 시계는 1시간마다 **운다.** → 鳴(な)る 울리다
2 갑자기 사이렌 **소리가 나서** 깜짝 놀랐다. → 鳴(な)る 울리다
3 그 이야기를 듣고 그녀는 슬프게 **울었다.**
4 방 안에서 전화벨이 **울렸다.** → 鳴(な)る 울리다

> 어휘충전 時計(とけい) 시계　～ごとに ～마다　いきなり 갑자기
> サイレン 사이렌, 경적　びっくりする 놀라다
> 悲(かな)しい 슬프다　部屋(へや) 방　電話(でんわ) 전화

34 ② **できるだけ** 가능한 한
1 30분이나 달려서 **간신히** 도착했습니다. → やっと 간신히
2 당신에게 무언가가 있다면 **가능한 한** 돕겠습니다.
3 **적어도** 야마다 씨는 오겠죠. → せめて 적어도
4 실패했지만 **최선을 다했습니다.** → できるだけのことをした 최선을 다했습니다

> 어휘충전 走(はし)る 달리다　着(つ)く 도착하다
> 手伝(てつだ)う 도와주다, 거들다　機会(きかい) 기회
> 利用(りよう) 이용　失敗(しっぱい) 실패

35 ② **ばい** 배
1 서점에서 필요한 책을 3**권** 샀습니다. → 冊(さつ) ～권
2 물가가 10년 전보다 2**배**나 올랐습니다.
3 나는 고양이를 한 **마리** 키우고 있습니다. → 匹(ひき) ～마리
4 필름을 한 **통** 더 사기로 했습니다. → 本(ほん) ～통

> 어휘충전 本屋(ほんや) 서점　必要(ひつよう) 필요　本(ほん) 책
> 買(か)う 사다　物価(ぶっか) 물가　～年前(ねんまえ) ～년 전
> あがる 오르다　猫(ねこ) 고양이　飼(か)う 기르다
> ～ことにする ～하기로 하다

제4회 실전 모의고사

→ p.132

✓ **정답**

1 ③	2 ②	3 ①	4 ②	5 ①
6 ③	7 ②	8 ④	9 ①	10 ①
11 ③	12 ②	13 ④	14 ②	15 ①
16 ③	17 ④	18 ②	19 ③	20 ②
21 ③	22 ①	23 ④	24 ②	25 ④
26 ④	27 ①	28 ③	29 ②	30 ①
31 ③	32 ①	33 ①	34 ①	35 ④

問題1

1 ③ 演奏(えんそう) 연주
피아노의 **연주**를 듣는 것을 좋아한다.
어휘총정리 聞(き)く 듣다 好(す)きだ 좋아하다

2 ② 試合(しあい) 시합
소프트볼의 **시합**이 시작되었다.
어휘총정리 始(はじ)まる 시작되다

3 ① 島(しま) 섬
배는 두 개의 **섬** 사이를 통과해서 갔다.
어휘총정리 船(ふね) 배 間(あいだ) 사이 通(とお)る 지나다
鳥(とり) 새 岬(みさき) 갑, 곶 港(みなと) 항구

4 ② 期待(きたい) 기대
야구부에 **기대**가 되는 선수가 들어왔다.
어휘총정리 野球部(やきゅうぶ) 야구부 選手(せんしゅ) 선수
入(はい)る 들어오다

5 ① 旅行(りょこう) 여행
이번에 다 같이 **여행** 갑시다.
어휘총정리 今度(こんど) 이번 行(い)く 가다

6 ③ 動(うご)かす 움직이다
개가 꼬리를 **움직였다**.
어휘총정리 犬(いぬ) 개 しっぽ 꼬리 生(い)かす 살리다

7 ② 反(そ)らす 뒤로 젖히다
가슴을 **젖히고** 걸었다.
어휘총정리 胸(むね) 가슴 歩(ある)く 걷다 垂(た)らす 늘어뜨리다

8 ④ 厚(あつ)い 두껍다
백과사전은 다른 사전보다 **두껍다**.
어휘총정리 百科事典(ひゃっかじてん) 백과사전 他(ほか) 다른

鈍(のろ)い 느리다 煙(けむ)い 눈이 맵다
嫌(きら)いだ 싫어하다

問題2

9 ① 角(かど) 모퉁이
모퉁이 쪽에 큰 슈퍼가 있다.
어휘총정리 ～方(ほう) ～쪽

10 ① 進学(しんがく) 진학
진학 일로 고민하고 있다.
어휘총정리 悩(なや)む 고민하다

11 ③ 消化(しょうか) 소화
몸은 먹은 것을 **소화**해 준다.
어휘총정리 体(からだ) 몸 食(た)べる 먹다

12 ② 室内(しつない) 실내
수영대회는 **실내** 풀장에서 행한다.
어휘총정리 水泳(すいえい) 수영 大会(たいかい) 대회
行(おこな)う 행하다

13 ④ 追(お)いつく 따라붙다
그럭저럭 톱 그룹에 **따라붙을** 수가 있었다.

14 ② 地味(じみ)だ 수수하다
선생님의 부인은 **수수한** 분이다.
어휘총정리 奥(おく)さん 다른 사람의 부인

問題3

15 ① 両側(りょうがわ) 양측
문의 **양측**에 꽃이 심어져 있다.
어휘총정리 門(もん) 문 花(はな) 꽃 植(う)える 심다
両親(りょうしん) 양친 規則(きそく) 규칙
両手(りょうて) 양손

16 ③ 労働力(ろうどうりょく) 노동력
노동력이 부족해서 사람을 모집했다.
어휘총정리 足(た)りない 부족하다 募集(ぼしゅう) 모집
勤務(きんむ) 근무 労使(ろうし) 노사 移動(いどう) 이동

17 ④ 以内(いない) 이내
학교까지는 20분 **이내**로 갈 수 있다.
어휘총정리 学校(がっこう) 학교 以上(いじょう) 이상
異常(いじょう) 이상 案内(あんない) 안내

18 ② 目標(もくひょう) 목표
목표를 달성하기 위해 노력했다.

> 어휘충전 達成(たっせい) 달성　努力(どりょく) 노력　目次(もくじ) 목차
> 標準(ひょうじゅん) 표준　基準(きじゅん) 기준

19 ③ 学費(がくひ) 학비
아르바이트로 **학비**를 벌었다.

> 어휘충전 かせぐ 돈을 벌다　学部(がくぶ) 학부　大学(だいがく) 대학
> 学科(がっか) 학과

20 ② 用紙(ようし) 용지
선거의 투표**용지**를 나누어 주었다.

> 어휘충전 せんきょ 선거　投票(とうひょう) 투표　くばる 나누어 주다
> 雑誌(ざっし) 잡지　紙面(しめん) 지면　表紙(ひょうし) 표지

21 ③ 言(い)いあらそう 언쟁하다
사이가 나쁜 두 사람이 **언쟁했다**.

> 어휘충전 仲(なか) 사이　悪(わる)い 나쁘다　言(い)いだす 말을 꺼내다
> 言(い)いつける 명령하다

22 ① 渡(わた)る 건너다
신호를 잘 보고 길을 **건너** 주세요.

> 어휘충전 信号(しんごう) 신호　道(みち) 길　慣(な)れる 익숙해지다
> 投(な)げる 던지다　割(わ)れる 깨지다, 쪼개지다

23 ④ マンション 맨션
싸고 큰 **맨션**인데 살고 있는 사람은 별로 없었다.

> 어휘충전 安(やす)い 싸다　住(す)む 거주하다　ピクニック 소풍
> プレゼント 선물　レストラン 레스토랑

24 ② 丁寧(ていねい)だ 친절하다, 정중하다
점원의 **친절한** 설명에 감동했다.

> 어휘충전 店員(てんいん) 점원　説明(せつめい) 설명
> 感動(かんどう) 감동　適当(てきとう)だ 적당하다
> 不思議(ふしぎ)だ 불가사의하다
> 不自由(ふじゆう)だ 부자유스럽다

25 ④ いつのまにか 어느 샌가
어느 샌가 눈이 내리고 시작하고 있었다.

> 어휘충전 雪(ゆき) 눈　降(ふ)り出(だ)す 내리기 시작하다
> いつでも 언제든지　いまにも 당장에라도
> いっぱんに 일반적으로

問題4

26 ④ 都合(つごう) 사정, 형편, 상태／具合(ぐあい) 상태

자동차의 엔진 **상태**가 이상하다.

> 어휘충전 おかしい 이상하다　故障(こしょう) 고장
> 障害(しょうがい) 장해, 장애　将来(しょうらい) 장래

27 ① 関心(かんしん) 관심／興味(きょうみ) 흥미
그가 무엇을 할지 전혀 **관심**이 없다.

> 어휘충전 全然(ぜんぜん) 전혀　味方(みかた) 아군, 자기 편
> 心配(しんぱい) 걱정　遠慮(えんりょ) 조심함, 사양함

28 ③ 飛(と)ぶ 날다, 뛰다／走(はし)る 달리다
사고 소식을 듣고 현장에 **뛰어** 갔다.

> 어휘충전 事故(じこ) 사고　知(し)らせ 소식　現場(げんば) 현장
> 見(み)る 보다　回(まわ)る 돌다　借(か)りる 빌리다

29 ② テンポ 템포／速(はや)さ 빠르기
이 노래의 **템포**는 아이에게는 딱 좋다.

> 어휘충전 歌(うた) 노래　題目(だいもく) 제목　歌詞(かし) 가사
> 内容(ないよう) 내용

30 ① とつぜん＝いきなり 갑자기
갑자기, 죽었다고 생각했던 친구가 나타나서 깜짝 놀랐다.

> 어휘충전 死(し)ぬ 죽다　現(あらわ)れる 나타나다
> びっくりする 깜짝 놀라다　いつか 언젠가
> 意外(いがい)に 의외로　いっしゅんに 한순간에

問題5

31 ③ ストーブ 스토브

1 매일 아침 **빵**을 먹는데 질려 버렸다. → パン 빵
2 **냉장고** 안에 아이스크림이 들어 있다. → れいぞうこ 냉장고
3 추워서 **스토브**를 켰습니다.
4 횡단보도 앞에서는 **정지**한 후에 출발해 주세요. → 停止(ていし) 정지

> 어휘충전 毎朝(まいあさ) 매일 아침　食(た)べる 먹다　あきる 질리다
> 入(はい)る 들어가다　寒(さむ)い 춥다
> 横断歩道(おうだんほどう) 횡단보도　出発(しゅっぱつ) 출발

32 ① ぜひ 꼭 (본인의 희망)

1 이 책은 내가 **꼭** 읽고 싶어 한 것입니다.
2 이런 날씨라면 내일도 **틀림없이** 비가 오겠죠. → きっと 틀림없이(아마도)
3 부모가 없는 저 아이는 **틀림없이** 외롭겠죠. → きっと 틀림없이(아마도)
4 아들이 언젠가는 **틀림없이** 돌아올 거라고 믿고 있었다.
　→ かならず 틀림없이

> 어휘충전 本(ほん) 책　読(よ)む 읽다　天気(てんき) 날씨

明日(あした) 내일　雨(あめ) 비　降(ふ)る (눈・비 등이) 내리다
親(おや) 부모　寂(さび)しい 외롭다　息子(むすこ) 아들
帰(かえ)る 돌아오다　信(しん)じる 믿다

33 ① しばらく 잠시

1 한동안 시험 때문에 공부하기로 했다.

2 요전에 선생님 댁에 방문한 적이 있었다. → 先日(せんじつ) 전날, 요전

3 돈은 조금만 있으면 충분하다고 생각합니다. → すこし 조금

4 야마모토 선배를 만나지 않았던 것은 오래되었습니다.
　→ ひさしい 오래되다

어휘충전 試験(しけん) 시험　勉強(べんきょう) 공부
　　～ことにする ～하기로 하다　～間(あいだ) ～동안
　　お宅(たく) 댁　訪(たず)ねる 방문하다
　　充分(じゅうぶん)だ 충분하다　先輩(せんぱい) 선배
　　会(あ)う 만나다

34 ③ たのしみ 즐거움, 기대

1 그녀는 사귀면 즐거운 사람입니다. → たのしい 즐겁다

2 아이였을 무렵 즐거운 추억을 소중히 하고 싶다.
　→ たのしい 즐겁다

3 나는 공부로부터는 어떤 즐거움도 얻을 수 없었다.

4 어젯밤 파티는 매우 즐거웠다. → たのしい 즐겁다

어휘충전 つきあう 사귀다　～頃(ころ) ～무렵　思(おも)い出(で) 추억
　　大事(だいじ)に 소중히　勉強(べんきょう) 공부
　　得(え)る 얻다　夕(ゆう)べ 어젯밤　たいへん 굉장함, 대단함

35 ④ あつめる 모으다

1 선생님의 이야기를 듣기 위해 사람들이 강당에 모여 왔습니다.
　→ あつまる 모이다

2 스트레스가 쌓이면 목숨도 위험해져요. → たまる 쌓이다

3 급료에서 매월 2만 엔씩 돈을 모으고 있습니다. → ためる 쌓이다

4 형은 정원의 쓰레기를 모아서 태웠습니다.

어휘충전 話(はなし) 이야기　聞(き)く 듣다　講堂(こうどう) 강당
　　命(いのち) 목숨　危(あぶ)ない 위험하다
　　給料(きゅうりょう) 급료　毎月(まいつき) 매월　兄(あに) 형, 오빠　庭(にわ) 정원　もやす 태우다

제5회 실전 모의고사 **제5회 실전 모의고사**　→ p.138

정답

1 ②	2 ①	3 ①	4 ③	5 ②
6 ③	7 ④	8 ②	9 ④	10 ①
11 ③	12 ④	13 ①	14 ①	15 ④
16 ①	17 ③	18 ③	19 ④	20 ①
21 ②	22 ④	23 ①	24 ③	25 ④
26 ④	27 ②	28 ③	29 ④	30 ④
31 ④	32 ①	33 ③	34 ①	35 ②

問題1

1 ② 目次(もくじ) 목차
책을 사기 위해서 목차를 보았다.
어휘충전 本(ほん) 책　買(か)う 사다

2 ① 主人公(しゅじんこう) 주인공
주인공 여자아이가 귀엽다.
어휘충전 女(おんな)の子(こ) 여자아이

3 ① 日本酒(にほんしゅ) 일본술(특히 정종)
아버지는 일본술을 자주 마신다.
어휘충전 父(ちち) 아버지　飲(の)む 마시다

4 ③ 当番(とうばん) 당번
청소 당번을 정했다.
어휘충전 掃除(そうじ) 청소　決(き)める 정하다

5 ② 集合(しゅうごう) 집합
학교에 8시에 집합해라.
어휘충전 学校(がっこう) 학교

6 ③ 流(なが)れる 흐르다
나에 대해서 학교에서 나쁜 소문이 흐르고 있었다.
어휘충전 学校(がっこう) 학교　悪(わる)い 나쁘다　うわさ 소문
　　壊(こわ)れる 부서지다, 고장 나다　垂(た)れる 늘어뜨리다
　　倒(たお)れる 쓰러지다

7 ④ 返(かえ)す 돌려주다, 갚다
빌린 책을 돌려주러 갔다.
어휘충전 借(か)りる 빌리다　本(ほん) 책　ずらす 늦추다
　　ばらす 분해하다, 해체하다　任(まか)す 맡기다

8 ② 苦手(にがて)だ 서툴다
나는 수영은 매우 서툽니다.
어휘충전 水泳(すいえい) 수영　どうも 아무래도

46

問題2

9 ④ 坂(さか) 비탈길
집에서 역까지의 사이에 (경사가) 급한 **비탈길**이 있다.

> 어휘충전 駅(えき) 역 間(あいだ) 사이 急(きゅう)だ 급하다
> 池(いけ) 연못 毛(け) 털 丘(おか) 언덕

10 ① 運動(うんどう) 운동
운동을 위해, 매일 회사까지 걸어서 간다.

> 어휘충전 毎日(まいにち) 매일 会社(かいしゃ) 회사 歩(ある)く 걷다

11 ③ 幸福(こうふく) 행복
행복을 부르는 인형이 팔리고 있었다.

> 어휘충전 呼(よ)ぶ 부르다 人形(にんぎょう) 인형 売(う)る 팔다

12 ② 波(なみ) 파도
바다의 **파도** 소리가 들린다.

> 어휘충전 海(うみ) 바다 音(おと) 소리 聞(き)こえる 들리다
> 皮(かわ) 가죽, 껍질 河(かわ) 강

13 ③ 迎(むか)える 환영하다, 맞이하다
남동생을 **맞이하러** 공항까지 갔다.

> 어휘충전 弟(おとうと) 남동생 空港(くうこう) 공항

14 ① 上品(じょうひん)だ 고상하다
그녀의 어머니는 **고상한** 옷을 입고 있었다.

> 어휘충전 お母(かあ)さん 어머니 洋服(ようふく) 옷 着(き)る 입다

問題3

15 ④ 結束(けっそく) 결속
전원이 **결속**해서 적과 싸웠다.

> 어휘충전 全員(ぜんいん) 전원 敵(てき) 적 たたかう 싸우다
> 結果(けっか) 결과 決心(けっしん) 결심 結末(けつまつ) 결말

16 ① 続行(ぞっこう) 속행
빗속에서도 연습을 **속행**했다.

> 어휘충전 雨(あめ) 비 練習(れんしゅう) 연습 走行(そうこう) 주행
> 行進(こうしん) 행진 移動(いどう) 이동

17 ③ 各自(かくじ) 각자
표는 **각자** 사 주세요.

> 어휘충전 切符(きっぷ) 표 自己(じこ) 자기 自信(じしん) 자신(감)
> 自然(しぜん) 자연

18 ③ 伝言(でんごん) 전할 말
실례합니다. **전언**을 부탁해도 좋습니까?

> 어휘충전 頼(たの)む 부탁하다 宣伝(せんでん) 선전
> 過言(かごん) 과언 予言(よげん) 예언

19 ④ 食堂(しょくどう) 식당
식당에서 카레라이스를 먹었다.

> 어휘충전 夕(ゆう)べ 어젯밤 昼寝(ひるね) 낮잠
> 食事(しょくじ) 식사

20 ① 最低(さいてい) 최저
3학기의 성적은 **최저**였다.

> 어휘충전 学期(がっき) 학기 成績(せいせき) 성적 最後(さいご) 최후
> 最中(さいちゅう) 한창 ～하는 중 最近(さいきん) 최근

21 ② 敗(やぶ)れる 패하다
중요한 시합에서 **패해** 버렸다.

> 어휘충전 大事(だいじ)だ 중요하다 試合(しあい) 시합
> 招(まね)く 초대하다, 초래하다 焼(や)ける 타다
> 汚(よご)れる 더러워지다

22 ④ 得(え)る 얻다
책을 읽고 지식을 **얻었다**.

> 어휘충전 読(よ)む 읽다 知識(ちしき) 지식 売(う)る 팔다
> 去(さ)る 떠나다

23 ① ビニール 비닐
딸기는 **비닐**로 싸여 있었다.

> 어휘충전 包(つつ)む 포장하다 ハンドル 핸들 レベル 레벨
> ホテル 호텔

24 ③ 退屈(たいくつ)だ 심심하다, 지루하다
스기모토 선생님의 수업은 **지루해서** 졸린다.

> 어휘충전 授業(じゅぎょう) 수업 眠(ねむ)い 졸리다
> 立派(りっぱ)だ 훌륭하다 平和(へいわ) 평화
> 無駄(むだ)だ 쓸데없다

25 ④ かならず 반드시
그는 자기도 가고 싶다고 몇 번이나 말했기 때문에 **반드시** 올 것입니다.

> 어휘충전 自分(じぶん) 자기, 자신 何回(なんかい) 몇 번
> ぜひ 꼭(본인의 희망) きゅうに 갑자기
> 突然(とつぜん) 돌연, 갑자기

問題4

26 ③ 欠点(けってん) = 短所(たんしょ) 단점
나는 항상 지각하는 **결점**을 고치기 위해서 오늘부터 9시에
자기로 했다.

> **어휘충전** 遅刻(ちこく) 지각　直(なお)す 고치다　寝(ね)る 자다
> 〜ことにする 〜하기로 하다　欠席(けっせき) 결석
> 短気(たんき)だ 성급하다　長所(ちょうしょ) 장점

27 ② 援助(えんじょ) 원조 / 支援(しえん) 지원
자동차를 살 돈을 아버지가 **원조**해 주었다.

> **어휘충전** 車(くるま) 자동차　父(ちち) 아버지　助手(じょしゅ) 조수
> 支持(しじ) 지지　応援(おうえん) 응원

28 ③ 似(に)ている 닮다 / そっくりだ 빼다 박았다
저 형제는 많이 **닮았다**.

> **어휘충전** 兄弟(きょうだい) 형제　ぴったりだ 딱 맞다
> すっきり 개운한 모습　すっかり 완전히

29 ④ テキスト = 教科書(きょうかしょ) 교과서
교과서를 잊고 와서 선생님께 혼났다.

> **어휘충전** 忘(わす)れる 잊다　叱(しか)る 꾸짖다
> 宿題(しゅくだい) 숙제　課題(かだい) 과제

30 ④ それに = しかも 게다가
그는 머리가 좋다. **게다가** 노력도 한다.

> **어휘충전** 頭(あたま) 머리　努力(どりょく) 노력　それで 그래서
> しかし 그러나　だから 따라서

問題5

31 ④ ずいぶん 상당히, 꽤, 훨씬
1 지난달은 **좋은** 것을 받아 감사했습니다. → けっこうな 좋은,
　훌륭한
2 이제 이 이상은 무리입니다. **충분**합니다. → けっこう 충분
　함
3 도와주는 사람이 한 사람 있으면 **충분**합니다. → 十分(じゅ
　うぶん) 충분함
4 매일 약을 먹어서 **훨씬** 몸이 좋아졌습니다.

> **어휘충전** 先月(せんげつ) 지난달　以上(いじょう) 이상
> 無理(むり) 무리　手伝(てつだ)う 돕다　毎日(まいにち) 매일
> 薬(くすり)を飲(の)む 약을 먹다　体調(たいちょう) 몸 상태

32 ④ いきなり 갑자기
1 방해되는 것을 **재빠르게** 정리했다. → さっさと 재빠르게
2 최근 바빠서 **여유 있게 지낼** 시간도 없다. → のんびり 한가
　로이
3 이 중에서 가장 좋아하는 것은 무엇입니까? → 一番(いちば
　ん) 가장
4 **갑자기** 화를 내서 놀랐습니다.

> **어휘충전** じゃま 방해　片付(かたづ)ける 정리하다
> 最近(さいきん) 최근　忙(いそが)しい 바쁘다
> 時間(じかん) 시간　好(す)きだ 좋아하다　ゆっくり 느긋하게
> 怒(おこ)り出(だ)す 화를 내다　おどろく 놀라다

33 ③ そろそろ 슬슬
1 **이제** 듣고 싶지 않으니 아무것도 말하지 마. → もう 이제,
　이미
2 방 안에서 형 목소리가 **확실히** 들렸다. → はっきり 확실히
3 이제 시간이 다 됐으니 **슬슬** 외출할까요?
4 이런 이야기를 듣고 나면 **더** 참을 수 없다. → もう 이제, 더

> **어휘충전** 동사 기본형 + 〜な 강한 금지의 명령　部屋(へや) 방
> 兄(あに) 형, 오빠　声(こえ) 목소리　聞(き)こえる 들리다
> でかける 외출하다　がまんする 참다

34 ① 安易(あんい) 안이
1 그런 **안이**한 생각으로는 안 됩니다.
2 부장의 방식은 **신뢰**감이 없어서 걱정입니다. → 信頼(しん
　らい) 신뢰
3 내가 책임을 지겠으니 **편하게** 해 주세요. → 楽(らく)に 편하
　게
4 여러 가지 고민했지만 선생님 덕분에 마음이 **진정되**었
　다. → 落(お)ち着(つ)く 진정되다

> **어휘충전** 考(かんが)え 생각　部長(ぶちょう) 부장
> やり方(かた) 하는 방법(태도)　心配(しんぱい) 걱정
> 責任(せきにん) 책임　持(も)つ 가지다, 들다
> 悩(なや)む 고민하다　おかげで 덕분에　心(こころ) 마음

35 ② ひじょうに 매우
1 모두가 고향에 돌아가서 **쓸쓸해졌다**. → さびしい 외롭다, 쓸
　쓸하다
2 나는 그녀의 웃는 얼굴을 **매우** 좋아한다.
3 빌린 돈은 **반드시** 돌려주세요. → 必(かなら)ず 반드시
4 그의 반응으로 보면 **아마** 내일 오겠죠. → たぶん 아마

> **어휘충전** 国(くに) 고향　帰(かえ)る 돌아가다　笑顔(えがお) 웃는 얼굴
> 好(す)きだ 좋아하다　借(か)りる 빌리다
> 返(かえ)す 돌려주다, 갚다　反応(はんのう) 반응
> 〜からみると 〜으로는　明日(あした) 내일

2장 문법 해설

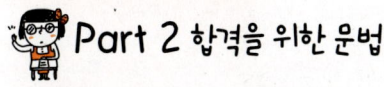

Part 2 합격을 위한 문법 훈련

1. N3 필수 암기 기능어 문법 50

확인문제 01 → p.167

✓정답

1 ③	2 ②	3 ④	4 ④	5 ③
6 ①	7 ②	8 ①	9 ④	10 ③

1 ③ ～を問(と)わず ～을 불문하고
이 시험은 연령을 불문하고, 누구라도 칠 수 있다.

> **어휘충전** 試験(しけん) 시험 年齢(ねんれい) 연령
> 受(う)ける (시험을) 치다

2 ② ～にたいして ～에 대해서
당점은 고객에 대해서 메일 매거진을 발행하고 있습니다.

> **어휘충전** 当店(とうてん) 당점 顧客(こきゃく) 고객
> 発行(はっこう) 발행

3 ④ …から ～にかけて …부터 ～에 걸쳐(시작과 끝 시점이 나온다)
일본에서는 대학 입학시험은, 보통 2월부터 3월에 걸쳐 행해진다.

> **어휘충전** 日本(にほん) 일본 大学(だいがく) 대학
> 入学試験(にゅうがくしけん) 입학시험 普通(ふつう) 보통
> 行(おこな)う 시행하다

4 ④ ～て以来(いらい) ～한 이래
이 대학에 들어온 이래로, 외국인 학생 한 번도 못 만났다.

> **어휘충전** 大学(だいがく) 대학 入(はい)る 들어오다
> 外国(がいこく) 외국 学生(がくせい) 학생
> 一度(いちど) 한 번 会(あ)う 만나다

5 ③ ～にすぎない ～에 불과하다
요리 공부를 시작했다고 해도, 아직 3개월에 불과하다.

> **어휘충전** 料理(りょうり) 요리 勉強(べんきょう) 공부
> 始(はじ)める 시작하다

6 ① ～ほどではない ～정도는 아니다
도쿄의 여름도 덥습니다만, 후쿠오카 정도는 아닙니다.

> **어휘충전** 東京(とうきょう) 도쿄 夏(なつ) 여름 暑(あつ)い 덥다
> 福岡(ふくおか) 후쿠오카

7 ② ～に応(おう)じて ～에 부응하여, ～에 따라
선생님은 성적에 따라 반 편성을 했다.

> **어휘충전** 先生(せんせい) 선생님 成績(せいせき) 성적 分(わ)け 나눔

8 ① 동사 기본형 ＋ ～ようになる ～하게 되다
모두 돈이 없었기 때문에 내가 지불하게 되었습니다.

> **어휘충전** お金(かね) 돈 はらう 지불하다

9 ④ ～くせに ～주제에, ～이면서
그는 아무것도 모르는 주제에 뭐든지 알고 있는 듯한 말을 한다.

> **어휘충전** 知(し)る 알다

10 ③ ～わりに(は) ～에 비해서(는)
아버지는, 보통이라면 벌써 은퇴할 연령이지만, 나이를 먹은 것에 비해서는 건강하다.

> **어휘충전** 父(ちち) 아버지 普通(ふつう) 보통 とっくに 벌써
> 引退(いんたい) 은퇴 年齢(ねんれい) 연령
> 年(とし)をとる 나이를 먹다 元気(げんき) 건강함

확인문제 02 → p.168

✓정답

1 ③	2 ②	3 ④	4 ③	5 ②
6 ①	7 ③	8 ④	9 ①	10 ②

1 ③ ～だけ・だけあって・だけに／だけの
～인 만큼/～만큼의
역시나 학생 시절에 했었던 만큼, 지금도 테니스를 잘 친다.

> **어휘충전** さす가 과연, 역시 学生時代(がくせいじだい) 학생 시절
> 今(いま) 지금 上手(じょうず)だ 잘하다

2 ② ～はもちろん ～은 물론이고
만화 종류가 늘고 있다. 어린이를 위한 것은 물론 어른이 읽기 위한 역사나 경제 만화도 자주 눈에 띈다.

> **어휘충전** 種類(しゅるい) 종류 増(ふ)える 늘다 大人(おとな) 어른
> 読(よ)む 읽다 歴史(れきし) 역사 経済(けいざい) 경제
> 見(み)かける 눈에 띄다

3 ④ ～かわりに ～대신에
내가 일본어를 가르쳐 주는 대신에 네가 중국어를 가르쳐 주지 않겠니?

> **어휘충전** 僕(ぼく) 나 日本語(にほんご) 일본어 教(おし)える 가르치다
> 君(きみ) 너 中国語(ちゅうごくご) 중국어

4 ③ 가정형 と 당연한 결과나 사실

그쪽에서 오른쪽으로 **돌면** 큰 다리가 보입니다.

> 어휘총정 右(みぎ) 오른쪽 曲(ま)がる 돌다 大(おお)きい 크다
> 橋(はし) 다리 見(み)える 보이다

5 ② ～に比(くら)べて ～에 비교하여

올해는 날씨가 좋은 덕분인지, 작년과 **비교해서** 쌀이 풍작이다.

> 어휘총정 今年(ことし) 올해 天候(てんこう) 날씨
> めぐまれる 복 받다 昨年(さくねん) 작년
> 米(こめ) 쌀 豊作(ほうさく) 풍작

6 ① ～ように ～하도록

누구라도 읽을 수 **있도록** 간단한 문장으로 썼다.

> 어휘총정 読(よ)む 읽다 簡単(かんたん) 간단 文章(ぶんしょう) 문장

7 ④ 명사 + ～かもしれない ～일지도 모른다

선생님 옆에 앉아 있는 분은 선생님의 **부인일지도 모른다.**

> 어휘총정 先生(せんせい) 선생님 隣(となり) 옆, 이웃
> 座(すわ)る 앉다 方(かた) 분 おくさん 다른 사람의 부인

8 ④ ～に違(ちが)いない ～임에 틀림 없다

성실한 그 사람이니, 시간대로 올 것임**에 틀림 없다.**

> 어휘총정 まじめだ 성실하다 명사 + どおり ～대로

9 ① ～うちに ～동안에

부모님이 건강하신 **동안에**, 새 집이라도 지어드리려고 생각합니다만……

> 어휘총정 両親(りょうしん) 부모님 元気(げんき) 건강함
> 新(あたら)しい 새롭다 家(いえ) 집 建(た)てる 새우다

10 ② ～ために ～때문에

파출소가 많이 있기 **때문에** 도둑이 적은 것입니다.

> 어휘총정 交番(こうばん) 파출소 たくさん 많이 どろぼう 도둑
> 少(すく)ない 적다

확인문제 03 ➡ p.169

✓ 정답
| 1 ① | 2 ① | 3 ④ | 4 ④ | 5 ② |
| 6 ③ | 7 ④ | 8 ③ | 9 ③ | 10 ② |

1 ① それほどでもありません 그 정도는 아닙니다(칭찬에 대한 대답)

A "수영을 잘 하시는군요."
B "아니오, **그 정도는 아닙니다**."

> 어휘총정 水泳(すいえい) 수영 上手(じょうず)だ 잘 하다
> 大丈夫(だいじょうぶ)だ 문제없다 そのように 그렇게
> そこまでは 그렇게까지는 無理(むり) 무리

2 ① ～さえ…ば ～만…(하)면

날씨**만** 좋다면, 좋은 여행이 되겠지요.

> 어휘총정 天気(てんき) 날씨 旅行(りょこう) 여행

3 ④ ～て(で)たまらない 매우 ～하다, ～해서 참을 수 없다

일본에 막 왔을 무렵은 보는 것도 듣는 것도 모두가 **매우** 신기**했다.**

> 어휘총정 동사 과거형 + ばかり 막 ～하다 頃(ころ) 무렵
> 珍(めずら)しい 신기하다

4 ④ ～にする ～으로 하다

A "음료수는 무엇으로 하시겠습니까?"
B "예, 나는 **커피로 하겠습니다.**"

> 어휘총정 飲(の)み物(もの) 음료수 なさる する(하다)의 존경어

5 ② ～ばかりか ～뿐만 아니라

친구와의 돈 거래는 돈**뿐만 아니라** 친구까지 잃을지도 모른다.

> 어휘총정 取引(とりひき) 거래 友人(ゆうじん) 친구
> 失(うしな)う 잃다 동사 ます형 + かねない ～할지도 모르다

6 ③ ～ほど(の) ～정도(의), ～만큼(의)

곤란할 때 저 사람에게 도움을 받아서, 눈물이 나올 **정도로** 고마웠다.

> 어휘총정 困(こま)る 곤란하다 助(たす)ける 돕다 涙(なみだ) 눈물
> 出(で)る 나오다 ありがたい 고맙다, 감사하다

7 ④ ～あまり ～한 나머지

가출한 아들을 걱정한 **나머지**, 부모님은 쓰러져 버렸다.

> 어휘총정 家出(いえで) 가출 息子(むすこ) 아들 心配(しんぱい) 걱정
> 親(おや) 부모님 倒(たお)れる 쓰러지다

8 ③ ～とおり(の) ～대로(의)

딸의 결혼상대는 내가 생각한 **대로의** 사람이라서 안심했다.

> 어휘총정 娘(むすめ) 딸 結婚(けっこん) 결혼 相手(あいて) 상대
> 私(わたし) 나 思(おも)う 생각하다 人(ひと) 사람
> 安心(あんしん) 안심

9 ③ ～ないように ～하지 않도록

새 옷을 더럽히**지 않도록** 주의하고 있다.

> 어휘총정 新(あたら)しい 새롭다 服(ふく) 옷 汚(よご)れる 더럽히다
> 気(き)をつける 주의하다

10 ② ～からには ~한 이상에는
일단 일을 맡은 이상, 도중에 그만둘 수는 없다.

🔲어휘충전 いったん 일단　仕事(しごと) 일, 직업
引(ひ)き受(う)ける 맡다, 인수하다　途中(とちゅう) 도중

확인문제 04 ➡ p.170

✓정답

1 ①	2 ②	3 ④	4 ③	5 ①
6 ③	7 ③	8 ②	9 ①	10 ③

1 ① ～に基(もと)づいて ~을 근거로, ~을 바탕으로
나는 스스로 정한 스케줄을 바탕으로 행동합니다.

🔲어휘충전 決(き)める 정하다　行動(こうどう) 행동

2 ① ～に応(おう)じて ~에 부응하여, ~에 따라
지진이 일어났을 때에는 상황에 따라 올바른 행동을 취해서
피해를 가능한 한 적게 하자.

🔲어휘충전 地震(じしん) 지진　状況(じょうきょう) 상황
正(ただ)しい 올바르다　行動(こうどう) 행동
被害(ひがい) 피해　少(すく)ない 적다

3 ④ ～をはじめ ~을 비롯해서
올해의 송년회는 사장님을 비롯해서 전원 참가했다.

🔲어휘충전 今年(ことし) 올해　忘年会(ぼうねんかい) 송년회
社長(しゃちょう) 사장　全員(ぜんいん) 전원
参加(さんか) 참가

4 ③ 동사 ます형 + ～だす ~하기 시작하다
친구의 이야기를 듣고 모두 웃기 시작했다.

🔲어휘충전 友(とも)だち 친구　聞(き)く 듣다　笑(わら)う 웃다

5 ① ～たび(に) ~할 때마다
너는 결혼하고 나서부터, 만날 때마다 아름다워지네.

🔲어휘충전 君(きみ) 너, 자네　結婚(けっこん) 결혼하다
会(あ)う 만나다　美(うつく)しい 아름답다

6 ③ ～と…とどちらが ~와 …중에서 어느 쪽이
야구와 축구 중에서 어느 쪽을 하고 싶습니까?

🔲어휘충전 野球(やきゅう) 야구　やる 하다

7 ③ 동사 과거형 + ～とたん(に) ~하자마자
앉자마자 의자가 부서졌다.

🔲어휘충전 座(すわ)る 앉다　壊(こわ)れる 부서지다

8 ② ～うえに ~(한) 데다가

이 수속은 귀찮은 데다가 시간도 걸려서, 모두가 싫어하고
있다.

🔲어휘충전 手続(てつづ)き 수속　面倒(めんどう)だ 귀찮다, 성가시다
皆(みんな) 모두　いやがる 싫어하다

9 ① ～に限(かぎ)って・～に限(かぎ)り／～に限(かぎ)
らず ~에 한해서/~에 한하지 않고
주차장 등에 그 토지를 사용하는 것이라면, 단기간에 한해
서 토지를 임대하는 것에 문제는 없다.

🔲어휘충전 駐車場(ちゅうしゃじょう) 주차장　土地(とち) 토지
使用(しよう)する 사용하다　短期間(たんきかん) 단기간
貸(か)す 빌려주다　問題(もんだい) 문제

10 ③ 동사 ます형 + ～すぎる 지나치게 ~하다
어제 너무 자서 오늘은 전혀 잘 수 없습니다.

🔲어휘충전 昨日(きのう) 어제　今日(きょう) 오늘　全然(ぜんぜん) 전혀
寝(ね)る 자다　おきる 일어나다　おそい 늦다
はやい 빠르다

확인문제 05 ➡ p.171

✓정답

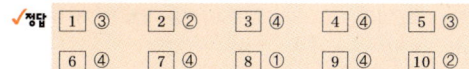

1 ③	2 ②	3 ④	4 ④	5 ③
6 ④	7 ④	8 ①	9 ④	10 ②

1 ③ ～につれて ~함에 따라(자연스러운 변화)
마음이 아름다워짐에 따라 몸도 젊어진다.

🔲어휘충전 心(こころ) 마음　美(うつく)しい 아름답다　体(からだ) 몸
若(わか)い 젊다

2 ② 동사 과거형 + ～まま ~한 채로
아버지는 작년에 회사를 그만둔 채로 계속 놀고 있습니다.

🔲어휘충전 父(ちち) 아버지　去年(きょねん) 작년　会社(かいしゃ) 회사
やめる 그만두다　ずっと 계속　遊(あそ)ぶ 놀다

3 ④ ～もかまわず ~도 상관없이
주목하고 있는 주변의 눈도 상관없이 그는 프로답게 포즈를
취했다.

🔲어휘충전 注目(ちゅうもく) 주목　周(まわ)り 주변　目(め) 눈

4 ④ ～一方(いっぽう)で ~하는 한편으로
저 가정은 남편이 노는 것을 좋아하는 한편으로, 아내는 똑
바른 사람이다.

🔲어휘충전 家庭(かてい) 가정　夫(おっと) 남편
遊(あそ)び好(ず)き 노는 것을 좋아함　妻(つま) 아내
しっかり 확실히

5 ③ ～ついでに ~하는 김에

　하는 김에 사장님께 드리고 싶은 말씀이 있습니다.

　어휘총정리 社長(しゃちょう) 사장　耳(みみ)に入(い)れる 들려 드리다

6 ④ ～はずがない ~할 리가 없다

　그런 일 그가 할 리가 없습니다.

7 ④ ～に(も)かかわらず ~에(도)상관없이, ~에도 불구하고

　그만큼 주의했음에도 불구하고 또 같은 실수를 범하고 있다.

　어휘총정리 注意(ちゅうい) 주의　同(おな)じ 같음　おかす 범하다

8 ① ～ことだ ~하는 편이 좋다, ~해야 한다

　감기 들었다면 약을 먹고 푹 자는 것이 좋다.

　어휘총정리 風邪(かぜ)を引(ひ)く 감기 들다
　　　　　　　薬(くすり)を飲(の)む 약을 먹다　ぐっすり 푹　寝(ね)る 자다

9 ④ 동사 현재형 + ～ところだ ~할 참이다

　이제부터 학생을 만날 참입니다.

　어휘총정리 これから 이제부터　生徒(せいと) 학생　会(あ)う 만나다

10 ② ～あげく(に) ~한 끝에

　밤늦게까지 술을 마신 끝에, 회사에 지각해 버렸다.

　어휘총정리 夜遅(よるおそ)く 밤늦게　酒(さけ) 술　飲(の)む 마시다
　　　　　　　会社(かいしゃ) 회사　遅刻(ちこく) 지각

2. 문형 문법 및 어휘 문법

확인문제 01

➡ p.186

✓**정답**

1	②	2	④	3	④	4	④	5	③
6	②	7	①	8	③	9	④	10	③

1 ② ～でない ~이(가) 아니다

　애인이 아닌 사람으로부터 식사 초대를 어떻게 할지 망설이고 있습니다.

　어휘총정리 彼氏(かれし) 애인　ご飯(はん) 밥, 식사　誘(さそ)い 권유
　　　　　　　迷(まよ)う 망설이다

2 ④ ～とか …とかが ~라든가 …라든가가

　자신의 성격이나 사고방식 등이 싫어서 괴롭습니다.

　어휘총정리 性格(せいかく) 성격　考(かんが)え方(かた) 사고방식
　　　　　　　嫌(きら)いだ 싫다　辛(つら)い 괴롭다

3 ④ 명사 / な형용동사 + ～なのに ~임에도 불구하고

　영어 선생님인데 영어 발음이 이상하다.

　어휘총정리 英語(えいご) 영어　発音(はつおん) 발음
　　　　　　　おかしい 이상하다

4 ④ 동사 의지형 + ～と思(おも)う ~하려고 생각하다

　A "야마다 씨, 언제 출발할 생각입니까?"

　B "이제 곧 나가려고 생각하고 있습니다."

　어휘총정리 出発(しゅっぱつ) 출발　出(で)る 나가다

5 ③ 가능동사의 ます형 + ～そうもない ~할 수 있을 것 같지도 않다

　지금은 바빠서, 편지의 답변을 쓸 수 있을 것 같지도 않습니다.

　어휘총정리 今(いま) 지금　忙(いそが)しい 바쁘다　手紙(てがみ) 편지
　　　　　　　返事(へんじ) 답변　書(か)く 쓰다

6 ② ～ば …ほど ~(하)면 …(할)수록

　이 산은 오르면 오를수록, 험준해진다.

　어휘총정리 登(のぼ)る 오르다　険(けわ)しい 험준하다

7 ① ～て(で)ばかりいる ~하기만 하다

　나는 일도 만족하게 못하고 자기만 한다.

　어휘총정리 仕事(しごと) 일　満足(まんぞく) 만족　寝(ね)る 자다

8 ③ ～できるようにさせたい ~할 수 있도록 만들고(시키고) 싶다

52

부모는 자식을 뭐든지 스스로 할 수 있도록 만들고 싶은 법이다.

> **어휘충전** 親(おや) 부모　子供(こども) 자식, 아이
> 自分(じぶん)で 스스로

9 ④ ~させないでください ~시키지 않게 해 주세요
머리카락을 드라이어 등으로 건조시키지 않게 해 주세요.

> **어휘충전** 髪(かみ)の毛(け) 머리카락　乾燥(かんそう) 건조

10 ③ 명사 + ~であるのかについて ~인가에 대해서
사고의 원인이 무엇인가에 대해서 경찰은 조사했다.

> **어휘충전** 事故(じこ) 사고　原因(げんいん) 원인　警察(けいさつ) 경찰
> 調査(ちょうさ) 조사

확인문제 02 → p.187

✓**정답**

1 ①	2 ③	3 ③	4 ④	5 ②
6 ①	7 ④	8 ②	9 ④	10 ③

1 ① どんな ~でも 어떤 ~라도
재미있기만 하면 어떤 책이라도 괜찮습니다.

> **어휘충전** …さえ ~ば …만 ~(하)면　本(ほん) 책
> 結構(けっこう)だ 괜찮다

2 ③ ~て(で)から ~하고 나서
일본에 온 지 3년이 되고 나서 겨우 일본에 익숙해졌다.

> **어휘충전** やっと 겨우　慣(な)れる 익숙해지다

3 ③ 동사 과거형 + ~か ~하였는지(불확실)
그에게 무엇을 말했는지 기억나지 않는다.

> **어휘충전** 覚(おぼ)える 기억하다

4 ④ こと 일(행위나 행동)
그가 한 일은 모두 제가 책임을 지겠습니다.

> **어휘충전** 責任(せきにん) 책임　持(も)つ 가지다, 들다

5 ② 동사 ます형 + ~ようによっては ~하는 방법에 따라서는
큰 실패를 해도 생각하는 방법에 따라서는 플러스가 되는
경우도 있다.

> **어휘충전** 大変(たいへん) 큰　失敗(しっぱい) 실패
> 考(かんが)える 생각하다

6 ① あるのかどうかについて 있는 것인가 어떤가에 대해서
아직 그의 제안에 효과가 있는 것인가 어떤가에 대해서 확
실히 모르겠습니다.

> **어휘충전** 提案(ていあん) 제안　効果(こうか) 효과　分(わ)かる 알다

7 ④ 가능동사 + ~ようになる ~할 수 있게 되다
1년간 연습했더니 피아노를 칠 수 있게 되었다.

> **어휘충전** 一年間(いちねんかん) 1년간　練習(れんしゅう) 연습

8 ② あるのかによって 있는 것인가에 따라
그에게 어떤 능력이 있는 것인가에 따라 급료도 달라진다.

> **어휘충전** 能力(のうりょく) 능력　給料(きゅうりょう) 급료
> 違(ちが)う 다르다

9 ④ ~ができるようになってから ~을 할 수 있게 되고 나서
컴퓨터를 할 수 있게 되고 나서 여러 게임을 즐기고 있다.

> **어휘충전** 楽(たの)しむ 즐기다

10 ③ 가능동사 + ~ようになるまで ~할 수 있게 될 때까지
혼자서 해나갈 수 있게 될 때까지 열심히 하겠습니다.

> **어휘충전** がんばる 열심히 하다

확인문제 03 → p.188

✓**정답**

1 ①	2 ①	3 ②	4 ③	5 ①
6 ②	7 ①	8 ③	9 ①	10 ②

1 ① ~って ~(라)고
야마다 씨는 오늘도 쉰다고 말했습니다.

> **어휘충전** 今日(きょう) 오늘　休(やす)む 쉬다

2 ① ~を ~에서(출발지)
전철에서 내려서 버스로 갈아타 주세요.

> **어휘충전** 電車(でんしゃ) 전철　降(お)りる 내리다
> 乗(の)り換(か)える 갈아타다

3 ② いくら ~ても(でも) 아무리 ~해도
그에게 아무리 결점이 있어도 나는 그를 좋아한다.

> **어휘충전** 欠点(けってん) 결점　好(す)きだ 좋아하다

4 ③ 동사 부정형 + ~ないでください ~하지 말아 주세요
어제의 일은 다른 사람에게는 말하지 말아 주세요.

> **어휘충전** 昨日(きのう) 어제　他(ほか) 다른

5 ① 가능동사의 가정형 + ~いいようだが
~할 수 있으면 좋을 것 같지만(좋으련만)
반창회에 갈 수 있으면 좋으련만 지금은 도저히 바빠서 무
리입니다.

> **어휘충전** クラス会(かい) 반창회　忙(いそが)しい 바쁘다
> 無理(むり)だ 무리다

53

6 ② い형용사 어간 + ～くなりすぎて 지나치게(너무) ～하게 되어서
갑자기 너무 추워져서 밖에 나갈 수 없다.
어휘총전 いきなり 갑자기　外(そと) 밖　出(で)る 나가다

7 ① ～にすぎないといっても ～에 지나지 않는다고 해도
단지 교통사고에 지나지 않는다고 해도 좀 더 상세히 조사할 필요가 있었다.
어휘총전 ただ 단지　交通事故(こうつうじこ) 교통사고
詳(くわ)しい 상세하다　調(しら)べる 조사하다
必要(ひつよう) 필요

8 ③ ～なくてもいいようだが ～하지 않아도(없어도) 좋을 것 같지만
모임에 가지 않아도 좋을 것 같지만 모두 참가하니깐.
어휘총전 集(あつ)まり 모임　参加(さんか) 참가

9 ① ～ようになってからは ～하게 되고 나서부터는
아이는 말을 이해할 수 있게 되고 나서부터는 여러 가지 질문해 왔다.
어휘총전 子供(こども) 아이　言葉(ことば) 말　理解(りかい) 이해
質問(しつもん) 질문

10 ② 동사 기본형 + ～ことができるまで ～할 수 있을 때까지
영어 신문을 읽을 수 있을 때까지 가르칠 생각입니다.
어휘총전 英語(えいご) 영어　新聞(しんぶん) 신문　読(よ)む 읽다
教(おし)える 가르치다

확인문제 04　→ p.189

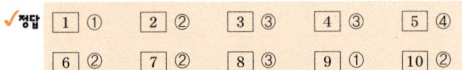

정답
| 1 ① | 2 ② | 3 ③ | 4 ③ | 5 ④ |
| 6 ② | 7 ② | 8 ③ | 9 ① | 10 ② |

1 ① ～てくださいませんか ～해 주시지 않겠습니까?
실례합니다. 사진을 찍어 주시지 않겠습니까?
어휘총전 写真(しゃしん)を撮(と)る 사진을 찍다

2 ② 동사 ます형 + ～に ～하러
A "일본 라면이 먹고 싶군요."
B "그럼, 내일 먹으러 가지 않겠습니까?"
어휘총전 食(た)べる 먹다　明日(あした) 내일　行(い)く 가다

3 ③ あいだ 특정 기간 동안／あいだに 어떤 특정한 바로 그 시점
일본에 있는 동안 여러 경험을 할 수 있어서 매우 기뻤다.
어휘총전 経験(けいけん) 경험　うれしい 기쁘다

4 ③ ～はずだ 틀림없이 ～하다
그는 어제 늦게까지 술을 마셔서 오늘은 틀림없이 졸릴 것이다.
어휘총전 昨日(きのう) 어제　遅(おそ)い 늦다　お酒(さけ) 술
飲(の)む 마시다　今日(きょう) 오늘　眠(ねむ)い 졸리다

5 ④ ～ないといけないかというと ～하지 않으면(아니면) 안 되는가 하면
왜 영어를 습득하지 않으면 안 되는가 하면 취직할 수 없기 때문입니다.
어휘총전 英語(えいご) 영어　習得(しゅうとく) 습득
就職(しゅうしょく) 취직

6 ② い형용사 어간 + く + 동사 + ためには ～하게 하기 위해서는
몸을 부드럽게 하기 위해서는 매일의 운동이 중요합니다.
어휘총전 体(からだ) 몸　やわらかい 부드럽다　毎日(まいにち) 매일
運動(うんどう) 운동　大事(だいじ)だ 중요하다

7 ② ～ておいたことであっても ～해 둔 것이라고 해도
가르침을 받아 둔 것이라고 해도 메모해 두지 않으면 잊는 경우도 있다.
어휘총전 教(おし)える 가르치다　忘(わす)れる 잊다

8 ③ …なさそうな ～でも …않는 듯한 ～라도
다른 사람에게 말해도 전혀 믿음을 받을 수 없는 듯한 것이라도 그는 아무렇지도 않게 말한다.
어휘총전 信(しん)じる 믿다　平気(へいき)だ 아무렇지도 않다

9 ① 동사 기본형 + ～な 강한 금지의 명령
중요한 손님이 있으니까 떠들지 마.
어휘총전 大事(だいじ)だ 중요하다　騒(さわ)ぐ 떠들다

10 ② ～なくてもいいような ～하지 않아도 되는 듯한
이 교과서에는 몰라도 되는 듯한 것이 많이 있었다.
어휘총전 知(し)る 알다

확인문제 05　→ p.190

정답
| 1 ③ | 2 ① | 3 ② | 4 ③ | 5 ② |
| 6 ① | 7 ④ | 8 ④ | 9 ④ | 10 ① |

1 ③ ～だけ ～뿐, ～만(한정, 그 이상은 아니다, 딱 그만큼의 뉘앙스)
상대해 주는 것만으로도 좋아.
어휘총전 相手(あいて) 상대

② ~も ~씩(이나)

친구와 커피숍에서 1시간이나 계속 이야기했다.

어휘총정 友(とも)だち 친구　喫茶店(きっさてん) 커피숍
동사 ます형 + ~つづける 계속 ~하다

---

③ ② 동사 과거형 + ~ばかり 막 ~하다(구체적인 시기나 시점과
도 같이 사용 가능)

선배는 2시간 전에 막 돌아갔습니다.

어휘총정 先輩(せんぱい) 선배　帰(かえ)る 돌아가다

---

④ ③ ~ないで ~하지 않고(말고)

텔레비전을 보지 말고 빨리 자라.

어휘총정 早(はや)く 빨리　寝(ね)る 자다

---

⑤ ② なくなってしまうだろう 없어져 버릴 것이다

결혼하면 왜 로맨스가 없어져 버릴까?

어휘총정 結婚(けっこん) 결혼

---

⑥ ① な형용사 어간 + ~そうに見(み)える ~한 듯이 보이다

이 문제는 간단한 듯이 보였지만, 실제로 풀어보았더니 어
려웠다.

어휘총정 問題(もんだい) 문제　簡単(かんたん) 간단
実際(じっさい)に 실제로　解(と)く 풀다
難(むずか)しい 어렵다

---

⑦ ④ ~かどうかによって ~인가 어떤가에 따라

이 문제를 풀 수 있는지 어떤지에 따라 합격이 결정된다.

어휘총정 問題(もんだい) 문제　解(と)く 풀다　合格(ごうかく) 합격
決(き)まる 결정되다

---

⑧ ④ ~なくてもいいのですが ~없어도(않아도) 좋습니다만

죄송합니다. 일일이 설명하지 않아도 좋습니다만.

어휘총정 説明(せつめい) 설명

---

⑨ ④ ~たかというと ~했는가 하면

왜 그녀와 결혼했는가 하면, 그녀가 부자였기 때문이라고
그는 아무렇지도 않게 말했다.

어휘총정 結婚(けっこん) 결혼　金持(かねも)ち 부자
平気(へいき)だ 아무렇지도 않다

---

⑩ ① ~であるとしても ~라고 해도

아이라고 해도 어른이 하는 말은 대체로 이해하겠죠.

어휘총정 大人(おとな) 어른　だいたい 대체로　分(わ)かる 알다

---

3. 수동형

확인문제 → p.197

→ p.197

✓**정답** | 1 ③ | 2 ③ | 3 ② | 4 ② | 5 ③ |
| 6 ① | 7 ③ | 8 ② | 9 ④ | 10 ③ |

---

① ③ ~に + 수동 ~에게 + 수동

버스 안에서 모르는 사람에게 다리를 밟혔다.

어휘총정 中(なか) 안　知(し)る 알다　足(あし) 다리, 발
踏(ふ)む 밟다

---

② ③ ~に + 수동 ~에게 + 수동

그녀의 부모님에게 결혼을 반대 받아서(부모님이 결혼을 반
대해서) 난처합니다.

어휘총정 親(おや) 부모　結婚(けっこん) 결혼　反対(はんたい) 반대
困(こま)る 곤란하다, 난처하다

---

③ ② ~で + 수동 ~으로 + 수동

이 책상은 나무로 만들어집니다.

어휘총정 机(つくえ) 책상　木(き) 나무　作(つく)る 만들다

---

④ ② ~に + 수동 ~에게 + 수동

오늘도 학교에 늦어서 선생님에게 주의 받았습니다.

어휘총정 今日(きょう) 오늘　学校(がっこう) 학교　遅(おく)れる 늦다
注意(ちゅうい) 주의

---

⑤ ③ ~に + 수동 ~에게 + 수동

선생님에게 칭찬 받아서 매우 기뻤습니다.

어휘총정 先生(せんせい) 선생님　ほめる 칭찬하다
嬉(うれ)しい 기쁘다

---

⑥ ① ~に + 수동 ~에게 + 수동

친구에게 일을 부탁 받아서, 늦게 돌아왔습니다.

어휘총정 友(とも)だち 친구　仕事(しごと) 일　頼(たの)む 부탁하다
遅(おそ)い 늦다　帰(かえ)る 돌아오다

---

⑦ ③ 起(お)こされる 起こす(깨우다)의 수동형

오늘 아침에 일찍 깨워서 매우 졸립니다.

어휘총정 けさ 오늘 아침　早(はや)く 빨리　とても 매우
眠(ねむ)い 졸리다

---

⑧ ② ~を + 수동 ~을(를) + 수동

어제 전철 안에서 지갑을 도둑맞았습니다.

어휘총정 昨日(きのう) 어제　電車(でんしゃ) 전철　中(なか) 안
財布(さいふ) 지갑　とられる 도둑맞다, 빼앗기다

9 ④ ~に …を + 수동 ~에게 …을(를) + 수동
선배에게 돈을 **부탁 받아** 난처합니다.

> **어휘충전** 先輩(せんぱい) 선배 お金(かね) 돈 頼(たの)む 부탁하다
> 困(こま)る 곤란하다, 난처하다

10 ③ ~に + 수동 ~에게 + 수동
병원에서 간호사에게 다리를 **밟혔습니다.**

> **어휘충전** 病院(びょういん) 병원 看護婦(かんごふ) 간호사
> 足(あし) 다리, 발 踏(ふ)む 밟다

4. 사역형

확인문제 ➡ p.203

✔ 정답
| 1 ① | 2 ① | 3 ③ | 4 ① | 5 ② |
| 6 ① | 7 ④ | 8 ① | 9 ② | 10 ② |

1 ① ~は …に ~を + 사역 ~은(는) …에게 ~을(를) + 사역
피곤해서 아무것도 하고 싶지 않은데, 어머니는 나에게 방 청소를 **시켰습니다.**

> **어휘충전** 疲(つか)れる 피곤하다 何(なに)も 아무 것도
> い형용사 종지형 + のに ~임에도 불구하고
> 母(はは) 어머니 部屋(へや) 방 掃除(そうじ) 청소

2 ① ~に + 사역 ~에게 + 사역
그것에 대해서는 나에게 설명하게 해 주세요.

> **어휘충전** ~については ~에 대해서는 説明(せつめい) 설명

3 ③ ~に …を + 사역 ~에게 …을(를) + 사역
아이에게는 좋은 음악을 많이 **듣게 하는** 편이 좋습니다.

> **어휘충전** 子(こ)ども 아이 音楽(おんがく) 음악 たくさん 많이
> 聞(き)く 듣다 聞(き)こえる 들리다

4 ① ~に + 사역 ~에게 + 사역
나는 할 수 없으니 친구에게 시켜 봅시다.

> **어휘충전** できる 할 수 있다 友(とも)だち 친구 ~てみる ~해 보다

5 ② ~は…を + 사역 ~은(는) …을(를) + 사역
엄마는 감기 걸린 아이를 병원에 **가게 했습니다.**

> **어휘충전** お母(かあ)さん 어머니 風邪(かぜ)をひく 감기 걸리다
> 子(こ)ども 아이 病院(びょういん) 병원 行(い)く 가다

6 ① ~に + 사역 ~에게 + 사역
오늘 회의 준비는 나에게 **하게** 해 주세요.

> **어휘충전** 今日(きょう) 오늘 会議(かいぎ) 회의 準備(じゅんび) 준비

7 ④ ~は …に ~を + 사역 ~은(는) …에게 ~을(를) + 사역
선생님은 학생에게 교실을 청소**시켰다.**

> **어휘충전** 先生(せんせい) 선생님 生徒(せいと) 학생
> 教室(きょうしつ) 교실 掃除(そうじ) 청소

8 ① 사역형 + ください ~하게 해 주세요
부모님께 사고가 있었기 때문에, 내일은 **쉬게** 해 주세요.

> **어휘충전** 親(おや) 부모 事故(じこ) 사고 明日(あした) 내일
> 休(やす)む 쉬다

9 ② ~に + 사역 ~에게 + 사역
그 짐은 나에게 들게 해 주세요.

> **어휘충전** 荷物(にもつ) 짐 持(も)つ 들다, 가지다

10 ② ~は …을 + 사역 ~은(는) …을(를) + 사역
선생님은 재미있는 이야기를 해서 학생**들을** 웃겼습니다.

> **어휘충전** 先生(せんせい) 선생님 おもしろい 재미있다
> 話(はなし) 이야기 生徒(せいと) 학생 笑(わら)う 웃다

5. 사역수동형

확인문제 ➡ p.207

✔ 정답
| 1 ① | 2 ① | 3 ④ | 4 ② | 5 ③ |
| 6 ④ | 7 ③ | 8 ② | 9 ③ | 10 ② |

1 ① ~は …に + 사역수동 ~은(는) …에게 + 사역수동
나는 그녀에게 1시간이나 기다려짐을 당했다.

> **어휘충전** 僕(ぼく) 나 時間(じかん) 시간 待(ま)つ 기다리다

2 ① ~は …に + 사역수동 ~은(는) …에게 + 사역수동
나는 마시고 싶지 않았지만, 부장님이 술을 **마시라고 해서 억지로 마셨다.**

> **어휘충전** 飲(の)む 마시다 部長(ぶちょう) 부장 酒(さけ) 술

3 ④ 사역수동 수동의 피해(여름방학이기 때문에 오기 싫음) + 사역(학교에 오라고 시켰음)
보충학습으로, 여름방학인데도 학교에 **억지로 왔다.**

> **어휘충전** 補習(ほしゅう) 보충학습 夏休(なつやす)み 여름방학
> 学校(がっこう) 학교

4 ② ~を + 사역수동 ~을 억지로 하다
어릴 때, 싫어하는 야채**를** 억지로 먹었다.

> **어휘충전** 野菜(やさい) 야채 食(た)べる 먹다

5 ③ 사역수동 수동의 피해(노래를 하기 싫음) + 사역(억지로 노래

를 시킴)

모두 앞에서 억지로 노래를 부르라고 해서 곤란했다.

어휘총전 前(まえ) 앞 歌(うた)う 노래하다 困(こま)る 곤란하다

6 ④ 사역수동 수동의 피해(숙제 양이 많아 하기 싫음) + 사역(누군가 숙제를 시킴)

매일 숙제를 하게 해서 놀 시간이 없다.

어휘총전 毎日(まいにち) 매일 宿題(しゅくだい) 숙제
遊(あそ)ぶ 놀다 時間(じかん) 시간

7 ③ ～は …に + 사역수동 ～은(는) …에게 + 사역수동

후배는 선배에게 돈을 지불하게 했다.

어휘총전 先輩(せんぱい) 선배 後輩(こうはい) 후배
払(はら)う 지불하다

8 ② ～は …に + 사역수동 ～은(는) …에게 + 사역수동

부모는 아이에게 스스로의 짐을 들게 했다.

어휘총전 両親(りょうしん) 부모님 荷物(にもつ) 짐

9 ③ ～は …に + 사역수동 ～은(는) …에게 + 사역수동

선생님은 수업 중에 학생들에게 테이프를 듣게 하거나 책을 읽게 하거나 합니다.

어휘총전 学生(がくせい) 학생 授業中(じゅぎょうちゅう) 수업 중
聞(き)く 듣다 読(よ)む 읽다

10 ② 사역수동 수동의 조화(놀라게 하는 경치 + 놀라는 나) + 사역(놀라는 원인제공)

이 나라의 겨울의 경치에는 놀랄 만한 것이 있다.

어휘총전 国(くに) 나라 冬(ふゆ) 겨울 景色(けしき) 경치
おどろく 놀라다

6. 존경·겸양 표현

확인문제　→ p.212

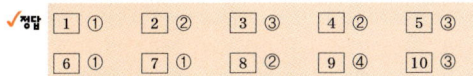

✓정답

1	①	2	②	3	③	4	②	5	③
6	①	7	①	8	②	9	④	10	③

1 ① ご + 동작성 명사 + ください 존경표현

오후 6시까지 연락해 주세요.

어휘총전 午後(ごご) 오후 ～時(じ) ～시 ～までに ～이전에, ～까지
連絡(れんらく) 연락

2 ② お + 동사 ます형 + する 겸양표현

A "그럼, 3시경에 찾아뵙겠습니다."
B "기다리겠습니다."

어휘총전 ～時(じ) ～시 ～ごろ ～경
うかがう たずねる(방문하다)의 겸양어 待(ま)つ 기다리다

3 ③ お + 동사 ます형 + する 겸양표현

내가 역까지 차로 보내드리겠습니다.

어휘총전 駅(えき) 역 車(くるま) 차 送(おく)る 보내다

4 ② お + 동사 ます형 + になる 존경표현

선생님은 언제 돌아가십니까?

어휘총전 先生(せんせい) 선생님 帰(かえ)る 돌아가다

5 ③ ごぞんじです わかる(알다)의 존경어

어제 여기에 오신 분을 알고 계십니까?

어휘총전 昨日(きのう) 어제
いらっしゃる 行(い)く(가다)・来(く)る(오다)・いる(있다)의
존경어 方(かた) 분

6 ① お + 동사 ます형 + になる 존경표현

야마다 씨, 여름방학에 어딘가에 가십니까?

어휘총전 夏休(なつやす)み 여름방학 どこかへ 어딘가에
でかける 외출하다, 나가다

7 ① 동사 사역형 + ～ていただく ～하겠다(겸양표현)

A "죄송합니다. 저녁에 약속이 있어서 지금 돌아가고 싶습니다만."
B "응, 좋아. 수고했어."

어휘총전 夜(よる) 저녁 約束(やくそく) 약속 今(いま) 지금
帰(かえ)る 돌아가다 おつかれさま 수고하다

8 ② お + 동사 ます형 + する 겸양표현

야마다 "기다 씨, 오늘 일을 사치코 씨에게 전해주시지 않겠습니까?"
기다 "알겠습니다. 나중에 전하겠습니다."

어휘총전 今日(きょう) 오늘 伝(つた)える 전하다 分(わ)かる 알다

9 ④ おっしゃる 言(い)う(말하다)의 존경어

선생님은 저에게 여러 가지 것을 말씀하셨습니다.

어휘총전 先生(せんせい) 선생님 いろいろ 여러 가지
いらっしゃる 行(い)く(가다)・来(く)る(오다)・いる(있다)의
존경어

10 ③ ございます あります(있습니다)의 정중한 표현

선생님, 내일 시간이 있으십니까?

어휘총전 先生(せんせい) 선생님 時間(じかん) 시간
いらっしゃる 行(い)く(가다)・来(く)る(오다)・いる(있다)의
존경어 おっしゃる 言(い)う(말하다)의 존경어

Part 3

問題2 문장 만들기 대비 – 단계별 훈련

이. 공란이 3개인 문제

① 단문

확인문제 01　　　　　→ p.217

✓정답
| 1 ② | 2 ② | 3 ② | 4 ① | 5 ① |
| 6 ③ | 7 ③ | 8 ② | 9 ① | 10 ③ |

1 ② 山田さんが 授業 に 遅れて 先生に 注意された。
야마다 씨가 수업에 늦어서 선생님에게 주의 받았다.

> 어휘출전 授業(じゅぎょう) 수업　遅(おく)れる 늦다
> 先生(せんせい) 선생님　注意(ちゅうい) 주의

2 ② 彼に 何を 言った か わかりません。
그에게 무엇을 말했는지 모르겠습니다.

> 어휘출전 何(なに) 무엇　言(い)う 말하다
> ~か ~지(불확실한 것)　わかる 알다

3 ② 先輩に 教えてもらって やっと 会社の 仕事に なれ
ました。
선배에게 가르침을 받아서, 겨우 회사 일에 익숙해졌습니다.

> 어휘출전 先輩(せんぱい) 선배　教(おし)える 가르치다
> やっと 겨우　会社(かいしゃ) 회사　仕事(しごと) 일
> なれる 익숙해지다

4 ① 宿題は ボールペン ではなく 鉛筆で 書いてくださ
い。
숙제는 볼펜이 아니고 연필로 써 주세요.

> 어휘출전 宿題(しゅくだい) 숙제　鉛筆(えんぴつ) 연필
> ~で ~으로(수단)　書(か)く 쓰다

5 ① 本を 読んでばかり いて、目が 疲れてきた。
책을 읽기만 해서 눈이 피로해졌다.

> 어휘출전 本(ほん) 책　読(よ)む 읽다　目(め) 눈
> 동사 + ~て(で)ばかりいる ~하기만 하다
> 疲(つか)れる 피로하다　~てくる ~해 오다(상태의 변화)

6 ③ 銀行の 前を 通る バスは どれですか。
은행 앞을 지나는 버스는 어느 것입니까?

> 어휘출전 銀行(ぎんこう) 은행　前(まえ) 앞
> ~を通(とお)る ~을(를) 지나다

7 ② 父にもらった ぼうしを ぬすまれて しまいました。
아버지에게 받은 모자를 도둑맞아 버렸습니다.

> 어휘출전 父(ちち) 아버지　もらう 받다　帽子(ぼうし) 모자
> 盗(ぬす)む 훔치다　~てしまう ~해 버리다

8 ② あしたの テストは たぶん 難しいでしょう。
내일 시험은 아마 어렵겠죠.

> 어휘출전 あした 내일　たぶん 아마　難(むずか)しい 어렵다

9 ① 今日聞いた 話は だれにも 言わないでください。
오늘 들었던 이야기는 아무에게도 말하지 말아 주세요.

> 어휘출전 今日(きょう) 오늘　聞(き)く 듣다　話(はなし) 이야기
> だれにも 아무에게도

10 ③ ここでは、たばこを 吸うことは 禁止されています。
여기서는 담배를 피우는 것은 금지되어 있습니다.

> 어휘출전 吸(す)う 피다　禁止(きんし) 금지

확인문제 02　　　　　→ p.218

✓정답
| 1 ① | 2 ② | 3 ③ | 4 ② | 5 ① |
| 6 ③ | 7 ① | 8 ② | 9 ② | 10 ② |

1 ① 親の 言う ことは ちゃんと 聞きなさい。
부모님이 하는 말은 잘 들어라.

> 어휘출전 親(おや) 부모　言(い)う 말하다　ちゃんと 분명히, 잘, 똑바로
> 聞(き)く 듣다

2 ② この本は とても おもしろいので、一度 読んでみ
てください。
이 책은 매우 재미있으니까, 한 번 읽어 봐 주세요.

> 어휘출전 本(ほん) 책　とても 매우　おもしろい 재미있다
> 一度(いちど) 한 번　読(よ)む 읽다

3 ③ 駅前にある レストランは きれいだし、店員も 親
切です。
역 앞에 있는 레스토랑은 깨끗하고, 점원도 친절합니다.

> 어휘출전 駅前(えきまえ) 역 앞　店員(てんいん) 점원
> 親切(しんせつ) 친절

4 ② 昨日から ずっと 雨が 降りつづいている。
어제부터 계속 비가 내리고 있다.

> 어휘출전 昨日(きのう) 어제　ずっと 계속
> 雨(あめ)が降(ふ)る 비가 내리다

5 ① 私あんなカメラが あったら いいなと 思いました。
나도 저런 카메라가 있으면 좋겠다 라고 생각했습니다.

6 ③ 昨日の話では 張本先輩も 来る はずですよ。
어제의 이야기로는 하리모토 선배도 틀림없이 올 것입니다.

> 어휘충전 昨日(きのう) 어제 話(はなし) 이야기 先輩(せんぱい) 선배
> 来(く)る 오다 ～はずだ 틀림없이 ～이다

7 ① 今日は 昨日 より あまり 暑くありません。
오늘은 어제보다 그다지 덥지 않습니다.

> 어휘충전 今日(きょう) 오늘 昨日(きのう) 어제 あまり 그다지, 별로
> 暑(あつ)い 덥다

8 ② 道が こんだ ために、地下鉄に 乗った。
길이 막혔기 때문에 지하철을 탔다.

> 어휘충전 道(みち)がこむ 길이 막히다
> 地下鉄(ちかてつ)に乗(の)る 지하철을 타다

9 ② ここから 東京と 大阪 と どちらが 近い ですか。
여기서 도쿄과 오사카 중에서 어느 쪽이 가깝습니까?

> 어휘충전 近(ちか)い 가깝다
> ～と …ととちらが ～와(과) …중에서 어느 쪽이

10 ② その話は 今、彼に 伝えた ところなんです。
그 이야기는 지금, 그에게 막 전했습니다.

> 어휘충전 話(はなし) 이야기 今(いま) 지금 伝(つた)える 전하다
> 동사 과거형 + ～ところ 막 ～하다

확인문제 03
➜ p.219

✓정답

| 1 ③ | 2 ① | 3 ② | 4 ① | 5 ② |
| 6 ③ | 7 ① | 8 ② | 9 ② | 10 ③ |

1 ③ ゆうべは 5時間も 彼女を 待って いました。
어젯밤은 5시간이나 그녀를 기다렸습니다.

> 어휘충전 ゆうべ 어젯밤 時間(じかん) 시간 待(ま)つ 기다리다

2 ① 僕が 貸した お金は 来週までに 返して ください。
내가 빌려준 돈은 다음 주까지 갚아 주세요.

> 어휘충전 貸(か)す 빌려주다 お金(かね) 돈 来週(らいしゅう) 다음 주
> 返(かえ)す 돌려주다

3 ② その漢字は 難しくて 日本語の先生 でもよく 間違
えます。
그 한자는 어려워서 일본어 선생님이라도 자주 틀립니다.

> 어휘충전 漢字(かんじ) 한자 難(むずか)しい 어렵다
> 日本語(にほんご) 일본어 先生(せんせい) 선생님
> よく 자주 間違(まちが)える 틀리다

4 ① 彼は 去年 中国 からの学生です。
그는 작년에 중국에서 온 학생입니다.

> 어휘충전 去年(きょねん) 작년 中国(ちゅうごく) 중국
> 学生(がくせい) 학생

5 ② お金は あった のに 時間がなくて 買えなかった。
돈은 있었는데 시간이 없어서 살 수 없었다.

> 어휘충전 お金(かね) 돈 時間(じかん) 시간 買(か)う 사다

6 ③ 半分は 妹のだから 半分 だけ食べてね。
반은 여동생 것이니 반만 먹어.

> 어휘충전 半分(はんぶん) 반 妹(いもうと) 여동생 食(た)べる 먹다

7 ① 山本さん、木村さんに あした 午前中に 来るよう
に 言ってください。
야마모토 씨, 기무라 씨에게 내일 오전 중에 오도록 말해
주세요.

> 어휘충전 あした 내일 午前中(ごぜんちゅう) 오전 중
> 来(く)る 오다 ～ように ～하도록 言(い)う 말하다

8 ② テレビを 見ながら ごはんを食べる のが 息子のく
せです。
텔레비전을 보면서 밥을 먹는 것이 아들의 버릇입니다.

> 어휘충전 見(み)る 보다 ごはん 밥 食(た)べる 먹다
> 息子(むすこ) 아들 くせ 버릇

9 ② 私は 毎朝 会社に 行くまえにコーヒーを 飲みます。
나는 매일 아침 회사에 가기 전에 커피를 마십니다.

> 어휘충전 毎朝(まいあさ) 매일 아침 会社(かいしゃ) 회사 まえ 전
> 飲(の)む 마시다

10 ③ 冬休みは 友だちと 水泳を 習おうと思っています。
겨울 방학에는 친구와 수영을 배우려고 생각하고 있습니다.

> 어휘충전 冬休(ふゆやす)み 겨울 방학 水泳(すいえい) 수영
> 習(なら)う 배우다 思(おも)う 생각하다

확인문제 04
➜ p.220

✓정답

| 1 ② | 2 ② | 3 ② | 4 ① | 5 ② |
| 6 ① | 7 ③ | 8 ① | 9 ② | 10 ② |

1 ② 今週は<u>先週より</u> 寒いから <u>かぜをひきやすい</u>。
이번 주는 지난주보다 추우니 감기 들기 쉽다.

> **어휘풀이** 今週(こんしゅう) 이번 주 先週(せんしゅう) 지난주
> 寒(さむ)い 춥다 かぜをひく 감기 들다

2 ② 子どもにはちゃんと<u>マナーを</u>習わせて ください。
아이에게는 반드시 매너(예의)를 배우게 해 주세요.

> **어휘풀이** 子(こ)ども 아이 ちゃんと 반드시, 분명히
> マナー 매너, 예의 習(なら)う 배우다

3 ② 宿題のために、<u>この本を</u> 読んでから <u>感想文を書</u>
かなければなりません。
숙제를 위해서 이 책을 읽고 나서 감상문을 써야 합니다.

> **어휘풀이** 宿題(しゅくだい) 숙제 本(ほん) 책 読(よ)む 읽다
> 感想文(かんそうぶん) 감상문 書(か)く 쓰다

4 ① ここで騒ぐな。みんな<u>勉強している</u> から <u>静かに</u>
しろ。
여기서 떠들지 마! 모두 공부하고 있으니 조용히 해.

> **어휘풀이** 騒(さわ)ぐ 떠들다 동사 기본형 + ～な 강한 금지의 명령
> 勉強(べんきょう) 공부 静(しず)かだ 조용하다

5 ② 私も<u>明日の</u> <u>あつまりに</u> 行くつもりです。
나도 내일 모임에 갈 생각입니다.

> **어휘풀이** 私(わたし) 나, 저 明日(あした) 내일 あつまり 모임
> 行(い)く 가다

6 ① <u>午後からの</u> 会議は まだ始まっていません。
오후부터의 회의는 아직 시작되지 않았습니다.

> **어휘풀이** 午後(ごご) 오후 会議(かいぎ) 회의 始(はじ)まる 시작되다

7 ③ どうして <u>レポート</u> を <u>しめきり</u> までしなかったの。
왜 리포트를 마감까지 하지 않았어?

> **어휘풀이** どうして 왜 しめきり 마감 ～の ～지?(의문)

8 ① <u>図書館の中は</u> 思ったより <u>とても</u>きれいだった。
도서관 안은 생각했던 것보다 매우 깨끗했다.

> **어휘풀이** 図書館(としょかん) 도서관 中(なか) 안
> きれいだ 예쁘다, 깨끗하다

9 ② 山田さんは友だちが<u>言った</u> <u>ことより</u> <u>若くもなかっ</u>
たです。
야마다 씨는 친구가 말했던 것보다 젊지도 않았습니다.

> **어휘풀이** 友(とも)だち 친구 若(わか)い 젊다

10 ② 友だちは<u>病気なので</u>、<u>あしたの旅行</u>に <u>来るはず</u>
がない。

친구는 병이 나서 내일 여행에 올 리가 없다.

> **어휘풀이** 友(とも)だち 친구 病気(びょうき) 병 あした 내일
> 旅行(りょこう) 여행 来(く)る 오다
> ～はずがない ～할 리가 없다

확인문제 05 ➔ p.221

✓정답
| 1 ③ | 2 ③ | 3 ② | 4 ② | 5 ③ |
| 6 ② | 7 ③ | 8 ② | 9 ② | 10 ① |

1 ③ 財布と帽子は <u>テーブルの上に</u> <u>おいてあります</u>。
지갑과 모자는 테이블 위에 놓여 있습니다.

> **어휘풀이** 財布(さいふ) 지갑 帽子(ぼうし) 모자 上(うえ) 위
> おく 두다 타동사 + ～てある 상태 표현

2 ③ 窓の外で <u>変な音が</u> <u>して</u>開けてみた。
창 밖에서 이상한 소리가 나서 열어 보았다.

> **어휘풀이** 窓(まど) 창문 外(そと) 밖 変(へん)だ 이상하다
> 音(おと)がする 소리가 나다 開(あ)ける 열다

3 ② 彼はお酒 <u>なら</u> <u>何でも</u>飲みます。
그는 술이라면 뭐든지 마십니다.

> **어휘풀이** お酒(さけ) 술 何(なん) 무엇 飲(の)む 마시다

4 ② この薬を<u>飲む</u> <u>のに</u> <u>お湯が</u>要ります。
이 약을 먹는데 뜨거운 물이 필요합니다.

> **어휘풀이** 薬(くすり)を飲(の)む 약을 먹다 お湯(ゆ) 뜨거운 물
> 要(い)る 필요하다

5 ③ 来週会議はみんなで <u>する</u> <u>ことになったんです</u>。
다음 주 회의는 다 같이 하게 되었습니다.

> **어휘풀이** 来週(らいしゅう) 다음 주 会議(かいぎ) 회의
> ～ことになる ～하게 되다

6 ② <u>さっき</u>ご飯を食べた<u>のに</u> また <u>お腹がすいた</u>。
조금 전에 밥을 먹었음에도 불구하고 또 배가 고프다.

> **어휘풀이** さっき 조금 전 ご飯(はん)を食(た)べる 밥을 먹다
> お腹(なか)がすく 배가 고프다

7 ③ 今日の<u>集まりに</u> 使う <u>書類を</u>忘れちゃいけない。
오늘 회의에 사용할 서류를 잊어서는 안 된다.

> **어휘풀이** 今日(きょう) 오늘 集(あつ)まり 모임 使(つか)う 사용하다
> 書類(しょるい) 서류 忘(わす)れる 잊다

8 ② むすこもあの映画を<u>見たがっている</u>が、<u>未成年</u>

者は 見られないそうです。

아들도 그 영화를 보고 싶어 하지만, 미성년자는 볼 수 없다고 합니다.

> **어휘풀이** むすこ 아들 映画(えいが) 영화 見(み)る 보다
> 未成年者(みせいねんしゃ) 미성년자

⑨ ② 新幹線に乗ったことはないが、スピードが すごいそうです。

신칸센을 탄 적은 없습니다만, 스피드가 굉장하다고 합니다.

> **어휘풀이** 新幹線(しんかんせん) 신칸센 乗(の)る 타다

⑩ ① 本だなに いろいろな 本がいっぱい入っています。

책꽂이에 여러 종류의 책이 가득 들어 있습니다.

> **어휘풀이** 本(ほん)だな 책꽂이 いろいろ 여러 가지 本(ほん) 책
> 入(はい)る 들어가다, 들어오다

② 대화문

확인문제 01 ➡ p.222

✓**정답** ┃1┃ ② ┃2┃ ② ┃3┃ ① ┃4┃ ② ┃5┃ ③

┃1┃ ② はっきりは 分かりませんが あしたには 終わると思います。

야마다 "기다 씨, 그 일은 언제쯤 끝날 것 같습니까?"
기다 "글쎄요. 확실히는 모르겠습니다만, 내일에는 끝날 것이라고 생각합니다."

> **어휘풀이** 仕事(しごと) 일 いつごろ 언제쯤
> 終(お)わる 끝나다 동사 ます형 + ~そうだ ~할 것 같다
> はっきり 확실히 あした 내일

┃2┃ ② 担当者の部長に うかがって みたらどうですか。

A "어떻게 할까요?"
B "담당자인 부장님께 여쭈어 보면 어떨까요?"

> **어휘풀이** 担当者(たんとうしゃ) 담당자 部長(ぶちょう) 부장
> うかがう 聞(き)く(묻다)의 겸양어
> ~たらどうですか ~하면 어떻습니까?

┃3┃ ① あ、申し訳ございませんが、山田はただいま 席をはずしております。

혼다 "여보세요, 항상 신세를 지고 있습니다. 야마다 씨 부탁합니다."
요시모토 "아, 죄송합니다만, 야마다는 지금 자리에 없습니다."

> **어휘풀이** お世話(せわ)になる 신세를 지다

申(もう)し訳(わけ)ない 죄송하다 ただいま 지금
席(せき)をはずす 자리를 비우다

┃4┃ ② 姉が 誕生日に 買って くれたのです。

이치로 "그 시계 좋군요."
사치코 "예, 언니가 생일에 사 준 것입니다."

> **어휘풀이** 時計(とけい) 시계 姉(あね) 언니, 누나
> 誕生日(たんじょうび) 생일 買(か)う 사다

┃5┃ ③ いいえ、私も 今来た ところです。

A "오래 기다리셨습니다."
B "아니오, 나도 이제 막 왔습니다."

> **어휘풀이** おまたせしました 오래 기다리셨습니다 待(ま)つ 기다리다
> 今(いま) 지금 동사 과거형 + ところ 막 ~하다

확인문제 02 ➡ p.223

✓**정답** ┃1┃ ② ┃2┃ ③ ┃3┃ ② ┃4┃ ① ┃5┃ ②

┃1┃ ② 前から念願の お仕事が 決まったそうですね。おめでとうございます。

A "전부터 염원하던 취직이 정해졌다고 하더군요. 축하합니다."
B "덕분에."

> **어휘풀이** 念願(ねんがん) 염원 お仕事(しごと) 일, 직업
> 決(き)まる 정해지다 おかげさまで 덕분에

┃2┃ ③ 部長、ちょっとかぜをひいた ので 先に 帰ってもよろしいでしょうか。

A "부장님, 감기 기운이 좀 있는데 먼저 돌아가도 괜찮겠습니까?"
B "그래? 몸조심해."

> **어휘풀이** 部長(ぶちょう) 부장 ちょっと 좀 かぜをひく 감기 들다
> 先(さき)に 먼저 帰(かえ)る 돌아가다
> おだいじに 몸조심하세요

┃3┃ ② こんな 日は 公園で 遊びたいですね。

A "좋은 날씨군요."
B "예. 이런 날은 공원에서 놀고 싶군요."

> **어휘풀이** 天気(てんき) 날씨 日(ひ) 날 公園(こうえん) 공원
> 遊(あそ)ぶ 놀다

┃4┃ ① テレビを 買うなら、秋葉原のほうが 安くていいですよ。

A "텔레비전을 사고 싶습니다만, 어디가 좋습니까?"

B "텔레비전을 산다면 아키하바라 쪽이 싸고 좋습니다."

어휘충전 買(か)う 사다　安(やす)い 싸다

5 ② サチコさん、この仕事はいつ ごろ 終わりそうで
すか。

A "사치코 씨, 이 일은 언제쯤 끝날 것 같습니까?"

B "이것입니까? 이제 곧 끝납니다."

어휘충전 仕事(しごと) 일　～ごろ ～경, 무렵　もうすぐ 이제 곧
終(お)わる 끝나다

확인문제 03
→ p.224

✓정답　1 ③　2 ①　3 ③　4 ①　5 ①

1 ③ さっき、電話がありましたが、もう そろそろ お
いでになりますよ。

A "야마다 씨는 언제 오십니까?"

B "조금 전에 전화가 있었습니다만, 이제 머지않아 오실 것
입니다."

어휘충전 いらっしゃる 行(い)く(가다)・来(く)る(오다)의 존경어
電話(でんわ) 전화　そろそろ 슬슬
おいでになる 行(い)く(가다)・来(く)る(오다)의 존경어

2 ① お電話 かわりますので 少々お待ちください。

A "여보세요, 야마다라고 합니다만, 영업부의 오카모토 씨
는 계십니까?"

B "예. 전화 바꿀 테니 잠시 기다려 주세요."

어휘충전 もうす 言(い)う(말하다)의 겸양어
営業部(えいぎょうぶ) 영업부
いらっしゃる いる(있다)의 존경어　電話(でんわ) 전화
かわる 바꾸다　少々(しょうしょう) 잠시　待(ま)つ 기다리다

3 ③ また今度 コンサートを 見に行きましょう。

스기모토 "또 다음에 콘서트를 보러 갑시다."

노구치 　"예, 꼭."

어휘충전 今度(こんど) 이번, 다음 번　見(み)る 보다
동사 ます형＋～に ～하러　行(い)く 가다　ぜひ 꼭, 반드시

4 ① 田中さん、かばんが いくつも あってたいへんで
したね。

야마다 "다나카 씨, 가방이 몇 개나 있어서 힘들었겠군요."

다나카 "예. 하지만, 선배가 차로 태워 주었습니다."

어휘충전 いくつも 몇 개나　たいへんだ 힘들다・先輩(せんぱい) 선배
車(くるま) 차　送(おく)る 보내다

5 ① ほんとうですね。あれ でしたら 私のかさを貸し
ましょうか。

다카하시 "난처하군. 우산을 안 가지고 왔는데. 비가 내릴
것 같네요."

우노 　"정말이군요. 그렇다면 제 우산을 빌려드릴까요?"

어휘충전 かさ 우산　持(も)つ 들다, 가지다　雨(あめ) 비
降(ふ)り出(だ)す 갑자기 내리다　ほんとう 정말
貸(か)す 빌려주다

확인문제 04
→ p.225

✓정답　1 ②　2 ③　3 ③　4 ②　5 ②

1 ② 時間もないし、お金も ないので また今度。

야마다 "오늘밤, 술을 마시러 가지 않겠습니까?"

다나카 "시간도 없고, 돈도 없어서 다음에(갑시다)."

어휘충전 こんばん 오늘밤　お酒(さけ) 술　飲(の)む 마시다
동사 ます형＋～に ～하러　行(い)く 가다
時間(じかん) 시간　お金(かね) 돈　また 또
今度(こんど) 이번, 다음 번

2 ③ すみません。頭が 痛いので 先に 帰らせていただ
きます。

야마다 "죄송합니다. 머리가 아프기 때문에 먼저 돌아가겠
습니다."

다나카 "그렇습니까? 몸조심하세요."

어휘충전 頭(あたま) 머리　痛(いた)い 아프다　先(さき)に 먼저
帰(かえ)る 돌아가다
동사 사역형＋～ていただく 겸양표현(～하겠다)

3 ③ 西原さん、申し訳ございませんが、そこに ある
新聞をとってもらえませんか。

노모 　"니시하라 씨, 죄송합니다만, 거기에 있는 신문을
집어 줄 수 없겠습니까?"

니시하라 "알겠습니다."

어휘충전 申(もう)し訳(わけ)ない 신문(しんぶん) 신문　とる 집다, 들다

4 ② ただいま。今日本当に 仕事 が 多くて疲れたよ。

아버지 "다녀왔어. 오늘은 정말 일이 많아서 매우 피곤했
어."

어머니 "다녀오셨어요? 먼저 목욕할래요?"

어휘충전 お父(とう)さん 아버지　今日(きょう) 오늘
本当(ほんとう)に 정말로　仕事(しごと) 일
疲(つか)れる 피곤하다　お母(かあ)さん 어머니
先(さき)に 먼저　おふろに入(はい)る 목욕하다

62

5 ② お息子さんが浪人の末に 大学に 合格したそうで
すね。
A "아드님이 재수 끝에 대학에 합격했다면서요. 축하합니다."
B "덕분입니다."

어휘충전 お息子(むすこ)さん 남의 아들　浪人(ろうにん) 재수
～末(すえ)に ～끝에　大学(だいがく) 대학
合格(ごうかく) 합격

→ p.226

확인문제 05

정답 1 ①　2 ②　3 ③　4 ②　5 ①

1 ① 日本といえば やっぱり 東京だと思いますが。
이　"일본에 유학 가고 싶습니다만, 어디가 좋습니까?"
다나카 "일본이라면 역시 도쿄라고 생각합니다만."

어휘충전 日本(にほん) 일본　留学(りゅうがく) 유학
동작성 명사 ＋ ～に ～하러　行(い)く 가다

2 ② いいえ、友だちが家に 来たので、どこへも行き
ませんでした。
A "지난주 토요일에 어딘가에 갔습니까?"
B "아뇨, 친구가 집에 와서 아무데도 가지 않았습니다."

어휘충전 先週(せんしゅう) 지난주　土曜日(どようび) 토요일
行(い)く 가다　友(とも)だち 친구　家(いえ) 집
来(く)る 오다

3 ③ 英語の辞書を だれが 使ったか知っていますか。
A "영어 사전을 누가 사용했는지 알고 있습니까?"
B "조금 전에 부장님이 들고 갔습니다."

어휘충전 英語(えいご) 영어　辞書(じしょ) 사전　使(つか)う 사용하다
知(し)る 알다　部長(ぶちょう) 부장　持(も)つ 들다, 가지다

4 ② そうですね。はげしい 運動すると のどが かわき
ますからね。
A "뭔가 마시고 가지 않을래요?"
B "그렇군요. 심한 운동을 하면 목이 마르니까요."

어휘충전 何(なに)か 뭔가　飲(の)む 마시다　行(い)く 가다
はげしい 격렬하다　運動(うんどう) 운동
のどがかわく 목이 마르다

5 ① あそこのつくえの 上に おいてあるよ。
A "엄마, 내 카메라, 어디에 있어?"
B "저쪽 책상 위에 놓여 있어."

어휘충전 お母(かあ)さん 어머니　どこ 어디　つくえ 책상
上(うえ) 위　おく 두다

02. 공란이 4개인 문제

① 단문

확인문제 01

→ p.228

정답 1 ③　2 ③　3 ①　4 ②　5 ③
6 ④　7 ③　8 ①　9 ③　10 ②

1 ③ 今日のような 晴れた 日は どこかへ行きたいで
すね。
오늘 같은 맑은 날은 어딘가에 가고 싶군요.

어휘충전 今日(きょう) 오늘　晴(は)れる 맑다　日(ひ) 날
行(い)く 가다

2 ③ 山田さんはいつも 難し そうな 本を 借りて読ん
でいます。
야마다 씨는 항상 어려울 것 같은 책을 빌려서 읽고 있습니다.

어휘충전 いつも 항상　難(むずか)しい 어렵다　本(ほん) 책
借(か)りる 빌리다　読(よ)む 읽다

3 ① りんごの値段が 下がる ことになったが、まだ値
段に変わりない。
사과 가격이 내려가게 되었지만, 아직 가격에 변함이 없다.

어휘충전 りんご 사과　値段(ねだん) 가격　下(さ)がる 내려가다
동사 기본형 ＋ ～ことになる ～하게 되다　変(か)わり 변함

4 ② 子どもたちが公園で 楽しく 遊んでいる のが見
えます。
아이들이 공원에서 즐겁게 놀고 있는 것이 보입니다.

어휘충전 子(こ)ども 아이　公園(こうえん) 공원　楽(たの)しい 즐겁다
遊(あそ)ぶ 놀다　見(み)える 보이다

5 ③ 人口が 増えて 社会に いろいろな 問題が 起きま
した。
인구가 늘어서 사회에 여러 가지 문제가 일어났습니다.

어휘충전 人口(じんこう) 인구　増(ふ)える 늘다　社会(しゃかい) 사회
いろいろ 여러 가지　問題(もんだい) 문제
起(お)きる 일어나다

6 ④ 先生は会社 から 遠くの ところに 住んでいます。
선생님은 회사에서 먼 곳에 살고 있습니다.

어휘충전 先生(せんせい) 선생님　会社(かいしゃ) 회사
遠(とお)くの 먼　ところ 곳, 장소　住(す)む 살다

7 ② 部長、ロビーで1時間 <u>前</u> <u>から</u> お客さまが <u>お待</u>ちです。

부장님, 로비에서 1시간 전부터 손님이 기다리십니다.

> **어휘총전** 部長(ぶちょう)부장 ~時間前(じかんまえ)~시간 전
> お客(きゃく)さま 손님 待(ま)つ 기다리다
> お＋동사 ます형＋です 존경표현

8 ① <u>当時</u>、僕は <u>将来</u> 何をする <u>か</u> についていろいろ <u>悩</u>んだりした。

당시 나는 장래에 무엇을 할 것인가에 대해서 여러 가지 고민하거나 했다.

> **어휘총전** 当時(とうじ) 당시 僕(ぼく) 나 将来(しょうらい) 장래
> 悩(なや)む 고민하다

9 ③ これくらいのことであきらめる <u>なら</u> <u>最初</u> <u>から</u> やらなかったほうがよかった。

이 정도 일로 포기한다면 처음부터 하지 않는 편이 좋았다.

> **어휘총전** あきらめる 포기하다 最初(さいしょ) 처음

10 ② <u>駐車</u>する<u>ところ</u>を <u>探す</u> ために <u>何回</u>もこの辺を回っている。

주차할 곳을 찾으려고 몇 번이나 이 주변을 돌고 있다.

> **어휘총전** 駐車(ちゅうしゃ) 주차 探(さが)す 찾다
> この辺(へん) 이 주변 回(まわ)る 돌다

확인문제 02

> **✓정답** 1 ④ 2 ② 3 ③ 4 ④ 5 ③
> 6 ② 7 ① 8 ④ 9 ② 10 ③

1 ④ いくら探しても <u>なくした</u> ペンは <u>どこ</u> <u>にも</u>ありませんでした。

아무리 찾아도 잃어버린 펜은 아무데도 없었습니다.

> **어휘총전** いくら ~ても(でも) 아무리 ~해도 探(さが)す 찾다

2 ② 山田さんがあんなに <u>行きたがっていた</u> <u>から</u> <u>来る</u>はずですよ。

야마다 씨가 그렇게 가고 싶어 했으니까 틀림없이 올 것입니다.

> **어휘총전** あんなに 그렇게 行(い)く 가다
> 동사 ます형＋~たがる ~하고 싶어 하다 来(く)る 오다
> ~はずだ 틀림없이 ~할 것이다

3 ③ このあいだ、<u>一緒に</u> <u>見た</u> あの映画の <u>名前が</u>どうしても思い出せない。

요전에 함께 본 그 영화의 이름이 어떻게도 떠오르지 않는다.

> **어휘총전** このあいだ 요전, 이전 一緒(いっしょ)に 함께
> 見(み)る 보다 映画(えいが) 영화 名前(なまえ) 이름

4 ④ 隣の<u>部屋</u>で <u>友だちが</u> <u>ギターをひいている</u> のが<u>聞こえます</u>。

옆방에서 친구가 기타를 치고 있는 것이 들립니다.

> **어휘총전** 隣(となり) 옆 部屋(へや) 방 友(とも)だち 친구
> ひく (악기를) 치다, 켜다 聞(き)こえる 들리다

5 ③ <u>昨日</u>から<u>やった</u> <u>仕事が</u> <u>思ったより</u> <u>よく進んで</u>みんなよろこんだ。

어제부터 했던 일이 생각했던 것보다 잘 진행되어 모두 기뻐했다.

> **어휘총전** 昨日(きのう) 어제 仕事(しごと) 일 よろこぶ 기뻐하다

6 ② <u>森の中は</u> <u>風が</u> <u>すずしいし</u> <u>空気が</u>きれいだ。

숲 속은 바람이 시원하고, 공기가 깨끗하다.

> **어휘총전** 森(もり) 숲 中(なか) 안 すずしい 시원하다, 선선하다
> 空気(くうき) 공기 きれいだ 예쁘다, 깨끗하다

7 ① こんなにいいものを <u>もらった</u> <u>以上は</u> あいさつをしなくてはならない。

이렇게 좋은 물건을 받은 이상에는 인사를 하지 않고서는 안 된다.

> **어휘총전** もらう 받다 以上(いじょう) 이상
> ~なくてはならない ~않고서는 안 된다

8 ④ 若いときの<u>苦労は</u> <u>買って</u> <u>でも</u> <u>やれ</u>という言葉がある。

젊었을 때의 고생은 사서라도 해라라는 말이 있다.

> **어휘총전** 若(わか)い 젊다 苦労(くろう) 고생 言葉(ことば) 말

9 ② 世の中には<u>不思議なことが</u> <u>あちこちで</u> <u>起きたり</u>するからまたどんなことが起きるか心配だ。

세상에는 불가사의한 일이 여기저기서 일어나거나 해서 또 어떤 일이 일어날지 걱정이다.

> **어휘총전** 世(よ)の中(なか) 세상 不思議(ふしぎ)だ 불가사의하다
> 起(お)きる 일어나다 心配(しんぱい) 걱정

10 ③ 秋になると<u>落ち葉</u>を <u>集めて</u> <u>燃やす</u> のがいつの間にか楽しみになった。

가을이 되면 낙엽을 모아서 태우는 것이 어느 샌가 즐거움이 되었다.

> **어휘총전** 秋(あき) 가을 落(お)ち葉(ば) 낙엽 集(あつ)める 모으다
> 燃(も)やす 태우다 いつの間(ま)にか 어느 샌가
> 楽(たの)しみ 즐거움, 낙

64

→ p.230

✓정답

| 1 ① | 2 ③ | 3 ② | 4 ③ | 5 ② |
| 6 ① | 7 ① | 8 ① | 9 ③ | 10 ② |

1 ① お父さんは働いてばかりで休む 時間もないです。
아버지는 일하기만 해서, 쉴 시간도 없습니다.

어휘총정리 お父(とう)さん 아버지　働(はたら)く 일하다
동사 + ~て(で)ばかりで ~하기만 해서　休(やす)む 쉬다
時間(じかん) 시간

2 ③ ここに住所を書いて、来週 までに 出してください。
여기에 주소를 써서 다음 주까지 제출해 주세요.

어휘총정리 住所(じゅうしょ) 주소　書(か)く 쓰다
来週(らいしゅう) 다음 주　出(だ)す 내다, 제출하다

3 ② 山田さんに電話をかけようと したとき、山田さん から電話がきました。
야마다 씨에게 전화를 걸려고 했을 때, 야마다 씨로부터 전화가 왔습니다.

어휘총정리 電話(でんわ)をかける 전화를 걸다

4 ③ この教室のものは みなさんの ものだから 何を 使ってもかまいません。
이 교실의 물건은 여러분의 것이니까 무엇을 사용해도 상관없습니다.

어휘총정리 教室(きょうしつ) 교실　何(なに) 무엇　使(つか)う 사용하다

5 ② お母さん、ちょっと 友だちの家 まで 行ってきてもいい？
어머니, 잠시 친구 집까지 갔다 와도 돼요?

어휘총정리 お母(かあ)さん 어머니　友(とも)だち 친구　家(いえ) 집
行(い)ってくる 갔다 오다

6 ① 友だちの悲しい 話を 聞いて 私の いもうとが急に泣きだした。
친구의 슬픈 이야기를 듣고 나의 여동생이 갑자기 울음을 터뜨렸다.

어휘총정리 友(とも)だち 친구　悲(かな)しい 슬프다　話(はなし) 이야기
聞(き)く 듣다　いもうと 여동생　急(きゅう)に 갑자기
泣(な)く 울다　동사 ます형 + ~だす 갑자기 ~하기 시작하다

7 ① 彼とは 仕事を しないことにしています。
그와는 일을 하지 않기로 했습니다.

어휘총정리 ~とは ~와(과)는　仕事(しごと) 일
~ことにする ~하기로 하다

8 ① それについては あなたの ほう からふたたびあやまったほうがいいよ。
그것에 대해서는 당신이 재차 사과하는 편이 좋아.

어휘총정리 ふたたび 재차　あやまる 사과하다

9 ③ 外国へ留学に行く ために 休学したが、心配でならない。
외국에 유학 가기 위해 휴학했는데 매우 걱정이다.

어휘총정리 外国(がいこく) 외국　留学(りゅうがく) 유학
休学(きゅうがく) 휴학　心配(しんぱい) 걱정
~て(で)ならない 매우 ~하다

10 ② 10年ぶりに 会った 高校の同級生が すっかり 変わっていて見違えた。
10년 만에 만난 고등학교 동급생이 완전히 변해 있어서 잘못 보았다.

어휘총정리 ~ぶりに ~만에　高校(こうこう) 고등학교
同級生(どうきゅうせい) 동급생　すっかり 완전히
変(か)わる 변하다　見違(みちが)える 잘못 보다

→ p.231

✓정답

| 1 ② | 2 ④ | 3 ③ | 4 ④ | 5 ④ |
| 6 ② | 7 ① | 8 ① | 9 ③ | 10 ③ |

1 ② みなさんに教室の中 では 騒がない ように 言ってください。
여러분에게 교실 안에서는 떠들지 않도록 말해 주세요.

어휘총정리 教室(きょうしつ) 교실　中(なか) 안　騒(さわ)ぐ 떠들다

2 ④ あとで、山田さん という人が 来ますから、その人にこれを渡してください。
나중에 야마다 씨라는 분이 올 테니, 그 사람에게 이것을 건네주세요.

어휘총정리 あとで 나중에　~という ~라고 하는　来(く)る 오다
渡(わた)す 건네주다

3 ③ その大きい道 を 左へ行くと、駅があります。
그 큰길을 왼쪽으로 가면, 역이 있습니다.

어휘총정리 大(おお)きい 크다　道(みち) 길　左(ひだり) 왼쪽
行(い)く 가다　駅(えき) 역

4 ④ とても 簡単な問題 だから、1分 でできますよ。
매우 간단한 문제이므로 1분으로 할 수 있습니다.

> 어휘총전 簡単(かんたん)だ 간단하다　問題(もんだい) 문제
> できる 할 수 있다

5 ④ この小説について 相談したい ことが あります
が、都合はいいですか。
이 소설에 대해서 상담하고 싶은 것이 있습니다만, 시간은
괜찮습니까?

> 어휘총전 小説(しょうせつ) 소설　~について ~에 대해서
> 相談(そうだん) 상담　都合(つごう) 사정, 형편

6 ② まじめな 山田さん の ことだから きっと来ます。
성실한 야마다 씨이니까 틀림없이 올 것입니다.

> 어휘총전 まじめだ 성실하다　来(く)る 오다

7 ① 私は 1か月 に 1回 は図書館へ行きます。
나는 한 달에 한 번은 도서관에 갑니다.

> 어휘총전 ~か月(げつ) ~개월　~回(かい) ~번(횟수)
> 図書館(としょかん) 도서관　行(い)く 가다

8 ① 彼に相談に のって もらったが 役に立たなかっ
た。
그에게 상담을 했지만 도움이 되지 않았다.

> 어휘총전 相談(そうだん)にのる 상담에 응하다
> 役(やく)に立(た)つ 도움이 되다

9 ③ 可能なことは すべて やったから、後は結果を待
つだけだ。
가능한 일은 전부 했기에 나머지는 결과를 기다릴 뿐이다.

> 어휘총전 可能(かのう) 가능　後(あと)は 나머지는　結果(けっか) 결과
> 待(ま)つ 기다리다

10 ③ 今まで集めた 資料を まとめて 本にした。
지금까지 모은 자료를 정리해서 책으로 만들었다.

> 어휘총전 集(あつ)める 모으다　資料(しりょう) 자료
> まとめる 정리하다　本(ほん) 책

확인문제 05

→ p.232

✓정답
1 ③	2 ④	3 ③	4 ②	5 ④
6 ②	7 ③	8 ④	9 ①	10 ③

1 ③ 図書館で借りないで、私のを 使えば よかったの
に。

도서관에서 빌리지 말고, 내 것을 사용하면 좋았을 텐데.

> 어휘총전 図書館(としょかん) 도서관　借(か)りる 빌리다
> 使(つか)う 사용하다

2 ④ 来週から 輸入した ものが 入ってくるらしいで
すよ。
다음 주부터 수입한 것이 들어올 것 같습니다.

> 어휘총전 来週(らいしゅう) 다음 주　輸入(ゆにゅう) 수입
> 入(はい)る 들어오다, 들어가다

3 ③ 暗い部屋で 一人で 勉強を続けた ことがあります。
어두운 방에서 혼자서 공부를 계속 한 적이 있습니다.

> 어휘총전 暗(くら)い 어둡다　部屋(へや) 방　一人(ひとり) 혼자
> 勉強(べんきょう) 공부　続(つづ)ける 계속하다

4 ② 天気予報によると、あしたは 雪が 降るそうで
す。
일기예보에 의하면, 내일은 눈이 내린다고 합니다.

> 어휘총전 天気予報(てんきよほう) 일기예보　~によると ~에 의하면
> あした 내일　雪(ゆき) 눈　降(ふ)る 내리다

5 ④ 普通、兄弟は 周りの人 に くらべられてしまう。
보통, 형제는 주변 사람에게 비교 당해 버린다.

> 어휘총전 普通(ふつう) 보통　兄弟(きょうだい) 형제
> 周(まわ)り 주변, 주위　くらべる 비교하다

6 ② 公園の入口の 前に たくさんの 学生が並んでい
ました。
공원 입구 앞에 많은 학생이 줄 서 있었습니다.

> 어휘총전 公園(こうえん) 공원　入口(いりぐち) 입구
> 学生(がくせい) 학생　並(なら)ぶ 줄서다

7 ③ 試合には 負けたが みんな すばらしいものだっ
たと言われた。
시합에는 패했지만 모두 멋진 시합이었다고 말했다.

> 어휘총전 試合(しあい) 시합　負(ま)ける 패하다

8 ④ 自分には常識だが、他人には そうでない こと
は数多くあります。
자신에게는 상식이지만, 타인에게는 그렇지 않은 것은 수없
이 많이 있습니다.

> 어휘총전 常識(じょうしき) 상식　他人(たにん) 타인
> 数多(かずおお)い 수많다

9 ① そんなことをしたら 誤解を 生むので、ちゃんと
考えてやったほうがいい。

그런 짓을 하면 오해를 낳기 때문에 분명히 생각해서 하는 편이 좋다.

> **어휘총전** 誤解(ごかい) 오해　生(う)む 낳다　考(かんが)える 생각하다

[10] ④ 自分の**行動**が いつも 正しい と思うのは君しか いない。

자신의 행동이 항상 바르다고 생각하는 것은 너밖에 없다.

> **어휘총전** 行動(こうどう) 행동　正(ただ)しい 바르다　君(きみ) 너, 자네

② 대화문

확인문제 01
→ p.233

✓정답 [1] ③　[2] ②　[3] ④　[4] ①　[5] ②

[1] ③ いつも**迷惑** ばかり おかけしまして たいへん申 し訳ございません。

A "항상 폐만 끼쳐서 대단히 죄송합니다."
B "아뇨, 그렇지 않습니다."

> **어휘총전** 迷惑(めいわく)をかける 폐를 끼치다
> 申(もう)し訳(わけ)ない 죄송하다

[2] ② 田中さん、すみませんが、このかさを **野茂先生** に お渡しくださいませんか。

야마다 "다나카 씨, 죄송합니다만 이 우산을 노모 선생님에 게 건네 주시지 않겠습니까?"
다나카 "예. 나중에 건네 드리겠습니다."

> **어휘총전** かさ 우산　先生(せんせい) 선생님　渡(わた)す 건네다
> あとで 나중에

[3] ④ もうこんな **時間** ですので、**今日**はこのへんで失 礼しました。

A "벌써 시간이 이렇게 되었으니 오늘은 이쯤에서 실례하 겠습니다."
B "아직, 괜찮지 않습니까?"

> **어휘총전** 今日(きょう) 오늘　このへん 이쯤　失礼(しつれい) 실례

[4] ① 反対という わけ ではないんですが、もうすこし 考えてみたいんです。

A "이 계획에는 반대입니까?"
B "반대라는 것은 아니지만, 조금 더 생각해 보고 싶습니다."

> **어휘총전** 計画(けいかく) 계획　反対(はんたい) 반대
> ～わけではない ～한 셈(것)은 아니다
> 考(かんが)える 생각하다

[5] ② とんでもないですよ。**外国旅行どころか 大阪 に さえ行ったことがありません。**

A "자주 외국에 가십니까?"
B "당치 않습니다. 외국여행은커녕 오사카조차 간 적이 없 습니다."

> **어휘총전** 外国(がいこく) 외국　旅行(りょこう) 여행
> ～どころか ～은(는)커녕　～さえ ～조차

확인문제 02
→ p.234

✓정답 [1] ③　[2] ①　[3] ③　[4] ③　[5] ②

[1] ③ ここをまっすぐ行くと、橋がありますが、そこの 手前のほうにあります。

A "이 주변에 우체국은 있습니까?"
B "이곳을 똑바로 가면 다리가 있는데, 그 앞쪽에 있습니다."

> **어휘총전** へん 주변　郵便局(ゆうびんきょく) 우체국　橋(はし) 다리
> 手前(てまえ) 앞

[2] ① いいえ、わたしも **今 来た ところ** なんです。

A "죄송합니다. 기다렸습니까?"
B "아뇨, 저도 이제 막 왔습니다."

> **어휘총전** 待(ま)つ 기다리다　동사 과거형 + ～ところ 막 ～하다

[3] ③ 今度、**久しぶりに 旅行に 行きますが**、一緒に どうですか。

A "이번에 다 같이 오랜만에 여행갑니다만, 함께 어떻습니까?"
B "예, 꼭."

> **어휘총전** 今度(こんど) 이번　久(ひさ)しぶりに 오랜만에
> 旅行(りょこう) 여행　一緒(いっしょ)に 함께　ぜひ 꼭

[4] ③ すみません。仕事が**たくさん あるので ドライ ブ どころではないんです。**

A "이번 일요일, 드라이브라도 가지 않겠습니까?"
B "죄송합니다. 일이 많아서, 드라이브를 갈 상황이 아닙니다."

> **어휘총전** 今度(こんど) 이번　日曜日(にちようび) 일요일
> 仕事(しごと) 일
> ～どころではない ～할 때가 아니다, ～할 수가 없다

[5] ② 私の**意見では**、もっと自分の **意見を はっきり 言うべきだと思います。**

A "앞으로 젊은이는 어떻게 존재해야(살아가야) 한다고 생 각합니까?"
B "저의 의견으로는, 더욱 자신의 의견을 분명히 말해야 한 다고 생각합니다."

어휘충전 若者(わかもの) 젊은이　意見(いけん) 의견
もっと 더욱 더　～べきだ ～해야 한다

しかる 꾸짖다　今度(こんど) 이번, 다음 번
がんばる 열심히 하다

확인문제 03　　→ p.235

✓정답 | 1 ③ | 2 ② | 3 ② | 4 ④ | 5 ① |

1 ③ 田中さん、午後の会議に 社長も いらっしゃる ので 準備をきちんとしてください。
야마다 "다나카 씨, 오후 회의에 사장님도 오시니까 준비를 똑바로 해 주세요."
다나카 "예, 알겠습니다."

어휘충전 午後(ごご) 오후　会議(かいぎ) 회의　社長(しゃちょう) 사장
準備(じゅんび) 준비　きちんと 똑바로
かしこまる わかる(알다)의 겸양어

2 ② ええ、どんなに いそがしくても 一日も 欠さず やっています。
야마다 "매일 운동을 합니까?"
다나카 "예, 아무리 바빠도 하루도 빠지지 않고 하고 있습니다."

어휘충전 毎日(まいにち) 매일　運動(うんどう) 운동
一日(いちにち) 하루　欠(か)かす 빠뜨리다

3 ② うわー、これが 全部、子供 一人で 作った もの ですか。
A "자, 보세요."
B "우와, 이것이 전부 아이 혼자서 만든 것입니까?"

어휘충전 ごらん 見(み)る(보다)의 존경어　全部(ぜんぶ) 전부
作(つく)る 만들다

4 ④ この問題は高校生の 私には 絶対 無理だと思 いますよ。
A "아직 끝나지 않았습니까?"
B "이 문제는 고등학생인 저에게는 절대 무리라고 생각합니다."

어휘충전 終(お)わる 끝나다　問題(もんだい) 문제
高校生(こうこうせい) 고등학생　絶対(ぜったい) 절대
無理(むり) 무리

5 ① この前のテストの点が 悪かったので 先生に 注 意されてしまったんですよ。
A "요전의 시험 점수가 나빠서 선생님에게 주의 받았습니다."
B "그럼, 이번에는 혼나지 않도록 열심히 해야겠군요."

어휘충전 点(てん) 점수　悪(わる)い 나쁘다　注意(ちゅうい) 주의

확인문제 04　　→ p.236

✓정답 | 1 ④ | 2 ④ | 3 ② | 4 ① | 5 ③ |

1 ④ さっきまでは 教室に いらっしゃったが、今はよ く分かりません。
A "선생님은 지금 어디에 계십니까?"
B "조금 전까지는 교실에 계셨습니다만, 지금은 잘 모르겠 습니다."

어휘충전 さっき 조금 전　教室(きょうしつ) 교실
いらっしゃる いる(있다)의 존경어　分(わ)かる 알다

2 ④ すみません。昨夜おもしろい 番組が あって そ れを見たらつい 寝坊して…。
선생님 "다나카 군, 오늘은 왜 늦었습니까?"
학생 "죄송합니다. 어젯밤 재미있는 프로그램이 있어서 그것을 봤더니 그만 늦잠을 자서…."

어휘충전 君(くん) 군　今日(きょう) 오늘　遅(おく)れる 늦다
昨夜(ゆうべ・さくや) 어젯밤　番組(ばんぐみ) 프로그램
つい 그만　寝坊(ねぼう)する 늦잠을 자다

3 ② 田中さん、分からない 単語が あるので、この 辞書を使わせてくださいませんか。
야마다 "다나카 씨, 모르는 단어가 있으니, 이 사전을 사용 하게 해 주시지 않겠습니까?"
다나카 "예, 좋습니다. 쓰세요."

어휘충전 分(わ)かる 알다　単語(たんご) 단어　辞書(じしょ) 사전
使(つか)う 사용하다

4 ① それは 安ければ 安い ほど いいに 決まってる でしょう。
A "저, 조금 더 싸게 안 되겠습니까?"
B "어느 정도 가격이라면 괜찮겠습니까?"
A "그것은 싸면 쌀수록 당연히 좋겠지요?"

어휘충전 少(すこ)し 조금　安(やす)い 싸다　値段(ねだん) 가격
～ば …ほど ～(하)면 …(할)수록
～に決(き)まっている 반드시 ～하게 마련이다, ～임이 틀림없 다

5 ③ 朝の10時に 成田に 着くと 言っていたから 間 にあうはずですよ。
A "야마다 부장님은 오후 2시 회의 시간에 맞출까요?"

B "아침 10시에 나리타(공항)에 도착한다고 했으니 틀림없이 제시간에 도착할 것입니다."

🔶 어휘출전 午後(ごご) 오후　会議(かいぎ) 회의
間(ま)に合(あ)う 시간이나 양에 맞다　朝(あさ) 아침
着(つ)く 도착하다　~はずだ 틀림없이 ~할 것이다

고 있군요."
B "맞아요, 전과 맛이 전혀 변함이 없습니다."

🔶 어휘출전 店(みせ) 가게　数年前(すうねんまえ) 수년 전
~て以来(いらい) ~한 이래　高(たか)い 높다
人気(にんき) 인기　保(たも)つ 유지하다　味(あじ) 맛
全然(ぜんぜん) 전혀　変(か)わる 바뀌다, 변하다

확인문제 05

➡ p.237

✓정답　1 ③　2 ①　3 ③　4 ④　5 ②

1 ③ すみません。約束の時間が 4時だ と思って 他のことをやったので…。

선생님 "왜 늦었습니까?"
학생 "죄송합니다. 약속 시간이 4시라고 생각해서 다른 것을 했기 때문에……."

🔶 어휘출전 遅(おそ)い 늦다　約束(やくそく) 약속　時間(じかん) 시간
他(ほか) 다른

2 ① ええ、かまいませんが、他人の ノートや テキストは 持ち込み禁止です。

학생 "선생님, 사전을 봐도 괜찮습니까?"
선생님 "예, 상관없습니다만, 다른 사람의 노트나 교과서는 반입금지입니다."

🔶 어휘출전 辞書(じしょ) 사전　他人(たにん) 다른 사람
持(も)ち込(こ)み 반입　禁止(きんし) 금지

3 ③ ここではすってはいけませんが、隣の 部屋 ならかまいません。

A "담배를 피워도 됩니까?"
B "여기서는 피워서는 안 됩니다만, 옆방이라면 상관없습니다."

🔶 어휘출전 タバコをすう 담배를 피다　隣(となり) 옆　部屋(へや) 방

4 ④ 大丈夫ですよ。料理に比べたら たいした ことないですよ。

A "매일 세탁을 하는 것이 힘들겠군요.
B "괜찮습니다. 요리와 비교하면, 별것 아닙니다."

🔶 어휘출전 毎日(まいにち) 매일　洗濯(せんたく) 세탁
大変(たいへん)だ 힘들다　料理(りょうり) 요리
大丈夫(だいじょうぶ)だ 문제없다, 괜찮다
たいした 대단한, 굉장한

5 ② この店は数年前に オープンして 以来、高い人気を保っていますね。

A "이 가게는 수년 전에 오픈한 이래, 높은 인기를 유지하

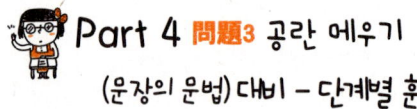

Part 4 問題3 공란 메우기

(문장의 문법) 대비 – 단계별 훈련

이. 짧은 문장 공란 메우기 2문제

확인문제 → p.241

✓**정답**

1	(1) ④ (2) ③		**2**	(1) ① (2) ③	
3	(1) ② (2) ③		**4**	(1) ① (2) ④	
5	(1) ③ (2) ①		**6**	(1) ② (2) ①	
7	(1) ① (2) ③		**8**	(1) ① (2) ④	
9	(1) ③ (2) ④		**10**	(1) ③ (2) ②	
11	(1) ② (2) ④		**12**	(1) ④ (2) ①	
13	(1) ④ (2) ②		**14**	(1) ④ (2) ③	
15	(1) ③ (2) ①		**16**	(1) ① (2) ④	
17	(1) ④ (2) ④		**18**	(1) ② (2) ③	
19	(1) ④ (2) ③		**20**	(1) ③ (2) ④	
21	(1) ④ (2) ④		**22**	(1) ④ (2) ①	
23	(1) ② (2) ④		**24**	(1) ② (2) ④	
25	(1) ④ (2) ②		**26**	(1) ① (2) ①	
27	(1) ④ (2) ④		**28**	(1) ③ (2) ②	
29	(1) ④ (2) ③		**30**	(1) ④ (2) ③	

1 (1) ④ (2) ③

겐지는 어제 친구와 축구를 하고 싶다고 생각했습니다만, 하루 종일 비가 내렸습니다. (1) 그래서, 집에 있으면서 책을 읽었습니다. 다음 주는 (2) 어떤 일이 있어도 절대 축구를 하려고 생각하고 있는 것 같습니다.

어휘총정리 昨日(きのう) 어제 友(とも)だち 친구
一日中(いちにちじゅう) 하루 종일
雨(あめ)が降(ふ)る 비가 내리다 本(ほん) 책 読(よ)む 읽다
来週(らいしゅう) 다음 주 絶対(ぜったい) 절대

2 (1) ① (2) ③

야마다 씨에게는 사치코와 요시코의 두 명의 자매가 있습니다. 사치코는 중학교 영어 선생님으로 미국에 (1) 살고 있습니다. 그녀는 자주 아버지에게 편지를 써서, 자신의 학생 (2)에 대해서 전하고 있습니다. 한편, 요시코는 아직 대학생이기 때문에, 서클을 즐기고 있는 것 같습니다.

어휘총정리 姉妹(しまい) 자매 中学校(ちゅうがっこう) 중학교
英語(えいご) 영어 住(す)む 살다 手紙(てがみ) 편지
書(か)く 쓰다 生徒(せいと) 학생 ~について ~에 대해서
伝(つた)える 전하다 一方(いっぽう) 한편
大学生(だいがくせい) 대학생 楽(たの)しむ 즐기다

3 (1) ② (2) ③

요전 여름에 노구치 씨는 가족과 함께 벳푸의 온천에 갔습니다. 거기에 3박 4일 머물렀습니다. 노구치 씨에게 있어서 (1) 첫 가족여행이어서, 가족은 매우 즐겼습니다. 노구치 씨는 (2) 적어도 1년에 한 번은 이러한 기회를 만들려고 생각했습니다.

어휘총정리 この前(まえ) 이전 夏(なつ) 여름 家族(かぞく) 가족
一緒(いっしょ)に 함께 別府(べっぷ) 벳푸(지명)
温泉(おんせん) 온천 三泊四日(さんぱくよっか) 3박 4일
滞在(たいざい) 체재 ~にとって ~에 있어서
はじめて 처음 家族(かぞく) 가족 旅行(りょこう) 여행
楽(たの)しむ 즐기다 すくなくとも 적어도 年(ねん) 년
~回(かい) ~번 機会(きかい) 기회 作(つく)る 만들다

4 (1) ① (2) ④

우리 삼촌은 작은 개를 키우고 있습니다. 개의 이름은 도그로, 사람과 노는 것을 좋아합니다. 매일 저녁이 되면 도그를 공원에 산책하러 데리고 나갑니다. (1-a) 항상 이 시간이 (1-b) 되면, 도그도 이미 알고 있는 것처럼 삼촌에게 짖거나 꼬리를 흔들거나 합니다. (2) 귀여운 도그입니다.

어휘총정리 犬(いぬ) 개 飼(か)う 기르다 名前(なまえ) 이름
遊(あそ)ぶ 놀다 好(す)きだ 좋아하다 毎日(まいにち) 매일
夕方(ゆうがた) 저녁 公園(こうえん) 공원
散歩(さんぽ) 산책 連(つ)れる 동반하다 時間(じかん) 시간
分(わ)かる 알다 吠(ほ)える 짖다 しっぽ 꼬리
振(ふ)る 흔들다

5 (1) ③ (2) ①

어제 나는 4시에 학교에서 돌아왔습니다. 텔레비전을 보고, 그리고 나서 저녁을 먹기 전에 숙제를 했습니다. 저녁을 먹은 후, 좀 더 텔레비전을 (1) 보려고 생각했습니다만, 내일부터 영어 시험이 있는 것을 알아차렸습니다. 그래서 12시까지 공부했기 때문에, 오늘 학교에 지각해 버렸습니다. (2) 덕분에, 시험을 칠 수도 없었습니다.

어휘총정리 昨日(きのう) 어제 学校(がっこう) 학교
帰(かえ)る 돌아오다 夕食前(ゆうしょくまえ) 저녁식사 전
宿題(しゅくだい) 숙제 英語(えいご) 영어
気(き)づく 알아차리다 勉強(べんきょう) 공부
遅刻(ちこく) 지각 おかげで 덕분에 試験(しけん) 시험
受(う)ける 치다

6 (1) ② (2) ①

학교의 밴드가 토요일에 콘서트를 합니다. 티켓은 400엔입니다. 콘서트는 체육관에서 행해집니다. 오후 1시에 시작되어, 3시에 끝납니다. (1) 나도 고등학교 때에 밴드를 한

적이 있기 때문에, 이번 콘서트가 매우 (2) **기대됩** 니다.

> **어휘총정리** 学校(がっこう) 학교　土曜日(どようび) 토요일
> 行(おこな)う 행하다　体育館(たいいくかん) 체육관
> 午後(ごご) 오후　始(はじ)まる 시작되다
> 終(お)わる 끝나다　高校(こうこう) 고등학교
> 今度(こんど) 이번　楽(たの)しみ 기대, 낙

7 (1) ① (2) ③

아유미는 매우 착하기 때문에 나는 그녀를 좋아합니다. 우리들은 같은 학교에 다니고 있습니다. 아유미는 많은 스포츠를 잘해서, 우리들은 자주 방과 후에 함께 농구를 합니다. (2) **어느** 날, 아유미에게 나의 마음을 전했더니 그녀는 웃을 뿐이었습니다. 하지만, 그 웃음의 의미가 (2) **무엇인지** 잘 모르겠습니다.

> **어휘총정리** 優(やさ)しい 상냥하다　好(す)きだ 좋아하다
> 同(おな)じ 같음　学校(がっこう) 학교　通(かよ)う 다니다
> 得意(とくい)だ 잘하다　放課後(ほうかご) 방과후
> 一緒(いっしょ)に 함께　ある 어느　日(ひ) 날
> 心(こころ) 마음　伝(つた)える 전하다　笑(わら)う 웃다
> 意味(いみ) 의미　分(わ)かる 알다

8 (1) ① (2) ④

나는 나의 새 책을 찾지 못했습니다. 집에는 없고, 학교에도 없습니다. 어머니께 물어보아도 모른다고 합니다. 그것은 할머니로부터의 생일선물이고, 전부터 갖고 싶었던 책이었기 때문에, (1) **어떻게 해서든** 찾고 싶습니다. 어쩌면 남동생이 들고 (2) **갔을지도 모르기 때문에** 돌아오면 물어볼 생각입니다.

> **어휘총정리** 新(あたら)しい 새롭다　見(み)つける 찾다
> 学校(がっこう) 학교　お母(かあ)さん 어머니　聞(き)く 묻다
> 分(わ)かる 알다　誕生日(たんじょうび) 생일
> もしかしたら 어쩌면　弟(おとうと) 남동생
> 持(も)つ 들다, 가지다　帰(かえ)る 돌아오다

9 (1) ③ (2) ④

겐지는 학교에서 축구팀에 가입해 있습니다. 다음 달에 큰 시합이 있기 때문에, (1) **매일처럼** 연습을 하고 있습니다. 그는 새로운 축구화가 필요하기 때문에, (2) **이번** 일요일에 사러 갈 생각입니다. 이전에 아버지로부터 받은 용돈으로 사려고 생각하고 있습니다.

> **어휘총정리** 学校(がっこう) 학교　入(はい)る 들어가다
> 来月(らいげつ) 다음 달　試合(しあい) 시합
> 毎日(まいにち) 매일　練習(れんしゅう) 연습
> 新(あたら)しい 새롭다　必要(ひつよう) 필요
> 今度(こんど) 이번　日曜日(にちようび) 일요일
> 買(か)う 사다　この間(あいだ) 이전　おこづかい 용돈

10 (1) ③ (2) ②

겐지는 내일 이과 시험이 있기 때문에 열심히 공부하지 않으면 안 됩니다. 요전 시험에서도 점수가 좋지 않아서 선생님께 혼난 적도 있습니다. 오늘밤은 저녁식사 후에 4시간 공부하고 12시에 잘 생각입니다. 하지만, 시험 (1) **때마다** 이렇게 생각하면서도 자는 시간은 항상 10시입니다. (2) **오늘이야말로** 이 시간을 반드시 지킬 생각입니다.

> **어휘총정리** 理科(りか) 이과　一生懸命(いっしょうけんめい) 열심히
> 勉強(べんきょう) 공부　この間(あいだ) 이전
> 試験(しけん) 시험　点数(てんすう) 점수　しかる 꾸짖다
> 今晩(こんばん) 오늘밤　夕食後(ゆうしょくご) 저녁식사 후
> ～のたびに ～때마다　～こそ ～이야말로
> ちゃんと 똑바로, 반드시　守(まも)る 지키다

11 (1) ② (2) ③

친구인 이치로가 오늘 방과 후에 우리 집에 옵니다. 비가 내리고 있기 때문에 마당에서 놀 수는 없습니다. (1) **그래서** 내 방에서 컴퓨터 게임을 할 생각입니다. 이치로는 공부는 잘 못하지만, 게임은 상당히 잘해서, 반에서도 (2) **인기입니다.**

> **어휘총정리** 放課後(ほうかご) 방과 후　雨(あめ)が降(ふ)る 비가 내리다
> 庭(にわ) 마당　遊(あそ)ぶ 놀다　部屋(へや) 방
> 勉強(べんきょう) 공부　上手(じょうず)だ 능숙하다
> 人気(にんき) 인기

12 (1) ③ (2) ①

겐지는 여름방학에 가족과 함께 하와이에 놀러갈 생각입니다. (1-a) **하지만**, 여행용 가방을 (1-b) **가지고 있지 않기 때문에**, 토요일에 어머니와 사러 갑니다. 작은 가방은 많이 가지고 있습니다만, 여행 간 적이 없기 때문에 (2) **큰** 가방이 없는 것입니다.

> **어휘총정리** 夏休(なつやす)み 여름방학　家族(かぞく) 가족
> 一緒(いっしょ)に 함께　旅行用(りょこうよう) 여행용
> 土曜日(どようび) 토요일　買(か)う 사다
> 持(も)つ 들다, 가지다

13 (1) ④ (2) ①

11월 15일 15시 30분부터 신주쿠 역의 바로 옆에 있는 이즈미 모리 회관에서 '실크로드 강좌'를 개최합니다. 여기는 5년 전에 일본 실크로드 문화센터의 설립기념 파티를 (1) **행한 곳**입니다. 여러분의 참가를 기다리고 있겠습니다. (2) **자세한 것은** 사무실 쪽으로 전화해 주세요.

> **어휘총정리** 駅(えき) 역　隣(となり) 옆　いずみ 샘　森(もり) 숲
> 会館(かいかん) 회관　講座(こうざ) 강좌
> 開(ひら)く 개최하다　文化(ぶんか) 문화
> 設立(せつりつ) 설립　記念(きねん) 기념

行(おこな)う 행하다　皆(みな)さま 여러분
参加(さんか) 참가　待(ま)つ 기다리다　くわしい 상세하다
事務所(じむしょ) 사무실　方(ほう) 쪽　電話(でんわ) 전화

14 (1) ③ (2) ②

　지금부터 제가 전하는 것은, 고등학교 시절에 영어 성적이 나빴던 사람이나 영어에 대한 두려운 의식을 가진 사람 (1) 이었더라도, 그러한 것은 일절 상관없이, (2) 단기간에 놀랄 만큼 손쉽게 영어를 습득할 수 있는 방법입니다. 이것은 저의 10년간의 경험에서 얻은 것이므로 잘 들어 주세요.

> 어휘총전 伝(つた)える 전하다　高校(こうこう) 고등학교
> 時代(じだい) 시절　英語(えいご) 영어　成績(せいせき) 성적
> 悪(わる)い 나쁘다　~に対(たい)して ~에 대해서
> 苦手(にがて)だ 서툴다　意識(いしき) 의식
> 持(も)つ 가지다, 들다　一切(いっさい) 일절
> おかまいなし 개의치 않음, 상관하지 않음
> 短期間(たんきかん) 단기간　おどろく 놀라다
> 簡単(かんたん)だ 간단하다　習得(しゅうとく) 습득
> 方法(ほうほう) 방법　~年間(ねんかん) ~년간
> 経験(けいけん) 경험　得(え)る 얻다

15 (1) ③ (2) ①

　에리코 씨가 가장 좋아하는 스포츠는 테니스입니다. 그녀는 평소 주말에 친구와 테니스를 칩니다. (1-a) 하지만 지난 주말은 날씨가 (1-b) 안 좋았기 때문에 영화를 보러 갔습니다. 친구에게는 아직 한 번도 이긴 적이 없기 때문에, 다음에는 (2) 꼭 이기고 싶다고 생각하고 있습니다.

> 어휘총전 一番(いちばん) 가장　好(す)きだ 좋아하다　ふだん 평소
> 週末(しゅうまつ) 주말　先週末(せんしゅうまつ) 지난 주말
> 天気(てんき) 날씨　映画(えいが) 영화　一度(いちど) 한 번
> 勝(か)つ 이기다　今度(こんど) 이번, 다음 번

16 (1) ③ (2) ④

　일요일 아침, 겐지와 도오루는 야구 연습을 했습니다. 오후에 두 사람은 점심 (1)으로, 새롭게 생긴 초밥집에 갔습니다. 겐지는 별로 초밥을 좋아하지 않습니다만, 여기의 초밥은 매우 맛있어서, 이번 금요일에 또 거기에 가고 싶다고 생각하고 있습니다. 하지만, 가격이 조금 비싼 것이 (2) 신경 쓰입니다.

> 어휘총전 日曜日(にちようび) 일요일　朝(あさ) 아침
> 野球(やきゅう) 야구　練習(れんしゅう) 연습
> 午後(ごご) 오후　昼食(ちゅうしょく) 점심밥
> すし屋(や) 초밥집　好(す)きだ 좋아하다　今度(こんど) 이번
> 金曜日(きんようび) 금요일　値段(ねだん) 가격
> 高(たか)い 비싸다　気(き)になる 신경 쓰이다

17 (1) ② (2) ④

　사치코는 현이 운영하는 풀장 근처에 살고 있어서, 거기에 자주 수영하러 갑니다. 일기예보(1)에 의하면 내일은 맑기 때문에, 반 친구와 함께 바다에 갈 생각입니다. 바다에서는 아직 수영한 적은 없습니다만, 풀장에서 충분히 연습했기 때문에 자신은 있습니다. 그래서 지금 (2) 두근거리고 있습니다.

> 어휘총전 県営(けんえい) 현에서 운영　近(ちか)く 근처
> 住(す)む 살다　泳(およ)ぐ 수영하다
> 天気予報(てんきよほう) 일기예보　~によると ~에 의하면
> 晴(は)れ 맑음　一緒(いっしょ)に 함께　海(うみ) 바다
> 十分(じゅうぶん) 충분　練習(れんしゅう) 연습
> 自信(じしん) 자신(감)　わくわく 두근거림

18 (1) ③ (2) ①

　나는 스포츠는 잘 하지 못합니다만, 누나는 잘 합니다. 누나는 학교에서 배구부에 들어가 있어서, 매일 연습하고 있습니다. 누나는 배구는 몸에도 좋고, 친구관계도 (1) 좋게 할 수 있다고 하며 열심입니다. 배구와 친구관계에 어떤 (2) 연결이 있는지 나는 모르겠습니다.

> 어휘총전 得意(とくい)だ 잘 하다　姉(あね) 누나, 언니
> 学校(がっこう) 학교　毎日(まいにち) 매일
> 練習(れんしゅう) 연습　体(からだ) 몸　関係(かんけい) 관계
> 一生懸命(いっしょうけんめい) 열심히　つながり 연결
> 分(わ)かる 알다

19 (1) ④ (2) ④

　겐지는 고등학생입니다. 자전거를 가지고 있지 않기 때문에 평소에는 걸어서 학교에 갑니다. 비가 내릴 때는 어머니가 자동차로 학교까지 (1) 태워 줍니다. 친구는 모두 자전거를 가지고 있습니다만, 겐지는 갖고 싶다고 생각한 적도 없습니다. 어릴 때, 자전거에 치인 적이 있기 때문에 자전거를 (2) 무서워하고 있습니다.

> 어휘총전 高校生(こうこうせい) 고등학생　自転車(じてんしゃ) 자전거
> 持(も)つ 들다, 가지다　ふだん 평소　歩(ある)く 걷다
> 雨(あめ)が降(ふ)る 비가 내리다　車(くるま) 자동차
> ほしい 갖고 싶다　子供(こども) 아이　ひく (차 등으로) 치다
> 怖(こわ)がる 무서워하다

20 (1) ② (2) ③

　오늘은 역사, 수학, 영어 3개의 시험이 있었습니다. 수학과 영어는 항상 자신이 있었기 때문에 (1) 특별히 문제는 없었습니다만, 역시 역사입니다. 나는 이상하게도, 옛날 사람에 대해서는 전혀 흥미가 없습니다. 지금이 중요하고, 과거의 일은 과거라고 생각하고 있기 때문입니다. 이런 내가 (2) 이상합니까?

21 (1) ① (2) ④

나는 우리 집을 좋아합니다. 새집은 아닙니다만, 매우 넓고, 우리 학교 근처에 있습니다. 멋진 정원도 있고, 거기는 많은 나무도 있습니다. 봄이 되면 꽃이 피고, 가을에는 단풍도 (1) 즐길 수 있습니다. 아버지는 자주 정원 손질을 합니다만, 거기서 아버지를 (2) 돕는 것을 좋아합니다.

22 (1) ④ (2) ①

이전 주말에 아버지가 컴퓨터를 사 주었습니다. 오늘 친구 겐지에게 이메일을 썼습니다. 그 뒤, 형과 나는 컴퓨터 게임을 했습니다. 어머니는 공부를 위해서 아버지가 사 준 것이니까, 너무 게임(1) 만 하지 마라고 말했습니다만, 나와 형은 어머니의 이야기를 (2) 들으려고도 하지 않았습니다.

23 (1) ② (2) ④

우리 집 근처에 있는 슈퍼에는 많은 종류의 빵이 있습니다. 내가 좋아하는 것은 프랑스빵입니다. 파스타를 먹을 때는 (1-a) 항상 그것을 (1-b) 먹습니다. 어릴 때부터 간식으로 빵을 많이 먹은 탓인지, 지금도 밥은 먹지 않아도 빵은 (2) 하루도 빠짐없이 먹고 있습니다.

24 (1) ③ (2) ④

요시코는 미술을 좋아합니다. 자주 꽃 그림을 그립니다. 동물을 그리는 것도 좋아합니다. (1) 그래서 집에서 기르고 있는 개나 고양이의 그림이 몇 장이나 벽에 걸려 있습니다. 내일은 어머니와 함께 우에노 동물원에 갑니다. 요시코는 거기서 코끼리와 기린을 그릴 생각입니다. 요시코는 대학에

가도 (2) 전공을 미술로 하고 싶다고 생각하고 있습니다.

25 (1) ① (2) ④

역시 오후도 비가 내렸습니다. 발레 발표회 프로그램용의, 개인 사진을 찍으러 갔다 왔습니다. 가는 길은 버스를 타고, 돌아오는 길은 한번에 오는 버스가 없어서 걸어서 귀가했습니다. 작년에도 재작년에도 그다지 좋은 사진을 찍지 못했기 때문에, (1) 올해야말로 좋은 사진을 찍겠다는 생각으로, 집에서 웃는 얼굴을 연습했습니다. 하지만, 역시 사진관에서는 (2) 딱딱하게 굳은 표정이었습니다.

26 (1) ④ (2) ③

하와이까지는 비행기로 7〜8시간 걸리기 때문에, 아이들에게 있어서는 부담이 아닐까 라고 걱정했다. 하지만, 가는 길은 저녁 비행기여서 비행기를 타자 바로 잠에 빠졌고, 돌아오는 길은 낮 시간 이전에 나왔기에, 점심을 먹은 뒤는 낮잠에 빠졌다. 조금씩 비행기 타는 것도 (1) 익숙해지는구나 하는 느낌이다.

이번에는 내 자신이 떠나기 전에 열이 났다. 그 열은 하와이에 도착하고 나서 3일째 되는 날에 내려갔다. 이러쿵저러쿵하면서도 쇼핑도 제대로 했고, 걱정했던 아이들도 계속 건강하게 보낼 수 있었기 때문에, (2) 무엇보다 다행이었다. 아이들은 매년 성장하고, 여행도 점점 즐거워지는 것 같다.

つく 도착하다　~目(め) ~째
何(なん)だかんだ 이러쿵저러쿵　しっかり 똑바로, 확실히
買(か)い物(もの) 쇼핑　元気(げんき) 건강함
過(す)ごす 보내다　年々(としどし・ねんねん) 매년
成長(せいちょう) 성장　旅行(りょこう) 여행　どんどん 점점
楽(たの)しい 즐겁다

作(つく)る 만들다　輸出(ゆしゅつ) 수출　遠(とお)い 멀다
ふね 배　運(はこ)ぶ 운반하다　~中(なか) ~중
いちばん 가장　多(おお)い 많다　自動車(じどうしゃ) 자동차
世界(せかい) 세계　日本製(にほんせい) 일본제

[27] (1) ① (2) ④

오늘 일을 하러 가기 전에 차를 사려고 가게에 갔습니다만, 계산을 할 때, 지갑을 잊고 온 것을 (1) **깨닫고**, 점원에게 사과하고 빠른 걸음으로 가게에서 나왔습니다. 그런 이유로, 아침에 두유코코아를 먹고 나서, 집에 돌아올 때까지 약 12시간, 나는 물을 마시지 못했습니다. 물의 (2) **고마움**을 느낀 하루가 되었습니다.

어휘출현 今日(きょう) 오늘　仕事(しごと) 일　お茶(ちゃ) 차
買(か)う 사다　店(みせ) 가게　会計(かいけい) 계산
財布(さいふ) 지갑　忘(わす)れる 잊다
気付(きづ)く 알아차리다　店員(てんいん) 점원
足早(あしばや)に 빠른 걸음으로　わけ 이유　朝(あさ) 아침
豆乳(とうにゅう) 두유　飲(の)む 마시다　帰宅(きたく) 귀가
絶水(ぜっすい) 물을 못 마심　ありがたさ 고마움
感(かん)じる 느끼다　一日(いちにち) 하루

[28] (1) ③ (2) ②

개와 산책을 하고 있으면 여러 사람을 만난다. 개를 만지며 웃는 (1) **사람도 있고**, 괜히 개와 즐겁게 춤을 추는 사람도 있다. 하지만, 귀여운 할머니도 있고, 개에게 준건지, (2) **나에게** 준 건지는 모르지만, 바나나를 주는 이란 아이도 있다. 하지만 모두 느긋해서 마음이 따뜻해집니다.

어휘출현 犬(いぬ) 개　散歩(さんぽ) 산책　出会(であ)う 만나다
触(さわ)る 만지다　楽(たの)しい 즐겁다　踊(おど)る 춤추다
可愛(かわい)い 귀엽다　渡(わた)す 건네다
のんびり 느긋함　心(こころ) 마음
温(あたた)まる 따뜻해지다

[29] (1) ④ (2) ③

일본은 외국에서 여러 가지 물건을 수입해서 그것을 (1) **새로운** 물건으로 만들어, 외국으로 수출합니다. 외국으로부터의 물건은 먼 곳에서 배로 일본으로 운반됩니다. 일본이 외국에 수출하는 것 중에서 가장 많은 것은 자동차입니다. 세계의 어디에 가더라도 일본제 물건을 (2) **볼 수가 있습니다**. 때문에, 일본에서 만들어진 물건은 여러 곳에서 사용되고 있습니다.

어휘출현 日本(にほん) 일본　外国(がいこく) 외국
いろいろ 여러 가지　輸入(ゆにゅう) 수입
新(あたら)しい 새롭다　品物(しなもの) 물건

[30] (1) ④ (2) ③

야마다 씨의 가족은 5명입니다. 야마다 씨는 2년 전에 집을 사서, 도쿄 근처에 살고 있습니다. 집에서 회사까지는 멀어서 전철로 다니고 있습니다. 회사까지는 한 시간 반 걸리기 때문에, 매일 (1) **아침 일찍** 일어나야 합니다. 전철은 통근 길도 퇴근길도 항상 (2) **붐빕니다**. 아침에도 저녁에도 전철을 타는 것은 정말 힘듭니다.

어휘출현 家族(かぞく) 가족　~人(にん) ~명
~年前(ねんまえ) ~년전　家(いえ) 집　買(か)う 사다
近(ちか)く 근처　~に住(す)む ~에(서) 살다
会社(かいしゃ) 회사　遠(とお)い 멀다
電車(でんしゃ) 전철　~に通(かよ)う ~을(를) 다니다
~時間(じかん) ~시간　半(はん) 반　かかる 걸리다
毎日(まいにち) 매일　朝早(あさはや)く 아침 일찍
起(お)きる 일어나다
동사 부정형 + ~なければならない ~해야 한다
行(ゆ)き 가는 길　帰(かえ)り 귀가길　いつも 항상
こむ 붐비다　夕方(ゆうがた) 저녁
~に乗(の)る ~을(를) 타다　本当(ほんとう)に 정말
たいへんだ 힘들다

02. 짧은 문장 공란 메우기 3문제

✓ **정답**

[1]	(1) ② (2) ① (3) ④	[2]	(1) ① (2) ③ (3) ②
[3]	(1) ③ (2) ② (3) ①	[4]	(1) ④ (2) ③ (3) ②
[5]	(1) ② (2) ① (3) ③	[6]	(1) ② (2) ④ (3) ①
[7]	(1) ② (2) ③ (3) ④	[8]	(1) ③ (2) ③ (3) ①
[9]	(1) ① (2) ② (3) ④	[10]	(1) ④ (2) ③ (3) ②

확인문제 → p.252

[1] (1) ② (2) ① (3) ④

저녁을 먹은 뒤, 나는 어머니와 산책을 했다. 항상 남동생의 보살핌으로 바쁜 어머니이지만, 이때 (1)**만은** 둘이서 걸었다. 단 30분간의 산책이었지만, 여러 가지를 말할 수 있었다. 학교에서 있었던 즐거웠던 일, 친구와 싸웠던 일, 텔레비전의 드라마와 관계된 것 등…. (2-a) **대단한** 이야기는 아니었(2-b)**는데**, 집에 도착할 무렵에는 마음이 온화해진 듯한 (3) **느낌이 들었다**.

어휘총정리 夕(ゆう)ご飯(はん) 저녁밥　後(あと) 뒤
お母(かあ)さん 어머니　散歩(さんぽ) 산책
弟(おとうと) 남동생　世話(せわ) 보살핌
忙(いそが)しい 바쁘다　~きり ~뿐, 만　歩(ある)く 걷다
楽(たの)しい 즐겁다　友達(ともだち) 친구　けんか 싸움
たいした 대단한　着(つ)く 도착하다
おだやかだ 온화하다　気(き)がする 느낌이 들다

2 (1) ① (2) ③ (3) ②

나는 어릴 때부터 의사가 되고 싶었습니다. (1-a) 왜냐하면, 돈이 없어서 병원에 올 수 없는 (1-b) 사람을 위해서입니다. 그래서 열심히 공부했습니다만, 대학에 떨어져 버렸습니다. 1년 더 공부해서 의학(부)의 시험을 쳤습니다만, 또 떨어져 버렸습니다. 그래서 지금은 간호사의 일을 하고 있습니다. (2) 의사는 아니지만, 나는 병에 걸린 사람들을 위해서 매일 열심히 일을 하고 있습니다. 지금은 병원에서 일을 하게 된 것이 매우 (3) 기쁩니다.

어휘총정리 子(こ)ども 아이　とき 때　医者(いしゃ) 의사
なぜなら 왜냐하면　お金(かね) 돈　病院(びょういん) 병원
来(く)る 오다　一生懸命(いっしょうけんめい) 열심히
勉強(べんきょう) 공부　大学(だいがく) 대학
落(お)ちる 떨어지다　~てしまう ~해 버리다
一年(いちねん) 1년　医学(いがく) 의학
試験(しけん)を受(う)ける 시험을 치다　また 또
今(いま) 지금　看護婦(かんごふ) 간호사　仕事(しごと) 일
病気(びょうき)にかかる 병에 걸리다　毎日(まいにち) 매일
病院(びょういん) 병원　~で働(はたら)く ~에서 일하다
~ことになる ~하게 되다　うれしい 기쁘다

3 (1) ③ (2) ② (3) ①

친구는 외국돈을 모으는 것이 취미입니다. 그래서 항상 백화점이나 가게에 가서 돈으로 돈을 사는 것입니다. (1) 처음에는 이상한 일을 한다고 생각했습니다만, 그것도 취미의 하나라고 생각하니 이해하게 되었습니다. 어릴 때부터 했던 일인 것 같아, 지금은 여러 나라의 돈을 (2) 가지고 있는 것 같습니다. 취미는 (3) 자신에게 즐거운 일이고, 뭔가를 위해서 열심히 하는 것은 상당히 좋군요.

어휘총정리 友(とも)だち 친구　外国(がいこく) 외국　お金(かね) 돈
集(あつ)める 모으다　趣味(しゅみ) 취미　店(みせ) 가게
行(い)く 가다　買(か)う 사다　はじめ 처음
変(へん)だ 이상하다　理解(りかい) 이해
동사 기본형 + ~ようになる ~하게 되다　子(こ)ども 아이
ずっと 계속　今(いま) 지금　国(くに) 나라
持(も)つ 들다, 가지다　自分(じぶん) 자신
楽(たの)しい 즐겁다　何(なに)か 뭔가
熱心(ねっしん)に 열심히　なかなか 상당히, 좀처럼

4 (1) ④ (2) ③ (3) ②

우리 회사는 외국과 무역을 하고 있습니다. 기계를 수입하고, 그것으로 (1) 새로운 물건을 만들어, 또 수출하는 것입니다. 처음에는, 우리 회사는 기술이 없어서 매우 힘들었습니다. (2) 그러나 지금은 책을 보고 공부하기도 하고, 외국에 가서 배우기도 해서, 회사 사람 모두가 전문가가 되었습니다. 무역을 시작할 때는 수출보다 수입이 훨씬 많았습니다만, 지금은 수출이 수입보다 (3) 배로 많아졌습니다. 모두가 열심히 노력했기 때문이라고 생각합니다. 오늘은 회사에서 보너스도 나옵니다. 회사도 좋아졌고, 내 생활도 좋아져서, 아주 기쁩니다.

어휘총정리 会社(かいしゃ) 회사　外国(がいこく) 외국
貿易(ぼうえき) 무역　機械(きかい) 기계
輸入(ゆにゅう) 수입　新(あたら)しい 새롭다
作(つく)る 만들다　輸出(ゆしゅつ) 수출　はじめは 처음에는
技術(ぎじゅつ) 기술　たいへんだ 힘들다　本(ほん) 책
勉強(べんきょう) 공부　習(なら)う 배우다
専門家(せんもんか) 전문가　ずっと 훨씬　倍(ばい) 배
一生懸命(いっしょうけんめい) 열심히　努力(どりょく) 노력
今日(きょう) 오늘　出(で)る 나오다　生活(せいかつ) 생활
すごい 굉장하다　うれしい 기쁘다

5 (1) ② (2) ① (3) ④

어제 여자친구와 함께 영화를 보러 갔습니다. 여자친구는 무서운 것을 싫어해서 재미있는 것(웃기는 것)을 보았습니다. 지난 주 친구가 보고 매우 재미있다고 했기 때문에. 하지만, (1) 실망했습니다. 재미있는 부분은 한 군데도 없었습니다. 그러나, 여자친구는 영화를 보면서 몇 번이나 웃었습니다. 나는 전혀 재미가 없는데. 사람의 (2) 마음은 다르군요. 나(3)에게 있어서 재미있는 것은 다른 사람에게는 재미없는… 인간이 모두 똑같은 마음을 가지고 있는 것은 아니군요.

어휘총정리 昨日(きのう) 어제　一緒(いっしょ)に 함께
映画(えいが) 영화　見(み)る 보다
동사 ます형 + ~に ~하러　怖(こわ)い 무섭다
きらいだ 싫어하다　おもしろい 재미있다
先週(せんしゅう) 지난주　友(とも)だち 친구
がっかりする 실망하다　ところ 부분
何度(なんど)も 몇 번이나　笑(わら)う 웃다
全然(ぜんぜん) 전혀　心(こころ) 마음　違(ちが)う 다르다
~にとって ~에 있어서　ほか 다른　人間(にんげん) 인간
同(おな)じ 같음　持(も)つ 가지다, 들다
~という ~라고 하는　~わけじゃない ~한 것은 아니다

6 (1) ③ (2) ② (3) ①

나는 월요일부터 금요일까지 대학 근처에 있는 커피숍에서

아르바이트를 하고 있습니다. 부모님으로부터 매월 돈을 받고 있습니다만, 충분하지는 않습니다. 또, 나는 대학에 다니고 있는 남동생과 여동생이 한 명씩 있어서, 부모님은 무척 (1) <u>힘듭니다</u>. (2) <u>그래서</u> 우리들 형제는 모두가 아르바이트를 하고 있는 것입니다. 남동생은 지난주부터 슈퍼마켓에서, 여동생은 대학교 선생님의 일을 도와주고 있습니다. 하지만, 부모님에게는 항상 감사히 여기고 있습니다. (3) <u>앞으로도</u> 아르바이트도 공부도 열심히 해 갈 생각입니다.

어휘출전 月曜日(げつようび) 월요일　金曜日(きんようび) 금요일
大学(だいがく) 대학　近(ちか)く 근처
喫茶店(きっさてん) 커피숍　親(おや) 부모님
毎月(まいつき) 매월　お金(かね) 돈　充分(じゅうぶん) 충분
通(かよ)う 다니다　弟(おとうと) 남동생
妹(いもうと) 여동생　～ずつ ～씩　すごく 대단히, 무척
たいへんだ 힘들다　兄弟(きょうだい) 형제
全部(ぜんぶ) 전부　先週(せんしゅう) 지난주
先生(せんせい) 선생님　仕事(しごと) 일
手伝(てつだ)う 거들다　ありがたい 감사하다
思(おも)う 생각하다　勉強(べんきょう) 공부
がんばる 열심히 하다

7 (1) ② (2) ① (3) ④

어제는 비가 많이 내렸습니다. 친구와 함께 테니스를 칠 생각이었습니다만, (1) <u>할 수 없게 되었습니다</u>. 나와 친구는 고등학교 때부터 테니스를 했습니다. 대회에도 나간 적이 있습니다. 일주일에 두 번은 반드시 테니스를 했습니다만, 어제는 (2) <u>유감스럽게도</u> 할 수 없었습니다. 테니스는 몸을 위해서도 좋고, 건강해지기도 합니다. 앞으로는 가족과도 할 생각입니다. 여러분도 자신의 (3) <u>건강을 위해서</u>, 뭔가 운동을 하면 어떻겠습니까?

어휘출전 昨日(きのう) 어제　雨(あめ) 비　降(ふ)る 내리다
友(とも)だち 친구　一緒(いっしょ)に 함께
つもり 생각, 예정　できる 할 수 있다
高校(こうこう) 고등학교　大会(たいかい) 대회
出(で)る 나가다, 나오다　週(しゅう) 주　～回(かい) ～번
かならず 반드시　残念(ざんねん)ながら 유감이지만
体(からだ) 몸　健康(けんこう) 건강　家族(かぞく) 가족
自分(じぶん) 자신　何(なに)か 뭔가　運動(うんどう) 운동

8 (1) ③ (2) ③ (3) ①

이 마을에 살고 있는 사람은 거의 나이를 먹은 사람입니다. 이 마을은 인구도 적습니다. 그것은 젊은 사람은 (1) <u>거의</u> 도쿄 등의 도시에 가서 일을 하기 때문입니다. 그래서, 마을에 큰일이 일어나면 (2) <u>노인</u>만 일을 하는 것입니다. 최근에는 이것이 국가의 (3) <u>문제가 되기도 합니다</u>. 시골에서는

일할 사람의 손이 부족해서 힘듭니다. 시골에 가서 일은 하지 않아도, 가끔 시골에 있는 부모님에게 전화라도 해 보면 어떻습니까?

어휘출전 町(まち) 마을　住(す)む 살다　ほとんど 거의
年(とし)をとる 나이를 먹다　人口(じんこう) 인구
少(すく)ない 적다　若(わか)い 젊다　～とか ～라든지
都会(とかい) 도시　行(い)く 가다　仕事(しごと) 일
たいへんだ 큰일이다　起(お)きる 일어나다
お年寄(としよ)り 노인　最近(さいきん) 최근　国(くに) 국가
問題(もんだい) 문제　田舎(いなか) 시골
働(はたら)く 일하다　手(て) 손　たりない 부족하다
たまに 가끔　親(おや) 부모　電話(でんわ) 전화

9 (1) ① (2) ② (3) ④

나는 일본에 온 지 벌써 1년이 됩니다. 일본어를 배우러 왔습니다만, 일본어에는 한자가 많아서 (1) <u>배우는 데</u> 매우 힘듭니다. 우리나라에서는 전혀 한자를 사용하고 있지 않기 때문에, (2) <u>나뿐만 아니라</u> 다른 나라에서 온 학생도 모두 그렇게 생각하고 있는 것 같습니다. 하지만, 중국이나 한국에서 온 학생은 우리들 서양인보다 빨리 한자를 배우는 것 같습니다. 그것은 그 나라에서도 한자를 사용하고 있기 때문이겠죠. 일본에 와서 6개월이 지나고 나서 아르바이트를 했습니다. 처음에는 말이 통하지 않아서 힘들었습니다만, 지금은 (3) <u>어떤 사람</u>과도 말할 수 있기 때문에 아르바이트도 재미있어졌습니다.

어휘출전 ～てから ～하고 나서　習(なら)う 배우다
漢字(かんじ) 한자　国(くに) 나라　全然(ぜんぜん) 전혀
使(つか)う 사용하다　学生(がくせい) 학생
中国(ちゅうごく) 중국　韓国(かんこく) 한국
西洋人(せいようじん) 서양인　早(はや)く 빨리
最初(さいしょ) 처음　言葉(ことば) 말　通(つう)じる 통하다

10 (1) ④ (2) ③ (3) ②

우리 집에서는 회사까지 버스도 지하철도 갑니다. 하지만, 버스도 지하철도 30분마다 오기 때문에, (1) <u>자칫 잘못하면</u> 지각하거나 합니다. 또 회사까지는 1시간 반이나 걸리기 때문에, 매우 불편합니다. 그래서, 이번에 이사할 생각입니다만, 좀처럼 좋은 집을 찾을 수 없습니다. 지금 살고 있는 집은 매월 5만 엔입니다만, 회사에서도 역에서도 가까운 집은 (3) <u>8만 엔</u>이나 합니다. 이사하고 싶은 마음은 엄청나지만, 아무 것도 할 수 없는 것입니다. 회사가 끝나면 (3) <u>아르바이트</u>라도 할까 하고 생각한 오늘이었습니다.

어휘출전 会社(かいしゃ) 회사　地下鉄(ちかてつ) 지하철
～ごとに ～마다　間違(まちが)う 틀리다　遅刻(ちこく) 지각
半(はん) 반　不便(ふべん) 불편　今度(こんど) 이번

引(ひ)っ越(こ)す 이사하다　なかなか 좀처럼
見(み)つかる 발견되다　住(す)む 살다
毎月(まいつき) 매월　駅(えき) 역　近(ちか)い 가깝다
気持(きも)ち 마음　終(お)わる 끝나다

03. 실전 대비 문제

✔정답

1	(1) ② (2) ③ (3) ① (4) ④ (5) ③
2	(1) ① (2) ② (3) ④ (4) ② (5) ③
3	(1) ④ (2) ② (3) ③ (4) ① (5) ②
4	(1) ② (2) ④ (3) ③ (4) ③ (5) ①
5	(1) ① (2) ③ (3) ④ (4) ② (5) ④

확인문제

➜ p.257

1 (1) ② (2) ③ (3) ① (4) ④ (5) ③

　일본은 어디라도 자동차가 많기 때문에 매우 위험합니다. 그래서 길을 건너는 여러분이 지켜야 하는 규칙이 많이 있습니다. 빨간불은 '멈춰, 가지 마', 노란불은 '주의해', 초록불은 '가'라고 하는 (1) 의미입니다. 여러분은 이 규칙을 잘 지키고 있습니까? 빨간불로 바뀌면 차가 다녀서 위험하니까, 건너지 말아 주세요. 건너면 사고를 당할지도 모릅니다. (2-a) 하지만 그것을 무시하고 행동하는 사람이 (2-b) 있기 때문에 사고를 당하거나 위험한 일이 일어나거나 하는 것입니다. 규칙은 지키기 위해서 있는 것이니까 반드시 지켜야 합니다.
　차를 운전하는 사람도 물론 안전운전을 하지 않으면 안 됩니다. 아이를 가진 부모는 더욱 (3) 주의할 필요가 있습니다. 아이에게 매일 차를 조심하도록 말해 주세요. 길에서 놀거나 하면 위험하다고. 아이는 차가 얼마나 위험한지 모르기 때문에 매일 말하는 편이 좋습니다. 집에서뿐만 아니라, 학교에서도 자동차의 편리함을 (4) 가르치면서 위험함도 가르쳐야 합니다. 몇 번이나 반복해서 교육하는 편이 좋겠죠. 아이는 앞으로의 사회를 지탱해 주는 중요한 존재이니까.
　자, 여러분. (5) 오른쪽과 왼쪽을 잘 보고 나서 길을 건넙시다.

　🔶어휘출전 自動車(じどうしゃ) 자동차　多(おお)い 많다
　あぶない 위험하다　道(みち) 길　渡(わた)る 건너다
　守(まも)る 지키다　規則(きそく) 규칙　赤(あか) 빨강
　止(と)まる 멈추다　동사 기본형 + ~な 강한 금지의 명령
　きいろ 노랑　注意(ちゅうい) 주의　みどり 초록
　意味(いみ) 의미　変(か)わる 바뀌다　車(くるま) 차
　通(とお)る 지나다　危険(きけん) 위험

事故(じこ)にあう 사고를 당하다
~かもしれない ~일지도 모른다　無視(むし) 무시
行動(こうどう) 행동　起(お)きる 일어나다
守(まも)る 지키다　運転(うんてん) 운전
安全運転(あんぜんうんてん) 안전운전　子(こ)ども 아이
持(も)つ 들다, 가지다　親(おや) 부모　もっと 더욱
気(き)をつける 주의하다　必要(ひつよう) 필요
毎日(まいにち) 매일　~だけでなく ~뿐만 아니라
便利(べんり) 편리　教(おし)える 가르치다
くりかえす 반복하다　教育(きょういく) 교육
ささえる 지탱하다　大事(だいじ)だ 중요하다
存在(そんざい) 존재

2 (1) ① (2) ② (3) ④ (4) ② (5) ③

　어제 우리 집에 도둑이 들어왔습니다. 열쇠를 채워 두었습니다만, 도둑은 열쇠를 부수고 들어온 것 같습니다. 새 열쇠를 산 것은 지난주로, 매우 (1) 튼튼한 것이라고 듣고 샀습니다만…. 내가 집에 돌아왔을 때는, 방과 책상 위는 매우 더러웠습니다. 하지만, 서랍 안에 있었던 돈은 도둑맞지 않았습니다만, 지난주에 사서 책상 위에 놓아둔 새 카메라는 도둑맞았습니다. (2-a) 또, 가방 안에 있었던 만년필도 (2-b) 없어졌습니다. 카메라에는 작년 여름방학에 친구와 함께 여행가서 찍은 사진이 들어 있습니다. 5년 만에 만난 고등학교 친구와 처음으로 홋카이도에 여행 가서 찍은 것입니다. (3) 두 번 다시 이런 기회가 없을 것으로 생각되기 때문에 매우 분합니다. 경찰에 바로 (4) 신고해서 조사 받았습니다만, 도둑이 남긴 것은 아무것도 없었습니다. 매우 튼튼한 열쇠를 채워도 도둑이 침입하니 앞으로 어떤 열쇠를 사용하면 좋을지 모르겠습니다. 경찰로부터도 요즘의 도둑은 머리가 좋기 때문에 스스로 주의할 수밖에 없다고 들었습니다. 하여튼 매우 (5) 기분이 나쁜 하루였습니다.

　🔶어휘출전 昨日(きのう) 어제　家(いえ) 집　どろぼう 도둑
　入(はい)る 들어오다　新(あたら)しい 새롭다
　先週(せんしゅう) 지난주　丈夫(じょうぶ)だ 튼튼하다
　かぎをかける 열쇠를 채우다　~ておく ~해 두다
　こわす 부수다　~ようだ ~인 것 같다
　帰(かえ)る 돌아오다　~とき ~때　部屋(へや) 방
　つくえ 책상　上(うえ) 위　汚(きたな)い 더럽다
　ひきだし 서랍　中(なか) 안　お金(かね) 돈
　ぬすむ 훔치다　買(か)う 사다　新(あたら)しい 새롭다
　万年筆(まんねんひつ) 만년필　なくなる 없어지다
　去年(きょねん) 작년　夏休(なつやす)み 여름방학
　友(とも)だち 친구　一緒(いっしょ)に 함께
　旅行(りょこう) 여행　とる 찍다　写真(しゃしん) 사진

〜ぶりに 〜만에　高校(こうこう) 고등학교　はじめて 처음

二度(にど)と 두 번 다시　機会(きかい) 기회

警察(けいさつ) 경찰　すぐ 바로

届(とど)ける 신고하다, 배달하다　調(しら)べる 조사하다

残(のこ)す 남기다　何(なに)も 아무것도

使(つか)う 사용하다　最近(さいきん) 최근　頭(あたま) 머리

注意(ちゅうい) 주의　気持(きも)ち 기분　悪(わる)い 나쁘다

一日(いちにち) 하루

---

3 (1) ④ (2) ② (3) ③ (4) ① (5) ②

　나는 남동생과 도쿄 근처에 살고 있습니다. 회사에서는 멉니다만, 역도 가깝고, 새 건물이고, 주위에 큰 슈퍼마켓도 있어서 편리합니다. 처음에는 회사에서 가까운 집을 빌리려고 했습니다. 하지만, 도쿄는 집세가 매우 비싸기 때문에, 지금의 수입으로는 빌릴 수 없었습니다. 그래서 지금, (1) 살고 있는 곳으로 정했습니다. 또, 여기는 넓고 깨끗한 공원도 있어서, 언제나 조깅이나 운동도 할 수 있기 때문에 여기로 정해서 (2) 다행이라고 생각하고 있습니다.

　남동생은 도쿄에 있는 대학에 다니고 있습니다. 올해 22살로, 내년에 졸업합니다. 대학을 나오면 무역 회사에서 일하고 싶다고 생각하고 있습니다만, 최근의 불경기로 좀처럼 좋은 회사가 (3) 발견되지 않는 것 같습니다. 전에는 집 근처에 있는 편의점에서 아르바이트를 했습니다만, 지금은 취직활동 때문에 쉬고 있습니다. 남동생은 (4-a) 만일 취직활동이 잘 (4-b) 되지 않으면, 아르바이트로 모은 돈으로, 친구와 함께 여행 가려고 생각하고 있는 것 같습니다. 나도 함께 여행 가고 싶습니다만, 회사 일이 바빠서 갈 수 없습니다. 열심히 일을 하거나 공부를 하거나 하는 것도 좋지만, 가끔은 여행 가서 여러 가지를 생각하거나 (5) 푹 쉬는 것도 좋은 경험이 되지 않을까 생각합니다.

어휘총정 弟(おとうと) 남동생　近(ちか)く 근처

　　　　〜に住(す)む 〜에(서) 살다　会社(かいしゃ) 회사

　　　　遠(とお)い 멀다　駅(えき) 역　新(あたら)しい 새롭다

　　　　まわり 주위　大(おお)きな 큰　便利(べんり)だ 편리하다

　　　　最初(さいしょ) 처음　会社(かいしゃ) 회사　家(いえ) 집

　　　　借(か)りる 빌리다　家賃(やちん) 집세

　　　　収入(しゅうにゅう) 수입　高(たか)い 비싸다　住(す)む 살다

　　　　決(き)める 결정하다　広(ひろ)い 넓다　きれいだ 깨끗하다

　　　　公園(こうえん) 공원　運動(うんどう) 운동

　　　　出来(でき)る 할 수 있다　大学(だいがく) 대학

　　　　〜に通(かよ)う 〜에 다니다　今年(ことし) 올해

　　　　〜才(さい) 〜살, 세　来年(らいねん) 내년

　　　　卒業(そつぎょう) 졸업　出(で)る 나오다

　　　　貿易(ぼうえき) 무역　会社(かいしゃ) 회사

　　　　働(はたら)く 일하다　最近(さいきん) 최근

　　　　不景気(ふけいき) 불경기　見(み)つかる 발견되다

家(いえ) 집　就職(しゅうしょく) 취직　活動(かつどう) 활동

休(やす)む 쉬다　ためる 모으다　一緒(いっしょ)に 함께

仕事(しごと) 일　忙(いそが)しい 바쁘다

一生懸命(いっしょうけんめい) 열심히

大事(だいじ)だ 중요하다　考(かんが)える 생각하다

ゆっくりする 푹 쉬다　経験(けいけん) 경험

4 (1) ② (2) ④ (3) ① (4) ③ (5) ①

　일본은 12월에 여러 가지를 합니다. 설날 때문에 모두 바쁜 것입니다. 회사에서는 1년을 반성하거나, 앞으로도 더욱 열심히 하도록 술을 마시러 가거나 합니다. (1) 일반적인(보통의) 가정에서는 집안을 청소한다던가 설날 요리를 만들기도 합니다. 어머니 혼자서는 힘드니까 (2) 집에 있는 모두가 돕습니다. 학교와 회사는 대개 29일 경부터 휴가에 들어갑니다. 그래서 어머니는 아이에게도 방을 (3) 치우게 하고, 요리를 거들게 하기도 합니다. 아버지도 어머니와 함께 쇼핑을 하거나 합니다. 어머니는 가족을 위해서, 맛있는 설날 요리를 열심히 만듭니다.

　12월 31일의 밤에는 모두 메밀국수를 먹습니다만, 그것은 가족 모두가 병에 걸리지 않고 장수할 수 있도록 하기 위한 것이라고 합니다. 1월 1일의 아침까지 가족 앞에서 자신의 꿈을 이야기하기도 하고, 재미있는 텔레비전 프로그램을 보기도 합니다. 설날에는 멀리 있는 가족이라도 대부분 고향에 돌아오기 때문에 매우 기쁩니다. 몇 년 만에 만나는 형제나 자식도 있기 때문에, 집은 (4-a) 마치 축제(4-b)와 같습니다. 아직 10월임에도 설날을 (5) 기대하고 있는 것은 저뿐일까요?

어휘총정 お正月(しょうがつ) 정월, 설날　会社(かいしゃ) 회사

　　　　反省(はんせい) 반성　がんばる 열심히 하다

　　　　お酒(さけ) 술　飲(の)む 마시다　普通(ふつう) 보통

　　　　家庭(かてい) 가정　掃除(そうじ) 청소　料理(りょうり) 요리

　　　　作(つく)る 만들다　無理(むり) 무리

　　　　手伝(てつだ)う 거들다, 돕다　だいたい 대체로

　　　　休(やす)み 쉼, 휴가　部屋(へや) 방

　　　　かたづける 치우다, 정리하다　一緒(いっしょ)に 함께

　　　　買(か)い物(もの) 쇼핑　家族(かぞく) 가족

　　　　一生懸命(いっしょうけんめい) 열심히　夜(よる) 밤

　　　　病気(びょうき) 병　生(い)きる 살다　朝(あさ) 아침

　　　　夢(ゆめ) 꿈　番組(ばんぐみ) 프로그램　遠(とお)い 멀다

　　　　田舎(いなか) 시골　帰(かえ)る 돌아오다

　　　　何年(なんねん) 몇 년　〜ぶりに 〜만에

　　　　兄弟(きょうだい) 형제　まるで 마치　祭(まつ)り 축제

　　　　楽(たの)しみ 기대, 낙

5 (1) ① (2) ③ (3) ④ (4) ② (5) ④

야마모토 선생님께

매일 춥습니다만, 선생님은 잘 지내십니까? 저는 일본에서의 유학이 끝나고 다음 주 태국으로 돌아갑니다. 여기서는 선생님께 여러 가지 신세를 졌습니다. 2년 전에 여기에 왔을 때, (1) 아무것도 모르는 저에게 일본이나 일본 문화 등을 친절하게 가르쳐 주신 것을 잘 기억하고 있습니다. 정말 고맙습니다.

(2) 그런데, 태국으로 돌아가면 자동차 공장에서 일할 생각입니다. 여기서 배운 새로운 자동차 기술을 살려서 하면 매우 (3) 도움이 될 것이라고 생각합니다. 또 이것을 태국의 여러분에게도 가르치려고 생각하고 있습니다. 모두 매우 기뻐하겠죠? 아직, 우리나라는 자동차를 만드는 기술은 가지고 있지 않기 때문에 (4-a) 수입만 하고 있지만, 이제 곧 (4-b) 수출도 할 수 있게 되겠죠?

기회가 있으면 한번 더 일본에 와 보고 싶습니다. 선생님이랑 같이 공부했던 여러분들을 (5) 꼭 만나고 싶습니다. 그때는 아내와 아이도 데리고 올 생각입니다. 가족은, 항상 일본에 가보고 싶다고 말했기 때문에 조만간 시간을 만들겠습니다.

그럼, 또 뵙는 날까지 몸 건강하세요. 안녕히 계십시오.

우와탕

어휘총정리
每日(まいにち) 매일　寒(さむ)い 춥다

先生(せんせい) 선생님　日本(にほん) 일본

留学(りゅうがく) 유학　終(お)わる 끝나다

来週(らいしゅう) 다음 주　帰(かえ)る 돌아가다

いろいろ 여러 가지　お世話(せわ)になる 신세를 지다

文化(ぶんか) 문화　ていねいに 친절하게

教(おし)える 가르치다　本当(ほんとう)に 정말로

自動車(じどうしゃ) 자동차　工場(こうじょう) 공장

働(はたら)く 일하다　習(なら)う 배우다

新(あたら)しい 새롭다　技術(ぎじゅつ) 기술

生(い)かす 살리다　たいへん 매우

役(やく)に立(た)つ 도움이 되다

동사 의지형 + ～と思(おも)う ～하려고 생각하다

よろこぶ 기쁘다　国(くに) 나라　自動車(じどうしゃ) 자동차

作(つく)る 만들다　輸入(ゆにゅう) 수입　もうすぐ 이제 곧

輸出(ゆしゅつ) 수출　機会(きかい) 기회

一度(いちど) 한 번　一緒(いっしょ)に 함께

勉強(べんきょう) 공부　ぜひ 꼭　会(あ)う 만나다

家内(かない) 아내　子(こ)ども 아이　連(つ)れる 동반하다

近(ちか)い 가깝다　～うちに ～동안에　日(ひ) 날

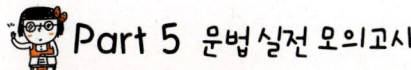

Part 5 문법 실전 모의고사

제1회 실전 모의고사
➜ p.264

✓**정답**

1 ①	2 ②	3 ④	4 ①	5 ③
6 ③	7 ④	8 ④	9 ③	10 ③
11 ①	12 ②	13 ④	14 ④	15 ③
16 ③	17 ③	18 ③	19 ③	20 ④
21 ③	22 ④	23 ②		

問題 1

1 ① ～につれて ～함에 따라
심리학의 연구를 함에 따라 점점 남성과 여성의 차이가 재미있어졌다.

어휘총정리 心理学(しんりがく) 심리학　研究(けんきゅう) 연구
ますます 점점　男性(だんせい) 남성　女性(じょせい) 여성
差(さ) 차이　おもしろい 재미있다

2 ② ～にかぎって ～에 한해서
바쁜 날에 한해서 버스나 택시가 안 오는 것은 왜일까?

어휘총정리 急(いそ)ぐ 서두르다　日(ひ) 날

3 ④ ～しないばかりか ～하지 않을 뿐만 아니라
친구는 수업시간에 공부하지 않을 뿐만 아니라 자기만 한다.

어휘총정리 授業(じゅぎょう) 수업　勉強(べんきょう) 공부
～てばかりいる ～하기만 하다

4 ① 동사 사역형 + ～ていただく ～하겠다(겸양표현)
좀 추우니 창문을 닫겠습니다.

어휘총정리 寒(さむ)い 춥다　窓(まど) 창문　閉(し)める 닫다

5 ③ ～てから ～하고 나서
우선, 선생님의 의견을 듣고 나서 결정하겠습니다.

어휘총정리 まず 우선　意見(いけん) 의견　決(き)める 정하다

6 ③ どのくらい 어느 정도
당신 회사의 여름휴가는 어느 정도 있습니까?

어휘총정리 会社(かいしゃ) 회사　夏休(なつやす)み 여름방학, 여름휴가

7 ④ ～だけに ～인 만큼
A "미국에 3년간 살았던 만큼 영어를 잘하는군요."
B "아뇨, 그렇지 않습니다."

어휘총정리 ～年間(ねんかん) ～년간　住(す)む 거주하다
上手(じょうず)だ 잘하다

8 ④ 〜すればいいのだろうが ~하면 좋을 것 같습니다만

A "뭔가 고민이라도 있습니까?"

B "아, 예. 친한 친구와 싸움을 해서…."

A "그렇습니까? 흠, 하지만 화해하는 편이 좋지 않습니까?"

B "그렇게 하면 좋을 것 같습니다만, 별로 하고 싶지 않습니다."

> **어휘총전** 悩(なや)み 고민　親(した)しい 친하다　友(とも)だち 친구
> 仲直(なかなお)り 화해

9 ③ 타동사 + 〜てある 상태 표현

방에 큰 가방이 놓여 있습니다.

> **어휘총전** 部屋(へや) 방　おく 두다, 놓다

10 ③ 〜させないでください ~시키지 말아 주세요

휴일이니까 그렇게 일을 시키지 말아 주세요. 부탁합니다.

> **어휘총전** 休日(きゅうじつ) 휴일　仕事(しごと) 일

11 ① い형용사 어간 + 〜くなる ~하게 되다／동사 ます형 + すぎる 지나치게 ~하다

짝사랑하는 좋아하는 사람이 있습니다만, 좋아하는 마음이 너무 강해져서 괴롭습니다.

> **어휘총전** 片想(かたおも)い 짝사랑　気持(きも)ち 마음
> 強(つよ)い 강하다　つらい 괴롭다

12 ② 〜あるのかについて ~있는 것인가에 대해서

어디에 고장의 원인이 있는 것인가에 대해서 상세히 조사했다.

> **어휘총전** 故障(こしょう) 고장　原因(げんいん) 원인
> 詳(くわ)しい 상세하다　調(しら)べる 조사하다

13 ④ 동사 기본형 + 〜ようになる ~하게 되다／〜てから ~하고 나서

있는 그대로의 자신을 좋아할 수 있게 되고 나서, 나의 인생은 바뀌었습니다.

> **어휘총전** ありのまま 있는 그대로　人生(じんせい) 인생
> 変(か)わる 변하다, 바뀌다

問題 2

14 ④ 昨日友だちと一緒に 乗った タクシーの運転手は とても親切でした。

어제 친구와 함께 탄 택시의 운전사는 매우 친절했습니다.

> **어휘총전** 昨日(きのう) 어제　友(とも)だち 친구
> 一緒(いっしょ)に 함께　乗(の)る 타다
> 運転手(うんてんしゅ) 운전사　親切(しんせつ) 친절

15 ③ 夕べ、屋上で見た 星は 言葉では 言い表せな

いほどとてもきれいでした。

어젯밤 옥상에서 본 별은 말로는 표현할 수 없을 만큼 매우 예뻤습니다.

> **어휘총전** 夕(ゆう)べ 어젯밤　屋上(おくじょう) 옥상　星(ほし) 별
> 言葉(ことば) 말　言(い)い表(あらわ)す 표현하다

16 ① 鏡に映った 彼の 顔は 怖くて 見ていられなかった。

거울에 비친 그의 얼굴은 무서워서 보고 있을 수 없었다.

> **어휘총전** 鏡(かがみ) 거울　映(うつ)る 비치다　顔(かお) 얼굴
> 怖(こわ)い 무섭다

17 ③ おい、君。ひまならここに ちらかっている ゴミとかを きれいにかたづけなさいよ。

A "뭔가 할 일이 없을까?"

B "어이, 자네. 한가하다면 여기에 널브러져 있는 쓰레기 등을 깨끗하게 치워."

> **어휘총전** 君(きみ) 너, 자네　ちらかる 흩어지다, 널리다, 널브러지다
> かたづける 치우다, 정리하다

18 ③ 私もいつも 迷惑ばかり かけているので 夕食でもおごろうと思っています。

A "그에게는 미안한 마음뿐입니다."

B "그렇습니다. 저도 항상 폐만 끼치고 있어서 저녁이라도 한 턱 내려고 생각하고 있습니다."

> **어휘총전** すまない 미안하다　気持(きも)ち 마음
> 迷惑(めいわく)をかける 폐를 끼치다
> 夕食(ゆうしょく) 저녁밥　おごる 한 턱 내다

問題 3

유학 생활의 고생

　나는 일본의 음악 등을 좋아해서, 고등학생 때부터 일본어 공부를 시작했습니다. 취미로 시작했습니다만, 대학에 들어가고 나서부터는 유학하고 싶다고 생각하게 되어, 2005년 봄부터 2년간, 유학했습니다.

　유학 생활을 시작하기 전에는, 일본에서의 생활을 19 기대하여, 가슴이 벅찼습니다. 실제로 일본에 와서 생활해 보면, 생각했던 것보다 힘들어서, 20 고생했습니다.

　21 그런데, 지금까지 혼자서 생활한 적이 없기 때문에, 혼자서 집안일도 하면서 공부하는 생활의 어려움에 좀처럼 익숙해지지 않았습니다. 때때로 외로워서 혼자서 방에 틀어박혀 운 적도 있었습니다. 또, 일본인은, 혼자서 식사를 하거나, 친구끼리인데도 각자 부담을 하거나, 이해할 수 없는 것도 많이 있었습니다.

　지금은 친구와 이야기할 때 등, 2년간이라는 유학기간 동

안 자신도 일본인 같은 <u>22</u> <u>생각</u>을 하는 느낌이 들 때도 있을 정도입니다. 힘들었을 때도 있었지만, 꼭 다른 사람에게도 <u>23</u> <u>권유하고 싶다</u>고 생각합니다.

어휘출전 音楽(おんがく) 음악　高校生(こうこうせい) 고등학생
日本語(にほんご) 일본어　勉強(べんきょう) 공부
始(はじ)める 시작하다　趣味(しゅみ) 취미
大学(だいがく) 대학　留学(りゅうがく) 유학　春(はる) 봄
~年間(ねんかん) ~년간　生活(せいかつ) 생활
期待(きたい) 기대　胸(むね)いっぱい 가슴이 벅참
実際(じっさい)に 실제로　大変(たいへん)だ 힘들다
苦労(くろう) 고생　一人暮(ひとりぐ)らし 혼자서 생활함
家事(かじ) 가사　慣(な)れる 익숙해지다
時々(ときどき) 때때로　寂(さび)しい 외롭다　部屋(へや) 방
こもる 틀어박히다　泣(な)く 울다　食事(しょくじ) 식사
同士(どうし) 같은 무리　ワリカン 각자 부담
理解(りかい) 이해　期間(きかん) 기간　間(あいだ) 동안
考(かんが)え方(かた) 사고방식　気(き)がする 느낌이 들다
他(ほか) 다른　すすめる 권유하다

제2회 실전 모의고사　→ p.268

정답

1 ④	2 ③	3 ①	4 ④	5 ③
6 ①	7 ②	8 ④	9 ②	10 ①
11 ②	12 ③	13 ②	14 ①	15 ①
16 ④	17 ②	18 ①	19 ③	20 ①
21 ④	22 ②	23 ①		

問題 1

1 ④ ~をとわず ~을 불문하고
우리 회사에는 남녀를 불문하고 누구라도 들어올 수가 있습니다.

어휘출전 会社(かいしゃ) 회사　男女(だんじょ) 남녀　誰(だれ) 누구

2 ③ ~のわりに ~에 비해
그녀의 어머니는 나이에 비해 10살은 젊어 보인다.

어휘출전 年(とし) 나이　~才(さい) ~세　若(わか)い 젊다
見(み)える 보이다

3 ① ~ように ~하도록
모두에게 잘 들리도록 큰 소리로 이야기해 주세요.

어휘출전 聞(き)こえる 들리다　声(こえ) 목소리
話(はな)す 이야기하다

4 ④ ~かい ~니?(의문)
그에 대한 이야기를 너도 들었니?

어휘출전 君(きみ) 너, 자네　聞(き)く 듣다

5 ③ お + 동사 ます형 + ください 존경표현
손님, 여기서 잠시 기다려 주세요.

어휘출전 お客(きゃく)さま 손님　待(ま)つ 기다리다

6 ① ~の ~것(명사절– 忘れる는 항상 の를 수반함)
그와 약속한 것을 잊고 있었다.

어휘출전 約束(やくそく) 약속　忘(わす)れる 잊다

7 ② ~ごとに ~마다
A "전철은 언제 옵니까?"
B "1시간마다 옵니다."

어휘출전 電車(でんしゃ) 전철

8 ④ ~ことになる ~하게 되다
A "야마다 씨는 어떻게 하시겠습니까?"
B "저도 모두와 함께 가게 되었습니다."

어휘출전 なさる する(하다)의 존경어

9 ② ~ようになってからは ~하게 되고 나서부터는
매일 운동하게 되고 나서부터는 거의 감기를 들지 않게 되었습니다.

어휘출전 毎日(まいにち) 매일　運動(うんどう) 운동
風邪(かぜ)をひく 감기 들다

10 ① い형용사 어간 + ~くするためには ~하게 하기 위해서는
설탕은 요리를 맛있게 하기 위해서는 뺄 수 없는 재료의 하나입니다.

어휘출전 砂糖(さとう) 설탕　料理(りょうり) 요리　欠(か)かす 빼다
材料(ざいりょう) 재료

11 ② な형용사 어간 + ~そうに見(み)える ~한 듯이 보이다
병원의 선생님은 언뜻 보면 친절한 듯이 보였습니다만, 조금 질문하면 "모른다"고 말했습니다.

어휘출전 病院(びょういん) 병원　先生(せんせい) 선생님
一見(いっけん) 한 번 봄, 언뜻 봄　親切(しんせつ) 친절
少(すこ)し 조금　質問(しつもん) 질문

12 ③ ~したかというと ~했는가 하면
왜 싸움을 했는가 하면, 그것은 정말로 작은 것이 계기였습니다.

어휘출전 本当(ほんとう)に 정말로　きっかけ 계기

13 ② やらなくてもいいような ～하지 않아도 되는 듯한
부장님의 지시는 있었지만, 잘 생각하면 내가 하지 않아도
되는 듯한 느낌도 들었다.

> 어휘총정 部長(ぶちょう) 부장　指示(しじ) 지시
> 考(かんが)える 생각하다　気(き)がする 느낌이 들다

問題 2

14 ① 今回の試験に 合格した人は 5人に すぎない
と先生がおっしゃった。
이번 시험에 합격한 사람은 5명에 지나지 않는다고 선생님
이 말씀하셨다.

> 어휘총정 今回(こんかい) 이번　試験(しけん) 시험
> 合格(ごうかく) 합격　～にすぎない ～에 지나지 않다
> おっしゃる 言(い)う(말하다)의 존경어

15 ① 彼みたいな人に かわいい恋人が いるなんて
とても信じられません。
그와 같은 사람에게 귀여운 애인이 있다니, 도저히 믿을 수
없습니다.

> 어휘총정 恋人(こいびと) 애인　とても 도저히　信(しん)じる 믿다

16 ④ 一週間も 夜遅くまで 仕事をして 今は 眠くて
たまらないです。
일주일이나 밤늦게까지 일을 해서 지금은 졸려서 견딜 수
없습니다.

> 어휘총정 一週間(いっしゅうかん) 일주일　夜遅(よるおそ)く 밤늦게
> 仕事(しごと) 일　眠(ねむ)い 졸리다
> ～てたまらない ～해서 견딜 수 없다, 매우 ～하다

17 ② いくら考えても わからない問題が いくつか あ
ってたいへんでした。
A "어제 시험은 어떠했습니까?"
B "글쎄요. 아무리 생각해도 모르는 문제가 몇 갠가 있어서
힘들었습니다."

> 어휘총정 昨日(きのう) 어제　試験(しけん) 시험
> 考(かんが)える 생각하다　問題(もんだい) 문제
> たいへんだ 힘들다

18 ① 子供の時、5年間アメリカで親 といっしょに
住んだことが あるそうです。
A "요시모토 씨는 영어를 잘 하는군요."
B "그래요. 어릴 때 5년간 미국에서 부모님과 함께 산 적이
있다고 합니다."

> 어휘총정 英語(えいご) 영어　上手(じょうず)だ 능숙하다
> ～年間(ねんかん) ～년간　親(おや) 부모
> 住(す)む 거주하다

問題 3

나는 직장에서의 괴롭힘을 참을 수 없어서 일을 그만둔 적
이 있습니다. 그곳은 여자들만 있는 직장이었습니다. 입사
한지 얼마 안 되는 저는 가장 연장자인 선배에 대해서 일
을 19 배우고 있었습니다. 선배는 친절한 척하는 것을 매
우 잘하는 사람이었습니다. 손님이 오면 "내가 할 테니깐,
하던 일 계속해!"라든지, 청소를 시작하면 도와주기도 하였
기에, 친절한 사람이구나 라고 생각하고 있었습니다만, 상
사에게 "손님이 와도 알아채지 못한다", "스스로 일을 하지
않는다", "청소를 엉성하게 한다", "일하는 것이 느려서 내
가 도와주고 있다"라고, 20 말했었다고 합니다. 처음엔 어
디에서나 있는 남을 괴롭히는 행동이겠지 라고 생각해서 신
경을 쓰지 않았습니다. 21-a 하지만, 점점 21-b 심해져서,
제 일이 아닌 일을 가지고 와서 그것을 다 못하면 집에 돌
아갈 수 없어"라는 느낌으로 말하거나 했습니다.

그러한 날이 계속되면서, 역시 몸 상태가 나빠져 매일 아
침 토할 것 같은 심정의 출근이 되었습니다. 몸 상태가 나
빠지자, 일의 집중력이 없어져서, 22 아무 것도 할 수 없게
되었습니다.

그 후, 저를 도와준 다른 선배가 잘리는 형태로 직장을 그
만두게 되고 나서 더욱더, 힘든 일이 있었습니다. 물론 지
금은 그 회사를 그만두고 자신에게 맞는, 또한 23 인간관
계도 별로 신경 쓰지 않는 회사에 다니고 있습니다. 그 때는
정말로 힘들었기 때문에 지금은 생각하고 싶지도 않습니다.

> 어휘총정 職場(しょくば) 직장　いじめ 괴롭힘
> 我慢(がまん)する 참다　仕事(しごと) 일
> 辞(や)める 그만두다　入(はい)る 들어오다
> 一番(いちばん) 가장　年上(としうえ) 연상
> 先輩(せんぱい) 선배　覚(おぼ)える 익히다, 배우다
> ～ふり ～척　お客(きゃく) 손님　続(つづ)ける 계속하다
> 掃除(そうじ) 청소　始(はじ)める 시작하다
> 手伝(てつだ)う 거들다, 돕다　親切(しんせつ) 친절
> 気(き)が付(つ)く 알아차리다　ざつだ 엉망이다
> 遅(おそ)い 느리다　最初(さいしょ) 처음, 최초
> いやがらせ 짓궂게 남을 괴롭히는 일
> 気(き)にする 신경 쓰다　ひどい 심하다
> 帰(かえ)る 돌아가다　感(かん)じ 느낌　日(ひ) 날
> 体調(たいちょう) 몸 상태, 컨디션　毎朝(まいあさ) 매일아침
> はく 토하다　出勤(しゅっきん) 출근
> 集中力(しゅうちゅうりょく) 집중력　何(なに)も 아무 것도

その後(ご) 그 후　形(かたち) 형태　仕事場(しごとば) 직장
去(さ)る 떠나다　大変(たいへん)だ 힘들다
人間関係(にんげんかんけい) 인간관계　通(かよ)う 다니다
本当(ほんとう)に 정말로　思(おも)い出(だ)す 떠올리다

제3회 실전 모의고사

→ p.272

✓정답

1 ③	2 ④	3 ②	4 ③	5 ④
6 ①	7 ④	8 ③	9 ④	10 ④
11 ①	12 ③	13 ②	14 ③	15 ④
16 ④	17 ②	18 ②	19 ③	20 ①
21 ④	22 ③	23 ②		

問題 1

1 ③ 〜のあまり ~한 나머지
여동생이 대학시험에 합격했다고 들어서 기쁜 나머지 방안에서 점프했다.

어휘총전 妹(いもうと) 여동생　大学(だいがく) 대학
試験(しけん) 시험　合格(ごうかく) 합격　部屋(へや) 방

2 ④ 〜にかぎって ~에 한해서
성실한 그 사람에 한해서 그런 일을 할 리가 없습니다.

어휘총전 まじめだ 성실하다　〜はずがない ~할 리가 없다

3 ② 〜にこたえて ~에 부응해서
여러분의 요구에 부응해서 가격을 30% 내렸습니다.

어휘총전 要求(ようきゅう) 요구　値段(ねだん) 가격
下(さ)げる 내리다

4 ③ 〜というより ~라고 하기보다
이것은 약이라고 하기보다 달콤한 주스 같군요.

어휘총전 薬(くすり) 약　甘(あま)い 달다

5 ④ どんな〜ても(でも) 어떤 ~라도
어떤 힘든 일이 있어도 두 사람이 함께라면 문제 없다고 생각해.

어휘총전 大変(たいへん)だ 힘들다　大丈夫(だいじょうぶ)だ 문제 없다

6 ① 동사 사역형 + 〜てください ~하게 해 주세요
선생님, 죄송합니다만, 좀 더 생각하게 해 주세요.

어휘총전 考(かんが)える 생각하다

7 ④ お + 동사 ます형 + です 존경 표현
부장님, 조금 전부터 기무라 씨라는 분이 기다리십니다.

어휘총전 部長(ぶちょう) 부장　さっき 조금 전　方(かた) 분
待(ま)つ 기다리다

8 ③ 〜くらい ~정도
A "모두 기다리고 있지요?"
B "예, 두 시간 정도 기다리고 있습니다."

어휘총전 待(ま)つ 기다리다

9 ④ 〜に違(ちが)いない ~임에 틀림 없다
A "조금 전의 분은 노무라 씨죠?"
B "예, 코에 수염이 있으니까 노무라 씨임에 틀림 없습니다."

어휘총전 鼻(はな) 코　ひげ 수염

10 ④ 〜にすぎないといっても ~에 지나지 않는다고 해도
말은 마음의 표현임에 지나지 않는다고 해도 그만큼 중요한 것은 없다.

어휘총전 言葉(ことば) 말　心(こころ) 마음　表現(ひょうげん) 표현
大切(たいせつ)だ 중요하다

11 ① 〜ができるようになって ~을 할 수 있게 되고 나서
수영을 할 수 있게 되고 나서, 매일처럼 풀장에 다니고 있다.

어휘총전 水泳(すいえい) 수영　毎日(まいにち) 매일
通(かよ)う 다니다

12 ③ 자동사 명사형 + する ~하게 되다
일본은 자원은 적지만 무역을 통해서 발전해 왔습니다.

어휘총전 資源(しげん) 자원　少(すく)ない 적다　貿易(ぼうえき) 무역
〜を通(つう)じて ~을(를) 통해서　発展(はってん) 발전

13 ② 가능동사 ます형 + 〜そうもない ~할 수 있을 것 같지도 않다
올해 여름도 일이 바빠서 바다에는 갈 수 있을 것 같지도 않다.

어휘총전 今年(ことし) 올해　夏(なつ) 여름　仕事(しごと) 일
忙(いそが)しい 바쁘다　海(うみ) 바다

問題 2

14 ③ ここでは タバコをすっても かまわないが 公園
や 待合室ではだめなんです。
여기서는 담배를 피워도 상관없지만, 공원이나 대합실에서는 안 됩니다.

어휘총전 タバコをすう 담배를 피우다　公園(こうえん) 공원
待合室(まちあいしつ) 대합실

15 ③ 友だちのお願いで やってみる ことにしたが 今もあまりやりたくないです。
친구의 부탁으로 해 보기로 했습니다만, 지금도 별로 하고 싶지 않습니다.

> **어휘총전** 友(とも)だち 친구　お願(ねが)い 부탁
> ~ことにする ~하기로 하다

16 ③ 日本へ来たばかりの 彼が できることは 何も ないと思うからみんなで手伝いましょう。
일본에 온 지 얼마 되지 않은 그가 할 수 있는 일은 아무것도 없다고 생각하니까 다같이 도웁시다.

> **어휘총전** 동사 과거형 + ~ばかり 막 ~하다　手伝(てつだ)う 돕다

17 ③ ここをまっすぐ行くと 大きな橋が あるから そ こを右に曲がるとあります。
A "저, 실례합니다. 중앙우체국은 어디에 있습니까?"
B "이곳을 똑바로 가면 큰 다리가 있으니 거기를 오른쪽으로 돌면 있습니다."

> **어휘총전** 中央(ちゅうおう) 중앙　郵便局(ゆうびんきょく) 우체국
> 橋(はし) 다리　右(みぎ) 오른쪽　曲(ま)がる 돌다

18 ② 先週ぼくの 誕生日だったので プレゼント とし て 彼女からもらいました。
A "매우 멋진 넥타이군요."
B "아, 예. 지난주 제 생일이어서 선물로 여자친구한테 받았습니다."

> **어휘총전** 先週(せんしゅう) 지난주　誕生日(たんじょうび) 생일

問題 3

여러분은 고민이 있을 때 어떻게 해결합니까? 물론 사람에 따라 다르다고 생각합니다만, 혼자서 고민만 하고 있는 사람도 있고, 자신의 주위에 있는 조언을 할 수 있는 사람에게 상담하는 사람도 있겠지요. 뭐, 저는 어느 쪽이든 좋다고 생각합니다만, 만약 이 고민에 관한 일로 19 주위 사람에게 폐를 끼치고 있는 것은 아닐까 생각해 보세요.
자신의 고민은 자신의 것이기 때문에 다른 사람에게 강요해서는 안 됩니다. 20 즉, "자신은 이렇게 힘든데 어째서 너만은 편한 거야?"라고 말하는 기분으로 있어서는 안 되는 것입니다. 단지 상대방에게 상담하는 것만이라면 괜찮지만, 그 고민거리로 상대방을 괴롭히면 안 되는 것입니다.
자주 볼 수 있는 광경입니다만, 자신의 고민으로, 하루에 몇 번이나 상담하러 오는 사람이 있습니다. 처음에는 그것을 상담하는 쪽도 21 기꺼이 그것에 응하겠지요. 그러나, 그것이 몇 번이나 반복되면 질려 버리고, 자신도 뭔가 고민이 있는 것 같이 22 생각되어 버리는 것입니다. 그것을 나

중에 깨닫게 되면 그 사람과는 만나고 싶지 않다고 생각되어질 것입니다. 그렇게 되면 고민을 가지고 있었던 사람은 자신의 고민도 해결 못하고 소중한 사람과 만날 수 없게 되는 23 결과가 됩니다. 이것을 알 수 있다면 다행입니다만, 대체로 모르는 사람이 많기 때문에 문제가 되는 것입니다.
여러분, 고민이 있는 것에 이렇다 저렇다고는 말할 수 없지만, 그 일로 사람을 괴롭히지 말아 주세요.

> **어휘총전** 皆(みな)さん 여러분　悩(なや)み 고민
> 解決(かいけつ) 해결　違(ちが)う 다르다
> 悩(なや)む 고민하다　~てばかりいる ~하기만 하다
> 周(まわ)り 주변　出来(でき)る 할 수 있다
> 相談(そうだん) 상담　もしかして 혹시
> 迷惑(めいわく)をかける 폐를 끼치다
> 考(かんが)える 생각하다　強要(きょうよう) 강요
> つまり 즉　大変(たいへん)だ 힘들다　楽(らく)だ 편하다
> 気持(きも)ち 기분, 마음　ただ 단지　相手(あいて) 상대방
> けっこうだ 괜찮다　いじめる 괴롭히다　光景(こうけい) 광경　何回(なんかい) 몇 번　最初(さいしょ) 처음　側(がわ) 측
> よろこんで 기꺼이　応(おう)じる 부응하다
> 繰(く)り返(かえ)す 반복하다　あきる 질리다
> ~だって ~역시, ~라도
> 後(あと)で 나중에　気(き)づく 알아차리다
> 大事(だいじ)だ 소중하다　結果(けっか) 결과
> だいたい 대체로

제4회 실전 모의고사
➡ p.276

> **정답**
> | 1 ② | 2 ① | 3 ③ | 4 ① | 5 ③ |
> |---|---|---|---|---|
> | 6 ② | 7 ① | 8 ③ | 9 ③ | 10 ② |
> | 11 ① | 12 ③ | 13 ④ | 14 ② | 15 ③ |
> | 16 ③ | 17 ③ | 18 ③ | 19 ③ | 20 ④ |
> | 21 ④ | 22 ④ | 23 ① | | |

問題 1

1 ② ~ことだ ~하는 편이 좋다, ~해야 한다
일본어가 능숙해지기 위해서는 매일 연습해야 한다.

> **어휘총전** 上手(じょうず)だ 능숙해지다　毎日(まいにち) 매일
> 練習(れんしゅう) 연습

2 ① ~にたいして ~에 대해서
친구는 선배에 대해서 좋은 이미지를 가지고 있는 것 같습니다.

> **어휘총전** 先輩(せんぱい) 선배

3 ③ 〜はもちろん ~은 물론
그녀는 가수로서 남성은 물론 여성에게도 인기가 있다.

어휘총정리 歌手(かしゅ) 가수 〜として 〜로서 男性(だんせい) 남성
女性(じょせい) 여성 人気(にんき) 인기

4 ① 〜ほどではない ~정도(만큼)은 아니다
야마다 씨는 테니스를 잘 하지만, 선수였던 노구치 씨만큼
은 아니다.

어휘총정리 選手(せんしゅ) 선수

5 ③ 사역수동(나를 기다리게 한 피해와 기다리게 만든 원인제공)
이렇게 더운 날에 역 앞에서 그녀를 1시간이 기다리게 해서
열 받았다.

어휘총정리 暑(あつ)い 덥다 日(ひ) 날 駅前(えきまえ) 역 앞
頭(あたま)にくる 열 받다

6 ② まいる 行(い)く(가다)／来(く)る(오다)의 겸양어(사물에도
사용 가능)
이제 곧 전철이 들어옵니다. 주의해 주세요.

어휘총정리 まもなく 이제 곧 電車(でんしゃ) 전철
気(き)をつける 주의하다

7 ① 동사 부정형 + 〜ないでください ~하지 말아 주세요
A "이 그림 매우 멋지군요. 당신이 그렸습니까?"
B "아뇨, 선생님입니다. 그러니 만지지 말아 주세요."

어휘총정리 絵(え) 그림 描(か・えが)く 그리다 さわる 만지다

8 ③ 동사 의지형 + 〜と思(おも)う ~하려고 생각하다
A "당신도 모두와 함께 바다에 갑니까?"
B "예, 휴가를 잡아 가려고 생각하고 있습니다."

어휘총정리 海(うみ) 바다 休(やす)みをとる 휴가를 잡다

9 ③ …ば〜ほど …(하)면 ~(할)수록／言(い)われる 다른 사람
으로부터 말을 듣다
공부라는 것은 "해"라고 들으면 들을수록 하려는 마음이 없
어져 버린다.

어휘총정리 勉強(べんきょう) 공부 やる気(き) 의욕

10 ② なくなってしまうだろう 없어져 버릴 것이다
아이는 원하지 않는 것도 아니지만, 아이가 태어나면 부부
두 사람만의 생활은 없어져 버릴 것이다.

어휘총정리 子供(こども) 아이 生(う)まれる 태어나다
夫婦(ふうふ) 부부

11 ① 현재 진행형 + 〜ところだ ~하는 중이다
미국 유학을 위해서 비자를 신청하려고 하는 중입니다.

어휘총정리 留学(りゅうがく) 유학 申請(しんせい) 신청

12 ③ 〜ほどでもない ~정도는 아니다
고민이라고 말할 정도는 아닙니다만, 결혼에 대해서 질문이
있습니다.

어휘총정리 悩(なや)み 고민 結婚(けっこん) 결혼 質問(しつもん) 질문
ございます あります(있습니다)의 정중한 표현

13 ④ なくてもいいのですが 없어도 좋습니다만.
필기도구는 없어도 좋습니다만, 가능하면 들고 와 주세요.

어휘총정리 筆記(ひっき) 필기 道具(どうぐ) 도구 持(も)つ 들다, 가지다

問題 2

14 ② お酒を毎日 飲み続けるのは 体によくないから
たまには飲まないようにしてください。
술을 매일 계속 마시는 것은 몸에 좋지 않으니까 가끔은 마
시지 않도록 해 주세요.

어휘총정리 お酒(さけ) 술 毎日(まいにち) 매일
飲(の)み続(つづ)ける 계속 마시다 体(からだ) 몸
〜ないようにする 〜하지 않도록 하다

15 ③ 会社の前とても よさそうな 映画館が できた
から行ってみませんか。
회사 앞에 매우 좋을 것 같은 영화관이 생겼으니 가 보지 않
겠습니까?

어휘총정리 会社(かいしゃ) 회사 映画館(えいがかん) 영화관
できる 생기다

16 ③ 宿題は来週の 水曜日までに 一人も 残さず出
してください。
숙제는 다음 주 수요일까지 한 명도 빠짐없이 제출해 주세요.

어휘총정리 宿題(しゅくだい) 숙제 来週(らいしゅう) 다음 주
水曜日(すいようび) 수요일 残(のこ)す 남기다
出(だ)す 내다, 제출하다

17 ② ぼくは汗をかいたので つめたい ビールと 定食
にします。
A "나는 배가 고프니까 라면 정식으로 하겠습니다."
B "나는 땀을 흘려서 차가운 맥주와 정식으로 하겠습니다."

어휘총정리 お腹(なか)がすく 배가 고프다 定食(ていしょく) 정식
汗(あせ)をかく 땀을 흘리다 つめたい 차갑다

18 ③ 先生がみんなで手で感じながら どんなものか
について レポートを 書きなさいと言ってまし
たよ。

85

A "여기에 있는 것은 절대 만지지 마!"
B "왜요? 선생님이 다 같이 손으로 느끼면서 어떤 것인가에 대해서 리포터를 쓰라고 말했습니다."

> **어휘총전** 絶対(ぜったい) 절대　さわる 만지다
> 동사 기본형 + ～な 강한 금지의 명령　手(て) 손
> 感(かん)じる 느끼다　書(か)く 쓰다

問題 3

나에게는 사귄 지 1년이 되는 남자친구가 있습니다. 우린 서로 대학생이고, 그는 고향집에서 살고 저는 지방에서 상경해서 혼자서 살고 있습니다.

제가 혼자 살고 있어 자유롭기 때문에 데이트를 하고 돌아오는 길엔 [19] 반드시 우리 집에 들르거나 자주 놀러 오거나 합니다. 한 달에 한번 정도 제가 저녁식사를 손수 만들어 대접하는 경우가 있습니다. 그땐 그도 기뻐하며 아침부터 기분이 좋아 보입니다. 그러나 그런 그에게 [20] 신경이 쓰이는 일이 있습니다.

우리 집에 오는 도중에 편의점이 있는데 그는 간단한 선물을 가지고 오지 않습니다. 제 생각에는 다른 사람의 집에 대접을 받으러 가는데 커피 1병이라도 간단한 선물을 사 와 줘도 좋을 텐데…라며 [21] 불만스럽게 생각하게 됩니다. 식사를 대접받지 않더라도, 다른 사람의 집에 방문하는데 아무것도 가지고 가지 않는 것은 이상하지 않습니까? 이제 그런 것은 하나하나 가르쳐 주지 않아도 [22] 알 수 있는 일이라고 생각합니다.

그는 데이트에서도 전부 사주지 않고, 가끔씩 커피나 식사는 사 줍니다. 여자친구의 집에 식사를 얻어먹으러 가는데 빈손으로 오는 남자친구. 지금까지 만난 사람 중에서 최악이라고 [23] 생각하면서도 그와는 헤어지고 싶지 않습니다.

> **어휘총전** 付(つ)き合(あ)う 사귀다　お互(たが)い 서로
> 大学生(だいがくせい) 대학생
> 実家(じっか) 본집, 부모와 같이 사는 집　暮(く)らす 생활하다　地方(ちほう) 지방　上京(じょうきょう) 상경
> 一人暮(ひとりぐ)らし 혼자서 생활함　自由(じゆう) 자유
> 帰(かえ)り 귀가　かならず 반드시　寄(よ)る 들르다
> 月(つき)に一回(いっかい) 한 달에 한번
> 夕(ゆう)ご飯(はん) 저녁밥
> 手料理(てりょうり) 손수 만든 요리　作(つく)る 만들다
> ごちそうする 대접하다　よろこぶ 기뻐하다　朝(あさ) 아침
> 気持(きも)ち 기분　気(き)になる 신경 쓰이다
> 途中(とちゅう) 도중　手土産(てみやげ) 다른 사람 집에 방문할 때 들고 가는 가벼운 선물　持(も)つ 들다, 가지다
> 考(かんが)え 생각　買(か)う 사다
> 不満(ふまん) 불만　訪問(ほうもん) 방문

何(なに)も 아무것도　おかしい 이상하다
いちいち 일일이　教(おし)える 가르치다
分(わ)かる 알다　おごる 한턱내다　たまに 가끔
食事(しょくじ) 식사　手(て)ぶら 빈손　最悪(さいあく) 최악
別(わか)れる 헤어지다

제5회 실전 모의고사　➤ p.280

✓정답

1 ③	2 ④	3 ③	4 ①	5 ③
6 ①	7 ②	8 ①	9 ③	10 ②
11 ③	12 ④	13 ①	14 ③	15 ②
16 ①	17 ②	18 ④	19 ③	20 ①
21 ③	22 ②	23 ④		

1 ③ ～にもとづいて ～을 근거로
이 영화는 소설을 근거로 만들어진 것입니다.

> **어휘총전** 映画(えいが) 영화　小説(しょうせつ) 소설
> 作(つく)る 만들다

2 ④ ～をはじめ ～을 비롯해서
오늘 회사를 그만두게 되었습니다. 사장님을 비롯해서 여러분께는 정말로 신세를 졌습니다.

> **어휘총전** 会社(かいしゃ) 회사　辞(や)める 그만두다
> 社長(しゃちょう) 사장　本当(ほんとう)に 정말로
> お世話(せわ)になる 신세를 지다

3 ③ ～はもちろん ～은 물론
그는 기타는 물론이고 바이올린도 연주할 수 있다.

> **어휘총전** ひく 연주하다

4 ① 동사 부정형 + ～ないでください ～하지 말아 주세요
오늘 들었던 이야기는 아무에게도 말하지 말아 주세요.

> **어휘총전** 今日(きょう) 오늘　聞(き)く 듣다　話(はなし) 이야기
> だれにも 아무에게도　言(い)う 말하다

5 ③ ～はずだ 틀림없이 ～하다
어제의 이야기로는 하리모토 선배도 틀림없이 올 것입니다.

> **어휘총전** 昨日(きのう) 어제　話(はなし) 이야기　せんぱい 선배
> 来(く)る 오다

6 ① お + 동사 ます형 + する 겸양표현(자신을 낮춤)
야마다 "다나카 씨, 이 우산을 요시모토 선생님에게 건네 주시지 않겠습니까?"
다나카 "예. 나중에 건네 드리겠습니다."

> かさ 우산　先生(せんせい) 선생님　わたす 건네다
> あとで 나중에

7 ② ～だけに ~에게만

이것은 비밀이지만 네게만 가르쳐 줄게.

> 秘密(ひみつ) 비밀　教(おし)える 가르치다

8 ① 동사 기본형 + ～な 강한 금지의 명령

여기서 떠들지 마! 조용히 해.

> さわぐ 떠들다　静(しず)かだ 조용하다

9 ① あるかどうかによって 있는 것인가 어떤가에 따라

사람의 장점은 어느 정도의 돈이 있는가 어떤가에 따라 정해지는 것은 아니다.

> 決(き)める 정하다

10 ② い형용사 어간 + ～くなさそうなことでも ~하지 않은 듯한 것이라도

즐겁지 않은 듯한 것이라도 즐길 수 있게 되는 것은, 자신이 어떠한 마음으로 하는가 라는 점입니다.

> 楽(たの)しい 즐겁다　楽(たの)しむ 즐기다
> 気持(きも)ち 마음

11 ③ ～て(で)ばかりいる ~하기만 하다

공부하지 않고, 놀기만 하면, 성적이 내려갑니다.

> 勉強(べんきょう) 공부　成績(せいせき) 성적
> 下(さ)がる 내려가다

12 ④ ～ておいたことであっても ~해 둔 것이라고 해도

분명히 기억해 둔 것이라고 해도 나이를 먹으면 점점 잊습니다.

> ちゃんと 분명히　記憶(きおく) 기억
> 年(とし)をとる 나이를 먹다
> だんだん 점점　忘(わす)れる 잊다

13 ③ できるようにさせたい 할 수 있도록 만들고 싶다

아이가 담배나 술 등에(유혹에) 지거나 하지 않게, 적절한 판단으로 행동할 수 있도록 만들고 싶은 것입니다.

> お酒(さけ) 술　負(ま)ける 패하다　～ことなく ~하지 않고
> 適切(てきせつ) 적절　判断(はんだん) 판단
> 行動(こうどう) 행동

問題 2

14 ③ お酒は<u>全然</u> <u>飲めなかった</u>が、会社に <u>入って</u>か<u>らは飲めるようになりました。</u>

술은 전혀 못 마셨습니다만, 회사에 들어오고 나서는 마실 수 있게 되었습니다.

> お酒(さけ) 술　飲(の)む 마시다　入(はい)る 들어오다
> ～てから ~하고 나서　～ようになる ~하게 되다

15 ② 日本<u>での</u> <u>留学が</u> <u>終わっても</u> <u>国に帰って</u>ずっ<u>と勉強を続けていく</u>つもりだ。

일본에서의 유학이 끝나도 고향에 돌아가서 쭉 공부를 계속해 갈 생각이다.

> 留学(りゅうがく) 유학　終(お)わる 끝나다　国(くに) 고향
> 帰(かえ)る 돌아가다　ずっと 줄곧, 쭉
> 勉強(べんきょう) 공부　続(つづ)ける 계속하다

16 ① この家はしずかで、<u>それに</u> <u>きれい</u> <u>なので</u>、みんな住みたがっています。

이 집은 조용하고 게다가 깨끗하기 때문에, 모두 살고 싶어 하고 있습니다.

> 家(いえ) 집　それに 게다가　住(す)む 살다, 거주하다

17 ② 田中さん、<u>あしたの</u> <u>午後の</u> <u>会議の</u> <u>準備を</u>してください。

야마다 "다나카 씨, 내일 오후의 회의 준비를 해 주세요."
다나카 "벌써 해 두었습니다."

> 午後(ごご) 오후　会議(かいぎ) 회의　準備(じゅんび) 준비

18 ④ ここに電話番号と <u>住所は</u> <u>書かなくても</u> <u>いい</u>ですか。

A "저, 실례합니다. 여기에 전화번호와 주소는 쓰지 않아도 됩니까?"
B "아뇨, 부탁합니다."

> 電話番号(でんわばんごう) 전화번호　書(か)く 쓰다

問題 3

언제나 회사에 불만만 이야기하는 사람이 있습니다. 무엇에 대해 불만이 있는지는 확실히 모르겠지만, 언제나 상사나 사장에 대해, 우리 회사는 안 된다, 더 이상 발전하는 일은 없겠지 라고 제멋대로 단정 짓고 있는 것입니다. 19-a 만약, 그런 19-b 회사라면 당신은 어째서 그 회사에서 일하고 있는 것입니까 라고 물어 보고 싶을 정도입니다.

자신의 회사에 불만이 많은 사람들의 대부분은, 자신이 그 회사에서 20 인정받지 못한 사람이 많은 것 같습니다. 그렇기 때문에, 그것에 불만을 가지고 타인에게 그렇게 하는 것입니다.

그럼 여기에서 조금 생각해 봅시다. 회사는 당신에 대해 포기하고 있지는 않습니다. 만약, 당신에 대해 정말로 싫다

면 해고했을 것입니다. 그래서 회사는 당신에게 21 기회
를 주고 있는 것입니다. 조금 더 노력해 주십시오 라고. 회
사는 당신의 힘을 필요로 하고 있기 때문에 해고하지 않고,
기다리고 있는 것입니다. 그것에 대해 당신은 불만을 가질
지도 모르겠습니다만, 당신에게 노력이 부족하다고 생각하
십시오. 정말로 열심히 했는데도 자신을 인정받지 못했다고
생각한다면, 그때 회사를 그만 두어도 22 늦지 않겠지요.
회사의 방식이나 상사의 지시에 불만이 있어도, 23 우선
당신에 대해 생각하고 나서 이 회사에 계속 다닐지 어떨지
판단해도 좋지 않겠습니까?

어휘총정리 不満(ふまん) 불만　はっきり 확실히　上司(じょうし) 상사
社長(しゃちょう) 사장　発展(はってん) 발전
勝手(かって) 제멋대로임　決(き)めつける 단정짓다
働(はたら)く 일하다　認(みと)める 인정하다
あきらめる 포기하다　嫌(いや) 싫음
首(くび)にする 해고하다　与(あた)える 주다
頑張(がんば)る 힘쓰다, 노력하다　必要(ひつよう) 필요
努力(どりょく) 노력　足(た)りない 부족하다
一生懸命(いっしょうけんめい) 열심히　辞(や)める 그만두다
遅(おそ)い 늦다　やり方(かた) ~하는 방법(태도)
指示(しじ) 지시　とりあえず 우선
~に通(かよ)う ~에 통근, 통학하다　判断(はんだん) 판단